목적으로 승리하는 기업

WINNING ON PURPOSE: The Unbeatable Strategy of Loving Customers
by Fred Reichheld, Darci Darnell, Maureen Burns

Original work Copyright © 2021 Fred Reichheld and Bain & Company, Inc.
All rights reserved.
This Korean edition was published by Contents Lab_Oh!Neul in 2022 by arrangement with Harvard Business Review Press through KCC(Korea Copyright Center Inc.), Seoul. Unauthorized duplication or distribution of this work constitutes copyright infringement.

이 책은 (주)한국저작권센터(KCC)를 통한 저작권자와의 독점계약으로 콘텐츠랩 오늘에서 출간되었습니다. 저작권법에 의해 한국 내에서 보호를 받는 저작물이므로 무단전재와 복제를 금합니다.

목적으로 승리하는 기업

프레드 라이켈트 외 지음 | 신우석 감수 | 도지영 옮김

WINNING ON PURPOSE

BAIN & COMPANY   오늘

추천의 글

목적을 세워 승리하는 법

프레드 라이켈드를 알고 지낸 지 거의 40년이 되어간다. 우리는 베인앤드컴퍼니 보스턴 오피스에서 만났다. 대학 졸업 후 내가 처음으로 입사한 회사였다. 내 자리는 프레드의 방 근처였는데, 그는 젊은 직원인 우리와 친근하게 대화를 나누었고, 고객 로열티가 지닌 변화의 힘을 극찬하는 것으로 종종 이야기가 마무리되었다. 프레드는 지금도 베인에 근무하며, 여전히 고객 로열티를 설파하고 있다. 하지만 그때보다 지금 프레드의 이야기에는 훨씬 더 깊은 경험과 통찰력이 담겨 있다. 사실 프레드는 지난 수십 년에 걸쳐 기본적으로 로열티 경제loyalty economics라는 분야를 창안하고 현재 어디서나 사용하는 순추천고객시스템NPS, Net Promoter System을 만들었다. 나는 늘 프레드를 '고객 로열티의 대부'라고 부른다. 그의 연구는 디지털 시대에 중요성이 한층 커졌다. 그렇기에 우리는 이제 그를 '고객 로열티의 디지털 대부'라고 불러야 한다.

나는 사회생활의 첫발을 베인에서 내디뎠을 때부터 경력을 쌓는 내내 프레드가 개발한 툴과 시스템의 도움으로 실질적인 성과를 창출했다. 내가 베인의 CEO로 재직하던 시기 베인은 프레드가 개발한 순추천고객지수Net Promoter Score를 세계 최초로 실행한 회사가 되었고, 순추천고객지수가 완전한 경영 시스템으로 진화하도록 적극적으로 지원했다. 이후 이베이eBay, 서비스나우ServiceNow, 나이키Nike의 CEO로 재임하면서도 직원들이 성과를 창출하는 데 프레드가 개발한 개념과 시스템의 도움을 지속적으로 받았다.

그가 제시하는 흥미로운 이야기와 논쟁거리는 때로 경영보다는 도덕에 관한 내용처럼 들릴 때도 있었지만, 우리 직원들이 성과를 내는 데 항상 도움이 되었다. 한 걸음 더 나아가 우리 사회의 수많은 사람이 자본주의에 대한 의심의 눈초리를 보낼 때 비즈니스 리더들은 도덕적 의무를 주의 깊게 생각할 필요가 있다. 여기서 프레드의 접근법이 도움이 된다. 하지만 동시에 이 책의 일부 장이 '황금률을 절대적으로 지켜라'처럼 고결한 제목이라고 해서 조직의 성장률을 높이는 데 도움이 되지 않는 책이라고 생각하지 말라. 사실 고객 자본주의customer capitalism를 향한 프레드의 로드맵은 점점 고객 중심이 되어가는 세상에서 성과를 내는 데 필요한 기본적인 툴과 솔루션, 프로세스를 모든 경영자 및 직원, 이사회 구성원과 나아가 투자자에게 제공한다.

그뿐 아니라 이 책에서는 기업 역사에 흥미를 느끼는 이들을 위해 새로운 사실도 알려준다. 프레드가 1990년대 초반 거의 붕괴 직전에까지 이르렀던 베인의 뒷이야기를 말해주기 때문이다(지금까지 이 정도로 자세한 내용이 공개된 적은 없었다). 프레드는 베인을 재정 붕괴 상태에서 구하기 위해 밋 롬니Mitt Romney를 지지하겠다는 서약서에 서명하며 힘을 모은 10여 명의 파트너 중 한 사람이었다. 그는 베인에서 44년간 일하면서 베인의 창업자들이 17년 동안 근무하면서 이루어낸 빛나는 혁신을 경험했고, 창업자들이 회사를 떠난 뒤 혁신적인 솔루션을 동원해 수년에 걸쳐 고쳐야 했던 회사의 치명적인 결점도 직접 경험했다. 프레드는 왜 지금에 와서 이런 이야기를 꺼내는 걸까? 그것은 베인이 NPS를 뒷받침하는 기본 사항을 이해하고 수용함으로써 일하기 정말 좋은 직장(글래스도어Glassdoor에 따르면 베인은 지난 10년 동안 세계 최고의 직장이었다)이 된 방법을 우리가 이해하는 데 시사하는 바가 크기 때문이라고 생각한다. 베인은 사실 매우 특별한 곳으로 연구할 가치가 충분하다. 베인이 발전해 온 과정은 모든 리더가 조직을 위대함으로 향해 나가도록 이끌고, 영감을 주는 데 도움이 되기 때문이다.

여기서 위대함이란 진정한 위대함을 말한다. 이 책의 마지막에 실린 다음과 같은 선언서에서 그가 위대함을 설명한다.

위대한 기업은 사람들이 위대한 삶을 살도록 돕는다. 위대한 기업은 선을 위한 힘이다. 위대한 리더들은 그러한 공동체를 세우고 지탱한다. 그들은 직원들이 타인을 위한 일을 하면서 의미와 목적이 있는 삶을 꾸려나가도록 영감을 불어넣는다. 그저 만족스러운 수준으로 일하는 것이 아니라 고객에게 감동을 선사하고, 고객의 삶이 풍요로워지도록 사려 깊고, 창의적이며, 정성을 쏟아 일하게 한다.

이 책은 시의적절하면서도 시간을 초월하는 내용을 담고 있다. 먼저 애플Apple, 엔터프라이즈 렌터카Enterprise Rent-A-Car, 칙필에이Chick-fil-A(칙필레라고도 불린다. A급 닭고기만 사용한다는 전략이 담긴 사명으로 원어 그대로 명기했다)와 같은 위대한 기업의 이야기를 전하면서 책을 시작한다. 이들 기업은 오랜 세월에 걸쳐 뛰어난 성과를 계속 유지하고 있다. 이 기업들이 보여주는 현재의 성과는 선virtue을 바탕으로 하는 기업은 회복력이 있다는 사실을 분명하게 나타내는 증거이다. 동시에 이들의 사례를 통해 종종 기업 경영자를 덮치는 블랙스완black swan에도 대처할 수 있다. 2020년 한 해에만 해도 우리는 팬데믹으로 인한 락다운Lockdown, 글로벌 경기 침체, 인종 차별 문제로 인한 소요, 미국 국회의사당 무장 공격과 같은 일에 맞서야 했다.

이 책에서는 또한 에어비앤비Airbnb, 와비 파커Warby Parker, 펠로톤Peloton, 츄이Chewy처럼 성공 전략을 세우는 데 순추천고객 철학과 툴을 사용해 디지털 혁명을 이룬 기업의 신선한 새 이야기를 들을 수 있다. 책을 다 읽었을 때쯤에는 분명 위대한 기업을 세우는 데 필요한 바에 관해 새로운 이해를 얻게 될 것이다.

이 책은 프레드의 전작들을 다시 한번 정리한 요약집이 아니다.

나는 이 책 《목적으로 승리하는 기업 Winning on Purpose》이 지금까지 그가 쓴 책 가운데 가장 중요한 저서라고 생각한다. 이 책에는 새롭고 대단한 통찰이 담겨 있으며, 금융 자본주의 financial capitalism 에서 고객 자본주의 시대로 이행하면서 경영자가 가져야 할 도덕적 책임이 무엇인지 분명하게 제시하고 있다. 또한 위대한 기업이 지닌 주된 목적은 고객의 삶을 풍요롭게 하는 것, 그러므로 '목적을 세워 승리하는 것'임을 보여주는 설득력 있고, 깊이 있는 증거를 제공한다.

프레드의 고객 자본주의(순추천고객) 선언을 다시 한번 읽어보기 바란다. 여기에 프레드가 주장하는 내용의 정수가 잘 정리되어 있다. 5장에서 소개된 여러 도표도 반드시 살펴보자. 이를 통해 고객의 사랑을 받는 기업만이 지속해서 투자자에 뛰어난 수익을 제공할 수 있다는 점을 확인할 수 있다. 그리고 프레드가 말하는 획득성장률 Earned Growth Rate 이라는 개념을 익숙하고 편하게 받아들일 수 있도록 하자. 획득성장률은 NPS 혁명의 진행 과정에 있어서 폭발적 전개를 불러올 새롭고 강력한 지표이다.

여러분도 나만큼 이 책에 담긴 실용적인 가치를 찾아 즐길 수 있기를 바란다. 이 책은 적절한 때에 나온, 반드시 읽어야 할 적절한 책이다.

존 도나호 John Donahoe

나이키 CEO

감수의 글

NPS 3.0이 한국 기업에
성공적으로 도입되길 바라며

프레드 라이켈트와 베인 연구팀에 의해 순추천고객지수가 처음 세상에 소개된 것이 2001년이니 벌써 20년이 넘는 시간이 흘렀다. 고객 로열티customer loyalty의 경제적 효과 및 전략적 함의에 대해서는 NPS 이전에도 여러 연구와 방법론들이 존재했으나, 이를 지속가능한 방식으로 측정하고 활용할 수 있는 체계를 제시했다는 점에서 NPS가 불러온 효과는 가히 혁명적이었다. 나아가 기업이 지향해야 할 고객 만족의 수준을 근본적으로 재정의했다는 점에서도 NPS가 불러온 파장은 충격적이었다. 10점 만점에 9점 혹은 10점을 매긴 고객들만을 충성 고객으로 정의하는 NPS는, '6~8점 정도면 충분히 높은 점수이지 않은가?'라는 식의 순진한 생각을 가져왔던 기업들에게 분명한 경고의 메시지를 보냈다. 오늘날 포춘 500대 기업 대다수가 NPS를 핵심 경영 지표로 활용하고 있다는 사실은 NPS가 불러온 효과에 대한 확실한 증거이다.

지난 20년간 NPS도 개선과 진화를 거듭했다. 최초 소개된 순추천고객지수Net Promoter Score를 NPS 1.0이라고 부르는데, 그 명칭이 의미하는 바와 같이 초기 NPS는 '지표score'로서의 성격을 가지고 출발했다. 그러다 보니 NPS를 통해 고객 로열티 관점에서 현재 기업의 상황을 이해하고, 향후 개선 기회를 모색해야 한다는 본래의 의도와 달리, 경영 현장에서는 일정 기간 동안 수행된 고객 로열티 관련 과제의 성과 평가 방법론으로 활용되는 경우가 많았다. 본래의 목적과 달리 '과거 실적에 대한 평가'에 초점이 맞춰지다 보니 의도치 않았던 부작용들도 발생했다. 몇몇 기업들은 NPS를 여타 핵심 성과 지표KPI, Key Performance Indicator들과 유사하게 취급하여 각 조직과 구성원들에게 목표치를 부여하거나 심지어 달성 성과를 성과급에 연동시키기도 했다. 이로 인해 '고객 로열티 제고 방안을 수립하고 실행하는 것'보다 'NPS 설문조사에서 9점 이상의 응답을 얻어내는 것' 자체가 목표가 되어버리는, 이른바 NPS 주객전도 상황이 나타나기도 했다.

프레드 라이켈트가 이끄는 베인 연구팀은 이러한 문제점들에 대한 해결책 마련에 나섰고, 수년간의 연구와 검증을 통해 NPS 2.0, 즉 순추천고객시스템Net Promoter System을 탄생시켰다. 프레드 라이켈트는 NPS가 처음 세상에 소개된 지 10년 만에 《고객이 열광하는 회사의 비밀The Ultimate Question 2.0》을 통해 NPS가 단지 성과 측정 지표score에 머물지 않고, '고객 로열티 제고'가 기업 경영 전반에 상

감수의 글 | 11

시적으로 일관되게 적용될 수 있는 시스템system으로 기능할 수 있는 방안을 제시했다.

NPS 2.0의 핵심은 NPS 조사를 통해 확인된 고객 불만 사항들에 대한 기민한 후속 대응을 통해 불만 사항 해결 및 재발 방지책 마련(담당 조직의 정책 및 프로세스 개선, 담당자 교육 강화 등)을 가능케 하는 체계(내부 루프)를 구축하고, 나아가 해당 문제에 대한 완전한 해결을 위해 전사 사업 전략 및 비즈니스 모델의 개선을 추진하는 체계(외부 루프)를 구축하는 것이다. 또한 경쟁사들과의 정기적 비교를 통해 자사 NPS의 상대적 경쟁 지위 및 개선 시급성을 명확히 파악하고 전사 단위 개선 목표 및 전략을 수립하는 것(하향식 NPS), 주요 고객 접점별 상시 NPS 수집 활동을 통해 즉각적 개선을 추구하는 체계(상향식 NPS)를 병행 운영하는 것 역시 NPS 2.0이 강조하는 핵심 사항이다.

NPS 2.0을 제시한 지 10년이 지나 프레드 라이켈트와 베인 연구팀은 신작《목적으로 승리하는 기업》을 통해 한 단계 더 업그레이드된 NPS 3.0을 다시 세상에 내놓았다. 프레드 라이켈트가 들어가는 글에서 밝힌 바와 같이 이 책은 그와 베인 동료들, 그리고 NPS를 도입하여 성공적으로 활용하고 있는 전 세계 고객사들이 지난 20년간 축적한 경험과 교훈들이 집대성된 책이다. 그는 자신에게 허락된 삶이 다하기 전에 마지막으로 NPS와 관련된 자신의 아이디어를 세상에 남겨두어야겠다는 마음이 들었다고 한다. NPS가 많은 기업에서 쓰이고 있지만 그 실행 방식은 여전히 잘못된 경우가 많고, 디지털 시대에는 그 영향력이 줄어든다는 견해에 대한 해법을 제시해야 했으며, 마지막으로 여전히 지수 자체를 목적으로 인식하는 오해를 바로잡아야 한다는 생각에서였다. 이 때문인지 이 책은 그의 전작들이 주로 '무엇을What', '어떻게How' 할 것인지에 대한 담론과 방향을 제시한데 비해 '왜Why'에 대한 대담한 화두를 던지고 있다.

그는 성경을 포함하여 이 세상의 모든 종교들이 공통적으로 지향하는 교훈인 '네 이웃을 네 몸과 같이 사랑하라' 또는 '남에게 대접받고자 하는 대로 너희도 남을 대접하라'는 황금률이 경영에도 그대로 적용될 수 있을 뿐 아니라 위대한 기업great company으로 도약하기 위한 유일한 전략임을 역설하고 있다. 나아가 기업 경영의 궁극적 목적이 '고객을 내 몸과 같이 사랑하는 것, 그리하여 고객들의 삶을 최대한 가치 있고 풍요롭게 만들 수 있도록 최선을 다하는 것'임을 선언하는 동시에, 모든 임직원들이 이 목적을 충분히 체화하여 경영 현장에서 고객 사랑을 실천하는 것이 승리의 필수 전제 조건임을 밝히고 있다. 순추천고객지수는 우리 회사의 고객 사랑이 실제로 얼마나 고객들에게 잘 전달되고 있는지 확인하고 더 개선된 방향으로 나아가기 위한 수단일 뿐, NPS 수치를 높이는 것 자체가 목적이 되어서는 안 된다는 전작의 메시지를 다시 한번 강조한다.

이뿐만 아니라 고객 사랑 실천이 경영의 궁극적 목적임을 조직의 모든 구성원이 깊이 공감하고 이를 바탕으로 고객 사랑 중심의 기업문화와 운영 모델을 구축하는 것이 NPS와 관련된 모든 논의의 출발점이자 핵심 기반이 되어야 한다는 것을 명확하게 밝힌다. 또한 실제로 고객 사랑을 이뤄낸 기업들, 즉 NPS 선도기업들이 업종을 불문하고 장기간에 걸쳐 경쟁사들을 압도하는 탁월한 재무 성과를 실현하고 있음을 실증한다. 즉 투자자 관점에서도 고객 사랑이 투자 성과 극대화를 견인하는 핵심 동인임을 밝히고 있다.

이 책에서 특히 눈여겨볼 내용 중 한 가지는 고객 사랑 성과의 측정 및 계량화를 위한 방안으로 획득성장비율Earned Growth Ratio 같은 새로운 성과 평가 지표 체계를 제안한다는 점이다. 이는 기업의 총 실적 성장분 가운데 기존 고객의 로열티 제고를 통해 창출된 성장과 기존 충성 고객들의 추천을 통해 신규로 유입된 고객들(획득고객)로부터 창출된 성장이 차지하는 비율을 의미한다. 주주 자본주의shareholder capitalism에서 고객 자본주의customer capitalism로 자본주의의 패러다임이 이동하고 있는 시대적인 흐름을 고려할 때, 고객 자본주의 관점에서 만들어진 최초이자 최적의 회계 방식이라고 본다.

마지막으로 베인이 최근 출시한 NPS 프리즘NPS Prism 서비스(고객 여정을 구성하는 주요 경험 단위별로 경쟁사와 비교 가능한 순추천고객지수를 제공하는 서비스) 등을 예시로 들어 광범위한 데이터 및 디지털 기술을 효과적으로 활용하여 NPS를 수집, 분석, 활용하는 체계 전반에 걸친 고도화의 필요성과 전략적 가치를 제시한다.

20년 전 NPS가 세상에 처음 소개되었을 때부터 이 개념에 열광했고, 실제로 NPS를 많은 국내 기업들에 소개하는 일을 해오고 있기에 그 누구보다도 이 책의 출간을 고대해왔다. 앞서 설명한 바와 같이 이 책은 지난 20년간 프레드와 베인이 축적한 경험과 교훈을 집대성한 기념비적 저작이다. 한편으로 이 책을 통해 NPS가 단순한 경영 전략의 수준을 넘어 미래 기업 경영의 근본적 진화 방향을 제시하는 경영 철학의 수준에 도달했다는 느낌을 받는다. 하지만 안타깝게도 선진국의 주요 기업들과 달리 대다수 한국 기업들은 여전히 NPS의 존재 자체를 제대로 인지하지 못하고 있고, NPS를 도입하고 있는 일부 기업들조차 아직 NPS 1.0 단계도 제대로 이행하지 못하고 있는 것이 현실이다. 그럼에도 이미 한국 기업들이 전 세계에 입증한 바 있는 패스트 팔로워 fast follower 로서의 경쟁력이 NPS의 도입과 활용에도 적용될 수 있다고 믿는다. 디지털 혁신, 고객 경험 중심 경영, ESG 등 최근 한국 기업들의 핵심 과제들이 견고한 NPS 3.0 기반 위에서 보다 성공적으로 추진될 수 있기 때문이다. 이 책 《목적으로 승리하는 기업》의 출간을 계기로 보다 많은 한국 기업들이 지난 20년간 축적된 NPS의 베스트 프랙티스를 빠르게 습득하고, 이를 통해 고객 자본주의 시대가 요구하는 고객 사랑 기반의 NPS 3.0 체계를 신속하게 구축함으로써 고객과 함께 승리하는 위대한 기업으로 도약하기를 진심으로 고대한다.

베인앤드컴퍼니 파트너
신우석

들어가는 글

지속가능한 성장의 시작점

65세 생일을 불과 몇 주 앞두고 나는 마취로 잠들었다 깨어났다. 의사는 여섯 마디로 무서운 소식을 전했다. "환자분에게 커다란 악성 종양이 하나 있습니다." 이렇게 정신이 번쩍 들게 잠을 깨우는 소식이 있다면 이야기해보라. 그날 오후 나는 딱딱한 검사대에 누워 이리저리 CT 촬영을 하며 간호사의 안내에 따라 숨을 참은 채 움직이지 않고 있었다. 몸속 어디까지 암이 퍼졌는지 찾아내는 중이었고, 혈관을 따라 조영제가 흐르고 있는데 영상의학과 의사가 무엇을 찾아내든 내 시간은 흘러가고 있다는 생각이 들었다. 언제나처럼 머릿속에는 사람들과 나누고 싶은 아이디어가 가득했다. 하지만 이번에는 달랐다. 머릿속 생각을 종이 위에 적어두지 못한다면, 그리고 생각보다 빨리 내 인생의 여정이 끝난다면 내 아이디어는 나와 함께 사라질 터였다.

그러므로 처음 내가 이 책의 집필에 집중하게 된 건 잠재적으로 생명을 위협하는 암 진단을 받았기 때문이었다. 일주일 동안 각종 검사를 마친 뒤 담당 의료진이 내게 치료에는 1년 이상이 걸릴 것이며, 여러 번의 수술, 수개월간의 항암 및 방사선 치료를 할 것이라고 치료 계획을 설명해주었다. 그리고 생존곡선survival curves의 개념, 즉 나와 같은 상태의 환자 가운데 몇 퍼센트가 2년 혹은 5년 생존을 기대할 수 있는지를 알려주었다. 이런 대화는 정말 정신을 집중시킨다. 이야기하다 보면 아직 기회가 있을 때 가장 이루고 싶은 게 무엇인지 아주 깊이 생각하게 만드는 것이다. 생각하면 할수록 나는 이 책을 써야 한다는 의지만 강해졌다.

나 같은 사람이라면 다들 평범한 생활 속에서 일을 쉽게 미룰 것이다(특히 앞으로 10~20년은 건강할 것이라 생각할 때는 더욱 그렇다). 더욱이 나는 글쓰기를 즐기는 편이 아니다. 해야 한다는 건 알지만 실제로 글을 쓰는 일은 전혀 재밌지 않다. 그럼에도 나는 아직 행동할 시간이 있을 때 일어나라는 알람 소리를 들었다.

내가 그토록 중요하게 여긴 아이디어는 어떤 것들일까? 내가 정말 좋아하지 않는 글쓰기에 어쩌면 짧아졌을지 모를 남은 인생을 기꺼이 바칠 정도로 말이다. 부디 이 책이 분명한 대답이 되기를 바란다.

나는 베인앤드컴퍼니에서 일한 44년 동안 대부분의 시간을 하나의 주제에 집중하며 지냈다. 위대한 기업을 만들고 유지하는 데 고객 로열티가 어떤 역할을 하는지 이해하고, 경영자들이 고객 로열티에 초점을 맞추고 이를 증진시키는 데 도움을 줄 수 있는 툴과 시스템을 만드는 일이었다. 지금까지 여러 권의 책과 수십 건의 칼럼을 쓰고, 수백 번의 강연을 하면서 내 생각을 분명히 밝히고 사람들과 소통할 기회도 많았다. 그러는 동안 순추천고객의 개념은 입소문을 타고 전 세계의 수많은 기업으로 퍼져 나갔다. 정말 멋진 일이다! 그러니 이 주제에 관해 내가 더 전달할 내용이 거의 없으리라 생각하는 것도 당연하다. 나와 같은 처지에 놓인 합리적인 사람이라면 방사선 치료, 수술, 항암 치료 등 만만치 않은 치료 일정과 싸우고 나서 은퇴 후 정원을 돌볼 생각이나 할 것이다. 필요한 씨앗은 잘 심어두었다고 안심하면서 말이다.

그런데도 나는 왜 같은 주제로 또 다른 새로운 책을 쓰려는 것일까?

첫째, 정말 많은 기업에서 NPS를 채택했다는 것이 기쁘기는 하지만, 실행 방식이 얼마나 나쁜지 깊은 고민에 빠질 수밖에 없었다. 그런 기업에서는 NPS를 통해 얻을 수 있는 잠재적인 영향력의 극히 일부만 달성할 뿐이다.

둘째, 일각에서는 기업과 고객의 상호작용이 점점 디지털 방식으로 전환되고 있으므로 NPS의 관련성이 점점 줄어든다고 여긴다. 하지만 사실 큰 성공을 거둔 기업의 디지털 혁명은 NPS에 크게 의존한 경우가 많다. 고객이 기업의 추천인이 되도록 고객의 마음을 제대로 끄는 경험(적절히 사람의 손길을 더해)을 제공하는 디지털 솔루션을 만들기 위해 디지털 시그널 분석과 설문조사를 하나로 묶는 것이다.

 마지막으로 NPS를 배움과 성장의 방법으로 삼기보다 지수 자체를 목표로 삼아서 NPS의 의도를 변질시키는 경우가 너무 많다. NPS의 핵심 원칙, 근본 목적, 실행 조언을 살펴봄으로써 이러한 잘못된 생각을 바로잡을 수 있기를 바란다.

어떤 영향력을 미칠 것인가

 NPS는 사업에서 승리란 무엇인지, 일과 삶 양쪽 모두에서의 성공을 측정하는 방법은 무엇인지, 사랑과 로열티 사이의 관계는 어떤 것인지에 대한 나의 이해를 변화시킨 몇몇 특별한 날에서 시작되었다.

 앤디 테일러Andy Taylor를 만나기 위해 클레이튼에 갔던 날도 그런 특별한 날 중 하루였다. 앤디의 회사는 바로 엔터프라이즈 렌터카이다. 엔터프라이즈 렌터카는 미국 및 전 세계에 7,600개의 지점을 운영하고 있는데, 이곳에서 차를 빌려본 사람이 분명 많을 것이다.

 앤디와 엔터프라이즈 렌터카에 무언가 특별한 점이 있다는 건 이미 알고 있었지만, 그것이 무엇인지 정확히 말할 수 없었다. 그날 클레이튼에 갔던 주된 이유이기도 하다. 베인에서 전략 컨설턴트로 일한 지 20년차이던 당시, 내가 보기에 앤디가 지역에서 차량 대여 사업을 하던 가족 회사를 세계 최대의 렌터카 업체로 성장시킨 체계적인 방식은 매우 인상적이었다. 엔터프라이즈 렌터카는 이윤이 적고 성장률이 낮으며 자본 집약적인 산업군에 속해 있으면서 업계의 거대 기업인 허츠Hertz, 에이비스Avis 등과 경쟁했다. 비상장기업인 엔터프라이즈 렌터카는 외부 투자자의 자본이 필요하지 않았고, 따라서 경영대학원에서 배웠던 미시경제학, 기업 전략에서 말하는 대부분의 원리에 들어맞지 않는 회사였다. 나는 이 회사가 가진 특별함이 무엇인지 배우고 싶었다.

앤디는 당시 이미 억만장자였고, 나 같은 사람과 이야기를 나누지 않아도 할 일이 수없이 많은 사람으로 내 인터뷰 요청은 쉽게 피할 수 있었다. 하지만 앤디는 넉넉히 시간을 나눠주었다. 엔터프라이즈 렌터카가 이룬 눈부신 성공의 비밀을 알아내려는 내 질문에 대해 그는 기업의 성장 뒤에 마법 같은 건 없었다고 끈기 있게 설명했다. 그는 이렇게 말했다. "기업이 이익을 내며 성장하는 방법은 단 하나밖에 없습니다. 고객을 정말 잘 대접해서 고객이 다음에 더 자주 찾고, 친구도 데려오도록 만드는 것입니다."[1]

이후 20년 동안 나는 앤디의 말이 옳다는 것을 알게 되었다. 만일 기업의 지속가능성과 내가 '좋은 이익good profits(뒤에서 더 자세히 설명할 것이다)'이라 부르는 수익에 대해 생각해보면 앤디가 말한 방법이 기업의 성장을 이끄는 유일한 방법이다.

그렇다면 '그 정도로 고객을 잘 대접하려면 어떻게 해야 하는가?' 하는 질문이 떠오른다. 앤디에게 회사 대표로 일하며 가장 자랑스럽게 여기는 일이 무엇인지 묻자 그는 책장에 꽂혀 있던 두꺼운 서류철을 가리켰다. 엔터프라이즈 렌터카에서 한 해 동안 20만 달러 이상의 수익을 낸 모든 직원의 명단이라고 설명했다. 엔터프라이즈 렌터카가 놀라운 성공을 계속 이어왔다는 걸 생각하면 아마 지금쯤은 서류철이 훨씬 더 두꺼워졌을 것이다.

앤디가 했던 또 다른 말도 결코 잊을 수 없다. "기업의 경영자나 창립자로 자기 이름을 걸었다면 회사가 고객 서비스를 제대로 하지 못했을 때는 개인적인 차원으로 그 문제를 받아들여야 합니다. 자신의 개인적 명성이 손상되고 있는 겁니다. 저는 칵테일 파티나 동네 바비큐 모임에서 친구나 이웃 사람들이 엔터프라이즈 렌터카에 관해 이야기하는 걸 들을 때 정말로 우리 가족에 관한 이야기이자 우리 가족이 이웃의 삶에 어떤 영향을 주는지에 관한 이야기라고 생각합니다."

엔터프라이즈 렌터카는 다른 경쟁업체와 달리 배우자 등 운전자를 추가할 때 내야 하는 비용이나 지나친 연체료, 렌터카에 기름을 다시 채울 때 내야 하는 과도한 연료비 같은 수수료와 거리가 멀다. 그렇다. 이같은 수수료는 단기적으로 기업의 이익을 높이는 방법이지만 장기적으로 볼 때 분명 고객의 행복을 감소시키고, 기업의 명성에 해가 되는 요소이다.

앤디에게 비밀 무기(업계의 다른 이들이 가지지 못한 경쟁력 있는 통찰)가 있었다면 그건 바로 '칵테일 파티에서 오가는 대화, 집 뒷마당에서 바비큐 그릴을 두고 전하는 이야기가 자신과 회사의 명성을 지킬 수도, 무너뜨릴 수도 있다'는 것을 그가 알았다는 점이다. 이런 대화가 소셜미디어를 타고 확산되면서 엔터프라이즈 렌터카가 지닌 이점은 기하급수적으로 늘어나고 있다.

또 다른 어느 특별한 날에는 운 좋게도 밥 헤르스Bob Herres의 사무실에서 이야기를 나눌 수 있었다. 밥은 미 해군사관학교 졸업 후 로널드 레이건 정부에서 합동참모본부 부의장까지 지낸 사람이다. 당시 그는 미군공제조합USAA, The United Services Automobile Association의 CEO였다. USAA는 군인 간부들의 자동차를 대상으로 하는 작은 보험회사에서 시작해 〈포춘Fortune〉 선정 200대 기업으로 성장한 보험 및 금융 서비스 기업이다.

밥은 USAA의 거대한 본사 건물을 둘러볼 기회를 주었다. USAA 본사는 세계에서 가장 큰 오피스 빌딩이다(너무 커서 건물을 둘러보기 위해 골프용 카트를 타야 했다). 나는 USAA에서 잊을 수 없는 하나의 장면을 그런 일이 생길 것 같지 않은 장소인 구내식당에서 보았다. 늦은 오후였고, 이제 막 포장해 상자에 담긴 음식이 천장 높이로 쌓여 있었다. 요리사는 직원들이 퇴근할 때 가족을 위해 집에 가져가는 저녁 식사용 도시락이라고 설명했다. 특히 한부모 가정 직원들이 장을 보고 요리하는 대신 아이들과 함께 보낼 시간이 생겼다며 감사해했다. 그 요리사와 활발히 이야기를 나누었는데, 그는 특히 팀에서 준비한 혁신적인 음식을 자랑스러워했다. 그들은 어린

이들이 좋아할 뿐 아니라 영양가도 높은 음식을 만든다고 했다. 그날 구내식당 요리사를 비롯해 많은 직원을 만나보니 USAA는 마치 훌륭한 장군이 부대의 군인들을 살피는 것처럼 직원의 행복과 안녕을 돌본다는 생각이 들었다.

밥은 리더가 해야 할 일은 팀이 올바른 미션을 수행하도록 하는 것과 팀원이 자신의 미션을 이해하고, 미션을 성공시키는 데 필요한 자원을 가지고 있는지 확인하는 것임을 알려주었다. 그리고 팀원이 리더가 자신의 안전과 안녕을 돌보기 위해 가능한 모든 일을 할 것임을 믿을 수 있도록 해주어야 한다고 가르쳐주었다. 위대한 리더는 아침에 일어날 때나 밤에 잠들 때도 이 점을 염려한다.

USAA에서의 배움은 여기서 끝나지 않았다. 그날 처음 USAA를 방문한 이후 밥은 도움을 주기 위해 여러 번 연락을 했다. 우리는 밥의 리더십 철학과 뛰어난 조직을 만드는 데 로열티가 담당하는 역할에 관해서 여러 번 전화로 이야기를 나누었다. 밥은 내가 밥슨 칼리지에서 기업 임원들을 대상으로 로열티 관련 세미나를 진행했을 때 강의를 도와주기 위해 자원해서 보스턴까지 와주었다. 그때 보스턴에 머물던 밥은 부부 동반 저녁 식사 자리에 우리 부부를 초대했다. 세미나와 저녁 식사 자리에서 보여준 밥의 질문과 대답은 자기 자신이나 그의 회사를 돋보이게 하려는 것이 아니었다. 그의 말에서 내 일을 도와주려는 마음이 느껴졌다. 한 번은 밥과 오랫동안 함께 일한 비서에게 밥이 모든 사람에게 이렇게 잘해주는 사람인지 물어본 적이 있었다. 비서는 망설이지 않고 답했다. "모든 사람에게 잘해주지는 않습니다. 하지만 자신이 중요하다고 믿는 일을 하는 누군가를 알게 되면 그 사람을 도울 방법을 찾습니다. 그런 사람들에게 투자하는 겁니다."

그 교훈은 내게 남았다. 세상을 더 나은 곳으로 만들기 위해 일하는 사람, 혹은 그런 사람으로 가득한 기업을 알게 되었다면 그들의 성공을 도울 방법을 찾아야 한다. 그런 관계에 투자함으로써 개인의 영향력도 커진다. 근본적으로 이는 로열티와 관련된다.

밥은 로열티를 단순히 전투에서 목숨을 거는 의미로 보지 않았다. 그는 금융 서비스 사업에서 고객과 동료의 매일을 빛나게 만들어주기 위해 일상적인 결정과 우선순위를 어떻게 정해야 하는지의 기준이 되는 로열티가 무엇인지도 알고 있었다. 로열티는 사람과의 관계에 시간과 자원을 투자하는 일을 의미한다. 이를 통해 관계의 기초가 되는 원칙이 발전하는 방법이며, 이로써 세상을 더 나은 곳으로 만드는 힘이다.

USAA는 고객 여정 customer journey 전반을 디지털화하는 데 앞장선 기업이다. USAA는 지점이 없고, 고객층이 전 세계에 걸쳐 퍼져 있기 때문에 놀라운 일은 아니다. 예를 들어 USAA의 디지털 뱅킹팀은 휴대전화를 이용해 수표를 온라인으로 예치하는 방법을 만들었다. USAA는 정교한 디지털 서비스를 제공하지만, 더 나은 서비스를 제공한다는 명목으로 고객에게서 추가적인 수익을 창출하기 위한 디지털 봇 digital bots 이나 알고리즘을 절대 사용하지 않는다. 이런 에피소드는 사람들 사이로 퍼져 나간다. 앞서 말한 것처럼 칵테일 파티나 이웃 간의 바비큐 모임, 소셜미디어, 유튜브, 고객 평가 사이트를 통해 호평이 전해진다. 고객과 직원들은 USAA가 항상 자신에게 가장 좋은 이익을 가져다주는 방향으로 행동할 것이라는 믿음을 가진다. 물론 USAA는 경쟁사만큼 혹은 경쟁사를 뛰어넘는 정교한 분석과 심사 능력을 갖추어야 한다. 하지만 고객의 삶을 풍요롭게 하고, USAA를 보험 업계의 주요 업체로 손꼽히게 만든 신성한 사명을 직원들이 받아들이도록 격려하기 위해 사람과 디지털의 힘을 모두 사용하기로 한 것은 그들의 결단이었다.

세 번째로 특별히 유익한 날이었다고 떠오르는 날은, 경영권 승계에 관한 논의를 진행하기 위해 칙필에이를 방문했던 날이다. 창업자인 트루엣 캐시Truett Cathy가 즉시 방문해달라고 요청했다.

나는 황금률이 성소수자의 권리에 적용되는 방법에 대한 트루엣의 입장이 어떨지 걱정하고 있었다. 트루엣은 90대에 들어섰으며, 올드 사우스Old South 출신의 독실한 침례교도였다. 나는 북부 출신으로 하버드 대학교에서 교육받은 중년의 유니테리언Unitarian 교도이다. 우리는 분명 세상을 같은 방식으로 보지 않았다. 고백하건대 보스턴에서 애틀랜타로 가는 비행기 안에서 그런 차이점을 생각하며 마음이 무거웠다.

트루엣의 안내로 그를 따라갔던 일을 절대 잊지 못할 것이다. 트루엣은 나를 차에 태우고 마을을 돌며 자신이 후원하면서 정기적으로 찾아가는 위탁 가정 10여 곳 중 몇 군데를 함께 갔다. 방문한 가정마다 사람들은 트루엣에게 따뜻한 인사를 건넸다. 트루엣은 자신이 후원하는 가정을 진정으로 잘 알고 관심을 쏟고 있었다. 이 가정에서 저 가정으로 트루엣이 운전해 가는 동안 우리는 솔직한 대화를 나누었다. 그러다 트루엣이 성경의 한 구절을 골라 인생의 글로 삼는 남부 침례교도의 전통을 설명해주었다. 트루엣의 인생 구절은 잠언 22장 1절로 '명예가 금은보다 더 소중하다'는 내용이었다. 트루엣은 일과 개인 생활 모두에서 이 규칙을 따르기 위해 최선을 다한다고 말했다.

당시 나는 '그건 정말 모든 사람이 따라야 할 적절한 구절이 될 수 있겠군'이라고 생각했고, 여전히 그렇게 생각한다. 평판은 사실 가장 귀중한 자산이다. 명성은 사는 동안 찾아올 기회를 결정하며, 아마도 사람이 죽은 뒤에 유일하게 남는 것이다. 누군가를 올바르게 대할 때마다(자신이 상대방의 상황이었다면 대접받고 싶었을 방식으로 상대를 대하는 것) 명성이 쌓이고, 세상을 더 나은 곳으로 만든다. 한 번에 한 명의 삶에서 말이다. 이것이 바로 황금률, 즉 보편적인 기준이라 말할 수 있다. 황금률의 기준을 따르지 않는 행동은 명성을 해치고 세상을 안 좋은 곳으로 만든다.

그날 트루엣과 하루를 보내며 얻은 교훈 중 하나는 우리가 자신의 목적을 빨리 알아낼수록 그 목적을 실행하여 세상을 더 나은 곳으로 만들 시간이 더 많아진다는 것이다. 그리고 목적을 얼마나 실행했는지 측정할 방법이 필요하다는 생각도 들었다. 그래야 목적을 실행하는 과정을 측정해 성공과 실수를 거치며 배움을 얻고, 미래를 한층 더 개선할 수 있는 발판을 마련할 수 있다. 트루엣은 누군가의 찡그린 얼굴에 미소가 퍼지는 걸 볼 때 가장 힘이 난다고 했다. 순추천고객지수를 정하는 기본 계산식을 생각하면 트루엣이 미치는 영향력이 분명히 드러난다(순추천고객지수=미소짓는 얼굴 비율-찡그린 얼굴 비율). 지난 10년 동안 칙필에이가 황금률이라는 계몽적 이해와 일치하는 사랑을 성소수자에게도 전하는 중요한 진전을 이루는 걸 보았다. 그 결과 찡그린 얼굴을 미소로 바꾼 사람이 훨씬 더 많아졌다.

　엔터프라이즈 렌터카, USAA, 칙필에이는 기적이라 부를 수 있을 정도로 계속 성장하고 번창하고 있다. 칙필에이는 지역에서 운영하는 치킨버거 체인점으로 시작해 세계 3위의 매출을 기록하는 레스토랑 체인으로 성장했고(칙필에이를 앞서는 곳은 맥도날드와 스타벅스뿐이다), 미국과 캐나다에 2,500개 이상의 지점을 운영하고 있다. 회사가 내부적으로 창출하는 현금흐름(수익의 상당 부분을 매년 자선단체에 기부한 다음의 현금흐름이다)으로 이러한 성장의 재원을 마련하는 건 분명 기적이다. 특히 지점 운영자가 선불로 단 한 번 1만 달러를 투자하면 1년에 수십만 달러(때로는 이보다 훨씬 많이)씩 번다는 걸 생각하면 더욱 기적 같은 일이다.
　앤디가 매우 자랑스러워하는 두꺼운 서류철이 다시 떠오른다. 트루엣과 앤디는 매우 다른 사람들이지만, 공통적인 미션 한 가지를 공유하고 있다. 고객의 찡그린 얼굴에 미소를 번지게 하는 방식으로 문제를 해결함으로써 상대의 성공과 번영을 도와주는 일이다.

———

앞의 세 가지 경험을 통해 나는 중요한 교훈을 분명히 알게 되었다. 첫째, 기업을 지배하는 경제적 요인을 크게 잘못 이해하고 있었다. 경영대학원에서 배웠고, 베인 입사 초기에 쌓았던 금융모델 지식으로는 이들 세 기업이 자기자금 self-financed 을 바탕으로 성장하는 놀라운 모습을 설명할 수 없었다. 이들 기업의 진정한 경제학을 이해하기 위해서는 그들 기업의 밑바탕에 놓여 있는 압도적으로 강력한 힘, 로열티에 관해 알아보고, 이를 정량화해야 했다.

둘째, 이들 세 기업의 리더들, 각각 믿을 수 없을 정도의 성공을 거둔 기업가들이 스스로를 일선 팀을 섬기는 사람으로 여긴다는 사실을 이해해야 했다. 그들은 팀 리더들을 후하게 대접했고(수십만 달러의 연봉을 받는 레스토랑 매니저를 떠올려보라!), 팀 리더의 성공을 행복한 마음으로 크게 축하했다. 팀 리더가 고객을 올바르게 대할 때 반드시 훌륭한 삶을 꾸려나가고 성공적인 경력을 쌓을 수 있도록 함으로써 팀 리더의 안녕에 관심을 쏟았다.

셋째, 이 세 기업과 밀접하게 관련된 교훈으로 이들 기업은 이익, 성장보다 사람들에게 훨씬 더 영감을 주는 목적을 받아들였다. 이익이나 성장은 유익한 부산물일 뿐이고, 기업의 핵심 사명은 고객에게 행복을 전하는 일이다(고객이 마주한 문제를 해결해주어 고객의 찡그린 얼굴을 미소 짓는 얼굴로 바꾸는 것). 이러한 사명을 달성함으로써 광고나 마케팅 수단을 동원하는 등의 비용을 들여 사업을 성장시킬 필요가 없었다. 대신 직원들이 반드시 고객을, 그리고 직원들 서로서로를 올바르게 대하도록 이끌어 기업의 성장을 이루었다. 이 기업들은 고객에게 과도한 수수료를 부과하거나 이윤을 더 남기려는 방식의 가격 책정, 깨알 같은 글씨로 고객에게 불리한 세부 조항을 기재하는 일 등을 하지 않는다. 사업의 목적에 맞지 않는 일이기 때문이다. 고객은 기업의 이런 애정 어린 관심을 느끼면 그 기업을 더 자주 찾고, 친구에게도 소개한다. 결국 이것이 지속가능하면서 수익성 있는 성장의 밑거름이다.

순추천고객지수의 개인적인 의미

이 책은 본래 비즈니스서이지만 여기에서 소개하는 여러 교훈은 내 삶에도 깊은 영향을 주었다. 그래서 개인적인 이야기를 몇 가지 공유하려 하는데, 그 이야기들이 나타내는 삶과의 보편적인 관련성을 확인할 수 있길 바란다. 모든 종류의 조직에서 일하는 개인과 그들의 고객, 조직 구성원, 투자자들이 더 나은 선택을 하고, 성공적인 삶으로 나아가는 데 도움이 되기를 바란다.

예를 들어 나는 순추천고객지수가 높은 회사, 즉 고객을 사랑하는 기업을 이용하려 애쓴다. 이런 기업의 서비스를 이용하면 삶이 훨씬 더 즐거워진다. 나는 한 은행의 과도한 수수료와 그저 그런 서비스를 수년간 참고 견디다 결국 이용을 포기했고, 은행 업계에서 고객 평가 점수가 가장 높은 은행인 퍼스트 리퍼블릭 은행First Republic Bank으로 거래 은행을 옮겼다. 이제는 은행 지점을 방문하거나 담당 직원과 전화나 이메일을 주고받는 일을 기대할 정도이다. 코로나 바이러스가 유행하는 동안 내 담당 직원은 내가 따뜻한 차 안에서, 안전하게 마스크를 끼고 앉아 있는 동안 기꺼이 눈 쌓인 주차장을 걸어 나가 서류를 공증해주겠다며 도움을 주었다. 그 서류는 은행 업무와 상관없는 서류였는데도 말이다. 사업의 주요 목적이 고객에게 기쁨을 주는 것이라고 믿는 은행으로 거래 은행을 바꾸었더니 삶이 훨씬 더 나아졌다.

또한 우리 가족은 어느 기업이 고객에게 가장 애정을 품고 있는지 알고, 그런 기업과 관계를 맺으며 직접적인 이득을 얻고 있다. 나는 1977년부터 베인에서 일해왔다. 이 책에서 소개하는 많은 경영 실무 기법은 베인이 개발한 것이다. 나는 베인의 분석을 통해 애플이 고객과 직원, 모두에게 높은 점수를 받는다는 걸 알았다. 아들 빌이 경기 침체기에 구직활동을 시작했을 때, 우리 동네의 애플스토어에 지원해보라고 권유했다. 빌은 애플스토어에 지원해 합격했다. 그 이상 일이 잘 풀릴 수 없었을 것이다. 빌은 애플에서 근무하면서 고객과 직원의 삶을 풍요롭게 한다는 사명을 진지하게 반영하는 사내 문화와 경영 프로세스를 배웠다. 내 생각으로 빌이 애플에서 배운 기법들은 그 어떤 경영학이나 경제학 석·박사 학위 과정에서 배우는 기법들보다 훨씬 가치가 높았다.

빌은 직원의 안녕에 깊이 관심을 기울이는 회사에 다닌다는 게 어떤 느낌인지 직접 경험하며 배웠다. 예컨대 애플은 직원들에게 저축과 투자를 권한다. 저축과 투자가 아직 익숙치 않은 청년들이 많지만, 이것이 삶에서 중요한 기술이라는 걸 알기 때문이다. 첫째, 애플은 직원들에게 회사에서 후하게 지원하는 401(k)라는 연금 상품에 투자할 것을 권한다. 직원이 지난 10년 동안 매년 최대치로 이 상품에 납입했다면 10만 달러 이상의 잔고가 쌓였을 것이다. 애플은 직원들이 저축과 투자에 더욱 매력을 느끼도록 매 반기 시작일이나 종료일에(둘 중 주식 가격이 더 쌀 때) 애플 주식을 시장 종가의 85퍼센트 가격으로 급여의 최대 10퍼센트까지 자동으로 투자하는 우리사주 프로그램도 진행한다. 만일 어느 애플스토어 직원이 빌과 함께 입사해 우리사주 구매 프로그램에 최대치로 투자했다면 애플 주식의 잔고가 30만 달러로 늘어났을 것이다. 401(K) 연금 투자와 합하면 해당 직원은 40만 달러를 모았을 것이다. 애플스토어에서 10년 일해 상당한 금액을 저축한 것이다!

물론 모든 직원이 급여의 16퍼센트를 저축할 여유가 있는 건 아닐 것이다. 하지만 이러한 투자 프로그램이 있는 회사에 다니면 투자 프로그램이 없는 곳에 다닐 때보다 훨씬 더 많은 돈을 모을 수 있는 게 당연하다.

그런데 이런 경제적인 이점보다 훨씬 더 중요한 것은 모든 직원이 좋은 사람들과 어울려 지낼 기회를 얻는다는 점이다. 즉 애플에서 채용하려는 인재의 유형과 그들에게 내재되어 있는 선함이 애플과 관계된 사람들의 삶을 풍요롭게 만들고, 이를 칭찬하는 인정과 보상 시스템을 통해 기업의 성격을 강화하는 것이다. 빌은 애플 스토어에서 멋진 동료를 만나 결혼에 이르렀다. 아들 부부의 친구는 대부분 애플스토어 동료이거나 함께 일했던 직원들이고, 그들의 삶은 애플에서 일하며 쌓은 인간관계와 교훈 덕분에 풍요로워졌다.

아버지로서 아이들의 행복을 지켜볼 수 있어서 기쁘다. 이에 더해 애플의 내부를 관찰할 수 있는 또 다른 부가 혜택까지 얻었다. 광고나 언론 기사로 걸러진 내용이 아니라 직원의 눈으로 애플이라는 기업을 바라볼 수 있었다. 그러고 나서 나는 애플 주식에 더욱 더 투자하게 되었고 아주 만족스러운 결정이었음을 확인했다.

순목적지수를 향하여

다르시 다넬Darci Darnell 과 머린 번즈Maureen Burns 는 공동 저자로 함께 이 책의 집필팀을 이루었다. 두 사람의 판단과 꾸준하게 제안하는 수정 사항의 내용은 보이지 않는 곳에서 일하는 편집자가 참여하는 것보다 훨씬 높은 수준의 것들이었다. 그래서 이 책에서 두 사람이 보다 전면에 나서 공동 저자로 참여해주어 기쁘다. 책의 집필 관련 회의를 하면서 한 번은 머린 번즈가 내가 처음 NPS를 만들었을 때 그 명칭이 '순추천고객지수'였다는 점을 상기시켰다. 그러다 문제 해결방식으로 진화하면서 '순추천고객시스템'으로 부르게 되었다. 이 책에 실린 장 가운데 하나의 내용을 논의하는 동안 머린은 "요즘 우리는 정말 NPS의 영혼에 관해 이야기하고 있다"라고 말했다. 그래서 이를 '순목적지수 Net Purpose Score', '순목적시스템 Net Purpose System'으로 부를 것을 제안했다. 다르시 다넬도 머린 번즈의 의견에 동의하면서 NPS를 제대로 실행하면 기업이 얼마나 일관되게 고객을 사랑한다는 목적을 따르며 운영하는지가 드러난다고 말했다.

차례

추천의 글 목적을 세워 승리하는 법　　　　　　　　　　　05

감수의 글 NPS 3.0이 한국 기업에 성공적으로 도입되길 바라며　　10

들어가는 글 지속가능한 성장의 시작점　　　　　　　　　16

서론 승리로 이끄는 단 하나의 목적

목적의 가치를 따르라

고객 중심 문화를 배양하는 기초 43 | 위대한 기업으로 향하는 단 하나의 변수 46 | 순추천고객 이론의 진화 51 | 열렬한 추천의 힘 54 | NPS의 성공적 도입을 위한 A to Z 57 | 좋은 이익을 추구하라 59

1장 고객 중심 경영으로 전환하라

고객 자본주의와 NPS

디지털 세상의 목적 68 | 순추천고객지수의 잘못된 사용 방식 72 | 애플스토어의 NPS 76 | 올바른 삶과 올바른 경영의 상호작용 | 80

2장 지속가능한 위대함의 추구

수익보다 가치에 집중하라

도덕적 기준으로서의 NPS 88 | 위대함을 다시 정의하라 91 | 목적 없는 기업은 결코 위대해질 수 없다 98 | 지속적 성장을 예측해주는 프레드 주가지수 102 | 리더의 목적은 무엇인가 105

3장 고객을 진정으로 사랑하라

고객 자본주의 시대의 필수 조건

디지털 시대의 고객 사랑 117 | 코스트코의 경쟁우위 123 | 디스커버 파이낸셜 서비스의 도전 128 | 관행을 타파한 고객 사랑, 티모바일 137 | 퓨어 인슈어런스의 충성 고객 전략 143 | 고객을 사랑하는 기업만이 승리한다 149

4장 영감을 불러일으키는 조직

팀을 최고로 대우하고 존중하라

직원 존중과 성과의 방정식 160 | 일선 직원을 돕는 리더십 164 | 효과적으로 설계된 팀허들의 힘 168 | 팀 리더가 모든 것을 좌우한다 172 | 측정하기 어려운 성과에 집중하라 175 | 직원을 가장 소중하게 대우하라 178 | 디스커버의 영감을 불러일으키는 시스템 184 | 리더의 첫 번째 책임 191

5장 지속가능한 승리를 추구하라

투자자를 존중하는 최선책, 로열티 경영

투자자가 승리하는 전략이란 무엇인가 199 | NPS와 총주주수익률의 상관관계 201 | 유의미한 순추천고객지수를 확보하라 210 | 획득성장의 발견 219 | 고객 기반 회계로 전환하라 223 | 획득성장의 두 가지 요소 227 | 고객 로열티의 진정한 의미 231

6장 황금률을 절대적으로 지켜라

올바른 가치를 추구하는 힘

도전 과제 1 : 황금률에 대한 피상적 이해 241 | 도전 과제 2 : 잘못된 인센티브 및 보상 시스템 249 | 도전 과제 3 : 부정확한 피드백 측정 시스템 257 | 도전 과제 4 : 피드백을 처리하기에 안정적인 시간 및 장소의 부재 263 | 도전 과제 5 : 무분별한 익명성 267 | 도전 과제 6 : 나쁜 행동을 일삼는 사람들 271

7장 탁월한 경험을 선사하라

고객 경험을 극대화하는 혁신

아마존 프라임, 고객 중심의 혁신 286 | 만족스러움을 넘어 탁월함을 추구하라 291 | 고객에게 배움을 구하는 세 번째 질문 294 | 탁월함의 경계를 높이는 칙필에이 298 | 디지털 혁신의 힘 304 | 한계를 넘어서기 위하여 309 | 함께 성장하기 위한 해법 312

8장 끈기를 가지고 지속하라

위대한 기업을 세우는 원칙과 시스템

가치 선언서로 지속하는 힘을 만들라 323 | 아마존을 독특한 기업으로 만드는 14가지 원칙 332 | 경영자의 의지와 행동 없이는 아무것도 이룰 수 없다 341 | 기업의 가치관을 강화하는 시스템을 만들라 344 | 고객 사랑이라는 가치를 끈기 있게 지원하라 350

9장 최고의 덕목은 겸손이다

디지털 시대와 NPS 3.0의 진화

새로운 흐름을 포용하라 363 | 먼저 다른 사람을 섬겨라 367 | 디지털 시대와 NPS의 미래 378 | 지속가능한 성장은 공동체가 핵심이다 384

부록 NPS 3.0 체크리스트	388
획득성장 산출 계산법	399
주	404
감사의 글	418

⋘ **KNOW YOUR PURPOSE**

서론

승리로 이끄는
단 하나의 목적

목적의 가치를 따르라

'나의 목적은 무엇인가?' 이는 대부분의 개인이나 기업에게 있어 여러 의미가 담긴 질문이다. 이 질문은 개인적인 측면에선 철학적·종교적으로 함축적인 내용을 담고 있고, 존재 이유 자체를 탐구하게 만든다. 모든 사람은 각자 이 질문에 대해 스스로 답해야 하고, 그 답에 따라 살아야 한다.

하지만 기업의 경우는 다르다. 기업을 계속 승리로 이끄는 목적은 단 하나뿐이기 때문이다. 물론 목적으로 삼을 만한 솔깃한 주장은 아주 많다. 사회의 선한 힘이 된다, 최저 비용으로 가장 효율성이 높은 공급업체가 된다, 업계 최대의 기업이 된다, 기술 선도기업이 된다, 직원이 일하기 좋은 최고의 일터가 된다, 고객에게 행복을 전한다, 환경 오염을 줄인다, 굿 거버넌스 good governance의 모델이 된다, 주주 이익을 최대화한다, 공정과 사회 정의를 개선한다 등의 주장이다. 하지만 위기 극복에 탁월하며 지속가능한 성공을 거두는 기업은 일관되게 '고객의 삶을 풍요롭게 한다'는 하나의 주요 목적이 있고, 이 목적에 따라 기업을 경영한다.

그러나 기업의 목적을 이렇게 바라보는 관점은 널리 알려지지 않았다. 베인앤드컴퍼니가 실시한 설문조사 결과에 따르면 기업의 주요 목적이 '고객이 얻는 가치를 최대화하는 것'이라고 답한 경영자는 응답자 중 18퍼센트에 불과했다.[1] 여전히 금융 자본주의라는 낡은 사고방식으로 경영하는 기업이 많다. 이런 기업은 주주가치의 극대화를 최우선시하고 이를 중심으로 경영한다. 그나마 최근에는 고객, 직원, 공급업체, 투자자, 환경, 사회 등 다양한 이해관계자에 대한 책임에 관해 균형 잡힌 평가를 하려고 시도하는 기업이 늘고 있다.

지난 40년간 고객을 우선으로 하는 기업이 뛰어난 성과를 내는 것을 지켜봐왔다. 그런 기업은 고객이 얻는 가치를 최대화하는 것이 다른 모든 이해관계자들에게 좋은 성과를 가져다준다는 것을 증명했다. 이 책의 2장과 5장에서 고객을 가장 사랑하는 기업이 주주에게도 가장 좋은 결과를 가져다주었음을 보여주는 흥미로운 사례를 확인하게 될 것이다. 기업은 고객을 행복하게 만듦으로써 투자자들도 행복하게 만들 수 있다. 이에 반하는 전략은 예외없이 실패한다. 기업이 투자자의 이익을 우선시할 때 대개 고객의 마음으로부터 멀어지는 일을 하기 때문이다. 과도한 연체 수수료, 항공편 변경 수수료 등을 생각해보면 알 수 있지 않은가.

물론 이전보다는 많은 기업이 고객 중심 경영을 하고 있다. 그러니 고객을 중심으로 삼겠다는 관점이 급진적인 것은 아니다. 하지만 고객 행복을 경영의 주요 목적으로 삼는 기업은 여전히 많지 않다. 그렇기에 의미 있는 진전을 이루기 힘든 것이다. 사실 오늘날 기업은 표면상으로는 고객 중심의 가치를 내세우면서도 여전히 대부분의 경영자가 사업의 주요 목적을 회사의 이익이라고 여긴다. 기업의 성공을 측정하고, 보너스를 지급하고, 승진 여부를 결정할 때 주로 재무적인 성과를 기준으로 삼는 것만 봐도 알 수 있는 일이다. 재무 성과를 토대로 이런 결정을 내리는 것은 재무 기록이 가장 신뢰할 수 있는 감사 정보를 제공하기 때문이다. 그래서 재무 기록을 기반으로 계획을 세우고, 의사결정을 하고, 성과에 대한 책임을 묻고, 투자자에게 관심을 얻는다. 투자자보다 고객을 중심으로 돌아가는 세상에서 살고 있다는 것을 인식하는 경영자가 예전보다는 많아졌지만 그들이 경영하는 기업, 그 기업의 통제 시스템, 지배구조 프로세스는 모두 이익을 중심으로 하는 과거 시대 가치에 맞춰 설계되어 있다.

애플, 아마존Amazon, 티모바일T-Mobile, 엔터프라이즈 렌터카, 코스트코costco와 같은 대기업과 와비 파커, 펠로톤, 츄이 등 디지털 혁신 기업을 포함해 오늘날 승리를 거머쥔 기업들은 고객 중심을 핵심 가치로 삼아 경영을 지속해왔다. 이들 기업의 경영자는 직원들에게 다른 어떤 이해관계자보다 고객을 최우선으로 삼아야 한다는 신념을 불어넣었다.

순추천고객지수는 여러 기업 중 승자가 될 기업이 어느 곳인지를 구분짓는 힘을 드러내는 명징한 지표이다. 기업은 순추천고객지수를 사용하여 목적에 대비해 사업이 얼마나 진전을 이루었는지 측정할 수 있고, 회사가 추구하는 고객 중심이 광고에서 과장하는 말이 아니라 과학적으로 정확하게 측정할 수 있는 대상임을 확인할 수 있다. 앞서 소개한 칙필에이의 트루엣 캐시의 이야기를 기억하는가? 그는 자신과 회사의 마음을 움직이는 건 찡그린 얼굴을 미소로 바꾸는 일임을 직관적으로 알고 있었다. 순추천고객지수는 그의 생각을 측정 및 관리 가능한 프로세스로 발전시킨 것이며, 이는 사실 하나의 학문이다. 앞으로 살펴보게 될 내용처럼 순추천고객지수는 고객이 적절한 업체를 선택하는 일뿐 아니라 구직자가 최고의 직장을 찾는 일에도 도움을 주고, 투자자가 시장에서 아주 큰 승리를 거둘 수 있게 해준다.

고객 중심 문화를 배양하는 기초

경영대학원에 다닐 때 나는 교수님들의 콜드콜Cold Call을 받는 게 두려웠다.[2] 졸업 후 수십 년이 지난 어느 날 하버드 경영대학원의 보리스 그로이스버그Boris Groysberg 교수에게서 전화를 받았을 때도 대학원 시절과 똑같이 아드레날린이 치솟는 느낌이 들었다. 자기소개를 한 보리스는 자녀들이 다니는 학교의 이사회에 참여하고 있는데, 학교의 교장 선생님이 순추천고객지수로 얻은 지표를 아주 효과적으로 사용하고 있는 것 같았다고 했다. 그는 또한 퍼스트 리퍼블릭 은행의 이사로 활동하고 있는데, 퍼스트 리퍼블릭 은행은 최근 순추천고객지수를 이용하기 시작한 곳이었다. 보리스는 우연히 순추천고객지수에 관해 두 차례 이야기를 들은 뒤 이를 가장 잘 적용하고 있는 사례를 더 알고 싶어졌다고 했다. 순추천고객지수를 가장 성공적으로 사용하는 기업은 어디이며, 그 효과가 덜 했던 기업은 어디인지 궁금해했다. 우리는 며칠 뒤 점심에 하버드 경영대학원 패컬티 클럽faculty club에서 만나기로 약속했다.

보리스는 기업들에서 NPS를 널리 채택하고 있는데도 이를 주제로 하는 하버드 경영대학원 사례 연구서가 한 번도 나온 적이 없다는 점이 놀라웠다고 했다. 사실 교수들은 대부분 내가 연구해온 NPS와 어느 정도 거리를 두고 있다. 나는 그 이유가 NPS를 하나의 마케팅 툴로 생각하기 때문이라고 말했다. 고객 만족도의 척도로 조금씩 개선되고 있지만, 임원진이 많은 관심을 가지지 않는 주제라고 말이다.[3] 하지만 리더십과 조직 전략을 중점적으로 연구하는 학자인 보리스는 순추천고객지수의 훨씬 더 큰 잠재적 영향력에 주목했다. 그는 NPS의 효과를 최대치로 이용하는 기업이 어디인지 물었다.

나는 퍼스트 서비스FirstService Corporation를 소개했다. 퍼스트 서비스는 캐나다 토론토에 위치한 연매출액 30억 달러 규모의 부동산 서비스 기업이다. 이날 퍼스트 서비스를 소개한 것은 하버드 경영대학원 최초의 NPS 사례 연구로 이어졌다. 보리스의 NPS 사례 연구에서는 캘리포니아 클로짓California Closets에 초점을 맞추었다. 이 회사는 퍼스트 서비스의 자회사로, 다양한 방식으로 순추천고객지수를 사용해왔다. 캘리포니아 클로짓 사례 연구에서는 마케팅 세분화 및 전략에 NPS를 혁신적으로 적용하는 여러 사례를 소개했다. 이 가운데 일부는 뒤에서 더 자세히 소개할 것이다. 이들 사례의 핵심은 사명에 관한 내용, 즉 고객을 올바르게 대하겠다는 신념을 직원들에게 불어넣는 방법에 관한 것이다.

보리스가 시작한 새로운 사례를 가르치는 수업에 참석했었는데, 보리스는 NPS를 실행할 때 고려해야 할 여러 어려움을 학생들이 잘 이해할 수 있도록 수업을 진행했다. 학생들 사이에서는 활발한 토론이 이어졌다. 수업이 끝날 무렵 보리스는 NPS 연구를 어떻게 시작하게 되었는지 그 기원을 소개해달라고 부탁했고, 이후에 학생들의 적극적인 참여로 질의응답을 진행했다. 수업이 끝난 뒤 수업 보조 자료로 사용할 영상을 만들기 위한 인터뷰에 참여했다. 인터뷰에서 다룬 주제 중 한 가지는 NPS를 오픈소스open source 솔루션으로 누구나 사용할 수 있도록 둔 것이 현명한 선택이었는가 하는 점이었다. 나는 NPS를 오픈소스 솔루션으로 두겠다는 결정 덕분에 기업에서 얼마나 빠른 속도로 NPS를 채택해 혁신을 이룰 수 있었는지 말했고, 기업들이 NPS를 어떻게 효과적으로 적용해야 하는지 다소 혼란스러워 하는 점이 있었다고 설명했다. 기업에서는 현재 NPS를 브랜드 자산brand equity의 측정, 고객 이탈의 감소, 디지털 혁신의 테스트, 시장 세분화, 유통 채널 평가에 사용한다. 하지만 NPS의 가장 중요한 역할은 앞서 밝혔듯 고객 중심의 문화를 만들고 키워나갈 프레임워크를 경영자에게 제공하는 것이다. 경영자는 '고객의 삶을 풍요롭게 한다'는 주요 목적을 기준으로 사내에 고객 중심 문화가 어느 정도 진전되었는지를 NPS를 통해 측정할 수 있다. 바로 이 같은 점 때문에 NPS가 자본주의 체제 하에서 기업이 지닌 몇몇 심각한 문제를 해결하고 다음 단계로 진화해갈 발판을 만드는 데 도움을 줄 수 있는 것이다.

위대한 기업으로 향하는 단 하나의 변수

전통적 자본주의, 즉 금융 자본주의에 대한 불만이 커지고 있는 것은 명백한 사실이다. 최근 몇 년간 전형적인 반기업 성향의 급진주의자뿐 아니라 중도파까지 자본주의에 관한 불만의 목소리를 높였다. 2018년 갤럽에서 진행한 설문조사 결과에 따르면 자본주의에 긍정적 시각을 보인 미국인의 수가 56퍼센트까지 줄었다(민주당에 투표한 유권자는 47퍼센트였다). 30세 이하의 응답자는 대부분은 자본주의보다 사회주의를 선호했다.[4] 심지어 다보스 세계경제포럼에 참석한 유명 자본주의자도 현재의 경제시스템에 관해 우려를 표명했다. 마이클 블룸버그는 2019년 하버드 경영대학원 졸업 기념 행사의 연설에서 이 문제를 상기시켰다.[5] 그런가 하면 유서 깊은 경제단체인 비즈니스 라운드테이블Business Roundtable의 회원인 세계 최고 기업의 CEO들도 자본주의의 변화를 강력히 촉구했다. 기업 CEO들이 고객, 직원, 공동체, 환경, 사회 등을 포함한 모든 이해관계자들을 위한 가치 창출에 책임감을 가져야 한다는 요구도 점점 더 커지고 있다.

그런데 이런 주장들은 감정적으로 호소력이 있지만 문제가 있다. 그건 모든 사람을 책임진다는 것이 그 누구도 책임지지 않는다는 의미와 같기 때문이다. 복합적인 차원에서 동시에 가치를 최적화하려면 수학적 혼돈 상태에 빠지는 것처럼 모든 사람을 똑같이 책임진다는 건 사실상 불가능하다. 기업 조직처럼 복잡한 시스템의 여러 변수를 최적화하려면 최고의 슈퍼컴퓨터조차 작동을 멈추고 '결정 불가'라는 오류 메시지를 내보낸다. 선형 계획법Linear programming 알고리즘으로는 하나를 제외한 모든 변수를 제한하지 않는 한 요청에 답할 수 없다. 오직 하나의 단일변수만을 최대로 활용할 수 있을 뿐이다.[6]

여러 목표를 최대로 달성하라는 지시를 받았을 때 실패하는 건 컴퓨터뿐만이 아니다. 복잡한 상황에서는 사람도 실수하게 마련이다. 그렇기 때문에 최고의 경영자들은 팀 목표를 단순화하기 위해 열심히 노력한다. 목표가 단순해야 생산적으로 창의적인 노력을 기울일 수 있다.[7]

이렇게 되면 당연히 '기업이 위대해지기 위해 최적화해야 하는 단일변수는 무엇일까?'라는 질문을 하게 된다. 대략 20세기 초반까지만 해도 밀턴 프리드먼Milton Friedman이 주장했던 주주가치를 최대화하는 일이 올바른 답이었고, 기업이 추구해야 할 타당한 목표였다. 하지만 그저 평균보다 약간 더 높은 수익을 쫓아 전 세계를 휘젓고 다니는 엄청난 자본이 급증한 오늘날에는 자본이 진짜 귀중하고 제한된 자원은 아니다.

주주수익 최대화를 목표로 삼고, 특히 단기적인 이익을 얻으려 하면 기업은 그저 그런 성과와 사업 하락세를 피할 수 없다. 고객을 향한 기업의 애정을 느끼지 못하면 고객도 기업에 대한 로열티를 가지지 않기 때문이다. 게다가 능력 있는 직원은 귀중하고 제한적인 자원이며, 그들 중 주주의 배를 불리는 일을 평생의 직업으로 받아들이는 이는 거의 없다. 대부분의 기업들이 더 많은 프로세스를 디지털 플랫폼으로 전환하고, 클라우드 컴퓨팅을 활용하는 데 필요한 인재를 필사적으로 찾고 있다. 하지만 우리는 MZ세대 인재들이 자신의 마음을 움직이는 목적을 제시하는 회사에서만 일하려 한다는 증거를 수없이 봐왔다.

그렇다면 직원의 행복을 중심 목적으로 설정하고 직원들이 가장 중요하게 여기는 목적을 내세워야 할까? 노동조합이나 여러 진보 정치인들은 당연히 이런 관점을 지지한다. 문제는 혁신적 해결 방안을 요구하는 까다로운 고객을 외면하는 일, 경쟁과 위험 부담이라는 스트레스를 받지 않는 것, 변화와 더 나은 업무 프로세스를 채택해 불편함을 감수하는 것을 회피하는 것, 넉넉한 휴가 등 직원들의 만족을 가져다주는 일이 바로 고객 불만족을 불러오는 일이라는 점이다. 이런 일은 즉각 고객 로열티를 감소시키고, 점차 기업의 성장과 번영을 가로막는다. 더구나 이런 것들은 단기적으로만 직원을 행복하게 할 뿐 직원 로열티로 이어지지도 못한다.

'일하기 좋은 기업Great Place to Work'에 선정된 기업 명단을 살펴보라. 순위를 정하는 주요 기준으로 고객에게 우수한 경험을 제공하는 것을 말하는 곳은 드물다. 대신 훌륭한 카페테리아, 탁구대, 무료 이용 가능한 스무디 기계 등 우수한 부가적인 혜택에만 초점을 맞춘다. 하지만 이런 혜택은 직장생활에서 말 그대로 부가적인 것일 뿐이다. 일하기 좋은 일터라는 건 경쟁력 있는 급여와 복리후생을 넘어 직원이 고객을 위해 정말 좋은 일을 하도록 만드는 기업이라고 생각한다. 다시 한번 강조하지만 이는 직원들 개개인이 의미와 목적이 있는 삶을 건설한다는 뜻이다.

자본주의가 진화하는 과정에서 다음에 찾아올 단계는 무엇일까? 나는 우리가 이미 고객 자본주의 시대에 접어들었다고 생각한다. 고객 자본주의라는 용어를 내가 처음 사용한 것은 아니지만[8] 고객 자본주의를 이끄는 철학과 기저의 경제학을 포함해 고객 자본주의 전체 시스템에 관한 종합적인 설명을 제시한 것은 이 책이 처음이라고 생각한다.

이 책에서는 고객 중심의 세상에서 승리하는 데 필요한 지표 및 관리 프로세스를 함께 다룬다. 9장에서 제시한 순추천고객 선언서 Net Promoter Manifesto는 이 책 전반을 아우르는 핵심 사항을 담은 것으로, 고객 자본주의 시대에 지속해서 성공하는 기업을 만들기 위해 경영자가 반드시 따라야 할 7가지 핵심 원칙을 정리한 것이다. 다시 한번 강조하건대 고객 자본주의의 모범이 되는 기업은 주가를 높이고 배당흐름을 늘리려고 모든 고객과 직원에게서 최대치의 이익을 얻어내려고 하지 않는다. 대신 고객과 직원을 대할 때 친절, 관용, 사랑의 중요한 역할에 초점을 맞춘다.

이 세 단어에 관심이 가는가? 친절, 관용, 사랑 이 단어에 밑줄을 그어 강조해야겠다. 오늘날 수많은 자기계발서에서 우리가 더 행복하고, 더 크게 성공하기 위해 해야 할 행동을 집중적으로 말한다. 하지만 대체로 행복과 성공을 얻기 위해 반드시 답해야 할 '인생의 주요 목적이 무엇인가?'라는 질문은 잘 다루지 않는다. 만일 이 필수적인 질문에 대한 당신의 답이 나와 비슷하게 '다른 사람의 삶을 풍요롭게 만들고, 더 좋은 세상을 만드는 것'이라면, 당신의 귀중한 시간과 자원, 로열티를 투자할 만한 가치가 있는 개인적·조직적 관계는 무엇인지 신중하게 생각해봐야 한다. 상대가 우리의 목적에 부합하는 목적을 가지고 이를 실현하고자 하는지 확인해야 한다. 만일 상대의 목적이 당신의 목적과 조화를 이룬다면 상대가 번창하는 데 힘을 보탤 수 있다. 또한 실제로 얼마나 일관되게 황금률에 따라 살아가는지 진척도를 측정할 수 있다. 황금률은 우리를 의미와 목적이 있는 삶으로 나아가게 하는 가장 확실한 지침이다.

'자신의 로열티를 현명하게 투자하라'는 것은 이 책을 통해 전하고 싶은 핵심 내용 중 하나이다. 올바른 기업, 즉 당신의 시간과 에너지, 자원과 평판(로열티)을 투자할 가치가 있는 기업을 찾는 법을 뒤에서 설명할 것이다. 베인의 파트너들에게 도움을 받아 개발한 경험칙, 툴, 프레임워크는 당신이 제품과 서비스를 구매하고, 일하고, 투자하기에 가장 좋은 기업이 어디인지 찾고 더 나은 선택을 하는 데 도움을 줄 것이다.

순추천고객 이론의 진화

나는 초기에는 로열티의 경제적 효익을 정량화하는 데 집중했지만 곧 기업이 로열티를 얻을 방법을 알아내는 방향으로 연구를 전환했다. 그때 이미 기업의 최고 목적이 '고객의 삶을 풍요롭게 하는 것'이라고 생각하고 이를 전하기 시작했다. 하지만 기업이 이러한 목적을 받아들인 결과를 확인하기 위해서는 성공과 실패를 측정할 실제적 방법이 필요했다.

2002년 그러한 필요성을 채우기 위해 순추천고객Net Promoter이라는 개념을 개발하기 시작했다. 앤디 테일러가 엔터프라이즈 렌터카에서 사용했던 고객 피드백 프로세스에서 많은 영감을 얻었다. 앤디는 친절하게도 엔터프라이즈 렌터카의 고객 피드백 프로세스를 자세히 설명해주었고, 그 내용을 발전시켜(앤디가 사용했던 만족도와 재이용 가능성이라는 두 가지 질문을 추천 가능성이라는 한 가지 질문으로 줄였다) 어느 산업 분야에 속하든 고객 로열티를 높이려는 기업에서 사용할 수 있도록 했다.

순추천고객 이론이 성장하고 발전함에 따라(오픈소스 혁신 덕분에 발전이 가속화되었다) 생겨난 한 가지 부정적인 결과는, 순추천고객이 실제로 나타내는 것이 무엇인지에 대한 혼란이었다. 너무 많은 사람들이 NPS의 중심 구성 요소가 추천 가능성을 묻는 설문조사에 기초한 특정 수치 결과라고 추측한다. 그건 분명 NPS를 만들 때 의도했던 바가 아니다. NPS를 두고 처음 고려했던 명칭은 '순 삶의 풍요Net Lives Enriched 지수'였다. 이 명칭이 지금도 여전히 NPS의 내용을 더 잘 나타내는 것이라고 생각한다. 순추천고객이란 개념은 본질적으로 고객에게 미치는 영향으로 성공을 측정해야 한다고 전제하는 철학이다. 우리가 고객의 삶을 풍요롭게 했는가? 다시 말해 고객의 하루를 빛나게 했는가? 고객의 짐을 덜어 가벼워지게 했는가? 고객의 어려움을 줄여주었는가? 고객이 사랑받는다고 느끼게 했는가? 찌푸리는 횟수를 줄이고 미소 짓는 횟수를 늘렸는가?

NPS는 위 질문에 관한 대답을 3개의 범주, 추천고객Promoters(미소), 중립고객Passives(그저 그렇다), 비추천고객Detractors(찌푸림)으로 나눈다.

추천고객은 브랜드 이용 경험에 매우 만족해 재구매를 위해 다시 찾고, 가족, 친구, 동료에게 브랜드를 추천하는 고객이다. 이들은 자신이 지불한 금액보다 더 많은 걸 얻었다고 느낀다. 생각해보면 이는 '삶이 풍요로워짐'을 뜻하는 하나의 정의이다. 추천고객이 지닌 열정적인 로열티는 기업을 성장시키고 기업의 평판을 높이는 매우 귀중한 자산이다.

중립고객은 돈을 낸 만큼 받았지만, 그 이상 무언가 더 얻은 건 없다고 생각하는 고객이다. 그들은 구매에 만족하는 정도의 고객일 뿐 기업에 지속적으로 가치를 부여하는 로열티가 높은 자산은 아니다.

마지막으로 비추천고객은 해당 기업의 제품 및 서비스를 이용하는 동안 실망하고, 지불한 금액만큼의 가치를 얻지 못했다고 느끼는 고객이다. 비추천고객은 해당 기업의 제품 및 서비스를 이용한 경험으로 인해 오히려 삶의 질이 낮아지고, 결과적으로 기업의 성장과 평판을 낮추는 요인이 된다.

우리는 추천 가능성을 묻는 질문에 점수를 매기는 방식으로 설문조사를 진행해 NPS를 시작했다. 질문은 1~2개의 후속 질문이 이어져 해당 점수를 매긴 이유와 점수를 높일 수 있는 방법을 설명하도록 했다. 설문조사의 단순함이 주는 장점은 생각보다 훨씬 더 크다. 고객이 설문조사에서 매긴 점수(기업이 핵심 목적 달성에 성공했는지 실패했는지를 나타낸다)와 관리 시스템은 점점 발전했다.

사실 사람들은 설문조사에 지쳐 있다. 그래서 오늘날 주요 실무자들은 순추천고객이 지닌 여러 통찰력을 발전한 빅데이터 분석을 통해 도출해낸다. 실시간 고객 행동(디지털 신호)을 관찰하면 더 빠르고 정확하게 추천고객, 중립고객, 비추천고객을 확인할 수 있다. 하지만 더욱 깊숙이 들어가 근본 원인을 조사하고, 대안을 테스트해보는 데는 여전히 설문조사의 역할이 중요하다. 사실 설문조사 결과는 신호와 소음을 구별하기 위한 정량적 모델을 연구하는 데 사용된다.

디지털 혁명이 이루어지는 상황에서도 변하지 않은 한 가지 모습은 진정으로 고객의 삶을 풍요롭게 하는 기업을 이용한 고객은 자신이 아끼는 사람도 같은 경험을 하기 바라고, 그 때문에 친구와 가족에게 추천한다는 점이다. 바로 이 단 하나의 통찰을 통해 기업이 NPS의 목적을 달성했는지 여부를 알 수 있다.

열렬한 추천의 힘

원래 선택했던 질문은 '우리 회사를 친구에게 추천할 가능성이 어느 정도입니까?'였다. 이에 대한 대답을 기초로 재구매, 지출 점유율 증가, 실제 추천 등 개인 고객의 로열티 행동을 예상할 수 있기 때문이다.[9] 이 점이 바로 로열티 경제학을 이끌어내는 요소이다. 시간이 흐르면서 고객의 '추천 가능성'이 흥미로운 사실을 보여주는 이유를 더 많이 알게 되었다. 사람들은 제품이나 서비스를 추천할 때 추천하는 기업과 자기 자신의 평판을 효과적으로 묶어 공동으로 브랜딩한다. 내가 추천한 제품이나 서비스를 친구가 이용했는데 만족스러운 경험을 얻지 못하면 나의 판단력과 신뢰도에 나쁜 영향을 준다. 〈포춘〉 선정 100대 기업 중 한 곳의 CEO는 이웃집에 자신이 제일 좋아하는 카리브 해안의 리조트를 추천하고는 이웃 가족이 실제로 해당 리조트를 방문하게 되었을 때 그들이 리조트에서 즐거운 시간을 보내고 있는지 걱정하느라 일주일 내내 불안했다고 한다.

개인적인 추천은 한층 더 깊은 의미를 가진다. 본질적으로 추천한다는 것은 상대를 아끼는 마음에서 나오는 행동이고, 친구나 가족의 삶이 더 나아지기를 바라는 마음으로 이루어진다. 선한 사람이라면 환경을 오염시키거나 직원을 학대하거나 납품업체를 막 대하는 기업을 주위 사람들에게 열렬히 추천하지 않을 것이다.

열렬한 추천에는 브랜드의 품질이나 가치 이상의 내용이 담겨있다. 해당 기업, 그 기업의 목적을 열과 성을 다해 조사하고, 기업의 관리 방식, 공동체, 환경, 사회 정의에 미치는 영향에 관해 어떻게 느끼는지 등 중요한 정보를 반영하는 것이다. 이것이 지멘스Siemens가 현재 ESG 지속가능성의 분명한 지표로 NPS를 보고하는 이유일 것이다.[10]

앞서 밝힌 것처럼 원래 NPS에 '순 삶의 풍요 지수'라는 명칭을 부여하려고 했었다. 우리가 개발한 시스템이 측정하려는 핵심 목적이 삶의 풍요성이기 때문이다. 우리가 만나는 모든 이의 삶을 관찰하고, 삶이 풍요로워진 사람이 몇 명인지, 반대로 삶의 풍요로움이 줄어든 사람이 몇 명인지 확인하는 것이다. 하지만 경영자는 최종 성과에 초점을 맞추기 때문에 그에 적합하다고 판단된 명칭을 선택한 것이다. 물론 경영자는 수익성 있는 성장을 이끄는 추천고객의 엄청난 가치를 알 것이며, 비추천고객으로 인해 발생할 엄청난 비용도 함께 알고 있을 터였다. 그래서 나는 베인 동료들의 도움을 받아 함께 이 시스템을 순추천고객시스템NPS, Net Promoter System이라 부르기로 하고, 고객 중심으로 기업을 경영하는 NPS 프로세스를 세상에 소개했다.

　NPS라는 이름은 효과가 있었다. 발표 이후 NPS의 채택률은 놀라웠다. 2002년 처음 소개한 이후 NPS, 특히 기업의 목적 달성 정도를 측정하는 순추천고객지수는 고객을 우선하고, 고객의 성공을 기준으로 할 때 기업이 어느 정도 목적을 달성하고 있는지 측정하는 최고의 경영 관리 시스템이 되었다. 2020년 〈포춘〉은 NPS에 관한 특집 기사를 게재했는데, 〈포춘〉의 수석편집자 제프 콜빈은 다음과 같이 결론을 내렸다.

　고객의 정서를 측정하는 특정 방법을 위해 이 모든 노력을 다하는 것인가? 이상해 보일 수 있겠지만, 이러한 현상은 실제이며 점점 더 많이 일어나고 있다. 〈포춘〉 1000대 기업 가운데 최소 3분의 2의 기업에서 순추천고객지수를 사용하며, 금융 서비스, 항공, 통신, 소매유통 등의 산업 분야에 속하는 기업은 대부분 NPS를 활용하고 있다. 조용히 그리고 꾸준히, 누구도 크게 눈치채지 못했지만 대부분의 대기업 임원과 수천 개 중소기업 대표가 NPS를 찾았다. NPS는 세계 경제에 깊고 넓게 영향을 미치고 있다. NPS를 회의적으로 생각하거나 적대시하는 사람은 대체로 실패했다.

　현재 모든 선진 경제와 여러 신흥 경제에서 NPS를 사용하고 있으며, 비단 기업뿐 아니라 모든 유형의 조직에서 도입을 고려하고 있다. 영국에서는 국민보건서비스National Health Service에서 NPS를 이용 중이다. 모든 조직에서 고객 경험에 집중하면서 여러 산업과 국가에 걸쳐 NPS의 발전은 가속화되고 있다.[11]

NPS 도입 현상은 또한 〈포춘〉 1000대 기업에 속하지 않는 기업으로도 퍼져 나가 스타트업, 중소기업, 비영리단체에서도 호응을 얻었다.[12] 미래의 리더가 될 사람들 또한 NPS에 주목하고 있다. 스탠포드 경영대학원의 선임교수는 스탠포드 대학교에 다니는 학생 중 60퍼센트가 경영대학원에서의 첫 수업을 듣기 전에 이미 NPS에 관해 알고 있었다고 말했다. 그리고 졸업할 무렵에는 거의 100퍼센트가 안다.

NPS의 성공적 도입을 위한 A to Z

NPS가 폭넓은 범위로 빠르게 확장될 수 있었던 한 가지 핵심 비결은 NPS를 오픈소스로 공개한 것이다. 덕분에 기업의 실무자가 고객과 직원, 양측의 피드백을 바탕으로 각자의 필요에 따라 자유로이 NPS를 테스트해보고 조정할 수 있었다. 그 결과 우리의 아이디어는 전 세계 수천 개 조직에서 디지털 시대에서 점점 커지는 도전 과제에 맞춰 형태를 갖추고, 개선되고, 각 조직의 기호에 따라

맞춤형으로 이용되었다. NPS는 고객 경험을 측정하는 지배적인 프레임워크가 되었다.[13]

하지만 오픈소스 시스템이라면 무엇이나 그렇듯 NPS가 가져올 것으로 추정되는 혁신 중에는 해로운 내용도 있는 것으로 드러났다. 뒤에 이어질 여러 장을 통해 나는 NPS의 핵심 목적을 둘러싼 혼란스러운 부분을 해결하려 노력할 것이며, NPS에 파괴적으로 접근하는 방식을 몇 가지 언급할 것이다. 특히 NPS를 유용한 '척도'가 아닌 쓸모없고 믿음이 덜 가는 '달성 목표' 점수로 변질시키는 접근 방식을 살펴볼 것이다. 또한 실제 기업의 사례를 통해 다양한 차원의 모범 사례도 보여줄 것이다. 마지막 장에서는 현재의 최신 시스템, NPS 3.0의 내용을 요약해두었다(부록 A에는 NPS 3.0의 구성 요소를 자세한 체크리스트로 제공한다).

1장과 2장에서는 기업이 승리하는 목적을 지닌다는 것이 어떠한 의미인지, 그리고 올바른 목적을 추구하는 일이 어떻게 위대한 기업을 만드는지 설명한다.

3장과 4장에서는 고객을 사랑한다는 의미, 그리고 고객을 사랑해야 한다는 미션을 직원들이 받아들이도록 직원의 마음을 움직이는 방법을 알아본다.

5장에서는 고객을 사랑하는 일이 투자자에게 최고의 성과를 가져다주는 이유를 설명하고, 현명한 투자자라면 기업이 주요 목적으로 고객을 사랑하는 일을 우선으로 삼도록 하고, 그에 따른 진척도를 믿을 만한 자료로 보고해 고객 기반 회계로 업그레이드할 것을 요구해야 한다는 것을 증명했다.

 NPS를 강화하기 위한 보완적 기준으로 획득성장률이라 명명한 새로운 측정 기준도 소개할 것이다(부록 B에서 획득성장률을 둘러싼 기술적인 문제를 소개했다).

 6장에서는 황금률이 어떻게 성공하는 기업 공동체의 도덕적·철학적 토대를 제공하는지 설명하고, 경영자가 어떻게 성공하는 기업 공동체를 키울 수 있는지 보여준다.

 7장에서는 기업이 혁신하는 방법을 알아보고, 단순한 고객 만족을 넘어서는 고객 감동 경험을 가져오는 방향으로 나아갈 해법을 모색한다.

 8장에서는 고객 중심 문화를 강화하고, 이익보다 원칙을 앞세우는 실제 시스템의 모습을 제시한다.

 9장에서는 겸손이 대부분 기업 경영자에게 중요하며(NPS 3.0에서 정의하는 모든 범위의 모범 사례에 다가가려면 그 전에 경영자가 해야 할 일이 너무 많기 때문이다), 그래서 기업의 주요 미션은 고객을 사랑하는 일이 되어야 한다고 다시 한번 조언한다.

좋은 이익을 추구하라

 한때 나는 고객을 사랑하고, 고객 로열티를 얻는 일이 산업 내 제한적인 일부 부문에 속하는 몇몇 기업(대부분 사기업)에만 유용한 기능적 니치전략niche strategy을 제공한다고 생각했다. 특히 고객 유치 비용이 비싼 그런 기업들 말이다. 하지만 내 생각은 잘못되었다.

지난 10년간 NPS에 관한 피드백이 쇄도해 오늘날 세상에서 고객 만족 이상의 가치를 바라고, 고객을 사랑으로 돌보는 조직만이 경쟁이 치열한 산업 내에서도 지속해서 번창하는 유일한 성장엔진을 만든다는 점을 확인할 수 있었다.

그렇다, 자유시장과 금융 자본주의는 민주주의적 이상을 발전시키고, 전 세계 사람들의 삶의 수준을 높이는 데 크게 기여했다. 하지만 기존 자본주의의 실패는 점점 분명해지고 있다. 나는 '좋은 이익good profits'과 '나쁜 이익bad profits'에 대해 논의할 것이다. 나쁜 이익이란 기업의 명성에 먹칠하는 이익이다. 나쁜 이익은 고객을 괴롭힌 결과로 얻는 수익이며, 그래서 자본주주에 대한 지지를 약화시킨다. 좋은 이익은 추천고객을 생산함으로써 발생하는 수익이다. 기업이 황금률을 따르고 고객의 삶을 풍요롭게 한다면 상당한 규모의 순자산을 형성하기 위해 고객에게 사과할 일을 하지 않을 수 있다. 추천고객을 만들어냄으로써 부를 얻는 것은 세상을 더 좋은 곳으로 만드는 방식이다. 뒤에서 소개할 억만장자인 한 창업자는 "고객을 행복하게 하기 전까지 우리는 어떤 이익도 얻을 수 없습니다"라고 말했다.

월스트리트가 움츠러들었다는 것이 느껴진다. 하지만 앞으로 내가 보여주려는 내용처럼 철저한 도덕적 접근 방식은 투자자를 포함해 모든 구성원이 승리하는 데 도움이 되는 무적의 전략이다. 고객 자본주의가 승리하는 것은 올바른 목적을 이루려 노력하기 때문이다. 고객 자본주의에서 모든 기업의 경영자와 직원은 '네 이웃을 네 몸과 같이 사랑하라'라는 인류사 최고의 기준을 따를 책임을 지닌다.

<<< **LEAD WITH LOVE**

1장

고객 중심 경영으로 전환하라

고객 자본주의와 NPS

2009년 스티브 그림쇼Steve Grimshaw가 자동차 정비소 체인인 캘리버 콜리전Caliber Collision의 CEO로 부임했을 때 사업 규모는 2개 주에서 68개 점포로 영업하는 수준이었다. 하지만 2020년 초 미국 전역으로 사업을 확대해 1,200개 이상의 지점을 두게 되었고, 2억 8,400만 달러이던 매출도 50억 달러에 육박하면서 단연 미국 내 업계 1위 기업으로 성장했다.

2020년 3월 코로나 팬데믹이라는 블랙스완이 찾아오면서 사람들은 차를 집에 세워두기만 했다. 당연히 교통사고가 일어날 가능성은 훨씬 적어졌고, 자동차 정비 업계의 매출은 55퍼센트나 급락했다. 캘리버 콜리전의 경쟁업체들은 지불능력을 유지하기 위해 지점을 정리하는 경우가 많았다. 하지만 캘리버 콜리전은 정면승부를 걸었고, 매출이 상당히 줄었는데도 전국의 모든 매장에서 영업을 지속하면서 위기를 뛰어넘을 방법을 찾았다.

스티브는 이렇게 설명했다. "캘리버 콜리전은 회사의 이익을 먼저 생각하지 않고, 사람을 먼저 생각합니다." 캘리버 콜리전은 불황에 대응하기 위해 지점을 닫는 대신 3억 달러였던 신용한도를 일부 사용했다. 서비스를 업그레이드하고 지점의 과잉설비를 고객을 감동시키는 일에 사용했다. 그 결과 순추천고객지수는 전례 없는 수준으로 뛰어올랐다. 업계의 일반적인 기준을 훨씬 웃도는 수치였다. 결과적으로 이를 알아본 보험회사들이 캘리버 콜리전에 일을 더 많이 의뢰하기 시작했다.

스티브는 캘리버 콜리전이 이러한 회복력을 보이며 두드러진 성과를 낸 비결을 이렇게 설명했다. "사람들은 월급을 받으려고 열심히 일하고, 상사가 좋으면 더 열심히 일합니다. 그런데 의미 있는 목적이 있을 때 가장 열심히 일합니다." 캘리버 콜리전이 추구하는 의미 있는 목적은 사명 선언문mission statement에 새겨져 있다.

고객이 우리를 찾아왔다는 것은 고객의 일상에 문제가 생겼다는 것이다. 우리를 찾아왔다는 것은 사고가 났다는 뜻이고, 자동차 사고는 괴로운 일이다. 그런 상황에서 효율적으로 정직하게 자동차를 고쳐줄 자동차 정비소를 찾아야 하는 어려움까지 겪는다. 자동차보험의 보장 범위는 얼마나 되는지, 자비로 부담해야 하는 수리비도 걱정한다. 업무 일정은 엉망이 되었고, 자동차 수리를 맡긴 동안 이용할 다른 교통수단을 찾아야 하는 귀찮은 일도 남아 있다. 생활은 엉망이 된다. 그래서 우리 회사의 목적은 한 명, 한 명의 고객이 질서정연한 일상을 되찾는 것을 돕는 것이어야 한다. '고객이 일상의 리듬을 회복하도록 한다'는 것이다.

스티브와 캘리버 콜리전의 경영진은 고객이 일상의 리듬을 회복하도록 하면서, 동시에 직원의 사기를 북돋우는 방식으로 매장의 규모를 늘릴 방법을 찾았다. 그리고 코로나 팬데믹 기간에 모든 응급 구조 요원과 일선 의료진의 보험 공제금액을(최대 500달러) 부담하겠다고 발표했다. 그건 자동차를 수리해야 하는 모든 경찰관, 소방관, 응급차 운전사, 의사, 간호사가 자비로 부담해야 하는 금액을 상당히 아낄 수 있다는 뜻이었다. 고마움을 전하면서도 직원들의 사기를 북돋우고 과잉설비를 활용할 수 있는 강력한 해법이었다.

불황기에 회사가 고객을 감동시키도록 직원을 격려하면서 유급으로 고용을 유지하면 고객과 직원은 분명히 만족을 느끼게 된다. 그렇다면 투자자는 어떨까? 스티브를 캘리버 콜리전의 CEO로 영입한 사모펀드사는 1억 6,500만 달러를 투자해 캘리버 콜리전을 인수했다. 그로부터 겨우 10여 년이 지난 현재 캘리버 콜리전의 시장가치는 100억 달러 가까이 된다고 추산한다. 사모펀드사의 투자 수익이 투자금의 52배나 되며, 10년 이상 연수익률이 복리로 거의 50퍼센트가 된다는 뜻이다. 매우 높은 수익률이지 않은가.

스티브는 항상 올바른 일을 하는 것을 기준으로 삼는 기업문화를 심었다. 여러 가지 내용 중에서도 항상 사람을 올바르게 대하도록 했다. 스티브는 "직원들이 마음속으로 생각하는 바가 고객을 대하는 모습에서 드러납니다"라고 말했다. 이 회사의 모든 리더는 고객과 동료 팀원들을 올바르게 대하면 어떤 기분을 느낄 수 있는지 각자 경험할 수 있도록 도와주는 교육 프로그램에 참여한다. 캘리버 콜리전의 이 같은 선진 리더십 개발 프로그램 중 '목적이 이끄는 리더십Leading with Purpose'이라는 프로그램명을 특히 주목할 만하다.

캘리버 콜리전은 리더십 훈련 프로그램에서 교육하는 문화적 가치를 강화하기 위한 척도와 시스템도 개발했다. 경영진은 현장 직원이 고객을 유치했을 때 발휘되는 영향력을 온전히 즐길 수 있도록 매주 간단한 회의를 시행한다. 이 주간회의는 각 지점별로 고객 수를 확인하는 시간인데, 스티브는 이 회의에서 다음과 같은 사항을 보고한다고 말했다. "우리 팀은 각 지점이 얼마나 회사의 목적에 잘 따랐는지 측정하는 몇 가지 평가 지표를 확인합니다. 가장 중요한 평가 지표는 단연 순추천고객지수입니다." 이 회의에서는 또한 올바른 일을 수행한 직원이 감사 인사를 받는다.

캘리버 콜리전은 순추천고객지수 우수 기업의 전형적인 패턴을 보여준다. 앞서 말한 것처럼 기업에 장기적인 성장을 가져오고, 모든 이해관계자에게 이익을 주는 단 하나의 목적은 '고객의 삶을 풍요롭게 하는 것'이다. 하지만 고객의 삶을 풍요롭게 하는 일이 기업의 주요 목적이라고 믿는 경영자는 겨우 18퍼센트에 불과하다.[1] 더욱 안타까운 것은 현재 기업 임원의 80퍼센트 이상이 고객 중심의 목적이 가져다주는 탁월한 이점을 묵살한다는 사실이다.

기업이 승리하는 공식은 비교적 간단하다. 목적을 지닌 리더는 직원이 고객의 일상을 밝히는 일을 통해 일의 의미와 목적을 찾도록 도와 훌륭한 직원을 영입하고, 직원의 의욕을 북돋운다. 직원과 직원이 속한 팀이 고객의 생활을 윤택하게 해주었다는 점을 인정받고 그에 대한 보상을 받으면 목적이 이끄는 플라이휠flywheel이 다시 힘을 얻고, 지속가능한 성장과 경제적 번영의 속도가 빨라진다. 간단히 말해 이 방법이 바로 개인과 조직 모두가 성공으로 가는 방식이다. 목적을 기반으로 하는 이 같은 전략은 경기 침체, 팬데믹, 그리고 점점 더 정기적으로 발생할 블랙스완(블랙스완은 설득력이 떨어지는 경영 방식이 지닌 취약점을 드러낸다) 사태를 이겨낼 회복력을 갖고 있다.

디지털 세상의 목적

목적을 바탕으로 고객을 유치하는 방법은 사고 난 자동차를 수리하는 캘리버 콜리전의 견실한 사업에서 훌륭한 효과를 나타냈다. 자동차 정비업이, 고결한 뜻을 지닌 직원이 애정으로 고객을 대하는 사례를 찾을 수 있는 산업 분야라고 생각할 수 있는가? 과거에 직접 경험했던 자동차 정비소를 생각해보면 답을 찾을 수 있을 것이다. 그런데도 캘리버 콜리전은 이를 이루어냈다. 그렇다면 대부분 고객과 직접 상호작용할 일이 거의 없는 소프트웨어 엔지니어, 컴퓨터 프로그래머, 시스템 디자이너 등이 주로 일하는 현대의 디지털 기업에서도 이와 동일한 방식이 효과가 있을까? 답은 '그렇다'이다. 소프트웨어 업계에서 가장 존경받는 기업이 성공적으로 진화하는 모습을 보면서 이에 대한 대답도 분명해졌다.

스콧 쿡Scott Cook과 나는 1970년대 말 거의 비슷한 시기에 베인에 입사했다. 나는 컨설팅 업계에 계속 남아 글을 썼고, 스콧은 컨설팅 업계를 떠나 금융 소프트웨어 기업인 인튜이트Intuit를 설립했다. 스콧은 인튜이트를 시가총액 1,000억 달러 이상의 기업으로 성장시키며 충성 고객을 이끄는 인상적인 경영자가 되었다. 우편 혹은 컴퓨터 가게에서 물건을 주문하고 수축 포장된 상자로 받던 시절에서부터 디지털 다운로드와 클라우드를 기반으로 하는 애플리케이션을 이용하는 시대가 되기까지 성공적으로 사업을 이행해온 소프트웨어 기업이 얼마나 드문지 생각했을 때 인튜이트의 적응력은 정말 놀랍다. 순추천고객이라는 개념을 떠올린 직후 인튜이트 본사에서 스콧과 이야기를 나누었던 일을 기억한다. 내 아이디어를 들은 스콧은 매우 들떠 이 아이디어를 CEO에게 이야기하러 가야 한다고 말했었다.

스콧이 순추천고객시스템에 열정적인 반응을 보이지 않았다면, 스콧이 고객을 위해 핵심 업무 프로세스에 NPS를 통합하는 혁신적인 방법(인튜이트를 위대한 기업으로 만든 비결이 되었다)을 찾으려 애쓰지 않았다면 NPS라는 여정이 시작될 수 있었을지 모르겠다. 인튜이트는 연간 예산 편성과 자본 배분 프로세스에 NPS를 도입한 선구적인 기업이다. 또한 투자자에게 주요 경쟁업체를 벤치마킹

한 각 사업부별 순추천고객지수를 정기적으로 보고한 최초의 기업이다. 스콧은 모든 사업부에서 경쟁업체의 순추천고객지수를 최소 10점 이상 앞선다는 대담한 목표를 공유했다. NPS에서 10점은 매우 큰 점수이다.

스콧 쿡이 초기부터 NPS를 채택한 것은 고객의 문제를 해결해 고객을 기쁘게 한다는 기업의 목적을 구성하는 핵심 요소를 관리할 수 있을 것이라 보았기 때문이었다. 스콧이 인튜이트의 주요 목적을 설명한 방식을 언제나 기억해야 한다. 서론에서 밝힌 인용구가 바로 그것이다. "고객을 행복하게 하기 전까지 우리는 어떤 이익도 얻을 수 없습니다."

스콧은 인튜이트가 신생 기업이었을 때 회사가 신념에 부응하는 데 순추천고객이 도움이 될 수 있다고 믿었다. 그는 인튜이트가 업계와 순추천고객 커뮤니티 모두에서 선도적인 역할을 계속 수행하고 있기에 오늘날의 디지털 세계에서도 NPS의 역할에 대해 확신하고 있다.

인튜이트의 신념은 고객의 이익보다 투자자의 이익을 훨씬 우선시하는 매수자 위험부담 원칙caveat emptor이라는 전통적인 자본주의의 개념에서 한참이나 벗어나는 내용으로 구성되어 있다. 물론 기업을 지속가능하게 하려면 투자자의 마음을 끌어당기기에 충분한 이익이 필요하다. 하지만 이익은 추출된 가치를 측정하는 것이기 때문에 고객과 직원을 본질적으로 이기적이고 영감을 주지 못하는 존재로 여기면서 결국 다른 문제를 야기한다. 예컨대 전통적인 사고방식의 자본주의는 직원들을 불안정한 위치에 놓아둔다. 고객이나 동료의 권리보다 회사의 이익을 더 중요시하기에, 결코 채워질 수 없는 투자자의 욕망을 채워주고자 고객 만족은 뒷자리로 밀어 두어도 된다는 생각에 동의하는 것이다. 하지만 그런 전통적 사고방식을 가진 기업에서조차 이런 방식이 장기적으로는 의미가 없음을 알고 있다.

그렇다면 대안은 무엇인가? 상품, 서비스, 경험을 통해 고객의 삶을 풍요롭게 함으로써 직원에게 삶의 의미와 목적을 주는 것에 새롭게 주목하는 것이다. 경영자가 고객의 삶을 풍요롭게 하는 것을 기업의 주요 목적으로 정하면 직원들은 회사의 포부와 팀의 포부에 발걸음을 맞춘다. "고객을 행복하게 하기 전까지 우리는 어떤 이익도 얻을 수 없습니다"라는 스콧의 말은 새로운 북극성, 즉 새로운 방침을 설정하는 기준이 된다. 이는 특히 역사적으로 주로 이익만 추구해온 기업에는 사실상 급진적인 변화이다.

이익만 추구하다 고객 만족을 생각하는 건 쉽게 이룰 수 있는 변화가 아니다. 경영자와 임원들의 굽히지 않는 투지가 없으면 불가능한 일이다. 그러니 이러한 도약을 결심한 경영자라면 무엇보다 이익 추구라는 낡은 패러다임에 기반하여 이를 강화하기 위해 만들어진 수많은 업무 방식과 프로세스에 정면으로 맞서야 한다. 이익 최우선의 패러다임에 기업은 감염되고, 또 감염된다. 스콧처럼 단호한 경영자가 이끄는 기업조차 그렇다. 지나간 과거를 가르치는 경영대학원, 해야 할 일을 하지 않는 언론인, 이익 중심의 원칙을 바탕으로 운영하는 전통적인 분위기의 기업에서만 일하다가 이직해온 직원들을 통해 습관으로 베어 있는 이익 중심의 사고방식이 조직 곳곳으로 퍼져 나가기 때문이다. 전 세계 인튜이트에서도 새로운 직원이나 이사진이 입사하면 고객 중심 리더십에 반하는 업무 방식과 프로세스가 무의식적으로 퍼져 나가곤 한다. 재무 보고시기와 그에 따르는 책임을 알리는 알리는 북소리가 울리면 '기업의 이익보다 고객과 동료를 위한 올바른 일을 해야 한다'는 생각은 쉽게 사라지고 만다.

올바른 삶을 사는 건 도전의 연속이다. 하지만 분명한 사실은 이어서 살펴볼 NPS 스펙트럼의 두 가지 반대 측면에서 볼 수 있듯 고객과 동료를 위한 올바른 행동이 커다란 가치를 지닌 투자라는 점이다.

순추천고객지수의 잘못된 사용 방식

우선 씁쓸한 이야기부터 하겠다. 최근 차를 사기 위해 어느 자동차 판매 대리점에 들렀는데 화려한 새 전시장의 모습이 인상 깊었다. 간식거리로 가득한 스낵바와 가죽 소파를 갖춘 유리 궁전이었다. 나는 이 자동차 제조사 및 대리점에서 NPS를 채택하고 있다며 자랑한다는 걸 알고 있었다. 이 자동차 제조사는 NPS 설문조사를 위해 메달리아Medallia의 최첨단 고객 피드백 플랫폼 기술을 도입했다. 메달리아의 플랫폼은 애플 등 NPS를 도입한 선도적인 업체가 이용하는 것으로 각 직원들이 스마트폰으로 고객 피드백 점수와 댓글을 직접 받아보면서 실시간 학습과 개선이 가능하도록 한 기술이다. 그러니 내가 방문했던 자동차 대리점도 만족스러운 고객 경험을 제공할 준비는 된 것처럼 보였다.

하지만 내 기대는 틀렸다. 그 대리점에서 차를 사려던 나는 낡은 영업 관행에 짜증스러웠고, 그곳에서의 경험은 기쁨으로 가득하며 삶을 바꾸는 경험이라기보다 치통을 느끼는 것 같은 일이었다. 영업사원은 고객과 처음 만나는 자리에서 적정한 신차 가격을 조사하기 위해 내가 이용했던 웹사이트를 폄하했다. 그러고는 내가 보상판매를 받으려는 기존 차량의 가격을 웹사이트에서 제시한 예상 가격보다 훨씬 낮은 가격으로 제시했다. 나는 적정한 가격을 협상하기 위해 비교적 침착하게 보상판매 가격과 신차 가격에 관해 이야기했다. 하지만 그런 노력에도 불구하고 이후 1시간이나 이리저리 가격을 흥정해야 했다. 영업사원의 협상 기술은 정직하지 않았고, 교활하게 신차를 가능한 한 비싼 값에 팔려고 나를 속이려 들었고, 내가 팔려는 차는 가능한 한 싼값에 사려 했다.

인내심과 품위를 갉아먹는 짜증 나고, 시간 아까운 과정이었다. 결국 계약을 했지만 그 영업사원이 그다음 한 말에 나는 숨이 멎을 뻔했다. 그는 세상 정직한 얼굴로 이렇게 말했다. "고객님, 오늘 저희 매장 방문 경험에 관한 설문조사가 있을 겁니다. 저희 대리점에서는 10점 만점에 10점을 받아야만 합격입니다." 그 몇 분 뒤 출납 창구에 앉아 우리의 대화를 들었던 직원이 내게 다가와 다시 한번 이렇게 강조했다. "경영진에서 고객 설문조사 결과를 얼마나 중요하게 여기는지 아셨으면 합니다. 10점 미만의 점수를 받으면 영업사원은 정말 엄청난 어려움을 마주할 겁니다."

며칠 지나지 않아 자동차 제조사 본사가 아닌 대리점에서 설문지를 보내왔다. 알고 보니 본사에서 진짜 설문지를 보냈을 때 고객이 전부 10점을 주는지 확인하기 위해 자체적으로 미리 연습용 설문지를 보내는 판매 대리점이 많았던 것이다. 자동차 구매 과정에서 짜증이 났지만 낮은 점수를 매겨 영업사원을 곤경에 처하게 하고 싶은 마음은 정말 없었다. 결국 내가 마주한 문제는 대부분 시스템과 경영진, 그리고 경영진의 통제를 넘어선 곳에서 생기는 인센티브가 만든 결과라고 생각하기 때문이다. 그래서 대리점이 보내온 설문지를 그냥 무시했다. 하지만 이게 끝이 아니었다. 그러고 났더니 설문조사에 응해달라고 요청하면서 혹시 모든 질문에 10점을 줄 수 없다면 즉시 연락해달라는 전화와 문자가 쏟아졌다.

내게는 시간이 더 중요하기에 그런 메시지도 모두 무시했다. 설문조사 시스템을 조작하는 바보 같은 연습에 불과하니 말이다. 자동차 대리점은 분명 정직한 피드백을 받아 영업 방식을 어떻게 개선할지 학습하는 데에는 조금도 신경 쓰지 않았다. 그저 내가 자동차 제조사에서 받는 진짜 설문조사에서 대리점에 대한 평가에 10점을 줄지만 확실히 해두고 싶어 했을 뿐이다. 나는 이후 받은 진짜 설문지 역시 무시했다. 이 모든 경험, 특히 설문조사와 관련된 우스꽝스러운 모든 상황이 너무 피곤했고, 더는 이 일에 끼어들고 싶지 않았기 때문이다. 차를 판매한 영업사원은 고객에게 10점을 받으면 어떤 기분이 들지 궁금했다. 어떤 식으로든 흐뭇해질까, 아니면 그저 안도하는 것일까? 직접 물어볼 기회가 없었기에 다음으로 할 수 있는 일을 찾았다. 당시 해당 자동차 대리점 그룹의 지역 책임자였던 고위 임원에게 내게 차를 판매한 영업사원에게 완전히 솔직하게 답할 용기가 있다면 뭐라고 답했을 것 같은지 물어보았다. 그 임원은 내 질문에 대해 영업사원들은 자동차 제조사의 북소리에 맞춰 행진하고 있는 것이라고 답했다. 대리점은 NPS를 가능하게 만드는 클로즈드 루프closed-loop 추적, 근본 원인 진단root-cause diagnosis, 혹은 테스트 및 학습 시스템과 같은 툴에 대한 믿음이 없었다. 그는 대부분의 대리점 매니저가 고객이 매긴 점수만 볼 뿐, 고객이 남긴 글조차 읽지 않는다고 털어놓았다. 자동차 제조사가 정말 신경 쓰는 건 J.D.파워어워드J.D. Power Award를 수상하는 것으로, 이 상을 받으면 광고 효과를 볼 수 있다는 것이 주된 이유였다. 이 때문에 자동차 브랜드의 수상 자격이 박탈될 수도 있는 낮은 점수를 받은 대리점에 패널티를 주는 시스템을 구축한 것이다.

그 임원은 내 질문에 좀더 직접적인 대답을 들려주었다. "그 영업사원은 분명 좋은 기분이라고 절대 말하지 않을 겁니다. 아마 '신이시여, 감사합니다. 총알 하나를 또 피했습니다. 하루 더 직장에 다닐 수 있게 되었습니다'라고 말할 가능성이 제일 큽니다."

결국 내 질문에 대한 답은 '아니오'인 셈이다. 그 대리점에서는 고객 평가 점수 10점을 받아도 직원들에게서 긍정적인 에너지가 샘솟지 않으며, 두려움을 완화해줄 뿐이다. 팀 회의실 벽에는 각 영업사원의 점수를 붙여둔다. 주간회의를 하는 동안 10점보다 낮은 점수를 받은 직원은 누구든 타격을 입는다. 일주일에 2번 이상 10점 미만의 점수를 받은 직원은 해고될 위험에 처한다. 결국 그들이 받은 10점대의 점수는 고객에게 용서를 구하고, 애원하고 위협하고, 때로는 공짜 매트나 오일 교환권으로 고객을 매수해서 얻은 것일 뿐이다.

다시 말해 NPS 설문조사가 최첨단 기술을 활용하는 플랫폼을 통해 이루어진다 해도 동네의 오토 마일Auto Mile 지점을 방문했을 때 많은 사람이 겪는 지옥 같은 경험을 마법처럼 바꿀 수는 없다. 그런 고객 경험을 바꾸려면 먼저 경영진의 마인드가 바뀌어야 한다. 그리고 NPS가 실제 무엇을 측정하고, 왜 그런 기준으로 측정하는지에 대한 사고방식을 새롭게 갖춰야만 효과적으로 활용할 수 있다.

애플스토어의 NPS

이제는 고무적인 사례인 애플스토어의 경우를 살펴보자. 전 세계 500개 이상의 매장을 운영 중인 애플스토어는 NPS를 일찌감치 도입한 곳이다. 지난 수년간 나는 애플의 조력자로 전 세계 매장 관리회의에 참석해 강연을 한 적도 있다. 그 인연으로 애플 플래그십 스토어에도 초대 받았다. 애플 본사처럼 철저하게 베일에 가려져 비밀스럽게 운영되는 애플스토어에서 어떻게 NPS를 실행하는지 내부에서 관찰할 드문 기회를 얻은 것이다.

  매장 영업 시작 한 시간 전인 9시에 애플 플래그십 스토어에 도착해 직원들을 살펴보았다. 애플스토어에서 직원들은 자리에 서서 '데일리 다운로드daily download'라고 부르는 팀 회의로 하루를 시작한다. 데일리 다운로드는 직원들의 에너지를 높이는 활동임이 확인되었는데, 이 회의에서는 고객과 직원의 삶을 풍요롭게 하는 일과 관련된 문제에 완전히 집중한다. 이는 애플스토어의 핵심 사명에 명확히 들어 있다. 팀 리더는 판매 목표나 실적 수치를 만들기 위해 무엇을 해야 하는지는 전혀 말하지 않았다. 대신 전날 고객들에게 받은 피드백 내용을 살폈다. 팀원들은 고객이 마주한 다양한 문제를 해결할 방법에 관한 아이디어를 공유했다. 팀 리더는 그 아이디어 중 오늘 더 많은 고객을 감동시킬 아이디어를 요약 정리해주고, 고객과 눈 맞추면서 대화하기, 적절한 타이밍에 악수 나누기 등 고객 응대의 기본사항 몇 가지를 상기시켰다. 마지막으로 전날 매장의 서비스에 만족했던 고객에게서 '추천' 피드백을 받은 팀원을 공식적으로 칭찬해주는 시간을 몇 분간 가졌다. 회의는 선 채로 진행되기 때문에 동료들의 칭찬은 기립박수로 이어졌다.

  애플스토어의 회의 모습을 보고 진부하다거나 정형화되었다거나 억지로 하는 게 아닌가 하는 생각이 들 수도 있다. 하지만 실제로 봤을 때 고객으로부터 감사 인사를 받은 직원은 활력을 얻고, 팀원들에게도 인정받아 의욕이 샘솟는 것 같았다. 애플스토어의 직원은 '삶을 풍요롭게 한다'라는 회사의 사명에서도 영감을 얻는다는 걸 쉽게 유추해볼 수 있었다. 데일리 다운로드 이후 팀원들은 각자 맡은 다양한 업무를 위해 흩어졌다.

한편 애플스토어 보스턴 지점에서 가장 높은 순추천고객지수를 기록한 직원을 인터뷰한 적이 있는데, 그 직원이 기록한 순추천고객지수는 당시 애플 플래그십 스토어 전 직원이 받은 점수 가운데 아주 높은 편에 속했다. 그 젊은 여직원을 편의상 앨리스로 부르겠다. 앨리스를 만나자 그녀가 밀레니얼 세대가 가진 최고의 측면을 뽑아 놓은 듯한 사람이라는 걸 곧 알게 되었다. 앨리스는 급여 액수보다 자신의 사명에 훨씬 큰 관심을 가지고 있었고, 얼마나 빨리 승진할 수 있을까보다 목적에 더 초점을 맞췄다. 당시 그녀는 애플 크리에이티브Apple Creative라는 일을 맡고 있었는데, 이는 고객이 애플 제품을 최대한 활용할 수 있는 방법을 알려주는 선생님 같은 역할이었다. 인터뷰에서 그녀는 자신이 캠브리지 퀘이커 학교에서 받은 교육의 영향을 강조했다. 그 교육을 통해 '자신이 대접받고 싶은 대로 다른 사람을 대접하라'는 황금률이야말로 건강한 공동체와 훌륭한 삶의 가장 좋은 밑바탕이 된다는 점을 이해했다고 말했다. 황금률을 업무에 어떻게 적용하는지 사례를 물었을 때 그녀는 잠시 생각하더니 대답했다. "저는 학교에 다닐 때 ADHD로 어려움을 겪었습니다. 지겨운 수업시간에 집중하는 게 어려웠습니다.

그때의 경험 덕분에 제가 가르치는 모든 학생이 신나고 재미있게 배울 수 있는 방법을 찾는 데 집중했습니다."

그녀가 말하는 학생은 고객이다. 그녀는 고객의 입장에서 생각하기 위해 고객의 말과 피드백을 더 주의 깊게 듣는다고 했다. 처음에 기술을 어려워하는 고객이 많다는 걸 깨닫고 그런 고객들이 애플 제품을 안심하고 편안하게 받아들일 방법을 찾아냈다. 먼저 어려워하는 고객들에게 '바보 같은 질문은 없다'는 걸 강조해서 말해주었다. 때로 자신이 모르는 내용을 질문 받으면 "정말 좋은 질문이세요. 함께 답을 찾아보시죠"라고 답하곤 고객과 함께 해당 주제에 대한 전문 지식이 더 많은 직원에게로 가서 그 내용을 물었다고 한다.

그녀는 자신이 고객의 삶에 미친 긍정적인 영향을 보면서 직업적인 만족을 느낀다고 했다. 그리고 애플의 NPS가 지닌 주요 장점 중 하나는 직원이 고객의 삶을 풍요롭게 하는 일을 얼마나 잘했는지 매일 추적할 수 있게 해주는 것이라고 설명했다. 그녀는 NPS 덕분에 수년 전 삶의 기준으로 삼은 황금률을 얼마나 꾸준히 따르고 있는지 스스로 측정할 수 있었다. 그리고 그 측정된 바를 매일 눈으로 확인할 수 있는 '성적표'를 받는 것을 두려워하지 않고 오히려 반겼다. 앨리스를 추천하는 고객의 글이 직원휴게실 모니터에 나와 자신의 긍정적인 영향력이 500여 명의 매장 직원들에게 알려졌을 때 그녀는 자부심을 느꼈다고 했다. 앨리스는 매장 관리자들이 순추천고객지수를 연구한다는 걸 알고 있었다. 앨리스의 마케팅 매니저도, 멀리 캘리포니아 쿠퍼티노에 있는 애플 본사의 임원들도 순추천고객지수를 연구한다.

나는 그녀에게 고객 평가 점수 10점 만점을 받을 때 기분이 어땠는지 물어보았다. 곰곰이 생각하던 그녀는 절대 잊을 수 없을 답을 내놓았다. "제가 인생을 올바르게 살고 있다는 생각이 듭니다."

나의 첫 반응은 앨리스보다 40세 이상 많은 사람에게서 기대할 수 있는 것이었다. 회의론, 공감, 그리고 약간의 좌절감이 뒤섞여 있는 "앨리스, 세상이 항상 그런 이상주의에 화답해주는 건 아니라는 걸 곧 알게 될 겁니다"였다. 하지만 시간이 흐른 뒤 그녀와 정확히 같은 느낌을 받았다는 것을 깨닫게 되었다. 질문에 대해 정직하게 답한 사람이 10점을 주었다면, 즉 사랑하는 사람도 자신과 같은 경험을 했으면 좋겠다는 무조건적인 추천을 했다면, 그건 당신이 그들의 일상을 밝혀주었다는 뜻이다. 고객에게 10점을 받았다는 건 일상의 작은 위대함을 찾아내 이뤄낸 것이라고 말해도 지나치지 않다. 마틴 루터 킹이 "누구나 봉사할 수 있으므로 누구나 위대해질 수 있다"라고 말했을 때 의도했던 뜻처럼 말이다.

올바른 삶과 올바른 경영의 상호작용

의미 있고, 목적이 있는 삶을 살고 싶다는 바람은 많은 사람이 공유하는 하나의 공통분모이다. 사람들은 이 세상을 더 나은 곳으로 만들고 싶어 한다. 조금만 생각해보면 그런 바람을 이룰 수 있는 가장 확실한 방법은 내 손길이 닿는 주변 사람들의 삶을 풍요롭게 만드는 것임을 알 수 있다. 문제는 그런 바람을 이루기가 어렵다는 점이다. 주변 사람의 삶을 풍요롭게 만드는 일은 확실한 형태가 없고 긴급한 일인 경우가 거의 없을 뿐 아니라 일반적으로 측정할 수도 없기 때문이다. 하지만 NPS를 이용해 각 직원이 풍요롭게 만든 삶의 정도(추천고객)에서 풍요롭지 못하게 만든 삶의 정도(비추천고객)를 뺀 수치를 매일 열심히 측정하는 기업에서 일한다면 그런 바람을 이루는 것도 어렵지 않다.

애플스토어로 걸어 들어갈 때 직원 공동체에서 긍정적인 에너지와 분위기를 느낄 수 있었다. 애플스토어의 직원들은 그저 아이폰을 한 대 더 팔려고 애쓰지 않는다. 물론 아이폰도 아주 잘 팔기는 하지만 말이다(애플스토어의 단위 면적당 판매액은 다른 어떤 기업보다도 훨씬 높다).[2] 애플스토어의 직원은 또한 고객의 하루를 밝히기 위해 노력하고, 그렇게 함으로써 인생을 올바르게 살고 있다.

고객과 직원의 행복은 떼려야 뗄 수 없이 밀접히 연관되어 있고, 조직의 성공과 이어져 있다는 주장은 어느 정도 명백해 보인다. 어떻게 서로 영향을 주지 않을 수 있겠는가? 하지만 고객 및 직원의 행복과 조직의 성공 사이에 점을 잇는 데 실패하거나 제대로 잇지 못하는 기업이 너무 많다.

일반적인 애플스토어(고객과 직원도 마찬가지로)가 일반적인 자동차 판매점보다 NPS를 통해 훨씬 더 큰 이익을 얻고 있다. 이건 우연이 아니라 계획에 의한 결과이다. 애플은 고객을 직접 마주하는 현장 직원들에게 힘을 주는 시스템을 설계했고, 직원들이 고객의 삶을 풍요롭게 하도록 혁신하는 방법을 배우게 했다. 예컨대 직원들은 고객이 스마트폰으로 보낸 디지털 피드백을 매일 받는다. 점수만 받는 것이 아니라 고객이 남긴 글과 의견도 함께 보고 자신의 발전 사항을 추적하고 관리하는 데 도움을 얻는다. 이와 대조적으로 대부분 자동차 제조사는 영업사원이 고객의 삶을 풍요롭게 할 방법을 배우도록 시스템을 설계하는 것이 아니라 때때로 다루기 힘든 대리점을 본사에서 통제하기 위한 시스템을 만든다.

안타깝게도 NPS를 도입한 기업의 대부분이 애플보다는 내가 방문했던 자동차 대리점과 비슷한 방식으로 운영한다. 그런 기업의 경영진은 황금 같은 기회를 놓치고 있는 것이다. 하지만 이를 바로잡지 못할 이유가 없다. 이제 고객에게 감동을 선사하겠다는 영감을 직원들에게 끊임없이 북돋아주는 최고의 방법을 소개할 것이다. 사소해 보이는 문제의 답에 따라 효과적인 NPS를 설계하기 위한 많은 선택이 결정된다. 예컨대 고객에게 앞으로 설문조사가 이루어질 것이라고 밝히거나 원하는 점수를 말해야 하는가? 개별 직원이 받은 점수를 동료와 공유해야 하는가? 직원이 받은 점수가 직원에 대한 인정과 보상 혹은 승진이라는 결과로 이어져야 하는가? 불만족한 고객의 문제를 마무리할 책임은 누가 맡아야 하는가? 귀찮은 고객 설문조사 내용을 추천, 중립, 비추천이라는 간단한 고객 행동 데이터로 바꿀 수 있는가? 목표 점수나 점수 향상의 기준이 있어야 하는가? 고객이 매긴 점수에 대한 최종적인 책임은 누구에게 있는가?

이처럼 단순해 보이는 질문에 대한 선택이 쌓여 엄청난 차이가 나는 결과를 가져온다. 무엇보다 다음 한 가지 질문에 대한 답이 가장 중요한 결정을 불러온다. 바로 '경영진이 NPS를 활용해 이루려는 주요 사명은 무엇인가?'이다. NPS는 직원의 손길이 닿는 곳에 있는 고객의 삶을 지속해서 풍요롭게 한다. 다시 말해 직원이 올바르게 살아갈 수 있도록 이끌어준다. 이것이 위대한 기업의 목적이다. NPS는 제대로 설계하고 활용하면 기업의 순목적지수 Net Purpose Score가 되며, 기업이 목적을 이루기 위해 운영되는지 진척도를 측정해준다.

«« AIM FOR GREATNESS

2장

지속가능한
위대함의 추구

수익보다 가치에 집중하라

NPS의 선구자로 높은 평가를 받는 이베이eBay, 찰스 슈왑Charles Schwab, 베인앤드컴퍼니, 인튜이트, 랙스페이스Rackspace의 CEO들이 한 자리에서 토론을 벌인 적이 있다.[1] 자신 있는 모습으로 이 모임에 참석한 CEO들은 각자의 경험을 나누는 데 집중했다.

폭넓은 토론과 대화를 나누면서 이날 모인 CEO들이 NPS를 그저 고객 로열티를 측정하는 도구로 사용하지 않는다는 것을 분명히 알 수 있었다. 이들은 NPS를 조직의 실제적인 윤리 기준으로 채택하고 있었다. 전작을 통해 찰스 슈왑이(은퇴에서 복귀) 자신의 이름을 딴 증권 중개회사를 다시 정상궤도로 올려놓기 위해 NPS를 이용해 믿을 수 없을 정도로 큰 폭의 실적 개선을 이룬 사례를 소개했다. 찰스 슈왑의 뒤를 이어 월터 베팅거Walter Bettinger가 CEO로 선임되었고, 월터도 계속해서 NPS의 프레임워크를 효과적으로 활용했다. 그날 토론에서 월터는 찰스 슈왑에서 NPS가 어떻게 발전해

왔는지 전해주었고, NPS 덕분에 찰스 슈왑의 직원들이 항상 안심하고 올바른 일을 할 수 있다고 결론지었다. 월터는 NPS 피드백을 직원들의 행동과 결정을 지원하기 위해 사용할 수 있는 확실한 기준점, 즉 일종의 객관적인 도덕적 안전장치로 보았다.

랙스페이스의 CEO 랜햄 네이피어Lanham Napier가 한 말도 뇌리에 남았다. "저는 NPS를 위대함으로 안내하는 GPS라고 생각합니다. NPS 덕분에 저희 직원들은 고객을 위한 위대한 결과를 얼마나 자주 내고 있는지 알 수 있습니다." 다른 CEO들도 랜햄의 관점을 이해했기 때문에 모두 고개를 끄덕였다.

다른 사람들에게 탁월한 서비스를 제공하고, 더 일관되게 수행하는 방법을 배우는 데 도움이 되는 프로세스를 통해 팀이 위대함에 이르렀을 때, 그것을 직원들이 알 수 있도록 돕는 것은 리더가 줄 수 있는 가장 중요한 선물 중 하나이다. 랜햄이 NPS를 GPS와 비교한 것은 적절한 비유였다. GPS는 우리의 현재 위치를 찾고(운전자들로부터 받은 피드백을 통합한 클라우드 기반의 네트워크 애플리케이션과 합쳐짐), 앞으로 가야 할 최적의 경로를 보여준다. 비유적으로 말하면 NPS도 위대함에 이르기까지 우리의 현재 위치가 어디쯤인지 보여주고, 유사한 고객들로부터 수집한 피드백 신호를 통합해 예측 알고리즘을 만들어 위대함('고객의 삶을 풍요롭게 하는 것'으로 정의한다)으로 향하는 최적의 경로를 보여준다.

여기서 1장에서 논의했던 주제로 다시 돌아가려 한다. 2003년 〈하버드 비즈니스 리뷰Harvard Business Review〉를 통해 NPS를 처음 소개할 때 NPS가 가져다줄 실질적인 경제적·재무적 장점을 강조하는 게 맞다고 생각했다. 나는 대학에서 경제학을 전공했고, 당시 베인에서 25년 이상 일한 상태였다. 베인에서는 고객에게 측정 가능한 재무적 성과를 내놓는 걸 자랑스러워 한다. 이런 관점에서 추천고객은 회사의 핵심 자산이며, 현금흐름을 만드는 로열티 높은 행동을 보인다. 브랜드를 반복해서 구매하고, 시간이 흐르면서 구매를 확대하며, 친구에게 추천하고, 건설적인 피드백을 제공한다는 것을 강조하는 것이 더 낫다고 생각했다. 고백하건대 2003년에 나는 NPS가 지닌 마음을 움직이는 측면을 마치 추가 점수를 받는 일인 양 대했다. NPS가 영감을 불러일으키는 측면을 두고 얄팍하고 손쉬운 이야기로 치부하는 경영자가 너무 많지 않을까 하는 우려 때문이었다. 그래서 NPS를 기업의 재무적인 순자산을 늘릴 방법이라고 소개했다. 그래야 일반적인 기업인들이 NPS에 흥미를 느끼고 다가가기 쉬울 것이라는 생각에서였다.

도덕적 기준으로서의 NPS

하지만 이런 입장은 쓸데없이 편협한 생각이었다. 월터 베팅거, 랜햄 네이피어와 같은 경영자는 NPS가 기업이 주요 목적(고객의 삶을 풍요롭게 하는 것)에 집중하게 해줄 뿐 아니라 직원을 위한 실제적인 도덕적 잣대로 기능한다는 점을 가치 있게 평가했다. 내가 재무적인 순자산을 키우는 일에 초점을 맞추지 않고 더 과감하게 인간의 순자산을 키운다는 근본적으로 중요한 목적에 집중했다면 기업의 고객 중심 경영이 더 빨리 발전하지 않았을까 싶다.

"누구나 위대해질 수 있습니다. 누구나 봉사할 수 있기 때문입니다"라는 마틴 루터 킹의 말을 떠올려보라. 이러한 기준에서 분명 다른 사람을 위한 의미 있는 봉사가 우리의 위대함과 궁극적인 목적을 진정으로 측정하는 방법이 되어야 한다. 하지만 '다른 사람을 위한 의미 있는 봉사'란 매우 측정하기 어렵기 때문에 위대함을 측정할 때는 보통 측정이 쉬운 재무 지표를 이용하는 걸 당연시해온 것이다.

사실 재무 지표를 이용하는 것은 기업 차원에서만이 아니다. 개인적 차원에서도 마찬가지이다. 〈포브스Forbes〉에서 매년 발표하는 억만장자 명단은 아주 오랫동안 우리 사회에서 위대한 성공을 이룬 사람의 전형을 보여주는 해설서로 여겨졌다. 하지만 그 명단에 오른 부유한 거물들이 정말 가장 훌륭한 롤모델인가? 나는 '아니다'라고 답할 것이다. 재무적인 기준의 순자산은 개인의 위대함을 평가하는 데 있어서는 전혀 신뢰할 수 없는 측정 방식이다. 에이브러햄 링컨, 클라라 바턴Clara Barton, 마하트마 간디, 넬슨 만델라, 마더 테레사, 마틴 루터 킹, 조너스 소크Jonas Salk, 알버트 아인슈타인 같은 역사 속 인물들을 생각해보라. 이러한 위인들이 가진 재무적인 순자산은 평범했지만 인간으로서의 순자산을 엄청나게 위대한 것이었다.

반대로 그리고 안타깝게도 너무 많은 사람이 고객, 직원, 동업자를 혹사해 엄청난 경제적 순자산을 일궈왔다. 마음 속에 그냥 떠오르는 몇몇 이름을 열거해보면 전기톱이라 불리는 앨 던랩Al Dunlap(가차없는 비용 절감, 과감한 정리해고 등으로 기업의 단기 수익성을 극대화하는 경영 방식을 택했던 기업가. 결국 추악한 회계부정으로 미국 역사상 가장 혹독한 비난을 받았다), 제프리 엡스타인Jeffrey Epstein(미국의 금융가. 아동 성매매로 유죄 판결을 받았다), 하비 와인스타인Harvey Weinstein(할리우드 영화 제작자. 30년간 저질러온 성추행 전력이 드러나 할리우드 여배우들로 하여금 미투 운동을 촉발시켰다), 테라노스의 창업자 엘리자베스 홈즈Elizabeth Holmes(미국 의료 스타트업 테라노스를 창업해 신기술 제품을 개발했다고 홍보하여 거액의 투자를 받았으나, 실제로 제품 개발을 하지 않아 사기죄로 유죄 판결을 받았다), 새클러 가문the Sackler family(이들이 소유한 제약 회사 퍼듀 파마는 마약성 진통제 오피오이드를 개발·판매해 다수의 사망자를 냈다) 등이 있다. 사람들을 괴롭히고 속인 기업의 목록은 이 외에도 숱하다. 이런 기업은 하나같이 가치 창조가 아닌 가치 착취의 명수이다. 이건 중요한 점이다. 이익을 기준으로 위대함을 측정하는 방법은 종종 본질을 호도하는데, 이익은 고객과 직원을 위해 창출한 가치가 아니라 그들에게서 착취한 가치를 정량화하기 때문이다. 만일 기업의 주요 목적이 추천고객을 만드는 것이라면 이익을 지향점으로 삼을 수는 없다.

기업이 재무적인 성공을 궁극적인 목적으로 삼아 추구하면 종종 위대한 기업의 길로 가기보다는 고객과 직원을 학대하고 조종하는 관행으로 이어지고, 이는 고객과 직원의 존엄성과 복지를 약화시킨다. 전통적인 금융 자본주의적 기업에서 법적인 문제는 없지만 도덕적인 부분에서 의문이 생기는 업무 관행으로 이익을 창출하는 것을 생각해보라. 차량 반납 연체료를 과도하게 부과하는 렌터카 업체, 경제적으로 취약한 계층을 노리는 대부업체, 은퇴한 노년층에게 복잡하고 위험한 투자 상품을 강권하는 금융 중개업자, 비보험 환자에게 3배씩 치료비를 부과하는 일부 병원, 고객이 제대로 이용하지 않을 것을 알면서도 환불이 어려운 이용권을 판매하는 많은 헬스 클럽 등 이런 예는 수없이 많다.

위대함을 다시 정의하라

'탁월함'이나 '위대함'에 관한 경영학 문헌은 대부분 순자산을 하나의 진정한 목표, 즉 자본주의의 알파이자 오메가로 다룬다. 이 시대에 기업의 위대함을 분석한 것으로 가장 잘 알려진 책은 분명 짐 콜린스Jim Collins의 《좋은 기업을 넘어 위대한 기업으로Good to Great》이다.[2] 500만 부 이상 판매된 이 책은 여전히 기업 임원의 책장 중요한 자리에 꽂혀 있다. 짐 콜린스는 오로지 재무적인 성과만을 기준으로 위대한 기업을 찾았다. [도표 2-1]에서 살펴볼 수 있듯이 그가 위대한 기업의 예로 든 11개사는 기업의 주요 목적 혹은 인간적인 측면의 순자산은 고려되지 않은, 금융 자본주의를 기준으로

도표 2-1 도서별 대표기업

《좋은 기업을 넘어 위대한 기업으로》	《고객이 열광하는 회사의 비밀》	
• 애보트 • 서킷시티 • 패니메이 • 질레트 • 킴벌리클락 • 크로거 • 뉴코 • 필립 모리스 • 피트니 보우스 • 월그린 • 웰스파고	• 아마존 • 아메리칸 익스프레스 • 애플 • 칙필에이* • 코스트코 • 페이스북(현 메타) • 구글 • 제트블루 • 카이저 퍼머넌트*	• 메트로PCS(현 티모바일) • 사우스웨스트 • 스테이트팜*(생명보험) • 시만텍(현 노턴) • 트레이더조* • USAA* • 뱅가드* • 버라이즌(인터넷)

주 : * 비상장기업

선정된 곳이다. 그가 선정한 위대한 기업들은 주주수익을 기준으로 평균적인 성과를 내다가 이후 뛰어난 성과를 올린 곳이었다.

하지만 그의 책이 출간된 이후 해당 기업들을 다시 조사해보니 그 기업들의 성과는 결코 뛰어나다고 할 수 없었다. 왜 이렇게 극단적인 역전이 일어난 것일까? 이 질문에 대한 답은 복잡하고 기업마다 다양한 사정이 존재한다. 짐 콜린스도 그러한 실적 하락에 관해 연구하여 그 결과를 후속작에서 보여주었다. 그는 이들 기업이 몰락한 원인을 자만심, 그리고 사업이 성장할 수 있다면 어떠한 대가라도 치르겠다는 생각 탓으로 돌렸다.[3] 하지만 나는 그 이상의 이유가 있다고 생각한다. 이들 기업은 오늘날 대부분 기업이 그렇듯 금융 자본주의의 지표, 즉 기업의 이익으로 사업의 성공을 측정했다.

거대 기업의 목적이 수익이 될 때 고객과 직원을 속여 재무 성과를 높이는 건 매우 쉽다. 결국 가치 착취의 내용은 감사 대상인 재무제표에는 나타나지 않기 때문에 이런 힘의 오용은 몇 개월, 혹은 몇 년간 드러나지 않은 채 지속될 수 있다. 적어도 투자자들은 알아차리지 못한 채 말이다.

하지만 고객과 직원은 이런 기업을 즉각 알아차린다. 물론 그들이 반응을 보이기까지는 얼마 동안의 시간이 걸린다. 예컨대 고객이 모든 결제 관련 정보를 은행의 청구서 자동이체 서비스에 등록하는 것처럼 일단 어떤 기업의 서비스나 상품을 선택하여 사용하기 시작하면, 그 회사가 가치 착취를 하려 할 때 상당히 취약한 입장이 될 수밖에 없다. 한편 한 기업에 수년의 시간을 투자해 근무한 직원은 이직을 하는 데 상당한 노력을 기울여야 할 가능성이 크다. 그래서 이익을 추구하는 경영진의 눈에는 직원 또한 이용 대상인 퇴출 장벽exit barriers일 뿐이다.

사실 나는 짐 콜린스의 연구 내용을 아주 좋아하고, 《좋은 기업을 넘어 위대한 기업으로》를 읽으면서 책의 내용에 대부분 동의했다. 그렇지만 분명한 사실은 그 책에 명시된 기업들이 대부분 다시 일어서지 못했고, 위대한 기업으로 선정된 직후 몰락하기 시작했다는 것이다. 베인에서는 《좋은 기업을 넘어 위대한 기업으로》에 명시된 기업들의 출간 이후 10년 동안의 총주주수익률TSR, total shareholder return을 조사했다. 우리는 S&P 500지수는 채택하지 않았다. S&P 500지수는 목록에 기업을 넣었다 뺐다 하며, 시가총액

가중 cap-weighted 방식을 쓰는데다 배당을 무시하기 때문이다. 이보다 더 정확한 기준을 만들기 위해 상장된 미국 기업 전체를 대상으로 주가 평가에 지급된 배당금을 더한 자료를 수집했다.[4] 그런 다음《좋은 기업을 넘어 위대한 기업으로》발간 이후 다음 10년간을 대상으로《고객이 열광하는 회사의 비밀》에 실린 NPS 선도기업을 분석했던 것과 동일한 방식으로 해당 기업을 분석했다. 각 책에 실린 대표 기업의 명단은 [도표 2-1]에 제시했다.

[도표 2-2]에서 볼 수 있듯이《좋은 기업을 넘어 위대한 기업으로》에서 선정된 기업의 총주주수익률과《고객이 열광하는 회사의 비밀》에 실린 NPS 선도기업의 총주주수익률을 비교했다. 그리고 각 책이 출간된 뒤 10년 동안의 시장 수익률 중앙값에 비례해 각 기업의 총주주수익률을 정량화했다. 그 결과《좋은 기업을 넘어 위대한 기업으로》에서 선정된 대표기업의 총주주수익률은 시장 수익률 중앙값의 40퍼센트에 불과했다. 반면《고객이 열광하는 회사의 비밀》에 실린 NPS 선도기업은 시장 수익률 중앙값의 510퍼센트에 달하는 성과를 올렸다.

즉 금융 자본주의 관점에서 위대하다고 여겨졌던 기업은 위대한 기업으로 선정된 이후 10년 동안 투자자를 매우 실망시켰다. 반면 고객 자본주의 관점에서 볼 때 위대한 기업은 NPS의 우위를 드러낸 이후 10년간 투자자를 기쁘게 해주었다.

NPS 선도기업 중 비상장 개인기업, 자회사, 상호소유 기업 6개사도 기억하라. 이들은 주식시장에서 성과를 측정할 수 없지만 다

도표 2-2 도서별 대표기업의 총주주수익률 vs. 미국 중앙값

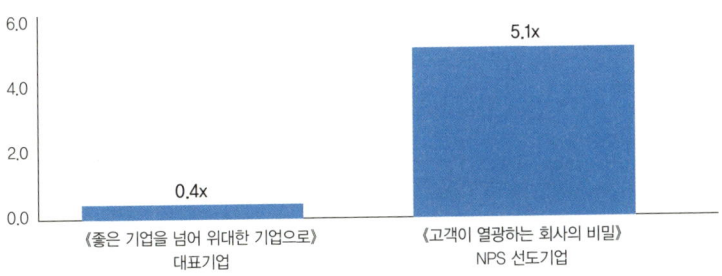

출처: CapIQ

주: 누적 총주주수익률은 《좋은 기업을 넘어 위대한 기업으로》의 대표기업은 2001년 1월 1일부터 2010년 12월 31일까지 투자하고, NPS 선도기업은 2011년 1월 1일부터 2020년 12월 31일까지 투자한 것으로 가정했다.
알트리아와 필립모리스는 2008년 4월 28일 분사됨에 따라 분사 계약 조건에 따라 재투자 비율도 정해진 것으로 가정했다.
질레트는 2005년 P&G가 570억 달러에 인수. 총주주수익률은 P&G에 재투자한 결과 반영. P&G는 2019년 질레트 평가 가치에서 80억 달러를 대손상각 처리.
페이스북은 상장 이후 2012년 5월 18일부터 2020년 12월 31일까지의 누적 총주주수익률을 계산.
메트로PCS는 2013년 4월 30일 티모바일을 인수하기까지 총주주수익률 가정. 상장 이후 2013년 5월 1일부터 2020년 12월 31일까지 티모바일의 총주주수익률을 재평가.
미국의 상장기업은 각 책의 출간일에 따른 투자 기간의 시작일을 기준으로 매출액 5억 달러 이상의 상장기업 ~1,400개와 ~1,600개를 대상으로 한다.

른 NPS 선도기업과 똑같이 인상적인 성과를 기록하고 있으며, 때로 더 뛰어난 성과를 거두고 있다. 예컨대 칙필에이는 2,500개의 매장으로 사업을 확대해 미국 레스토랑 체인 3위에 올랐고, 뱅가드는 운용자산이 7조 달러로 크게 불어났다. 트레이더조는 정말 인기가 많아서 주차장에 들어가려는 차가 줄 지어 서 있다. NPS 선도기업 중에서 성과가 하락한 기업은 단 한 곳도 없다.

도표 2-3 《좋은 기업을 넘어 위대한 기업으로》 대표기업 11개사 중 성과가 미국 주식시장 중앙값보다 낮은 8개사

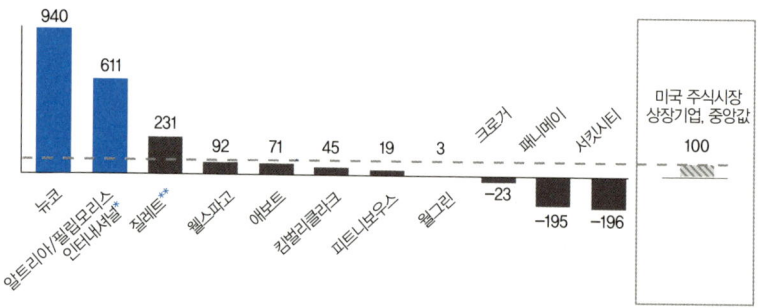

출처 : CapIQ

주 : 누적 총주주수익률은 2001년 1월 1일부터 2010년 12월 31일까지 투자했다고 가정했을 때의 결과를 나타냄. 모든 미국 주식시장 상장기업은 2001년 1월 1일을 기준으로 미국 주식시장에 상장된 모든 기업 중 매출액 5억 달러 이상인 기업을 나타냄(1,407개사).

* 알트리아와 필립모리스 : 2008년 4월 28일 분사 때부터 분사 계약 조건에 비례해 재투자한 것으로 가정.

** 질레트 : 2005년 P&G가 570달러에 인수. 총주주수익률은 질레트를 새로 인수한 P&G에 재투자한 것으로 반영. 2019년 P&G는 질레트 평가가치의 80억 달러를 대손상각 처리.

[도표 2-3]과 [도표 2-4]는 각 책의 대표기업의 성과를 개별 기업별로 나누어 살펴본 결과이다. 《좋은 기업을 넘어 위대한 기업으로》에 선정된 대표기업 11개사 중 주식시장 중앙값을 넘은 기업은 단 3곳뿐이다. 주식시장 중앙값을 기준점으로 삼은 이유는 서킷시티(파산)와 패니메이(본질적으로는 파산한 상태로 정부 관리하에 있음)의 처참한 성과의 비중이 확대되는 것을 피하고 싶었기 때문이다.[5] 《좋은 기업을 넘어 위대한 기업으로》에 선정된 다른 대표기업 중

도표 2-4 미국 주식시장 중앙값을 상회하는 성과를 거둔 NPS 선도기업 11개사

누적 총주주수익률 지수 vs. 미국시장 상장기업(중앙값)
(2011년 1월 1일~2020년 12월 31일)

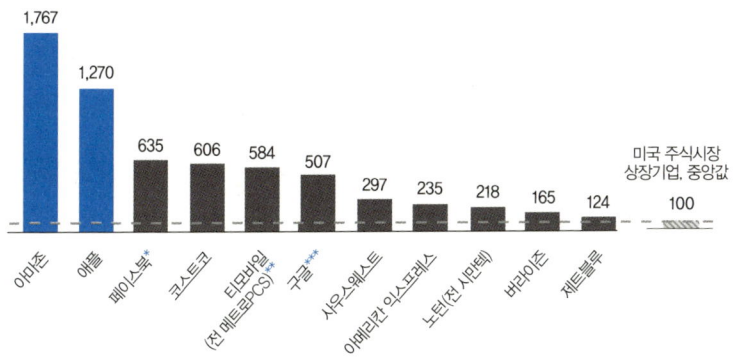

출처 : CapIQ, 티모바일 연간보고서
주 : 누적 주주총수익률은 2011년 1월 1일부터 2020년 12월 31일까지 투자했다고 가정. 모든 미국 주식시장 상장 기업은 2011년 1월 1일을 기준으로 미국 주식시장에 상장된 모든 기업 중 매출액 5억 달러 이상인 기업을 나타냄(1,594개사).
* 페이스북 : 상장 이후 2012년 5월 18일부터 2020년 12월 31일까지의 총주주수익률.
** 메트로PCS : 2013년 4월 30일 티모바일이 인수하기까지 총주주수익률을 가정했고, IPO 이후 2013년 5월 1일부터 2020년 12월 31일까지 티모바일의 총주주수익률을 재평가했다.
*** 구글 : 구글의 모기업 알파벳의 기록 사용.

여러 곳은 고객을 부당하게 대우해 엄청난 벌금을 부과받았다. 《좋은 기업을 넘어 위대한 기업으로》에 선정된 기업 중 두세 곳은 사실 우수한 기업이지만, 이 책에서 위대한 기업으로 선정된 기업들이 전반적으로 존경할 만하고 회복 능력이 있다고 할 수 있을까? 어떤 대답을 해야 할지 나는 알고 있다.

[도표 2-4]에서 볼 수 있듯 《고객이 열광하는 회사의 비밀》에 제시된 NPS 선도기업 11개사는 대조적인 성과를 보인다. 11개사의

총주주수익률은 책 출간 이후 10년 동안 모두 미국 주식시장 중앙값을 상회했다. 2010년 NPS 선도기업을 선정할 때는 결과를 미리 알 수 없었다. 우리가 아는 것이라고는 해당 기업을 무척 사랑하는 고객들이 로열티가 높은 추천고객(명단에 오른 기업이 높은 순추천고객지수를 받도록 지원했다)이 되었다는 것이 전부였다. 하지만 이 한 가지 통찰력은 NPS 선도기업의 미래 성과를 정확하게 미리 보여주었다.

목적 없는 기업은 결코 위대해질 수 없다

다시 한번 말하지만 《좋은 기업을 넘어 위대한 기업으로》에는 많은 통찰이 담겨 있다. 짐 콜린스는 특별한 천재성으로 곧 한계를 드러낸 그 기업들의 사례에서조차 매우 유익한 교훈을 도출해냈다. 그가 밝혀낸 교훈은 오늘날 일반적인 경영 지식과 경영대학원 커리큘럼에 각인되어 있고, 마땅히 그럴 만한 내용들이다. 적합한 사람을 버스에 태워라, 세계 최고가 될 수 있는 일에 집중하라, 전략 플라이휠을 돌려라, 크고 위험하고 대담한 목표를 추구하라, 단계5의 리더가 되어라 등 전부 뛰어난 생각이다. 하지만 짐 콜린스의 통찰력 있는 분석과 연구 결과에 관한 생생한 표현도 위대한 기업으로 선정된 대표기업이 성공을 이어나가게 할 수는 없었다. 위대한 기업의 경영 공식은 허술한 것으로 드러났고, 회복력 테스트를 통과하지 못했다.

이를 통해 내가 배운 것은 '위대한 목적을 품지 않은 기업은 위대해질 수 없다'는 것이다. 이런 면에서 볼 때 NPS의 프레임워크가 《좋은 기업을 넘어 위대한 기업으로》를 통해 얻을 수 있는 교훈을 보완하며, 일부 취약한 부분을 채워 넣는다고 생각한다. 짐 콜린스는 재무 성과로 위대함을 정의하는 금융 자본주의 사고방식을 택했다. 나는 승리하는 목적을 기준으로 위대함을 측정하라고 제안한다. 짐 콜린스는 리더가 열정을 가진 일에 집중해야 한다고 강조했지만, NPS는 열정을 가질 가치가 있는 (그리고 계속해서 승리하게 해주는) 주요 목적은 고객의 삶을 풍요롭게 만드는 데 집중하는 것이라고 생각한다. 짐 콜린스가 간과한 한 가지 중요한 통찰은 그 유명한 플라이휠이란 로열티 경제학loyalty economics에서 힘을 얻지 못하면 계속 돌아갈 수 없다는 것이다. 이 관점을 뒷받침해주는 증거들은 곧 확인할 수 있을 것이다.

2010년에 선정한 NPS 선도기업 중 어떤 곳은 계속 높은 성과를 내지 못할 수도 있다. 경쟁사가 혁신을 거듭하며 고객의 삶을 풍요롭게 하는 더 뛰어난 솔루션을 내놓아 이들의 자리를 대신할 수도 있다. 또한 NPS 결과가 상대적으로 나빠지면서 기업이 변하는 것을 보게 될 수도 있다. 물론 위대함을 측정하는 방법에 집중하고, 상대적인 순추천고객지수를 바탕으로 성공을 측정함으로써 너무 늦기 전에 하락세를 극복해내는 기업도 있을 것이다. 한편 NPS를 추적 관찰할 만큼 현명한 투자자라면 기업의 하락세를 미리 예상하고 조치를 취할 수 있을 것이다. 예컨대 아마존은 모든 경쟁 부문에서 정기적으로 경쟁사 및 시장에 신규 진입한 업체와 비교한 NPS를 확인한다. 아마존 창업자 제프 베조스Jeff Bezos는 작고 하찮아 보이는 업체를 절대 무시하지 말라고 끊임없이 직원들에게 말한다. 왜 그럴까? 어느 정도는 한때 반스앤노블Barnes & Noble이 아마존을 작고 하찮은 업체라며 무시했던 일의 영향일 수도 있다. 그리고 어떻게 되었는지 보라.

고객 자본주의 : 기업의 새로운 이론

이익이나 총주주수익률과 같은 재무 지표로 위대한 기업을 똑바로 확인할 수 없다면 우리는 어떻게 해야 할까? 이제 기업의 역할에 관한 기본 개념과 기업의 어떤 성과를 위대함의 본보기로 삼아야 할지 다시 생각해봐야 할 때일지 모른다.

나는 고객 자본주의를 따르는 기업, 즉 고객의 이익을 우선으로 삼는 기업이 지속가능한 위대함을 얻을 가능성이 가장 높다고 확신한다. 직원이 고객의 삶을 풍요롭게 하는 것이 지속해서 개인적인 행복과 성취감을 얻는 가장 확실한 길이라는 것을 알고, 동료 직원도 같은 일을 하도록 돕는다면 지금 시대에 가장 잘 맞는 기업 이론을 가진 것이라고 볼 수 있다. 이런 개념은 더 이상 이론상의 명제가 아니다. 이를 입증하는 수많은 증거가 존재한다. 고객이 사랑받는다고 느끼게 하는 기업이 경쟁에서 앞서고 더 빨리 성장한다.

[도표 2-1] 우측의 NPS 선도기업 명단을 다시 살펴보자. 대부분 한때 틈새시장을 공략하던 작은 기업이었다가 거대 기업으로 성장

했다. 어떻게, 왜 그렇게 될 수 있었을까? 언론이나 시장분석가들은 낡은 금융 자본주의의 기준으로 이 기업들의 성공을 해석하려 든다. 예컨대 애플의 시가총액이 조 달러 단위를 넘어선 직후 〈월스트리트 저널Wall Street Journal〉은 애플의 성공 비결이 재무구조와 공급망 관리에 있다는 논평을 게재했다. 수백만 명의 추천고객을 배출한 애플의 세계적 수준의 고객 중심 성장엔진에 관해서는 단 한마디도 언급하지 않았다. 2020년 여름 애플의 기업가치 평가가 2조 달러를 넘었을 때 다시 한번 경제 신문에서는 자사주 매입 같은 재무적인 설명만 가득한 기사를 내보냈다. 그 어디에도 고객 정보를 보호하고, 일선 직원의 존엄성을 지키고 존중하는 애플의 문화에 관해서는 언급이 없었다.

이는 완고하고도 맹목적인 관점이다. 2019년 3월 말 애플의 CEO 팀 쿡Tim Cook은 오프라 윈프리Oprah Winfrey의 방송에 나와 새 임기를 시작한다고 선언하면서 애플을 정말로 특별한 기업으로 만든 건 현란하고 화려한 모습이 아니라는 점을 다시 한번 상기시켰다. "애플에서는 우리가 하는 모든 일의 중심에 고객이 있고, 앞으로도 항상 그럴 것입니다."

다음 날 〈월스트리트 저널〉은 '애플, 신용카드, 뉴스, 애플TV 플러스Apple TV+에 따르는 가치 홍보 - 하지만 소비자가 구매할 것인가?' 라는 제목 아래 애플의 신제품 관련 기사를 실었다. 비난조의 부제에서는 '사회적 책임을 다하는 등불 같은 회사가 된다는 것이 아이폰을 만드는 자본주의의 모범 같은 회사에 어떤 도움을 주는

가?'라고 물으면서 기업가치가 실제 가치를 창출할 수 있다는 개념에 이의를 제기했다. 끈질기게 혁신하고, 고객의 개인정보를 적극적으로 보호하고, 포용성, 평등, 환경 보호를 위해 노력하고 항상 고객을 우선시하는 방법이 미래 경제를 위한 단단한 발판이 될 수 있다는 애플의 가치관을 폄하하는 내용의 기사였다. 당신도 미래 실적을 견인할 보다 확실한 기반은 재무구조 개선, 구매비용 절감 등 좀더 정량적인 항목들을 통해 제시했어야 한다고 생각하는가?[6]

말도 안 되는 소리이다. 이제 그런 잣대에서 벗어나 금융 자본주의가 고객 자본주의라는 새로운 시대에 길을 내주고 있다는 것을 인정해야 한다. 강조한 것처럼 고객 자본주의에서 기업의 목적은 고객의 삶을 풍요롭게 하는 것이고, 경영자의 주요 책임은 직원들이 기업의 목적에 따라 살고, 그래서 직원 자신의 위대한 삶을 만들어가도록 도와주는 것이다. 무엇보다 고객 자본주의에서는 장기 투자자가 큰 수익을 얻는다. 나는 고객을 우선으로 대우하는 기업에 10년 이상 투자해오고 있으며, 실제로 놀라운 수준의 투자 성과를 거두었다.

지속적 성장을 예측해주는 프레드 주가지수

나는 최고의 성장엔진은 고객 로열티에서 나온다는 내 이론에 기반하여 수년 동안 NPS 선도기업에 투자해왔다. 투자 대상인 기업은 F.R.E.D.Foster Recommendation, Eliminate Detraction(추천고객을 늘리고 비추천고객을 줄인다)라는 신념에 들어맞는 곳이다. 이러한 투자 전략의 성과를 소개하기 위해 나는 프레드 주가지수FREDSI, F.R.E.D Stock Index를 만들었다. 각 산업 부문에서 최고의 순추천고객지수를 받은 기업, 즉 고객에게 사랑받는 기업의 총주주수익률을 추적하는 지수이다. 우선 [도표 2-1]에서 제시한 NPS선도기업 11개사의 지표에서 시작했다.[7]

베인 리서치팀에서 추가 산업을 조사하고 분명한 NPS 선도기업을 발굴하면서 새로 알게 된 기업도 이듬해 1월 1일에 지수에 편입시켰다. 2010년에는 텍사스 로드하우스Texas Roadhouse가 지수에 편입되었고, 2015년에는 디스커버 파이낸셜Discover Financial과 퍼스트 서비스FirstService가 편입되었다. 2019년 베인은 자동차 산업 분야를 대상으로 NPS 테스트를 실시했고, 1위인 테슬라Tesla가 2위 스바루Subaru보다 거의 10점 가까이 앞선다는 걸 알았다. 반려동물 용품 산업에서는 츄이가 경쟁사를 28점 차이로 앞섰다. 그래서 2020년 1월에 두 회사를 지수에 편입시켰다. 만일 지수에 들어 있는 기업이 순추천고객지수가 크게 차이 나는 2위 업체로 내려가면 지수에서 탈락시킬 계획이지만, 아직까지는 그런 일이 일어나지 않았다.

우리는 아마존과 애플처럼 혜성 같은 성공을 거두는 기업이 지수를 지배하지 않도록 매년 1월 각 기업에 동일가중을 해 포트폴리오를 리밸런싱했다.

도표 2-5 시장을 이긴 프레드 주가지수

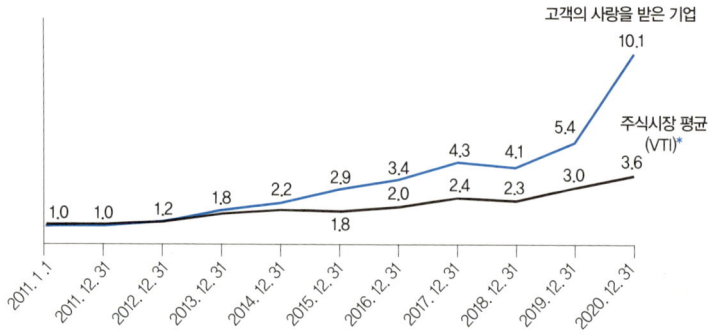

출처 : CapIQ
주 : 프레드 주가지수는 2011년 1월 1일부터 2020년 12월 31일까지의 기간 동안 NPS 선도기업을 모두 포함. 텍사스 로드하우스(2011년 1월 1일~2020년 12월 31일), 디스커버 파이낸셜과 퍼스트 서비스(2015년 1월 1일~2020년 12월 31일), 테슬라와 츄이(2020년 1월 1일~2020년 12월 31일)도 포함.
매해 동일가중 평균 누적 수익률 산출 방식으로 계산.
* 뱅가드 총주가지수(VIT) 기준

[도표 2-5]를 보면 기업이 고객을 우선시한다고 해서 투자자의 이익이 희생되지는 않는다는 것을 확인할 수 있다.

프레드 주가지수는 일관되게 시장을 이기는 결과를 보였다(뱅가드 총주가지수VTI, Vanguard Total Stock Index를 비교 기준으로 사용.).[8] 프레드 주가지수의 연간 수익률은 26퍼센트를 넘었다. 복리로 계산하면 해당 10년 동안 주식시장 누적 총주주수익률의 거의 3배 수준에 이른다. 프레드 주가지수의 수익률이 얼마나 뛰어난 것인지 측정하기 위해 다음을 생각해보자. 리서치 회사 모닝스타Morningstar가 조사하는 뮤추얼펀드와 상장지수펀드 중 해당 10년 동안 최고의 수익률을 기록한 상품의 수익률이 겨우 19퍼센트 정도였다. 프레드 주가지수의 수익률보다 7퍼센트포인트나 낮은 것이다.

최고의 사모펀드 전문가이자 시카고대학교 경영대학원 교수인 스티븐 카플란Steven Kaplan에게 해당 부문의 펀드와 비교해 프레드 주가지수가 어떤지 물어본 적이 있다. 그는 해당 10년간 프레드 주가지수가 다른 사모펀드에 나타나는 위험한 레버리지 투자와 유동성 부족 사태를 피하면서도 대다수 사모펀드의 수익률보다 높은 26퍼센트의 수익률을 냈다고 확인해주었다.[9]

프레드 주가지수는 총주주수익률을 이미 분명히 알고, 과거를 되짚어 포트폴리오를 구성한 것이 아니다. 고객으로부터 사랑받아 업계에서 NPS가 뛰어난 기업을 미리 찾아낸 것이다. 프레드 주가지수의 뛰어난 수익률을 본다면 투자자도 고객 자본주의를 반겨야 한다는 걸 알 수 있지 않은가. 이 점을 뒷받침할 더 많은 증거를 5장에서 확인하게 될 것이다.

리더의 목적은 무엇인가

이제 금융 투자자가 아닌 개인의 관점으로 돌아가서 고객과의 상호작용에 관해 논의해보자. 앞서 말한 애플스토어에서 앨리스와 인터뷰한 직후로 돌아가보자. 인터뷰가 끝나고 나는 매장이 있는 위층으로 다시 올라갔다. 매장에서는 교육용 영상으로 사용할 직원 인터뷰를 촬영하고 있었다. 인터뷰 대상자였던 한 직원(재닌이라 부르겠다)에게 애플에서 일하는 것이 어떤 점에서 만족스러운지 이야기해달라고 했다.

재닌은 이렇게 대답했다. "믿기 어려운 소리로 들릴 거라는 건 알지만 기술을 탑재한 상품으로 고객의 삶을 풍요롭게 해드릴 수 있어서 좋습니다. 그것이 여기에서 우리가 하는 일입니다." 그러고 나서 재닌은 나이가 많은 어느 고객에게 온라인 스토어를 여는 법을 가르쳐주어, 그 고객이 자신의 예술작품을 전시하고, 지역의 아트페어에서 거래할 수 있게 되었다는 이야기를 들려주었다. 그 고객은 온갖 신기술에 주눅든 상태로 애플스토어의 교육 프로그램에 참여했다. 재닌과 예술가 고객, 두 사람은 포기하지 않았다. 재닌이 고객을 가르친 지 몇 달의 시간이 흐른 뒤 고객은 예술 작품을 팔아 생계를 유지하는 것이 가능하다는 걸 알게 되었을 뿐 아니라 예술가 동료들 사이에서 기술과 관련해 모르는 게 있으면 찾아가야 할 전문가가 되었다(온라인에서 작품을 판매하도록 도와주는 전문가로, 나이든 동료나 젊은 예술가 모두가 찾는 사람이 되었다). 고객은 이런 소식을 전하러 애플스토어를 다시 찾았고, 재닌은 그 이야기를 우리에게 들려준 것이다.

나는 지점 매니저와 나란히 촬영 카메라 뒤에 서 있었다. 다른 사람에게 영감을 주는 이야기를 재닌이 마무리하는 동안 매니저가 내 쪽으로 몸을 기울여 마음속 이야기를 꺼냈다. "이것이 바로 제일에서 제가 가장 좋아하는 부분입니다. 우리 직원들이 고객의 삶을 풍요롭게 했다고 인정받는 걸 볼 때 저는 '내가 우리 직원에게 이보다 더 좋은 선물을 줄 수 있을까? 리더로서 이보다 더 보람된 일이 있을까?'라고 제 자신에게 묻습니다."

  매니저의 이야기는 이번 장에서 설명한 내용을 깔끔하게 정리하는 말인 동시에 이 책의 주요 메시지이기도 하다. 위대한 리더와 조직은 직원이 위대한 삶을 살도록 돕는다. 이것이 바로 조직 내 모든 사람에게 열정을 불어넣는 목적이다.

‹‹‹ LOVE YOUR CUSTOMERS

3장

고객을 진정으로 사랑하라

고객 자본주의 시대의 필수조건

　항암 치료가 끝날 무렵 병원비 수납 창구에 붙어 있던 아메리칸 익스프레스American Express의 게시물을 보았다. 거기에 이렇게 써 있었다. '우리는 고객을 사랑합니다.'

　사랑한다고? 정말? 기업이 고객에게 사랑을 느껴야만 하는 걸까? 처음에는 '광고 카피라이터 중에서 약간 제정신이 아닌 사람도 있구나'라고 생각했다. 하지만 더 깊이 생각할수록 기업은 바로 이렇게 고객을 사랑해야 한다고 믿게 되었다. 제아무리 냉철한 기업이라도, 치열한 경쟁으로 마진이 적은 업계에 속한 기업이라도 고객을 사랑해야 한다. 고객 자본주의의 시대에서 고객 사랑이야 말로 가장 회복력 있는 승리 전략이기 때문이다.

　사랑이 꽤 수명이 짧고, 추상적이며, 애매모호한 면이 있는 아이디어처럼 보인다는 것을 인정한다. 사람들은 사랑이라는 단어를 가장 좋아하는 아이스크림, 모국, 닥스훈트 강아지, 어머니, 배우자를 향해 느끼는 감정을 묘사할 때 사용한다. 그러니 우리의 목적을 위해 사랑이라는 용어를 먼저 정리해두자. '사랑이란 어떤 사람을 몹시 아끼는 상태로, 이 관계에서 자신의 행복은 상대의 행복과 안녕을 키워주는 것에서 비롯된다.'

이런 종류의 사랑의 지혜는 황금률을 뒷받침한다. '네 이웃을 네 몸과 같이 사랑하라.' 이 세상의 모든 좋은 관계와 좋은 사회의 바탕이 되는 말이다. 좋은 기업을 뒷받침하는 것도 이러한 종류의 사랑이다. 고객의 삶을 풍요롭게 하는 일을 그 무엇보다 강조하면 고객은 이 회사가 고객에게 가장 이익이 되는 방식으로 행동한다고 믿게 된다. 이처럼 고객의 신뢰를 얻으면 고객은 그들의 니즈와 기업의 취약한 부분이 무엇인지 솔직하게 알려준다. 정직하게 있는 그대로 피드백을 제공하며, 이런 피드백은 최적의 고객 경험을 설계하고 제공하는 데 도움이 된다. 고객은 일상생활에서 해당 기업의 제품과 서비스를 이용하면서, 이 기업이 계속 번창할 것이라 믿고 기업의 성장에 기여한다. 또한 직원을 존중하는 마음으로 대한다. 그렇기 때문에 기업의 고객 로열티 엔진은 급속도로 충전되고, 경쟁에서 빨리 이길 수 있는 요인으로 작용한다. 지금까지 발명된 가장 효과적이고 지속가능한 연료를 사용해서 말이다. 그 연료는 바로 재구매를 위해 해당 기업의 제품을 다시 찾고, 친구들에게 추천하는 행복한 고객이다.

아메리칸 익스프레스는 이 말이 사실이라는 걸 입증해주는 기업이다. 아메리칸 익스프레스의 고객은 이 기업이 전하는 고객 사랑을 느낀다. 이는 아메리칸 익스프레스가 수년간 빼어난 NPS 결과를 얻었던 이유를 설명한다. 나 역시 이 기업의 고객으로서 그런 훌륭한 경험을 해왔다. 예컨대 넉넉한 신용한도를 제공해주고, 나쁜 이익을 추구하는 렌터카 업체로부터 나를 보호해주었으며(아메리칸 익스프레스는 보험료 차액을 보장해주기 때문에 몹시 비싼 렌터카 보험 상품에 가입하지 않아도 된다), 인기 절정의 레스토랑에서의 저녁 식사를 예약할 수 있도록 보증금 반환을 보장해 내 계좌를 보호해주었다. 이 모든 좋은 경험을 생각했을 때 당연히 아메리칸 익스프레스가 내 삶을 풍요롭게 해주었다고 말할 수 있다.

고객 사랑을 표현하는 데 전혀 수줍어하지 않는 항공사도 있다. 사우스웨스트 항공Southwest Airlines은 모든 항공기에 하트 모양 기업 로고를 칠하고, 뉴욕 증시 거래에 사용하는 티커trading symbol도 LUV로 정했다. 일종의 언어유희로 사우스웨스트 항공이 달라스의 러브필드에서 창립되었기 때문이다. 당시 사우스웨스트 항공의 회장이던 콜린 바렛Colleen Barrett은 어느 날 점심 식사 자리에서 자신이 능청스럽게 말하는 사랑에 노력을 다하는 건 마케팅 책략이 아니라고 전했다. 그들이 말하는 사랑에는 황금률에 따라 운영하는 사우스웨스트 항공의 핵심 철학이 반영되어 있었다. 콜린은 자신의 논점을 강조하듯 베인의 NPS 로열티 포럼NPS Loyalty Forum에서 자애로운 태도를 보여주었다.[1] 또한 이런 신념을 모든 고객에게 전하기 위해 사우스웨스트 항공은 수화물 비용, 항공기편 변경 비용은 물론 다른 경쟁사들이 고안해낸 고객 착취 전술을 사용하지 않는다.

2장에서 살펴본 애플스토어에 담겨 있던 고객 사랑의 신념을 생각해보라. 애플스토어를 만든 론 존슨Ron Johnson은 엄청난 성공을 거둔 애플스토어를 설계할 때 '네 이웃을 네 몸과 같이 사랑하라'는 예수의 가르침에서 영감을 얻었다. 론이 성경의 핵심이라고 판단한 메시지였다. 그는 자신의 목적이 '사랑을 바탕으로 매장을 설계하는 것'이라고 설명했다. 론은 모든 직원이 다는 배지에 '직원이 고객의 삶을 풍요롭게 할 수 있도록 직원의 삶을 풍요롭게 한다'라는 문구를 적어 자신의 목적을 분명히 보여주었다. 그리고 나서 서비스와 교육 부문을 영업 부문보다 강조하는 방식으로 업무를 설계했다. 고객을 향한 사랑을 고객이 느낄 수 있도록 실시간 고객 피드백에 투자했고, 전자 제품 소매점에서 흔히 시행하는 판매 실적에 따라 직원에게 수수료를 지급하는 보상체계를 바꿨다.

호텔 기업 메리어트 인터내셔널Marriott International은 '우리가 대접받고 싶은 대로 남을 대접하라는 말이 언제나 우리 회사의 경영 원칙'이라고 밝히는 TV 광고를 수년간 해왔다. 메리어트의 임원진에게 메리어트가 실제로 진지하게 그런 노력을 기울이고 있다는 증거를 보여달라고 부탁했을 때 그들은 황금률을 실행한 몇 가지 사례를 들려주었다. 예컨대 9.11 테러 이후 메리어트 계열 호텔의 경영이 어려워지면서 의료보험 자격을 유지할 수 있을 만큼의 근무 시간을 채우지 못하는 직원이 많아졌다. 메리어트 임원진은 이런 직원들까지로 보험 적용 범위를 확대했다. 직원은 가족이며, 가족 구성원이 통제할 수 없는 이유로 의료보험 자격을 상실하도록 내

버려두지 않을 것이라는 이유에서였다. 메리어트 경영진은 2017년 허리케인 어마와 마리아가 푸에르토리코를 강타해 엄청난 피해를 남기고 간 뒤에도 비슷한 결정을 내렸다. 푸에르토리코의 직원을 위한 재난 구호 기금은 금세 동이 났지만 회사는 부족한 기금을 채웠다.

메리어트에서 황금률과 고객 사랑은 재난이 발생했을 때에만 적용되는 것이 아니다. 예를 들어 신문 헤드라인을 장식하며 대중의 관심을 받는 일은 아니지만 직원 교육 프로그램을 설계할 때 황금률을 활용한다. 일선에서 고객을 직접 대하는 직원은 어려운 상황을 다양하게 가정해 역할극을 한다. 이를테면 호텔 수영장에서 말을 안 듣고 다른 손님을 짜증나게 하는 아이들을 데려온 손님 때문에 난처한 상황을 연기해본다. 교육 강사는 직원들에게 스트레스가 쌓인 부모의 입장이 되어 그들이 어떤 기분일지 생각해보라고 권한다. 손님에게 아이들을 통제해달라고 부탁하거나 고객 가족에게 수영장을 떠나 달라고 요청하는 방법 외에 직원들이 할 수 있는 일은 무엇일까? 직원들은 다함께 브레인스토밍하여 고객과 아이들이 만족하면서 문제를 해결할 방법을 스스로 생각해본다. 좋은 방법으로 뽑힌 해결 방법은 지겨워하는 아이들에게 색칠놀이 책과 크레파스를 제공하거나 아이들의 어머니에게 아기를 안고 있겠다고 말하는 것이다. 그러면 어머니가 큰 아이들에게 좀더 신경을 쓸 수 있을 테니 말이다.

기업 경영에서 일관되게 황금률을 따르는 것은 쉬운 일이 아니다. 특히 상장기업은 분기별 수익보고서에 따라 사업의 우선순위가 정해지는 경향이 있다. 메리어트도 마찬가지이다. 이 글을 쓰는 동안 메리어트와 다른 호텔 브랜드들은 주 검찰총장단과 법정 다툼을 진행 중이다. 한 주의 검찰총장이 호텔 업계의 리조트 이용 수수료resort fee와 목적지 이용 수수료destination fee(리조트나 호텔을 이용할 때 반드시 내야 하는 일종의 보증금으로 시설 내의 식당, 편의시설 등에서 사용할 수 있지만, 체크아웃시 사용하지 않은 금액을 돌려주지 않는다)가 고객을 기만하는 관행이라며 소송을 제기했기 때문이다. 소비자에게 불리한 요금에 법적 제재를 가하기 위한 법안이 연방정부 차원에서 상정되었는데 그것을 막겠다고 싸우고 있는 것이다. 사실 호텔 업계에서 이런 수수료를 받는 관행은 매우 널리 퍼져 있어서 네브래스카주처럼 분명 리조트라고 할 수 없는 지역에 있는 호텔에서조차 받고 있다.

나도 가족들과 카리브해에서 휴가를 즐기려고 온라인으로 메리어트 호텔을 예약했을 때 이 짜증 나는 비용(나는 이 수수료가 고객을 기만하는 것이라고 생각한다)을 내야 했다. 예약 사이트에서는 리조트 이용 수수료가 주당 1,500달러라고 했지만 막상 방을 예약하고 나니 추가 비용이 눈덩이처럼 불어나 주당 2,300달러가 되었다. 그 순간에는 한 사람의 고객으로서 제대로 사랑받고 있다고 느낄 수 없었다.

메리어트의 한 고위 임원은 링크드인LinkedIn과의 인터뷰에서 이 문제는 정말 어려운 것이라고 밝힌 적이 있다. "우리도 소비자로서 그런 요금을 좋아하지 않습니다(중략). 하지만 그런 요금이 사라질 것 같지는 않습니다."

하지만 그의 말과 달리 이러한 요금은 사라질 수 있고, 때로 사라지기도 한다. 퍼스트 서비스 이사회의 에린 월리스Erin Wallace는 한때 올랜도의 디즈니월드에서 사업체를 운영했다. 에린에게 디즈니도 그렇게 기분 나쁜 리조트 이용 수수료를 부과하는지 물어보았다. 리조트나 다름없는데도 디즈니월드에는 그런 요금이 없다는 답이 돌아왔다. 에린은 자신이 운영했던 업체에서도 고객에게 리조트 이용 수수료는 부과하지 않았다고 했다. 또한 캘리포니아에 위치한 디즈니랜드 리조트 호텔에서도 오랫동안 부과하던 리조트 이용 수수료를 새로 취임한 경영진이 없앴다고 했다. 에린은 리조트 이용 수수료가 디즈니의 브랜드와 명성에 오점을 남기는 관행이라 여겼기 때문에 이 같은 결정에 매우 기뻤다고 말했다.

이런 사례를 통해 내가 배운 불편한 진실은 다음과 같다. 메리어트, 디즈니 같은 탁월한 기업조차 이익을 추구하고 고객에게 적대적인 수법을 쓰는 덫에서 빠져나오는 데 어려움을 겪는다. 그러니 일반 기업이 황금률에 따라 회사를 경영하고 꾸준히 고객을 사랑하기란 매우 어려운 일일 것이다. 결국 대부분 기업은 좋은 이익과 나쁜 이익을 절대 구분하지 않고 과학적 원리에 따라 매출을 최적화하는 가격 책정 알고리즘을 이용한다. 문제는 그런 인공지능 모델이 사랑이라는 마음을 헤아릴 수 없다는 점이다. 인위적 사랑이든 그렇지 않은 사랑이든 말이다. 인공지능 가격 책정 모델은 고객이 기업에게 사랑받지 못한다고 느끼게 만들고, 이로 인해 기업에 대한 믿음과 로열티를 줄어들게 만듦으로써 발생하는 장기적인 비용은 절대 반영하지 않는다. 또한 고객을 향한 애정이 없는 정책을 실행하도록 강요받아 의욕 없는 직원들이 가져올 영향도 고려하지 않는다. 디지털 상호작용 시대로의 이행이 빨라지는 것이 지금보다 어두운 시대, 다시 말해 사랑이 더는 불필요한 것으로 여겨지는 디지털 겨울의 시대를 예고하는 것이라면 정말 우울할 것이다.

디지털 시대의 고객 사랑

앞으로 입증하겠지만 자동화가 세상을 엄습한다 해도 황금률과 고객 사랑은 여전히 아주 중요한 가치로 남아 있을 것이다. 하지만 일부 기업은 고객과의 상호작용을 디지털화하고, 비싼 노동력을 효율적인 로봇으로 대체하려고 미친 듯이 달려들면서 음울하고 영혼이 느껴지지 않는 디지털 여정으로 고객을 몰아넣고 있다.

수익을 추구하는 드론, 로봇, 알고리즘, 예측 모델이 이끄는 디스토피아 세상을 상상해보라. 일선에서 사람이 제공하는 서비스를 디지털 수단이 대체하면서 경영자는 어떻게 고객이 사랑받는다고 느끼게 할 수 있을까? 베인의 NPS 프리즘 데이터를 살펴보면 오늘날 미국 은행들의 거래 중 80퍼센트가 자동화 혹은 디지털화되어 있으며, 은행 직원과 고객은 더욱 멀어지고 있다. 여기에는 빅데이터 분석 툴을 사용하면 직원이 고객을 이해할 수 있게 된다는 이론이 깔려 있다. 실제로 이러한 데이터 툴 중 일부는 추천고객, 중립고객, 비추천고객으로 고객이 나뉘는 것을 예측하는 데 큰 도움을 준다.

하지만 이런 데이터가 진짜 힘을 가지려면 고객 및 일선 직원의 목소리와 효과적으로 결합되어야 한다. 그래야만 경영자가 승리를 위한 솔루션을 마련할 수 있다. 그렇기에 경영자가 고객이 전하는 요구와 우려의 목소리 모두에 계속 귀를 기울일 수 있도록 NPS 피드백과 빅데이터를 가장 잘 통합할 방법을 찾는 것이 가장 중요하다. 디지털이 지닌 가장 좋은 요소와 인간의 따뜻함, 공감, 개인화가 잘 어우러진 우수한 사례는 와비 파커, 츄이, 펠로톤, 에어비앤비와 같은 기업에서 발견할 수 있다. 이들 기업은 다양한 최첨단 기술을 보유하고 있으면서도 인간성을 갖춘 공동체를 지속하여 육성한다. 그 공동체의 의사결정 프로세스를 이끄는 것은 고객 사랑과 황금률이다.

와비 파커는 맞춤형 안경 온라인 판매업체(고객의 디지털 경험을 확대할 목적으로 120여 개의 오프라인 매장도 운영하고 있다)로, 이해관계자의 우선순위 목록에서 황금률을 맨 위에 두는 기업이다. "우리는 고객이 원하는 방식대로 고객을 대합니다. 따뜻함, 유익함, 공감, 믿기 어려울 정도의 서비스로 고객을 대하는 것입니다." 공동창업자이자 공동대표인 데이브 길보아Dave Gilboa에게 이 같은 고귀한 고객 서비스 기준이 얼마나 충족되고 있는지를 측정하는 방법을 물었다. 목적에 생명력을 불어넣기 위해서는 목적이 얼마나 이루어지고 있는지 측정할 수 있어야 한다는 생각에 데이브도 동의했다. 그는 와비 파커에서 어떻게 하고 있는지를 이렇게 설명했다. "우리 회사에서는 순추천고객지수를 측정합니다. 우리는 고객이 사랑하는 브랜드를 키우고 싶은데 순추천고객지수는 우리의 브랜드, 그리고 회사의 장기적인 건전성을 파악하는 데 도움이 됩니다."

형편이 어려운 사람들에게 무료로 안경을 제공하는 것도 또 다른 고객 사랑 전략이다. 와비 파커는 고객이 안경 하나를 구매할 때마다 안경 한 개를 형편이 어려운 사람에게 무료로 나눠준다. 지금까지 800만 개 이상 기부했고, 덕분에 사회적 혜택을 받지 못한 학생들이 책을 읽고 칠판의 글씨를 보게 되었으며, 시각장애가 있는 사람도 일할 수 있게 되었다. 뒤에서 더 자세하게 다루겠지만 와비 파커의 사랑과 기부 전략은 결과적으로 디지털 시대의 뛰어난 성공 스토리가 되었다. 창립 10년 만에 이제 투자자들은 비공개 기업인 와비 파커의 기업가치를 30억 달러로 평가하고 있다(2021년 상장).

의미와 참여로 가득한 고객 관계를 쌓은 디지털 기업, 이러한 흥미로운 예를 보여주는 또 다른 기업으로 반려동물 용품 온라인 판매업체 츄이가 있다. 츄이는 다음과 같이 선언한다. "츄이는 반려동물과 반려인을 사랑한다. 반려동물을 가족으로 대하며 반려인의 모든 니즈를 충족시키고, 모든 상호작용에서 기대치를 넘어서는 서비스를 제공하는 데 집중한다."

츄이는 오프라인 매장이 없기 때문에 고객과 얼굴을 마주할 일도 없어서 좀더 창의적인 방법이 필요했다. 츄이와 고객의 정서적인 유대감은 츄이 웹사이트의 검색창에서부터 시작된다. 츄이 웹사이트의 검색창에는 한때 '반려동물을 위한 최고의 상품을 찾으세요'라고 써 있었다. '반려동물을 위한 최고의 상품'을 빨리 배송하기 위해 츄이는 미국 전역에 8개의 풀필먼트 센터fulfillment center를 세워 재고를 확보했다. 츄이는 웹사이트와 전화를 통한 고객 서비스 방식을 없애야 할 비용이 아닌 고객의 감탄을 들을 기회로 여긴다. 그래서 연중무휴로 운영되는 8개의 풀필먼트센터에서는 반려동물을 좋아하는 직원들이 일한다. 츄이는 놀랄 만큼 사려 깊고 친절한 문제 해결방안을 구상하고 실행할 책임을 가지는 고객감동팀을 대규모로 만들었다. 이 팀의 업무 중 주목할 만한 예를 하나만 소개하면 이들은 반려동물이 무지개 다리를 건너 사별한 반려인에게 종종 꽃을 보낸다.

츄이는 고객 사랑 전략을 비밀로 하지 않으며, 2019년 기업공개 IPO를 준비하면서 미국 증권거래소SEC에 자료로 제출해 그 내용을 누구든 볼 수 있게 했다.[2] 츄이가 제출한 서류에는 다음과 같이 적혀 있다. "츄이는 (고객과) 마주할 때마다 매번 이례적인 서비스를 제공하려 노력한다. 츄이에는 교육을 매우 잘 받은 열정적인 고객 서비스 담당자가 있고, 이들은 대개 동네 반려동물 용품 가게에서만 기대할 수 있는 수준의 최상의 맞춤형, 지식형 서비스와 정보를 제공한다. 순추천고객지수가 츄이의 고품질 서비스와 고객 만족도를 증명한다. 회계연도 2018년 기준 츄이의 순추천고객지수는 86점으로 계산된다."³ NPS가 뛰어나다는 건 고객들이 기업이 전하는 사랑을 느끼고 있다는 증거이다. 이는 츄이의 빠른 성장 속도로도 확인할 수 있다. 츄이의 시가총액은 현재 300억 달러가 넘는다.

디지털 플랫폼이 고객의 사랑을 얻는 방법을 잘 보여주는 또 다른 예로 펠로톤을 들 수 있다. 펠로톤의 사명은 '운동을 통해 세상을 잇고, 사람들이 언제, 어디서든 자신이 지닌 최고의 모습으로 지낼 힘을 주기 위해' 기술을 사용하고 설계하는 것이다. 이 말에는 상당히 애정이 담겨 있다. 펠로톤의 핵심 가치 목록 맨 위에는 '회원을 우선시한다'가 자리 잡고 있다. 〈뉴욕 타임스New York Times〉가 펠로톤의 공동창업자이자 CEO인 존 폴리John Foley에게 그토록 빨리 로열티가 높은 팬을 많이 모을 수 있었던 비결을 설명해달라고 했을 때 그는 이렇게 답했다. "우리는 사람들이 아주 깊이 사랑하는 경험을 할 수 있도록 했습니다."⁴

〈뉴욕 타임스〉는 다음과 같이 분석했다. '펠로톤은 그저 단순히 운동기구만 파는 게 아니다. 대신 수천만 달러를 들여 고객을 초대하는 고객 경험을 만들었다. 행사는 고급스런 매장에서 열리며 브랜드 홍보대사인 유명인들이 참여한다.'⁵ 펠로톤 공동체에 속한 회원 가운데 놀랄 정도로 많은 수가 그런 경험이 삶을 풍요롭게 하는 것 이상이었으며, 인생이 바뀌는 경험이었다고 말했다. 펠로톤은 안전 관련 이슈로 러닝머신 제품의 리콜을 진행하고 있다. 비용이 많이 드는 경제적 어려움을 겪고 있음에도 현재 시가총액이 250억 달러가 넘는다.

　마지막으로 에어비앤비도 잘 설계된 디지털 플랫폼이 전 세계 공동체(에어비앤비의 경우 게스트와 호스트의 공동체)에 힘을 실어줄 수 있다는 걸 보여준 주목할 만한 사례이다. 고객을 대할 때 사랑과 황금률이 맡는 중요한 역할을 강조하기 위해 에어비앤비의 창업자들은 사랑이라는 테마를 담은 하트 모양 로고를 만들었다. 에어비앤비는 2008년 브라이언 체스키Brian Chesky, 네이선 블레차르지크Nathan Blecharczyk, 조 게비아Joe Gebbia가 함께 세운 온라인 숙박 플랫폼 기업이다. 이후 에어비앤비는 여행 업계의 판도를 바꾸었다. 현재 미국에서 에어비앤비에 등록된 숙박처는 숙박 업계 전체 규모의 약 20퍼센트를 차지한다. 물론 에어비앤비도 봇과 알고리즘을 활용하지만, 자신의 집을 찾는 게스트를 사랑으로 대하는 호스트 공동체를 만드는 데 기여한다. 사실 코로나 팬데믹 이전에는 에어비앤비가 지역의 호스트 모임을 만들어 게스트를 감동시키는 요령 등을 알려주고는 했다. 예컨대 갓 구운 초콜릿칩 쿠키 냄새를 맡으면 게스트는 언제나 정말 환영받고 있다고 느낀다.

　현재 에어비앤비에는 400만 명 이상의 호스트와 1억 5,000만 명 이상의 사용자가 등록되어 있다.[6] 투자자들은 에어비앤비가 지닌 이 모든 사랑에 감명을 받았다. 팬데믹으로 인해 여행 인구가 크게 감소했음에도 에어비앤비의 기업가치는 900억 달러 이상으로 평가된다.

코스트코의 경쟁우위

이제 내 눈을 뜨게 했던 또 다른 기업인 코스트코 홀세일Costco Wholesale Corporation에서의 하루를 살펴보자. 코스트코 홀세일은 창고형 회원제 할인마트 체인으로 엄청난 성공을 거뒀다. MIT 슬론 경영대학원의 제이넵 톤Zeynep Ton 교수가 친절하게도 코스트코의 공동창업자이자 오랫동안 CEO를 지낸 짐 시네갈Jim Sinegal과 함께 할 시간을 마련해주었다. 우리는 그날 제이넵의 수업에 함께 참여했다. 그날의 수업은 짐과 함께 하는 토론 수업이었는데, 수업 후에는 짐의 안내로 학생들과 함께 코스트코 월섬 지점을 방문하는 견학 프로그램에도 참여했다.

짐과의 만남을 준비하면서 코스트코가 NPS 평가에서 소매유통 부문의 최고점을 받았다는 걸 처음 알았을 때 정리해두었던 애널리스트들의 여러 보고서를 다시 확인했다. 당시 애널리스트들은 코스트코가 일선 직원들에게 급여를 지나치게 많이 지급하며 상품 가격도 너무 낮게 책정한다고 강력하게 비판하고 있었다. 나는 짐 시네갈에게 그런 비판에 관해 어떻게 생각하는지, 더 쉽게 말해서 월스트리트가 가차없이 기업의 이익에만 집중하는 것에 관해 어떻게 느끼는지 물어봐야 공평할 것 같았다. 짐은 이 주제에 관해 자세하게 설명했다. "월스트리트의 조언에 따라 기업을 운영하려 한다면 업계에 그리 오래 남아 있지 못할 겁니다. 우리의 첫 번째 책임은 법률을 준수하는 것입니다. 그 다음 책임은 고객을 따르는 것입니다. 그러고 나서 직원을 소중히 여기고, 공급업체를 존중해야 합니다." 짐은 코스트코가 지닌 책임의 목록을 이야기하면서 마지막까지 주주에 관해서는 언급하지 않았다. "주주는 목록의 마지막에 있는 겁니까?"라는 질문에 그는 눈썹을 약간 치켜올리고 주저 없이 말했다. "그렇습니다. 목록의 마지막이기는 하지만 코스트코는 1985년에 상장한 기업이기 때문에 주주도 신경 쓰고 있습니다. 코스트코의 총주주수익률은 S&P 500대 기업의 총주주수익률을 크게 상회합니다.[7] 코스트코의 가장 중요한 자산은 기업문화입니다. 우리의 기업문화는 올바른 일을 한다는 데 바탕을 두고 있습니다. '회원의 입장에서 생각하라. 공정하게 대하라'는 것입니다."

그렇다면 코스트코는 어떻게 올바른 일을 해서 사업을 성공시킬 수 있었을까? 부분적으로는 코스트코의 회원제 모델에 답이 있다. 코스트코는 기본적으로 회비를 받아 매년 초 필요한 수익을 고정적으로 확보해둔다. 필요 수익이 기저에 확보된 상태이기 때문에 이후에는 고객을 향한 사랑을 최대화하는 방향으로 의사결정을 내릴 수 있다. 짐은 코스트코와 함께 아마존도 코스트코의 회원제 운영 방식을 따라 아마존 프라임을 출시했다고 말했다. 아마존 프라임은 아마존의 화려한 역사 중에서도 가장 큰 성공 스토리로 꼽힌다.

다음은 짐 시네갈이 제이넵의 수업에서 들려준 이야기이다.

코스트코는 오랫동안 자체 개발상품인 커클랜드Kirkland 브랜드 상품을 제외한 나머지 모든 상품은 14퍼센트의 이윤을 남긴다는 가격 책정 정책을 고수해왔다. 커클랜드 브랜드 상품은 15퍼센트의 이윤을 남긴다. 이러한 가격 책정 정책을 통해 매장 운영의 복잡성을 최소화하고, 고객의 신뢰도 얻는다. 고객은 코스트코가 높은 가격으로 제품을 출시했다 가격을 낮추는 방식의 가격 정책high-low pricing과 각종 판촉 방법으로 고객을 기만하지 않는다는 사실을 믿는다. 짐은 이런 태도를 잘 보여주는 유명한 사례 하나를 소개해주었다. 코스트코의 구매 담당자들이 캘빈클라인 청바지를 두고 협상을 많이 했다고 한다. 최종 협상 가격은 매우 낮아서 14퍼센트 마진을 붙인 판매가는 29.99달러로 정해졌다. 똑같은 청바지를 다른 주요 유통업체에서는 59.99달러에 팔고 있으니 코스트코에서 파는 청바지는 날개 돋친 듯 팔려 매대에서 금방 사라졌다.

이후 코스트코는 캘빈클라인에서 청바지 100만 개를 추가로 받을 수 있다는 걸 알게 되었다. 어느 해외 구매처에서 신용장 결제를 하지 못해 새로운 판매처를 찾고 있는 상황이었던 것이다. 코스트코 구매 담당자가 이번에는 더 낮은 가격으로 협상해 14퍼센트의 기본 마진을 더하고도 청바지 판매가는 22.99달러로 정해질 수 있었다. 월스트리트의 호사가들은 이 이야기를 듣고 코스트코 경영진이 무책임하게 행동한다고 불평하기 시작했다. 코스트코 매장에서는 해당 상품을 이미 29.99달러에 팔았다. 그런데 왜 새로 입고된 제품을 '최저' 29.99달러에 팔고 청바지 한 벌당 7달러의 추가 마진을 남겨 수익을 늘리지 않는가? 월스트리트에서는 14퍼센트의 이윤을 남기는 자동 가격 책정 정책 때문에 최소 700만 달러를 그냥 두고 떠나는 셈이라고 비난하기 시작했다.

짐은 입장을 굽히지 않았다. 이에 대해 그는 이렇게 설명했다. "코스트코의 회원은 회사가 절약한 모든 금액을 고객에게 돌려줄 것이라고 믿고 있습니다. 여기에 어떤 예외를 만든다는 건, 헤로인을 맞는 것과 같은 일입니다. 일단 시작하면 멈출 수 없는 겁니다. 그리고 기업의 본질적인 체질을 바꾸어버릴 것입니다."

제이넵 톤 교수는 《좋은 일자리의 힘The Good Jobs Strategy》을 썼는데, 그 책의 내용이 내 생각과 아주 비슷하다.[8] 제이넵이 짐에게 질문했다. "그럼 700만 달러의 추가 수익을 얻고 직원 복지를 향상시키는 방식은 어떻습니까?"

그러자 짐은 코스트코의 직원 복지는 이미 유통 업계 최고 수준이며, 시간당 평균 임금은 약 24달러 정도라고 답했다.[9] 그러면서 만일 회사가 14퍼센트 마진율을 어기는 걸 직원들이 본다면 회사가 회원을 위해 항상 최선을 다하는 건 아니라고 생각할 것이라고 말했다. 한번은 투자금융 정보업체 모틀리풀the Motley Fool에서 짐에게 '경쟁우위'란 무엇인지 정의해달라고 부탁하면서 코스트코의 최대 경쟁우위가 무엇인지 물었다. 짐의 대답은 다음과 같았다. "코스트코가 지닌 경쟁우위는 회사를 믿는 충성 고객이 있다는 것입니다."[10] 나는 여기에 한 가지 덧붙이고 싶다. 코스트코에는 고객 중심이라는 회사의 핵심 사명에 대한 믿음을 지닌 직원들이 있다.

한편 코스트코는 고객 로열티를 얻기 위해 다양한 정책을 시행하고 있다. 예컨대 코스트코의 반품 정책은 믿기 어려울 만큼 고객의 요구에 관대하다. 한번은 우리 딸이 코스트코에서 전동칫솔 2개입 한 세트를 구입했다. 그런데 그중 하나가 제대로 작동하지 않았고, 딸은 칫솔을 다시 매장으로 가져갔다. 딸은 영수증을 버렸기 때문에 제품을 반품할 수 있을지 회의적으로 생각했다고 한다. 하지만 반품 담당 직원은 걱정할 것 없다고 말했다. 코스트코는 전 회원의 구매 이력을 디지털 데이터로 보관한다. 반품 담당 직원은 딸의 구매 기록을 찾았고, 구매 금액을 모두 환불해주었다. 게다가 나머지 칫솔 하나가 제대로 작동한다면 그냥 가져도 된다고 말했다.

이런 반품 정책 외에 코스트코가 고객 로열티를 얻기 위해 하는 다른 일은 어떤 것이 있을까? 코로나 바이러스가 유행하는 겨울 동안 나는 야외에서 사람들과 어울리려고 코스트코 온라인 쇼핑몰에서 모닥불 테이블을 샀다. 그런데 바로 다음달에 해당 제품의 가격이 150달러 인하되었다는 걸 알고 차액 150달러를 돌려달라고 요청했다. 코스트코는 며칠 안 걸려 환불해주었다. 여행을 갈 때도 우리 가족은 코스트코의 여행 상품을 이용한다. 최고의 가격을 보장할 뿐 아니라 렌터카의 운전자 추가 비용 같은 수수료를 내지 않아도 되기 때문이다. 우리 딸은 타히티 보라보라로 가는 신혼여행을 코스트코 상품으로 예약했다. 마지막으로 더하는 중요한 사실은 우리 가족이 수년 전부터 코스트코 주식에 투자하고 있으며 그 결정은 아주 잘한 선택이었다는 점이다.

짐 시네갈은 2012년 CEO에서 물러났다. 코스트코가 현재도 짐이 재직하던 때와 동일한 윤리 철학을 따르는지 확인하는 건 당연히 해야 할 일이다. 최근에 발행된 한 연간보고서에는 다음과 같은 내용이 업데이트되었다. "'옳은 일을 하라'는 회사의 변함 없는 철학 덕분에 또 한 해 좋은 이익을 내게 되었다." 놀랄 일도 아니다. 가족들이 유통 업계의 NPS 선도기업인 코스트코와 아마존에서 쓴 돈을 다 합하면 다른 유통업체(안타깝게도 고객을 향한 사랑을 보통 찾기 어려운 곳이다)에서 물건을 살 예산이 그리 많이 남지 않는다.

디스커버 파이낸셜 서비스의 도전

디스커버 파이낸셜 서비스Discover Financial Services는 신용카드 업계에서 실시한 NPS 조사에서 아메리칸 익스프레스를 앞서며 나의 레이더망에 들어왔다. 그것도 아메리칸 익스프레스를 어쩌다 한 번 앞선 게 아니라 몇 년 연속으로 앞서고 있었다.

이것이 왜 놀라운 일이었을까? 나는 40년 이상 아메리칸 익스프레스를 이용한 고객으로, 아메리칸 익스프레스가 고객 로열티를 쌓는 데 뛰어난 실적을 올려온, 업계에서 가장 강력한 회사라고 알고 있었다. 그런 아메리칸 익스프레스가 어떻게 상대적으로 업계에 등장한 지 얼마 되지 않은 기업인 디스커버에 비해 몇 점 뒤처진 것일까?

나는 디스커버를 고객으로서 직접 경험해본 적은 없지만 디스커버의 TV 광고는 분명하게 기억하고 있었다. 광고는 디스커버의 전화 서비스 담당자와 고객이 대화하는 모습을 재미있게 묘사했고, 다음과 같은 문구가 나왔다. '고객이 자신을 대하듯 디스커버는 고객을 대합니다.' 황금률의 문구를 다른 말로 표현한 것이었다. NPS의 비교적 새로운 슈퍼스타인 디스커버를 조사하기 시작하면서 이 회사의 과거 연간보고서들을 훑어보았다. 다음은 그중 2011년 CEO의 메시지이다.

디스커버에서는 모든 일을 분명 고객에게 초점을 맞추어 시작합니다. (중략) 고객 서비스에 있어 디스커버는 다른 회사와 매우 다르게 접근합니다. 다른 회사에서는 고객 서비스를 주로 비용으로 여깁니다. 그와 달리 우리는 고객과의 상호작용을 관계를 강화하고, 보상을 늘리고, 사용을 권하고, 로열티를 쌓을 기회로 생각합니다.

훌륭한 고객 서비스는 적합한 직원을 고용해 교육하고, 그들의 능력을 개발한 뒤 고객과 의미 깊은 대화를 나누는 데에서 출발합니다. 디스커버 카드를 소지한 고객은 100퍼센트 미국 내 직원이 응대합니다. 디스커버의 경쟁우위라고 생각하는 점입니다. 또한 디스커버는 카드 소지 고객이 업계 최고의 온라인 경험을 할 수 있도록 투자합니다. 디스커버의 목표는 고객이 우리를 찾을 때 언제, 어디서, 어떤 방법으로든 응하는 것입니다.

나는 문서 하단에서 낯익은 이름을 발견했다. 데이비드 넴스David Nelms는 베인에서 초창기에 일했던 팀의 동료로, 오래전 처음 고객 로열티 경제학을 연구할 때 힘을 보탰던 눈에 띄는 재능을 가진 팀원이었다. 데이비드가 14년간 디스커버의 CEO로 일하고 은퇴하기 직전 다시 연락이 닿았는데, 그와 대화를 나누는 동안 '고객이 자신을 대하듯 디스커버는 고객을 대합니다'라는 말이 그저 광고 카피에 불과한 것이 아님이 아주 분명해졌다. 디스커버가 수많은 결정을 내리고 우선순위를 정할 때 기준이 되는 원칙이었다. 데이비드에게 디스커버가 고객의 이익을 우선시하는 방법을 보여주는 사례를 들려달라고 부탁했다. 구체적으로 디스커버가 고객을 정말 사랑해서 신용카드 업계에 매우 널리 퍼져 있는, 고객에게 불리한 운영 관행을 최소화하거나 아니면 아예 없앴는지 알고 싶었다. 데이비드는 다음과 같은 사실을 인용해 대답했다.

- 디스커버는 연회비를 완전히 없앤 첫 번째 주요 카드사이다(모든 카드 대상). 만일 이윤 추구가 사업을 영위하는 유일한 이유라면 연회비를 받아야겠지만, 회사의 목적이 고객을 올바르게 대하는 것이라면 연회비 같은 비용은 역효과만 낳는다.
- 디스커버는 고객이 카드를 이용한 보상으로 받는 포인트에 대한 소멸 제도를 없애 고객의 포인트가 절대 소멸되지 않도록 한다. 대부분의 신용카드사에서 운영하는 고객 혜택 프로그램은 미사용 포인트 소멸 제도를 따르도록 설계된 경우가 많다.

고객들은 보유한 포인트 가치의 절반에 이르는 금액을 찾아가지 않는다. 카드사는 고객이 50퍼센트의 금액을 찾아가지 않는다면 마케터가 명백한 가치의 2배에 해당하는 혜택을 이야기하며 고객을 유치할 수 있다고 말한다. 디스커버는 이렇게 교활한 속임수를 금지했다.

- 데이비드가 연간보고서의 시작 부분에서 강조했듯 디스커버의 고객 서비스는 전부 미국 내 직원이 맡는다. 대화를 나누던 당시 대부분의 경쟁사에서는 고객 서비스 업무를 외부 업체에 아웃소싱하거나 인도나 필리핀처럼 인건비가 저렴한 해외 국가 인력에게 맡겼다. 디스커버에서도 해외 위탁을 테스트해보았지만 비용이 줄어들 뿐 고객이 경험하는 서비스의 질은 떨어진다는 걸 확인했다. 대부분 미국에 거주하는 고객들은 문화적 배경에 익숙하고 언어 능력을 갖춘 미국인 직원에게 서비스 받는 것을 더 선호했다.

- 디스커버는 단순 서비스 문의를 처리하는 효과적인 디지털 솔루션 개발에 엄청나게 투자한다. 디지털 솔루션으로 단순한 내용의 문의를 처리할 수 있으면 전화 문의의 양이 줄어든다. 그렇게 되면 뛰어난 고객 지원 시스템과 교육을 통해 고객 대응을 준비한 직원들은 복잡한 문제를 처리해주는 데 집중할 수 있어 더 좋은 서비스를 제공할 수 있다.

- 서비스 담당자는 회사에 수익을 더 가져오려고 하기보다 고객이 스스로에게 최적, 최상인 솔루션을 선택할 수 있도록 선택

가능한 사항을 모두 분명하게 설명해야 한다.[11]

- 디스커버에서는 하루 24시간, 일주일 내내 고객 서비스 담당자를 쉽게 찾을 수 있고, 관련 전화번호는 디스커버의 웹사이트와 전단지 등에 눈에 잘 띄게 적혀 있다. 일부 경쟁사에서는 전화번호를 숨겨 고객이 저비용의 디지털 솔루션을 이용하게끔 유도한다. 디스커버는 고객이 서비스 방식을 선택하도록 하면서 고객이 디지털 방식도 쉽게 사용할 수 있도록 디지털 솔루션을 계속 업그레이드한다. 특히 디지털 문의 과정을 간단하게 만들려고 노력한다.

- 디스커버는 연체료 발생 하루 전에 해당 고객에게 이메일을 보낸다.[12] 덕분에 고객은 단순히 날짜를 잊어버려 연체 수수료를 내는 일은 피할 수 있다. 데이비드 넴스는 이 결정을 내릴 때 최고재무책임자가 연체료 수입이 연간 2억 달러 줄어들 것이라 경고하며 반발했다고 했다. 하지만 데이비드는 그런 이유로 반대하는 것은 수익을 우선시하는 사고방식이라며 받아들이지 않았다.

- 신규 고객이 연체료를 처음 낼 때는 자동으로 연체료가 면제된다.

- 디스커버는 고객에게 카드 분실 또는 도난당했을 때 무단 사용을 막는 무료 서비스 '사용정지freeze-it' 기능을 처음 제공했고(전화, 온라인, 애플리케이션으로 신청 가능), 고객이 신분 정보를 보호할 수 있도록 무료 알림 서비스를 제공한다.

- 디스커버는 고객의 주민등록번호가 도용되지 않는지 다크웹 dark web을 감시하고, 고객의 이름으로 새로운 계좌가 개설될 때마다 무료로 알림을 보낸다.
- FICO가 산정하는 신용점수를 무료로 제공한다(개인의 신용점수에 영향을 미치지 않는다). 신용점수는 고객의 카드 사용 내역서, 온라인 및 모바일 애플리케이션을 통해 바로 확인할 수 있다. 신용점수를 조회하려고 화면을 클릭하는 동안 짜증 나는 광고가 계속 나오는 일은 없다.
- 고객의 신용점수를 올릴 수 있는 요인이 있으면 관련 정보를 무상으로 제공한다.
- 디스커버는 악성 부채를 추심업체에 넘기지 않는다. 심지어 완전히 상각 채권이 된 경우에도 마찬가지이다. 데이비드는 이렇게 말했다. "가족이라면 그렇게 하지 않습니다. 그렇지 않겠습니까?"

이 정도만 소개해도 디스커버가 어떤 기업인지 알 수 있을 것이다. 디스커버가 신용카드 업계에서 순추천고객지수가 가장 높은 것도 당연한 일인지 모른다. 디스커버의 최고마케팅책임자인 케이트 만프레드는 다음과 같은 관점을 제시했다. "디스커버의 문화는 정말 남다릅니다. 디스커버는 소비자와 함께 시작하고 소비자의 니즈를 충족시킵니다. 회사의 이익 목표를 달성하려는 게 아닙니다. 저는 회사의 손익이 궁극적인 목표인 이사회에 참여한 적이 많습니다. 하지만 여기 디스커버에서는 고객의 행복과 안녕을 돌보는 일이 궁극적 목표입니다."

케이트는 디스커버에서 연간계획을 세우는 회의에 처음 참석했을 때 깜짝 놀랐다고 한다. 대부분의 기업에서는 사람들이 먼저 아이디어와 제안서를 제출한 다음 얼마나 이익을 낼 수 있는가를 기준으로 제안서를 검토, 평가한다. 하지만 디스커버에서 제안서의 순위를 정하는 기준은 아주 다르다. "디스커버는 회사가 얼마나 이익을 얻을 수 있는지를 기준으로 제안서의 순위를 매기는 대신 고객을 제일 감동시킬 일이나 고객을 가장 귀찮게 하는 부분을 고치는 일을 우선시합니다. 그리고 나서 그런 투자를 감당할 방법을 생각합니다."

디스커버의 CEO 로저 호치쉴드Roger Hochschild도 이러한 가치관을 강화하며, 경영진이 최근 라이프록LifeLock 사가 제공하는 서비스에 관심을 가지게 되었다고 말했다. 신분 도용과 사기 위험이 점점 커지는 오늘날 라이프록은 이러한 위험으로부터 고객을 보호해준다. 다만 고액을 수수료를 지불해야 한다. 로저가 말했다. "하지만 고객이 느끼는 두려움을 이용해 비싼 가격으로 그런 서비스를 판매할 생각은 아닙니다. 대신 우리는 고객에게 무료로 제공할 수 있는 서비스가 몇 가지나 될지 알아보려 합니다."

이 시점에서 나는 두 그룹의 사람들이 서로 반대 방향으로 달려가는 그림이 그려진다. 한 그룹은 이 책을 읽는 독자들로 일부는 아마 서둘러 디스커버 신용카드 발급신청서를 쓰고 있을지도 모른다. 물론 독자들만 그런 건 아니다. 미국 전체 가구의 약 20퍼센트가 이미 디스커버 카드를 소지하고 있다. 다른 그룹은 가장 가까운 출구로 빠져 나가려고 달리는 잠재적 투자자들이다. 투자자들은 이처럼 고객 사랑에 모든 것을 쏟아부으면 주주를 위한 가치가 어떻게 충분히 남을 수 있는지 질문할 것이다.

여기서 고객 로열티 경제학이 전통적인 재무 중심 사고방식을 압도한다는 걸 보여주는 또 하나의 예를 확인할 수 있다. 대화 중에 데이비드는 이렇게 주의를 환기시켰다. "충성 고객은 FICO 신용점수가 훨씬 높다는 걸 우리 둘 다 알고 있습니다."[13] 다시 말해 충성 고객은 표준 위험 모델이 나타내는 것보다 제품이나 서비스를 구매하는 기업에 '훨씬 더 많은 이익'을 가져다준다는 말이다.

좀더 깊이 살펴보자. 대부분의 사업과 마찬가지로 신용카드 사업에서도 현금흐름을 창출하는 자산은 고객이다. 고객이 우리 회사의 카드를 지갑 맨 위에 넣어두고 다른 카드보다 더 많이 사용하면 자산가치가 커진다. 거기에 고객 유지율이 높고(비싼 돈을 들여 광고를 하고, 고객 모집 활동을 펼치면서 사용하는 마케팅 비용이 발생하지 않는다는 뜻이다), 관련 FICO 점수에서 예상되는 것보다 대손액credit loss이 낮다면 월스트리트에서 예상하는 것보다 '훨씬 더 좋은 재무 성과'를 얻게 된다. 최종 성과를 보면 2011년부터 2020년까지 디스커버는 업계 최고의 총주주수익률TSR을 기록했다. 뱅가드 총주가지수 펀드VTI에 반영된 시장 평균보다 85퍼센트 높은 결과였다.

[도표 3-1]에서는 미국 신용카드 업계 대기업을 대상으로 총주

도표 3-1 주식시장 평균을 넘어서는 NPS 선도기업의 실적

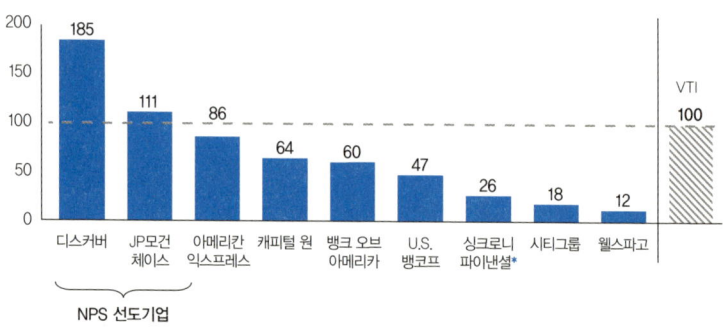

누적 총주주수익률 지수 vs. 뱅가드 총주가지수
(2011년 1월 1일 ~ 2020년 12월 31일)

출처 : CapIQ

주 : *싱크로니 파이낸셜 : 상장 이후 2014년 1월 8일부터 2020년 12월 31일 사이의 총주주수익률. VTI는 뱅가드 총주가지수 ETF (ARCA: VTI)를 나타낸다.

주수익률의 순위를 매겨 뱅가드 총주가지수펀드의 총주주수익률과 비교했다. 신용카드 매출액은 디스커버와 아메리칸 익스프레스의 실적을 합한 쪽이 두드러지게 많고, 다른 업체들은 적은 비중을 차지하고 있다. 주가 실적은 각 회사의 전체 비즈니스 포트폴리오의 성과물이다. 하지만 여기서 나타나는 패턴은 다양한 산업에서 반복된다. 각 산업의 NPS 선도기업은 보통 주주에게 최고의 수익을 안겨준다. 순추천고객지수가 우수한 소수의 기업만이 뱅가드 총주가지수펀드에 반영된 주식시장 평균을 겨우 넘는다.

관행을 타파한 고객 사랑, 티모바일

교활하고 고객을 착취하는 호텔 리조트 이용 수수료와 같은 비용을 부과하는 일이 만연한 다른 산업 분야는 이동통신 업계이다. 이동통신사의 좋지 못한 여러 서비스 관행은 이미 예전부터 알려져 있었고 바로잡아 왔지만, 오랫동안 고객들은 매달 청구요금 고지서를 볼 때 기분 나쁜 쪽으로 놀라는 일이 자주 있었다. 예를 들어 월간 기본 계약 요금에 더해 로밍비가 수백 달러 더 나오는 식이다. 내가 이용하는 통신사에서도 일종의 로밍 요금제를 내놓았는데, 해외여행을 할 때 매월 내는 요금에 더해 매일 10달러씩 더 낸다. 그렇다, 물론 길을 가다 강도에게 뺏기는 듯한 기분이던 예전보다는 나은 금액이지만 그래도 여전히 지나친 금액이라고 생각한다. 내가 사용하는 기본 무제한 사용 요금제는 매달 45달러이다. 하루 1.5달러 꼴이므로 로밍 비용이 하루 10달러라는 건 667퍼센트나 되는 가격 인상인 셈이다. 만일 내가 해외로 30일 동안 장기 여행을 떠나면 그달에는 45달러가 아니라 345달러를 내야 할 것이다. 이런 요금체계를 보면서는 이동통신사가 나를 사랑한다고 느낄 수는 없다.

그런데 다행스럽게도 티모바일이 등장했다. 2013년 티모바일은 메트로PCS를 인수했다. 그렇게 합병된 회사는 통신망을 업그레이드하는 데 투자하고, 통신 업계의 표준이었던 반고객 정책을 하나씩 하나씩 수정하거나 폐기해나갔다. 티모바일은 이런 과정을 통

도표 3-2 티모바일 성장을 견인한 고객 사랑 전략

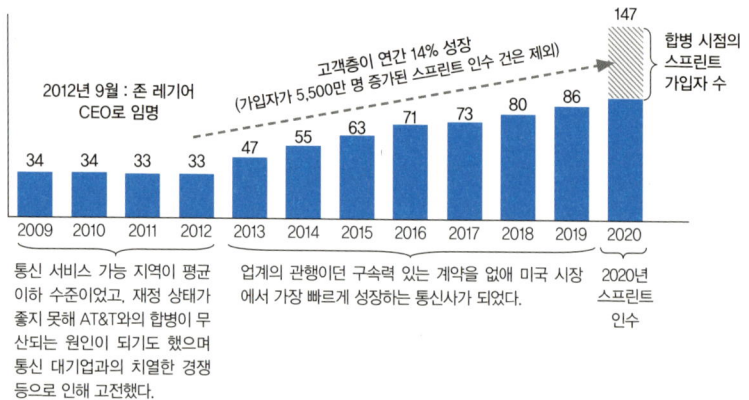

출처: 모펫 네이선슨 2020년 3월 무선 모델(Moffett Nathanson March 2020 Wireless Model)
주: 티모바일은 2020년 스프린트를 인수했고, 이로 인해 티모바일 총가입자 수는 1억 4,650만 명이 되었다.

해 사랑받는다는 게 어떤 느낌인지 고객에게 알려주었다. 그러자 시장이 반응을 보였고, [도표 3-2]에서 볼 수 있듯이 인상적인 성장을 이루었다.

티모바일 전 CEO 존 레기어가 펼친 고객 중심 전략이 거둔 성공은 경쟁사와 비교해 티모바일의 순추천고객지수가 어떻게 향상되었는지 추적해보는 것으로도 측정할 수 있다. [도표 3-3]에서 티모바일의 순추천고객지수가 인상적으로 상승하는 것을 확인할 수 있다. 2013년 하위권이던 것이 2020년에는 업계 선두로 상승했다.

도표 3-3 최하위에서 업계 선두로 향상된 티모바일의 NPS

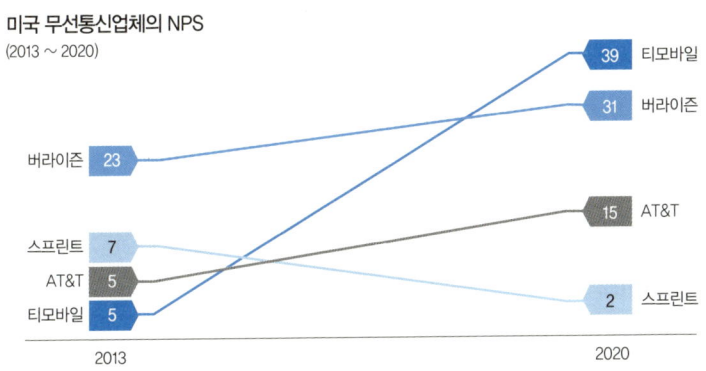

출처: 베인, 다이나타의 미국 무선 서비스 공급업체 분기별 벤치마킹 조사, 2013년 1분기 ~ 2020년 1분기(N)17K)

이처럼 극적으로 선두 자리에 오른 것은(5년 동안 34포인트 높아졌다) 티모바일이 정말 뛰어난 업적을 이루었음을 보여준다. 나는 티모바일에서 16년 동안 근무한 베테랑 직원이며, 현재 수석부사장이자 최고고객경험책임자Chief Customer Experience Officer를 맡고 있는 캘리 필드Callie Field에게 티모바일이 어떻게 업계 1위를 차지하게 되었는지 물었다. 캘리 필드는 다음과 같이 설명했다. "존 레기어가 취임했을 때 티모바일은 입지가 불안정한 상태였습니다. 통신망은 취약했고, 경쟁사보다 기술력은 뒤처진데다 고객 이탈률은 업계 최악이었습니다. 티모바일에는 다른 선택지가 없었고, 저희는 다른 누구보다 고객을 더 사랑하기로 마음먹었습니다." 존 레기어는 전국을 돌며 매장과 고객 서비스센터에서 일하는 일선 직원을 만나

고객을 행복하게 하기 위해 티모바일이 무엇을 할 수 있을지, 회사가 무엇을 해주면 일선 직원이 고객에게 훌륭한 경험을 선사하는 데 도움이 될지 물었다. 이를 통해 그는 좋은 아이디어를 얻었고 본사로 돌아와 최고마케팅책임자인 마이크 시버트Mike Sievert(현 CEO), 캘리와 함께 '탈통신사 혁명Un-carrier revolution'이라 부르는 계획을 세웠다. 이를 통해 티모바일이 고객 사랑을 증진시킨 모습은 인상적이다.

- 티모바일은 요금제를 철저히 단순화했다. 여기에는 모든 기기에 간결한 무제한 요금제를 적용하는 방법도 들어 있었다. 또한, 기업 고객을 위한 간소한 요금제도 제공했다.
- 티모바일은 고객을 통신사에 묶어두는 약정을 없앴다.
- 티모바일은 쉽게 업그레이드할 수 있게 했고, 약정 없는 가족 요금제를 출시했다.
- 모든 국제전화 로밍비를 없앴다.
- 티모바일은 통신망 성능 개선을 위해 고품질 스펙트럼(같은 성질을 갖도록 적당한 폭으로 구분한 연속적인 주파수의 범위) 구역을 구매해 교체했다.
- 티모바일은 무료 아이폰 제공, 무료 음악 스트리밍 서비스 제공, 고고Gogo 기능을 이용한 무료 기내 통화와 문자메시지 전송 서비스를 포함해 눈에 띄는 무료 서비스 프로그램을 여러 가지 제공하기 시작했다.

- 티모바일은 미사용 데이터를 자동으로 이월시켜주고, 미사용 포인트 소멸 불가 원칙을 바탕으로 한 고객 혜택 프로그램을 도입했다.
- 티모바일은 광고에서는 40달러 무제한 요금제라고 하고서 실제로는 고객에게 알리지 않은 세금과 수수료가 부과되어 실제 청구 금액이 50달러까지 늘어나는 등 눈속임으로 요금을 부과하는 통신 업계의 관행을 전부 없앴다. 즉 티모바일이 광고하는 가격에는 세금과 수수료가 모두 포함되어 있어서 고객이 받는 청구서 금액은 광고에서 본 조건과 똑같다.
- 티모바일은 특정 고객 부문에 더 나은 서비스를 제공하기 위해 전문가로 구성된 팀으로 서비스센터를 개편했고, 고객이 언제 전화하든 같은 팀이 응대하도록 했다. 그렇게 함으로써 서비스의 연속성과 품질을 향상시켰다.
- 티모바일은 각 지역의 서비스 전문가팀이 모든 비추천고객에게 연락을 취해 무엇이 잘못되었는지, 그리고 어떻게 이런 문제를 해결할 수 있을지 점검하면서 고객 서비스를 마무리 짓는다.

티모바일은 똑똑하게도 스스로 '통신사가 탈바꿈'했다고 말하기 시작했는데, 앞에서 나열한 대담한 행보를 보면 그렇게 말할 만했다. 간단히 말해 티모바일은 고객을 착취하는 통신 업계의 모든 정책을 포기했다. 그런 철저한 변화는 고객에게 좋은 일이었을 뿐 아니라 직원이 행복해지는 발판이 되었다.[14]

도표 3-4 투자자에게도 승리를 안겨준 티모바일(업계 최고의 총주주수익률)

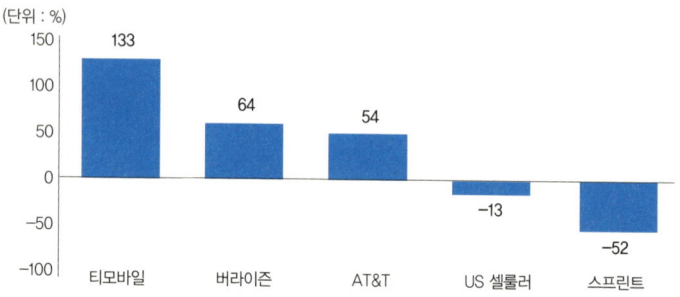

미국 통신 업계 누적 총주주수익률
(2014년 1월 1일 ~ 2019년 12월 31일)

출처 : CapIQ
주 : 누적 총주주수익률은 투자 기간을 2014년 1월 1일부터 2019년 12월 31일까지로 가정. 2020년 티모바일이 스프린트를 인수했기 때문에 2019년을 투자 마지막 해로 정했다.

이번 섹션에서 내가 마지막으로 쓰려는 문단의 내용을 아마 예상할 수 있을 것이다. 앞에서 길게 나열한 것처럼 요금제를 단순화하고, 무료 서비스를 제공하고, 보상판매를 하는 등의 활동으로 티모바일 투자자의 수익이 분명 나빠졌을 것이라고 생각하기 쉽다. 하지만 그렇지 않았다. 고객 로열티의 숨겨진 경제적 힘은 구식 금융 자본주의 패러다임에 뿌리를 둔 재무 중심 분석을 완전히 압도했다. [도표 3-4]를 보면 2013년 말부터 2019년 말까지의 티모바일 총주주수익률이 133퍼센트로 단연 업계 1위라는 것을 확인할 수 있다.

퓨어 인슈어런스의 충성 고객 전략

하루는 보험 업계 콘퍼런스에서 기조연설을 했는데 청중 한 사람이 다가와 퓨어 인슈어런스PURE Insurance를 아는지 물었다. 퓨어 인슈어런스는 비교적 신생 기업으로 고객 로열티 기반 경영 원칙을 열심히 고수하는 곳이었다. 나는 회의적으로 생각했었지만 설계사에게 연락해보니 퓨어는 아주 특별한 회사가 맞다고 확인해주었다. 그리고 이 기업에 관해 알면 알수록 내가 좋아하는 모습을 갖춘 기업이라는 걸 이해할 수 있었다. 결과적으로 가입하고 있던 모든 보험을 퓨어의 상품으로 변경했고, 친구들에게도 추천한다.

이 기업에는 어떤 스토리가 있을까? 퓨어의 창업자는 주택보험, 자동차보험, 우산보험Umbrella insurance(기존 가입 보험의 보상 금액과 보장 내역을 넘어서는 부분을 보장하는 추가 보험) 등 여러 보험이 필요한데도 기존 보험 사업자에게 과도한 요금을 내거나 제대로 된 서비스를 받지 못하는, 위험 회피 성향이 있으면서 상대적으로 순자산이 높은 소비자층이 상당수라는 걸 알았다. 퓨어 인슈어런스의 CEO인 로스 부흐밀러Ross Buchmueller는 보험 가입자를 위한 가치를 최대화하도록 조직을 구성했다(퓨어도 코스트코처럼 고객, 즉 가입자를 회원이라 부른다). 퓨어의 보험료 책정은 뱅가드와 USAA가 사용하는 상호 구조와 약간 비슷하게 외부 투자자에 대한 의존도를 줄이는 자금풀을 만드는 잉여 기금이 포함되어 있다. 덕분에 퓨어는 탁월한 경험을 제공하는 일에만 온전히 집중할 수 있다.

퓨어는 예비발전기, 수도 차단기, 도난 알림 장치를 설치하라는 등 회원들이 자기 자신과 재산을 보호하기 위해 어떤 조치를 취해야 할지 알려주었다. 내 경우에는 폭풍우가 치면 종종 전기가 끊어지는 우리 집에 발전기를 설치해줄 좋은 업체를 찾아 좋은 가격에 설치할 수 있도록 도와주었고, 발전기를 설치한 후에는 보험료도 상당히 인하해주었다. 퓨어는 내가 마주한 위험과 보험료가 줄어들 수 있도록 도와줌으로써 내가 사랑받는다고 느낄 수 있게 해주었다.

퓨어의 회원들은 이런 접근법을 좋아한다. 덕분에 퓨어에 가입한 보험료 금액은 10억 달러 이상으로 증가했으며, 신규 가입 회원의 대다수는 기존 회원의 추천을 받아 가입한다(다시 한번 말하지만 입소문을 탈수록 광고비는 줄어들며, 추천을 통해 가입한 고객은 손실을 적게 발생시킨다). 퓨어의 고객 유지율은 믿기 어려울 정도로 높아 96퍼센트나 된다. 보험 업계 전문가라면 이 숫자가 나타내는 성취가 얼마나 대단한 것인지 알 것이다. 신규 고객(보통 탈퇴율이 가장 높다)이 많이 유입되는 고성장 기업에서 절대 찾아볼 수 없는 수준의 고객 유지율이다.

대개 NPS를 위해 노력하는 기업들조차 연간보고서나 자체적으로 보고하는 점수로는 얼마나 NPS를 잘 적용하고 있는지 파악하기 어렵다. 회장이 주주에게 보내는 편지를 싣는 란에서 NPS를 언급하는 기업은 많지만, 그런 점수를 얻기까지 정보를 모은 과정이나 계산 방법, 혹은 어떻게 개선하려 하는지에 관해 알려주는 경우는 거의 없다. 이와 달리 퓨어는 정기적으로 연간보고서의 두 페이지를 NPS에 관한 내용에 할애한다. 퓨어의 NPS는 지난 몇 년간 꾸준히 상승해 현재는 71퍼센트라는 인상적인 결과를 나타내고 있다. 퓨어는 그동안의 NPS 추이를 단순히 기록하는 데 그치지 않고, 기간별, 고객 세분화별, 회원이 보험을 청구했는지 여부, 보험계약 내용과 청구서를 전자문서로 받는지 여부, 상품군 등의 기준별 NPS 평점을 보고한다.

또한 NPS 피드백을 받은 방법과 그 방법이 어떻게 바뀌었는지도 설명한다. 예컨대 2019년 고객 전체를 대상으로 연간 실시하던 고객 설문조사를 매분기마다 고객 25퍼센트씩 돌아가며 조사하는 방식으로 바꾸었다. 나아가 NPS 설문조사를 통한 고객 피드백 결과에 따라 도입한 혁신을 자세히 알려준다. 예를 들어 한도가 큰 우산보험 상품에는 더 합리적인 가격 책정 방식을 도입하거나 사이버 사기 사건을 보장해주는 새로운 보험 상품 출시, 주택보험 기본 상품에서 보석류의 2차 한도를 높이는 것 등이다.

지난해 나는 퓨어의 NPS 설문조사에 답하면서 작은 불만을 제기했다. 퓨어를 좋아하지만, 퓨어의 자동차보험료가 이전에 가입한 회사의 보험료보다 약간 높은 점이 마음에 들지 않는다고 설명했다. 그에 대한 답으로 나는 다음과 같은 메시지를 받았다.

보낸 사람 : 메리 로열 스프링스

날짜 : 2019.5.1.수 오전 10:29

받는 사람 : 라이켈드, 프레드〈Fred.Reichheld@Bain.com〉

제목 : 퓨어 인슈어런스 NPS 회신 483680743919

안녕하십니까 프레드 씨

이번 주 초 저희 회사에서 진행한 연례 NPS 설문조사에 시간 내 답해주셔서 감사합니다. 이번 설문조사를 통해 얻은 피드백으로 저희가 무엇을 잘하고 있는지 알 수 있었습니다. 하지만 그보다 더 중요한 건 어떤 부분을 개선해야 하는지 알 수 있었던 것입니다.

귀하께서 퓨어의 자동차보험 가격경쟁력에 관해 말씀하신 것을 확인했습니다. 보험설계사에게 연락하셔서 이 부분 견적을 다시 받아보실 것을 권해드립니다. 만일 저희 회사 상품으로 바꿔서 가입하신다면 기존에 가입하신 주택보험 상품이 있으므로 동반 할인을 받으실 수 있습니다. 제가 저희 시스템으로 간단히 견적을 조회해보니 연간 약 800달러를 절약하실 수 있을 것으로 보입니다. 저희 회사 자동차보험 상품의 보험료 자체가 타 회사 상품보다 경쟁력이 있는 건 아닐지 모르지만, 주택보험료에서 할인받으실 금액을 감안하면 자동차보험을 바꿀 가치가 있을 겁니다. 보험회사를 한군데로 정리해서 관리하는 것도 편리한 일입니다.

제가 도와드릴 수 있는 부분이 더 있거나 퓨어에 관해 궁금하신 점이 있다면 망설이지 마시고 연락 부탁드립니다.

저희 회사를 계속 이용해주셔서 감사합니다.

안녕히 계십시오.

메리 로열 스프링스, 회원 경험 담당 부사장

틀이 정해진 편지도, 마케팅용 이메일도, 자동 녹음된 전화도 아니었다. 실제 담당자가 보낸 답장이었다. 나는 매우 감명받아서 그녀가 알려준 직통번호로 전화를 걸었다.[15] 메리는 퓨어 인슈어런스의 연간보고서에서 확인했던 NPS 데이터 일부를 조사해주기로 했다. 그 결과 퓨어의 NPS 조사 결과에서 점수가 가장 좋아지는 시기는 고객이 퓨어의 상품에 처음 가입한 뒤 5번째로 계약을 갱신할 때라는 걸 알 수 있었다.[16] 이런 까닭 중 하나는 퓨어가 그 시점에 보험료를 인하해줌으로써 로열티가 높은 고객을 우대하는 모습을 보여주며, 고객이 더 오래 가입을 유지할수록 정말 좋은 조건을 얻을 수 있기 때문이다. 이 시점에 퓨어의 고객은 일반적으로 약 850달러를 할인받는다.

메리는 내게 다시 전화를 걸어 장기간 로열티가 높은 고객은 보험료 할인 혜택을 누리고 있는데도 일반 고객 평균보다 회사에 수익을 더 가져다준다는 사실을 확인해주었다.[17] 그리고 퓨어에서 또 다른 충성 고객 혜택을 마련했다는 사실을 알려주었다. 가입 기간이 10년 이상인 회원을 대상으로 매년 현금 배분을 하는 것이다. 그렇게 되면 대상 회원은 보험료를 더 아낄 수 있다.

메리는 회사가 하는 일에 분명 자부심을 느끼고 있었고, 퓨어에서 고객의 로열티에 보답하기 위한 노력으로 가격 원칙에 관한 논문도 발표했다고 알려주었다. 다음 세대의 보험계리인이 회사의 정책을 버리고 업계의 일반적인 관행으로 쉽게 돌아가지 않도록 하기 위해서라고 했다. 메리가 퓨어의 보험료 책정 원칙을 설명한 온라인 게시글의 링크를 보내줘서 읽어보았다. 다음과 같이 몇 가지 흥미로운 내용이 있었다.

- 이익을 극대화하는 것이 아닌, 장기간 지속가능성을 확보할 수 있도록 보험료를 정한다.
- 보험료 할인을 누릴 자격이 있는 고객은 할인을 받아야 한다.
- 위험 조건이 같은 고객이라면 절대 신규 고객에게 재가입 고객보다 저렴한 보험료를 청구하지 않는다.
- 보험료를 상당히 큰 폭으로 인상해야 한다면 규제 담당자에게 요청해 신규 고객의 보험료부터 즉시 인상하고, 기존 고객의 보험료는 시간을 두고 단계적으로 보험료를 인상하도록 승인 받는다.
- 퓨어는 고객 로열티에 보답해야 한다는 점을 기억해야 한다. (중략) 보험 업계에서 흔히 쓰는 방법이라도 우리는 기존 고객보다 신규 고객에게 낮은 보험료를 제시하는 우대 정책은 사용하지 않을 것이다.
- 보험료 변경에 관해서는 회원들에게 투명하게 밝힌다.

보험회사가 고객을 사랑할 수 있을까? 물론 그렇다. 퓨어 덕분에 내 삶은 풍요로워졌다. 퓨어는 비상장기업이기 때문에 총주주수익률로 퓨어의 성장엔진이 지닌 경제적 우수성을 증명할 수는 없지만, 업계 사람들에게 깊은 인상을 남겼다는 것을 나타내는 분명한 신호가 있다. 퓨어는 2020년 1분기에 보험 업계 거대 기업인 도쿄해상Tokio Marine에 인수되었다. 도쿄해상의 CEO 사토루 코미야는 31억 달러라는 높은 가격에 인수한 이유를 설명했다. 31억 달러는 퓨어의 2020년 예상 이익의 33배에 달하는 금액이다. "우리는 퓨어의 커다란 성장 잠재력에 돈을 지불한 것입니다."[18]

그리고 나는 퓨어의 성장 잠재력을 두 단어, '고객 사랑'으로 설명할 것이다.

고객을 사랑하는 기업만이 승리한다

이번 장에 소개된 기업과 그와 비슷한 기업은 주로 좋은 이익을 얻는다. 여기서 말하는 좋은 이익은 추천고객(기업의 사랑을 느끼는 고객)에게서 얻은 수익이다. 이런 기업들은 고객 자본주의를 따르며, 기업의 지속가능성을 위해서는 고객을 사랑하고 적절한 수익성을 추구해야 한다는 철학을 지녔다는 뜻이다. 고객 자본주의를 따르는 기업의 성장엔진은 사랑을 연료로 삼고, 부드럽고, 깨끗하고, 효율적으로 움직인다. 기업이 고객을 사랑하면 높은 고객 유지율과 반복 구매율로 이어지고, 지출 점유율이 높아지며, 기존 고객의 추천을 통해 신규 고객이 유입된다. 그리고 고객이 기업의 서비스에 만족하므로 불만을 제기하는 일이 줄어들어 해결할 문제가 감소한다. 당연히 문제 해결에 들어가는 비용도 줄어든다.

반면 다른 한편으로 과거의 금융 자본주의 사고방식을 따르는 기업도 있다. 이들의 성장엔진은 비효율적인데, 신규 고객 유치에서 연료를 얻고, 계속 비유하자면 불만 많은 고객과 회사에 질린 직원들이 회사를 떠나거나 아니면 회사를 떠나기 전에 불만을 터뜨릴 방법을 찾으면서 오염물을 배출한다. 이런 기업은 성장과 수익을 사야 한다. 신규 고객을 유치하기 위해 지나치게 많은 금액을 지불하고(혹은 싼 가격에 상품을 내놓거나), 충성 고객에게 적게 투자한다(혹은 바가지를 씌우거나 사랑을 적게 쏟는다). 그 결과 발생하는 고객 이탈은 효율적인 기업 운영에 방해가 된다. 수많은 기업이 지속가능하고 수익성 있는 성장을 이루는 데 어려움을 겪는 이유가 바로 이 때문이다.

이들은 단지 고객을 사랑하지 않고는 지속가능한 성장을 이룰 수 없다는 사실을 이해하지 못하고 있는 것이다. 그리고 회계상 이익을 지키려고 내가 나쁜 이익이라 부르는 이익에 중독된다. 나는 《고객이 열광하는 회사의 비밀》을 통해 그런 유해한 관행에 대한 주의를 촉구했지만 여전히 많은 기업들이 나쁜 이익을 추구하고 있다. 사실 너무 많은 기업에서 고객을 착취하는 새롭고 창의적인 방법을 계속 만들어낸다. 앞서 살펴본 것처럼 리조트가 있을 만하지 않은 지역에 위치한 호텔조차 리조트 이용 수수료를 부과하는 식이다.[19] 처음 머리말에서 엔터프라이즈 렌터카의 사업모델을 이야기하면서 언급했던 렌터카 회사들은 어떤가? 모든 기업이 엔터프라이즈의 로드맵을 따르는 건 아니다! 렌터카를 30분 늦게 반납하면 엄청난 수수료가 부과될 위험을 무릅써야 한다. 아내와 번갈아 운전한다고 생각하면 어떨까? 운전자 추가 비용을 낼 준비를 해야 한다. 우연히 유료 도로가 나왔다면 전자 통행료 지불 장치를 사용한 대가로 터무니없는 요금을 지불해야 할 수도 있다. 일주일 동안 차를 빌려 매일 한 번씩 유료 도로를 이용하면 차량을 대여한 일주일 내내 하루에 7달러에 달하는 기기 이용료가 부과될 것이다. 그리고 렌터카 회사는 대여 차량에 연료를 채우는 일을 계속 룰렛 게임처럼 만드는데, 고객이 승리할 확률은 언제나 낮다. 렌터카 회사는 도박장이 승리하도록 솜씨 좋게 계획을 세운다. 고객은 연료를 가득 채우기 위해 돈을 내거나(그런데 차량을 반납할 때 남아 있는 연료에 관해서는 아무런 혜택도 받지 못한다) 아니면 반드시 연료를 다시 채워서 반납해야 하는 조건의 상품을 계약할 수밖에 없다. 그리고 만약 불가피하게 잊어버리거나 반납시 주유할 시간이 없어서 채워 넣지 못하면 렌터카 회사는 일반 주유소 가격의 3배에 달하는 금액을 청구한다.

내가 전에 이용하던 은행도 나쁜 이익을 추구하는 데 중독되어 갔다. 나는 30년 이상 다니던 은행의 같은 지점에 수표책을 추가 주문했는데 전에는 무료였던 수표책 발급 가격이 120달러로 유료

화되어 있었다. 그날 저녁 이에 대해 막내 아들에게 불평했더니 코스트코에 가면 모든 은행의 수표책을 살 수 있다고 알려주었다. 그래서 은행에 재주문한 것을 취소하고 코스트코 온라인몰에서 동일한 수표책을 14달러에 구매했다. 그런데 코스트코나 내가 이용하던 은행이나 수표책을 인쇄하는 업체는 같은 곳이었다. 나는 다른 은행을 찾겠다고 마음먹고 곧 실행에 옮겼다. 이용을 중단한 그 은행은 내가 그 은행을 더 이상 이용하지 않는다는 사실을 아직 알아차리지도 못했다. 나는 말없이 그 은행에서 이탈한 많은 고객 중 한 명일 뿐이다. 해당 은행은 현재 큰 광고를 내고 고객 로열티와 신뢰를 얻기 위해 노력한다는 걸 강조하려고 엄청난 돈을 쓰고 있다.

나는 앞서 언급한 퍼스트 리퍼블릭 은행으로 주거래 은행을 바꿨다. 덕분에 내 삶은 훨씬 좋아졌다. 앞으로 퍼스트 리퍼블릭 은행의 우수한 NPS 조사 결과에 관해서는 더 많이 다룰 것이다. 이 은행은 항상 내가 최고의 이익을 얻을 수 있도록 신경을 써준다. 예컨대 급여 자동이체가 되지 않았을 때 이메일을 보내 금액 부족으로 수수료가 나올 것이라고 미리 알려주고, 내가 이용하는 중개회사로부터 송금이 이루어지도록 도와주었다. 수수료를 내지 않도록 살펴주는 은행이라니 불합리한 수수료를 부과한 뒤 고객이 불만을 제기하면 면제해주는 그런 은행보다 훨씬 낫다. 사실 대부분 고객은 불만을 제기하려고 전화하는 걸 결국 포기한다. 은행에 전화하는 게 정말 귀찮은 일이 되도록 만들어두었기 때문이다. 그래도 억울한 고객들은 부당한 수수료에 분개한다. 그런 불만이 쌓이고 쌓이다 자동입출금기가 작동하지 않거나 하는 등의 좋지 않은 일이 생기면 마침내 은행과 고객의 관계는 끊어진다. 피해를 입은 고객은 은행을 떠나고, 고객의 이탈을 은행이 알아차렸을 수도 있지만 아마 대개는 알아차리지 못했을 것이다.

어쩌면 오늘날 고객이 그렇게 엉망인 서비스를 받는 이유는 그래도 참기 때문이다. 물론 기업이 나쁜 이익을 얻으려는 데 대해 불만을 제기하는 건 불편한 일일 수 있고, 거래 회사를 바꾸는 데에는 시간과 노력이 든다. 하지만 고객이 문제 제기를 하지 않으면 기업의 나쁜 관행이 계속 이어질 수 있도록 도와준 것이나 마찬가지이다. 그리고 다음 고객이 마찬가지로 제대로 된 대접을 받지 못할 때 부분적으로나마 책임을 느껴야 한다. 나는 거래 은행을 바꾸기까지 그렇게 오래 걸렸고, 그만큼 게을렀다는 점에 대해 자책하고 있다. 고객을 사랑하지 않고, 앞으로도 사랑하지 않을 기업에 안주하며, 거래를 계속하는 건 고객인 우리가 부끄러워해야 할 일이다. 우리는 더 나은 대접을 받을 자격이 있다. 친구와 가족이 열성적으로 추천하는 기업을 찾아보면 된다. 경영자들에게도 조언한다. 반드시 고객이 열성적으로 추천하는 그런 기업을 만들어야 한다.

««« **INSPIRE YOUR TEAMS**

4장

영감을
불러일으키는 조직

팀을 최고로 대우하고 존중하라

"롬니, 우리 시간 낭비는 그만합시다. 베인이 파산을 피할 가능성은 정확히 '제로'입니다."

30년 전 밋 롬니Mitt Romney가 당시 벼랑 끝에 서 있던 베인을 구하려고 협상을 이끌어 나가다 골드만삭스 고문에게 들은 말이었다. 회사는 파산 위기 이전 몇 년 동안 아주 높은 밸류에이션valuation(애널리스트가 현재의 기업가치를 판단해 적정 주가를 산정하는 기업가치 평가)을 바탕으로 창업자들이 주도해 우리사주 제도를 만들기 위해 몇몇 대출기관에서 대출을 받았고, 회사 주식을 담보로 1억 달러 이상 자금을 모을 수 있었다. 그런데 대출 상환을 제대로 할 수 없는 상황이 된 것이었다.

어느 토요일 아침 베인 본사 회의실에서 긴급 파트너 회의가 소집되었고, 그 자리에서 이 심각한 소식을 들었다. 사실 골드만삭스 고문은 훨씬 더 심각하게 말했던 것 같고, 밋은 친절하게 수위를 낮춰 상황을 전했다고 생각한다. 그런데 은행에서는 밋이 불가능해 보이는 도전 과제를 해결하는 것을 즐기며, 패배를 인정하라고 조언하면 반대 방향으로 움직이는 사람이라는 것을 몰랐을 것이다. 예를 들어 밋은 모르몬교 선교 활동을 하면서 프랑스인에게 와인을 포기하라고 설득하는 일을 용감하게 받아들였다(실패했다고 보고할 수 있다는 게 기쁘다). 밋은 이후 솔트레이크시티 올림픽 조직위원장, 매사추세츠주 주지사, 대선 후보, 유타주 상원의원으로 명성을 얻었다.

하지만 30년 전만 해도, 그는 아주 어려운 상황에 놓인 상대적으로 잘 알려지지 않은 젊은 경영자였다. 10여 명의 파트너들은 밋 롬니가 동의하는 조건으로 회생이 불가능해 보이는 회사를 구하기 위해 뭉쳤다.[1] 밋은 베인캐피털Bain Capital(베인에서 분사한 사모펀드 회사로 큰 성공을 이루었다)을 세우기 전에 베인앤드컴퍼니의 파트너 컨설턴트였다. 우리는 모두 향후 1~2년간 밋과 함께 하겠다는 약정서에 서명했다. 밋 롬니 역시 마찬가지로 회사의 기업 회생을 이끄는 데 전념하기로 했다. 약정서에 서명한 우리 모두는 회사를 소중하게 생각했고, 밋 롬니야말로 우리 회사의 속사정을 잘 알고, 창업자, 은행, 동료 모두의 신뢰를 얻을 수 있는 사람이었다.

밋이 컨설팅 사업에서 베인을 회생시킨 일은 분명 그가 마주했던 가장 커다란 리더십 도전 과제였을 것이다. 그리고 내게도 가장 큰 교훈을 준 시기이기도 하다.

이번 장에서는 함께 일하는 사람, 즉 동료와 직원을 소중히 여기는 데 초점을 맞춘다. 이 책에서는 코스트코의 짐 시네갈이 제시했던 지지층의 우선순위대로 논의를 진행한다. 짐은 이렇게 말했다. 가장 먼저 항상 법률을 준수해야 한다. 고의로 공동체나 환경을 해치지 않는다는 의미로 해석할 수 있다. 다음으로 고객을 소중히 여겨야 한다(3장). 그 다음은 직원들(4장), 그리고 다음이 주주이다(5장).

이번 장에서 베인에서 근무한 40여 년 동안 있었던 일을 많이 언급할 텐데 그건 베인이 언제나 철저하게 고객 중심인 기업이기 때문이다. 베인의 초창기에 나타난 어떤 패턴은 회사에서 컨설턴트 커리어를 이어가는 동안 반복적으로 보고 또 볼 수 있었다. 어느 기업의 창립 세대가 고객을 감동시키는 강력한 공식을 만들었을 때 새로운 모험이 시작되고, 회사는 맹렬히 성장하면서 활기를 얻는다. 하지만 이 시기에 경영자가 직원을 잘 돌보는 데 집중하는 것은 흔한 일은 아니다. 어떤 면에서는 기업의 급속한 성장이 불러오는 활력에 힘입어 직원들에게 영감을 불어넣지 못하는 경영 관행이 자리를 지키기도 한다. 초창기 베인에서도 그런 관행이 생겼고, 그건 회사를 심각한 문제에 빠트린 주된 원인이었다(물론 심각한 경기 침체와 같은 외부적 요인도 작용했다).

하지만 베인은 거의 파산할 뻔한 상황에서 살아남았을 뿐 아니라 컨설팅 업계에서 선도기업의 위치도 되찾았다. 오늘날 베인앤드컴퍼니는 40개국 65개 도시에서 오피스를 운영하고 있으며, 전 세계 매출이 50억 달러에 이른다. 그리고 가장 중요한 것은 우리의 목적을 두고 생각했을 때 오늘날 널리 보편적으로 일하기 좋은 직장이라는 것, 일부에게는 세계 최고의 직장으로 인식된다는 것이다.[2] 예컨대 직장 평가 사이트 글래스도어 Glassdoor의 순위에 따르면 베인은 글래스도어가 일하기 좋은 직장 순위를 발표하기 시작한 이후 매년 상위 4위 안에 드는 유일한 기업이며, 2021년 순위를 포함해 지난 10년간 5차례나 1위 자리에 올랐다.[3]

회사가 거의 파산할 뻔한 일을 겪었던 베인의 새 경영진은 고객을 지속해서 만족시킬 유일한 방법은 고객이 훌륭한 성과를 얻도록 돕는다는 고결한 목적을 완전히 포용하는 팀을 만들어 그들에게 의욕을 불어넣는 길뿐이라는 점을 배웠다. 좀 더 직접적으로 말하면 고객을 사랑한다는 목적을 공유하고, 이에 의욕을 느끼며 노력하는 직원이 없으면 기업이 지속해서 고객을 사랑할 방법이 없다.

1990년대 초반만 해도 베인은 일하기 어려운 회사였다. 그런 기업이 어떻게 25년 뒤에는 최고의 직장이 될 수 있었을까? 새로운 세대로 구성된 경영진은 회사가 직원을 존중하지 않으면 지속해서 고객을 사랑하는 일도 불가능하다는 걸 경험을 통해 힘들게 배웠다. 이런 관점을 추가로 제시하기 위해 티모바일, 칙필에이, 디스커버의 최근 기록도 살펴보겠다. 이들 세 기업이 직원을 존중함으로써 번창한 과정을 소개할 것이다.

직원 존중과 성과의 방정식

1973년 빌 베인Bill Bain은 보스턴컨설팅그룹Boston Consulting Group에서 함께 일하던 몇몇 동료와 함께 베인앤드컴퍼니를 설립했다. 창업 후 처음 10년간 회사는 빠르게 성장해 매년 평균 50퍼센트 정도 성장했다. 이는 주로 CEO들의 모임에서 입소문이 난 덕분이었는데, 특히 전략과 비용 절감 부문에서 훌륭한 조언을 해준다는 점이 좋은 평가를 받았다.

내가 컨설팅 일을 하려고 베인에 입사 지원을 했던 건 1977년이었다. 당시 하버드 대학교를 졸업한 동기들 중에 베인에 지원한 건 아마 나뿐이었다.[4] 설립된 지 4년밖에 안 된 회사에서 모험을 하겠다는 것이 안전한 선택은 아니었지만, 나는 베인이 빠른 시간 내에 많은 걸 배울 수 있는 회사라는 걸 감지했다. 그 점에 있어서는 내 생각이 옳았다. 다른 컨설팅사에서 일하면 업무 범위가 한정된 프로젝트를 맡았고, 그 범위도 보통 고객이 지정했다(게다가 업무 범위가 항상 제대로 정의되는 것도 아니었다). 하지만 그런 회사들과 달리 베인은 고객사 전체의 수익성 있는 성장에 초점을 맞췄고, 이를 위해서 고객사의 CEO 및 경영진과 강력한 유대관계를 맺어야 했다. 젊은 컨설턴트였던 내가 주요 기업에 상당한 영향력을 미칠 수 있는, 무엇과도 비교 불가능한 기회를 얻었다. 업무도 많이 배웠고 돈도 많이 벌 수 있었다.

당시에 베인이 한 올바른 일은 무엇일까? 감히 내 의견을 말하면 경영진이 고객을 위해 훌륭한 일을 할 수 있는 비범한 능력을 가진 직원 공동체를 키우는 것을 주된 미션으로 여겼다는 점이라고 생각한다. 회사가 한창 성장하던 때 경영진은 직원들이 의미 있는 영향력을 펼칠 수 있게 했다. 즉 고객이 우수한 성과를 얻을 수 있도록 도운 셈이다.

베인은 창업 초기부터 고객에게 가치를 전달하는 일이 가장 중요하다는 걸 알고 있었다. 회사가 성장할 수 있는 유일한 방법은 고객 로열티를 얻는 것뿐이었다. 창업 초기의 직원들은 회사가 마케팅 활동을 하지 않는다는 걸 자랑스럽게 여겼다. 사실 오랫동안 명함조차 없었다. 작은 스타트업 기업이던 베인의 직원들은 영업 및 마케팅 비용을 고객이 뛰어난 성과를 내도록 돕지 못했을 때 회사가 치러야 하는 세금 같은 것이라고 생각했다. 그래서 고객이 놀랄 만한 성과를 내도록 하는 데 온 힘을 집중했다. 베인은 주로 영업만 전담하는 시니어 파트너가 없었다. 영업을 전담하는 시니어 파트너가 있었다면 근무 시간에 고객을 위해 일하는 것이 아니라 신규 고객을 유치하려 했을 것이다. 학회에 참석해 발표하는 직원도 없었다. 업계 모임에 나가 수다를 떨지도 않았다. 베인이 빠르게 성장할 수 있었던 유일한 이유는 직원들이 만들어낸 결과물을 고객이 정말 좋아해서 매년 우리의 서비스를 더 많이 이용하고, 친구와 동료들에게도 추천해주었기 때문이었다.

고객 로열티를 얻는 데 집중하는 업무 방식은 오랜 세월 동안 흔들림이 없었지만, 흔들렸던 건 따로 있었다. 창립 초기 베인의 창업자들은 직원에게 '영향력, 재미, 이익'이라는 말을 복음처럼 전했다. 우리 집에는 창립 초기 회사 축하행사에서 받은 샴페인 병이 아직도 있다. 그 병에는 회사에서 주문 제작한 영향력, 재미, 이익이라는 세 단어가 서로 지지하는 모양의 삼각형 속에 들어 있는 라벨이 붙어 있다. 나는 그 말을 전부 이해할 수 있었다. 고객의 일을 정말 잘 처리해서 고객의 성공에 큰 영향을 미치면 그건 즐거운 업무 경험의 바탕이 되며, 이익을 창출한다. 그리고 나면 다시 전체 과정이 지속가능해진다.

하지만 베인이 초기에 만든 공식에는 직원을 한결같이 존중한다는 내용이 없었다. 회사를 떠나는 직원을 패배자나 심지어 배신자로 여기는 일이 너무 많았다. 창업자들은 직원이 할 일은 베인을 뛰어난 기업으로 만드는 것이고, 회사를 떠나는 직원은 임무 수행에 실패한 것으로 간주했다. 세월이 흐르면서 나는 정말 위대한 경영자는 직원이 위대한 삶을 살 수 있도록 도와준다는 걸 알게 되었는데, 이 두 관점의 차이는 회사의 상황이 어려워지면 분명하게 드러난다. 베인에서도 이 차이를 보여주는 일이 발생했다. 경영진은 회사의 '특별한 직원 공동체'에 관해 계속하여 그럴듯하게 말해왔지만 정작 회사가 어려워지자 정리해고의 칼을 휘둘렀다. 창업자들의 보너스풀을 지키기 위해 신입 컨설턴트든 오래 일한 파트너든 똑같이 인정사정없이 버렸다. 나를 비롯한 주니어 파트너들은 회사의 경영진이 '이익'을 지키기 위해 '재미'와 '영향력'을 버렸다고 생각했다. 직원의 행복과 안녕을 지키고, 특별한 직원 공동체를 구성하는 일이 더는 우선순위가 아닌 것처럼 보였다.

회사 창업자들의 주요 목적은 개인적 부를 극대화하는 것이었음이 얼마지 않아 명백하게 드러났다. 문제는 1984년에 시작되었다. 창업자 빌 베인과 그의 선배 직원들이 기업 분할로 새로 만든 회사 베인캐피탈과 베인홀딩스Bain Holdings에 투자금을 대기 위해 베인앤드컴퍼니의 주식을 현금화했을 때였다. 그때 베인은 앞서 말한 우리사주 제도를 위한 자금 마련을 위해 약 2억 달러를 대출받았다. 이로 인한 부채 부담은 서서히 회사를 끌어내리기 시작했다. 이 모든 과정이 비밀리에 이루어져 회사 내부에서도 핵심 경영진 외에는 그런 거래 자체나 그 거래가 가지는 의미를 알지 못했다.

물론 이 모든 것은 완벽히 합법적인 일이었다. 베인앤드컴퍼니는 개인 회사였고, 긴밀한 유대 관계를 지닌 소수 창업자 그룹이 소유했으며, 이들은 개인정보를 중요시했고, 회사의 매출이나 수익 자료를 공유하는 걸 완강히 거부했다(심지어 주니어 파트너들에게도 알려주지 않았다). 그들은 주주가치를 지향점으로 삼고, 이를 최대화하기 위한 모든 권리를 가진 이들이었다. 그런데 그들이 최대하하고자 했던 건 결국 자신들이 보유한 주식의 가치였던 것이고, 창업자 그룹에게는 그런 일들이 매우 적절한 일이었다. 하지만 경영자가 주주가치 최대화에 집중하면(특히 자기 자신의 금전적 이익에 집중하면) 도덕적 우위를 뒤로 밀어두게 된다. 그리고 이로 인해 회사가 고귀한 목적을 따른다고 직원들이 믿지 못하면 고객의 삶을 풍요롭게 해줄 수 있도록 놀라운 일을 펼쳐야겠다는 의욕을 잃고 만다.

베인캐피탈과 베인홀딩스를 향한 야심이 점점 커지면서 빌 베인과 핵심 경영진은 고객을 위해 우수한 성과를 내도록 직원들을 돕는다는 핵심 미션에서 멀어져갔다. 경영진은 각 고객 관계, 업무 관행, 오피스 수익구조를 비밀에 부쳤고, 우리는 업무에서 현명한 결정을 내리고 도전 과제의 깊이를 알아차리는 것을 방해받았다. 이처럼 창업자들과 매일 일선에서 고객과 함께 일하는 젊은 세대 직원 사이의 신뢰에 금이 가자 정말 우수한 몇몇 동료들이 회사를 떠나고 말았다. 1989년 경기 침체가 찾아오면서 문제는 더욱 심각해졌다. 1990년 밋 롬니가 베인을 구제하러 나섰을 무렵 회사는 직원들의 급여조차 지급할 수 없는 상황이었다.

일선 직원을 돕는 리더십

베인은 오랜 시간에 걸쳐 겨우 깊은 구렁텅이에서 빠져나왔다. 골드만삭스에서는 암울한 평가(성공 확률은 0퍼센트라고 했다)를 내렸지만, 그럼에도 불구하고 우리는 회사를 되살리고 다시 초심(영향력, 재미, 이익)을 찾았다. 물론 회사가 회생하는 데 가장 크게 기여한 건 밋 롬니였다. 그는 즉시 회사의 수익성 자료를 전 세계 모든 오피스에 공유했고, 우리는 그에 맞춰 전술과 우선순위를 조정할 수 있었다. 그는 또한 파트너들이 주중에는 완전히 고객과의 업무에만 집중할 수 있도록 파트너 회의 일정은 토요일 아침으로 정했다.

이런 행위는 상징적으로 회사 내부 문제가 고객과의 업무를 방해하는 요소가 되어서는 안 된다는 사실을 인지하게 만들었다. 돌아보면 밋 롬니는 지금까지 내가 만난 리더 중에 가장 재능 있는 사람이었다. 물론 베인의 모든 직원들도 중요한 역할을 했다. 수많은 통찰과 혁신을 이루었으며 회사가 다시 한번 정말 일하기 좋은 직장이 될 수 있도록 고객과 관계를 쌓았다. 그런 노력의 결과로 베인은 다시 뛰어난 인재를 유치할 수 있었다.

우선 직원들이 이룬 통찰을 살펴보자. 시간 순서가 아닌 일하기에 좋은 직장으로 나아가기까지의 과정의 명확성과 상대적인 중요성에 따라 정리했다. 오랫동안 베인은 매년 직원 참여 조사를 실시했다. 그런데 회사를 다시 일으키는 동안 직원 대부분은 이러한 연례 조사 과정이 회사의 가장 큰 문제를 알아내는 데 유용하지만, 직원들이 매일, 매주 업무의 진행 상황을 측정하고, 더 나은 결정을 내리는 데 도움을 얻으려면 좀더 자주 조사를 실시해 실시간 피드백 받아야 한다는 데 동의했다. 다만 한 가지 문제가 있었다. 좋은 의도에서 수정을 계속 하다 보니 연례 조사용 질문의 수가 100개로 늘어나 있었다. 그래서 창의적으로 생각하는 인사부서의 부서장이 설문조사 질문을 핵심만 남도록 정리하는 업무를 맡았다. 그는 통계학적으로 질문을 여러 차례 세분화해본 뒤 직원이 행복해지는 변화의 80퍼센트 이상은 직원이 다음 한 문장에 얼마나 동의하는지에 따라 설명할 수 있다는 걸 알았다. '나는 가치 있는 사람이라고 생각하며, 업무에 임할 동기를 부여받았고, 영감을 얻었다.'

세월이 흐르면서 나는 이 질문을 다음과 같이 다듬었다. '나는 고객과 함께 승리하는 팀의 귀중한 구성원이라 느낀다.' 한동안은 '승리하는 팀의 귀중한 구성원이라 느낀다'라는 표현으로 충분하다고 생각했지만, 진정한 승리는 고객이 행복할 때 이루어진다는 걸 모든 사람이 떠올리게 하는 편이 낫다고 생각했다. 이러한 미션을 계속 수행하는 팀에서 가치 있는 역할을 맡으면, 그리고 적절한 인정과 보상을 받으면 직원들은 동기부여가 된다. 그래서 우리는 회사를 제자리로 되돌려놓기 위해 기업구조를 보통 3~5명의 팀원으로 구성되는 아주 작은 구조로 재편했고, 그 안에서 모든 팀원이 서로 의지했다. 회사의 핵심 가치를 보여주는 뛰어난 팀 리더를 육성하기 위해 애썼으며, 팀에서 진행 상황을 평가하는 데 도움이 되도록 실용적인 피드백과 학습 프로세스를 개발했다.

우리는 본사가 기본적으로 현장을 지원하기 위해 존재한다는 생각을 받아들였다(대부분 조직에서는 반대로 현장이 본사를 지원하게 한다). 그 이후 베인 최고경영진의 주요 미션은 일선 팀이 고객을 위해 우수한 성과를 내도록 돕는 것이 되었다. 여기에 내재된 어려움은 일선 팀이 우수한 성과를 내도록 재능 있고 기량이 뛰어난 직원이 계속 현장에서 업무를 지휘하게 하는 일이었다. 즉 고객과 직접 함께 일하게 하는 것이다. 대부분 기업에서는 가장 재능 있고, 야망이 큰 직원이 승진해 본사로 이동하며, 최고경영진이 되는 길로 나아간다. 이들은 그 과정에서 지원 부서를 책임지는 힘 있는 자리를 맡아 보상을 얻는다. 시간이 흐르면서 이들은 필연적으로 고객에게서 멀어진다. 매일 고객을 대하며 일하는 업무와 거리가 생기면 고객에게 뛰어난 가치를 전하는 데 방해가 되는 결정과 정책이 무엇인지, 직원이 우수한 성과를 내도록 도울 가장 좋은 방법이 무엇인지 아는 것이 어렵다.

베인은 근본적으로 본사를 없앰으로써 이 문제를 해결했다. 우리는 3년마다 매니징 파트너 managing partner (일반 기업의 CEO 역할 수행)를 뽑는다. 한 사람이 3번까지는 연속으로 맡을 수 있지만, 아직까지 그런 적은 없다. 매니징 파트너는 보통 재택 근무를 하기 때문에 베인에는 공식적으로 본사가 없다.

같은 관점으로 고객을 마주하는 리더에게 채용과 직원 교육 같은 핵심 지원 부서의 역할에도 적극적으로 참여하라고 요청한다. 중요한 행정 업무인 오피스 대표 office head, 프랙티스 리더 practice leader, 보상 및 승진위원회(일반적인 기업에서는 종종 권력의 핵심이다) 위원은 대부분 파트너들이 돌아가면서 맡아 해당 역할이 지닌 서번트 리더십 servant leadership 속성을 강화하지만, 행정 업무를 맡은 파트너도 업무 시간의 최소 절반은 직접 고객을 위해 일해야 한다.

베인은 이러한 철학을 기반으로 직원에게 보상한다. 일반적으로 고객과 함께 일하는 업무 담당자가 행정 업무 담당자보다 급여가 더 높다. 이는 고위직부터 그렇다. 밋 롬니가 다음 세대로 경영진을 교체했을 때, 우리는 서번트 리더로서 매니징 파트너가 사내에서 가장 많은 급여를 받는 건 절대 안 된다는 것에 동의했다. 매니징 파트너의 업무는 파트너들이 고객을 위해 뛰어난 성과를 낼 수 있도록 돕는 것이지 업무를 지시하거나 파트너들을 위해 중요한 결정을 내리는 것이 아니다. 나는 다음의 내용을 강조해서 말했다. 이것이 핵심 생각이기 때문이다. '우리 회사 고위직의 주된 미션은 고객의 성공을 위해 일선 직원을 돕는 것이다.'

효과적으로 설계된 팀허들의 힘

우리는 팀이 업무 진행 상황을 측정하고, 문제를 조기에 발견하며, 필요에 따라 우선순위를 재설정할 수 있도록 정례 팀허들team huddle 프로세스를 개발했다. 물론 직원들이 모여서 의견을 나누는 회사는 많지만 베인의 팀허들은 다른 회사의 팀회의와 다르다. 운동선수가 재빨리 스크럼을 짜듯 보통 매주 혹은 2주에 한 번씩 모임을 가지고, 팀 업무를 확인하고, 우선순위를 정하며, 직면한 문제와 기회에 대처한다. 베인 런던 오피스의 직원 만족도가 낮고 이직률이 높아 정말 힘들었을 때 이러한 팀허들을 생각해냈다. 그 결과는 매우 성공적이어서 회사 내부에 조직적으로 확대되었다. 리더들은 전 세계 오피스로 이동할 때 팀허들 프로세스를 함께 이식했고, 마침내 팀허들은 전 세계 베인 오피스의 표준이 되었다.

베인의 팀허들에서는 판매 목표에 초점을 맞추기보다(이런 내용은 이미 엄청난 주목을 받고 있다) 우리가 일을 뛰어나게 만들 수 있다고 믿는 요소에 집중한다. 특별하게 까다로운 고객을 대하는 법, 팀원이 번아웃되지 않도록 보호하는 법, 회사의 핵심 가치를 존중하기 위해 필요한 변화 같은 요소에 집중하는 것이다. 각 팀원은 팀허들 예정일 하루 전에 아주 간단한 설문조사에 답해 팀허들을 준비한다. 개인별 응답 내용은 익명으로 남지만, 설문조사 결과는 팀허들 전에 모든 팀원에게 전달된다. 이처럼 미리 준비하는 건 팀허들 시간에는 공유된 정보를 바탕으로 진단을 내리고, 이후 필요한 행동으로 빠르게 나아가기 위해서이다.[5]

시간이 흐르면서 매우 효과적으로 발전시킨 프로세스가 생겨났고, 많은 팀에서 이를 자발적으로 채택했다. 예컨대 캡틴, 혹은 고충처리위원을 뽑았고, 이들은 회의실(혹은 화상 회의)에서 공식적인 팀 리더 없이 팀허들의 진행을 도왔다. 이렇게 하면 기밀로 유지되는 후속 논의(근본 원인과 가능한 해결책 조사)를 이어가는 게 쉽다.

팀허들의 몇 가지 다른 장점은 뒤에서 더 다룰 것이다. 하지만 이번 장의 목적을 생각하면 베인에서 진행되는 팀허들의 가장 중요한 측면은 논의를 이끄는 몇 가지 질문이다. 모든 설문조사는 다음 질문으로 시작한다. '우리 팀에 관심을 보이는 동료가 있다면 팀을 어느 정도 추천하겠습니까?'(0점~10점) 이 질문을 받은 사람은 팀 문화와 가치, 팀 리더의 평등성, 팀의 승리하는 능력을 생각하게 된다. 다음으로는 고객에게 미치는 영향력에 관한 질문이 나온다. '우리 팀의 업무는 고객에게 중요한 가치를 더한다.'(동의 정도를 1점~5점으로 표기) 그리고 나서 팀원들에게 업무량의 지속가능성, 학습 및 성장 기회, 그리고 팀에서 존중받고 소속감을 느끼는지 평가하게 한다. 마지막으로 기대치 이상으로 팀의 성공을 도운 팀원을 칭찬하도록 한다. 위기 상황이나 업무상 큰 전환이 있을 때에는 일의 진행 정도를 측정하는 질문을 넣는다. 예를 들어 코로나 팬데믹이라는 위기가 발생했을 때 이와 밀접하게 관련된 질문을 더했다. '우리 팀은 재택근무 기준을 적극적으로 논의하고 이용가능한 자원과 툴을 적절히 사용한다.'(동의 정도를 1점~5점으로 표기) 팀 리더는 설문조사용 툴을 이용해 비슷한 문제를 해결하기 위해 설계된 질문 모음집에서 쉽게 질문을 가져와 자기 팀의 설문 항목에 넣을 수 있다(단 '질문은 짧게'라는 가이드라인을 항상 지켜야 한다).

처음에는 서베이몽키Survey Monkey와 같은 설문조사 도구를 사용해 팀별로 각자 프로세스를 운영했다. 하지만 요즘은 직원들이 안심하고 진실을 말할 수 있도록 개별 응답자가 제출한 점수와 의견을 익명으로 처리해주는 정교한 디지털 설문조사 관리 시스템을 이용한다. 물론 팀 전체의 총점은 반드시 투명하게 공유해 우리 팀이 어떤 성과를 내고 있는지 팀원들에게 알려준다. 더 중요한 것은 각 오피스에서 월례 파트너 회의를 열어 설문조사 결과를 요약한 내용을 검토하고 후속 조치를 취한다는 것이다. 설문조사 결과는 팀별로 순위를 매겨 문제가 있으면 금방 드러나게 했다. 각 지역 오피스의 경영진은 어려움을 겪는 팀의 리더에게 연락해 도움과 지원을 제공한다. 바로 이것이 핵심이다.

설문조사 프로세스를 통해 팀을 문책하는 것이 아니라 개선에 도움을 주려고 애쓴다. 이것은 어려움에 처한 팀 리더가 어려움에서 빠져나올 수 있도록 돕는 방법이다. 물론 팀별 점수를 투명하게 밝히는 시스템으로 인해 점수가 낮은 팀은 어느 정도 압박감을 느낄 수밖에 없다. 컨설턴트들이 점수가 낮은 팀에 들어가는 걸 자연스레 기피하기 때문이다. 하지만 다른 한편으로 팀의 상황을 개선하는 데 도움이 되는 필요 자원을 먼저 확보할 기회를 얻는다.

한번은 신입 컨설턴트 중에 어릴 때부터 알고 지내던 직원이 있어서 그에게 설문조사 결과와 관련한 경험이 어땠는지, 팀 리더에게 인위적으로 점수를 부풀리라는 압박을 받은 적이 있는지 물어보았다. 그는 솔직히 설문조사 프로세스의 유효성에 놀랐다고 답했다. 그는 경영학 석사학위를 받기 전 다른 컨설팅사에서 일한 적이 있었고, 그때 경쟁적인 기업문화에서 팀 점수 평가가 이루어질 때 나타나는 어두운 면을 보았다고 한다. 그는 적어도 자신이 일하는 오피스에서는 설문조사 프로세스가 효과적으로 작동한다고 확인해주었다.

사실 그가 베인에 입사해 처음 배정된 팀은 오피스에서 점수가 가장 낮은 팀이었다. '좋아 보이진 않는군.' 처음 그는 그렇게 생각했다고 한다. 그리고 팀 리더가 결과를 숨기거나 상황을 모면하려는 듯한 설명을 덧붙이는 게 아니라 낮은 점수를 팀이 경영진에게 가장 먼저 추가 지원을 받는 수단으로 활용하는 모습을 보면서 놀랐다고 했다. 해당 팀은 여러 오피스에서 선발되어 따로 일하던 팀원들이 함께 일하고, 조화를 이루며, 상호 연결될 수 있도록 업무 공간을 함께 배치받는 형태로 회사의 지원을 받았다.

팀 리더가 모든 것을 좌우한다

팀이 의욕을 느끼며 탁월함을 추구하는 데 가장 큰 영향을 주는 한 가지 요소는 팀 리더이다. 일선 팀의 리더가 분위기를 만들고, 가치를 보여주는 모범이며, 우선순위를 정하고, 팀의 니즈와 개인의 니즈 사이에서 균형을 잡는다. 이러한 팀 리더의 중요성을 고려해 우리는 팀 리더를 매우 신중하게 고르고, 팀 리더의 교육과 코칭에 많은 투자를 한다. 앞서 이야기한 것처럼 우리는 팀 리더들이 팀원들과 교류하며 코칭을 받도록 도와주려고 팀허들 프로세스를 개발했다. 팀 리더는 마치 과제 점수를 받는 것처럼 팀허들에서 나온 점수를 자주 전달받으며, 팀허들 점수는 평가보다 주로 코칭의 목적으로 활용된다.

베인에는 팀원이 팀 리더를 평가하는 두 번째 프로세스가 있다. 6개월에 한 번씩 탄탄하고 신뢰할 수 있는 상향식 피드백이 이루어진다. 이 프로세스의 남다른 점은 피드백에서 물어보는 내용과 거기서 얻은 정보를 활용하는 방법, 그리고 피드백 결과를 신뢰할 수 있도록 피드백 과정을 세심하게 설계했다는 것이다. 베인은 팀 관리를 다소 특이하게 시행하는데, 팀이 자주 해체되었다가 다시 만들어진다. 그래서 컨설턴트가 동일한 팀 리더와 여러 번 함께 일하게 될 가능성이 크다. 그 점을 감안해 팀원은 단 한 가지 질문, '해당 리더와 얼마나 다시 일하고 싶습니까?'[6]라는 질문에 답하는 방식으로 지난 6개월간 함께 일한 모든 리더를 평가한다. 또한 코칭을 위한 통찰력을 제공하기 위해 응답자에게 팀 리더가 개선을 위해 시작해야 할 일, 그만두어야 할 일, 계속 해야 할 일을 열거해달라고 요청한다.

이러한 피드백 프로세스가 효과적으로 운영되려면 피드백에 참여하는 모든 사람이 피드백 프로세스를 신뢰해야 한다. 하지만 그건 말처럼 쉬운 일은 아니다. 팀 리더는 적절한 응답자가 질문에 답했다는 점을 믿어야 한다(무엇보다 설문조사의 응답자가 며칠 이상은 해당 리더의 팀에서 실제로 일했고, 그래서 응답하는 내용이 어떤 뜻인지 알아야 한다는 의미이다). 또한 적합한 응답자가 각각 한 번씩 응답하고, 각 응답자의 답이 정확하게 반영되었다는 점을 믿어야 한다. 설문조사에 응답하는 사람도 마찬가지로 답한 내용이 익명으로 처리될 것이라는 점(그래야 보복을 두려워하지 않고 솔직하게 답할 수 있다), 그리고 경영진이 응답 내용을 적절하게 사용할 것이라고 믿어야 한다. 마지막으로 팀 리더는 팀원들이 사려 깊고 건설적인 피드백을 제공했다고 믿어야 한다. 다시 말하지만 간단한 일이 아니다. 하지만 반드시 해야 할 일이다.

베인은 팀원에게 가장 영감을 잘 불어넣는 리더를 확인하고, 그들의 성공을 축하하며, 모범 사례를 공유하기 위해 이 프로세스를 활용한다. 또한 발전이 느린 직원이 성장하고 개선하는 데 도움을 줄 여러 코칭도 제공한다. 밋 롬니가 매니징 파트너 자리를 톰 티어니Tom Tierney에게 넘겨주었을 때 우리는 다함께 몇 가지 중요한 결정을 내렸다.[7] 그중에서 베인을 일하기 좋은 직장이 되도록 만든

한 가지 결정은 '팀원으로부터 높은 점수를 받은 리더만 승진할 자격을 가진다'는 것이다. 최근 톰 티어니와 회사를 회생시키던 그 시절을 떠올리며 대화를 나누었는데, 그는 매니징 파트너로서 처음 맡았던 일이 회사의 파트너 절반(팀에 영감을 불어넣지 못하는 파트너)을 그만두게 하는 일이었다고 했다. 지금은 회사의 승진 정책도 발전했지만, 팀에서 상향식 피드백을 받은 결과가 아주 좋은 직원은 여전히 승진 후보자로서 아주 유리한 조건을 갖추었다고 할 수 있다. 이와 달리 다른 승진 조건을 갖췄지만, 팀에서 좋지 못한 평가를 받아 승진을 하지 못하는 후보자도 많다.

핵심 요점을 분명히 해두자. 팀원들의 피드백과 상향식 평가가 승진자를 결정하는 유일한 기준은 아니다. 사실 승진과 관련된 결정은 여러 측면을 고려하므로 팀원은 이를 평가하는 위치에 있지 않다. 하지만 승진 대상자로 고려되기 전부터 상향식 피드백이라는 관문을 통과해야 한다. 팀 리더가 얼마나 회사의 가치를 잘 따르는지, 그래서 신뢰와 존중할 가치가 있는 사람인지 아닌지는 팀에서 가장 확실하게 판단할 수 있기 때문이다. 이처럼 상당한 힘을 팀원들에게 위임함으로써 조직 내 모든 직급에서 회사의 가치를 따르는 리더만 더 큰 힘과 권위를 가지는 자리로 승진할 수 있도록 만든다.

이런 방식은 급진적인 프로세스이기도 하고, 아니기도 하다. 조직의 고위 관리자가 권한을 양도하는 건 결코 쉬운 일이 아니며, 특히 개인의 운명이 회사의 운명과 밀접하게 연관되어 있다면 더욱 그렇다. 하지만 나는 이런 방식을 회의적으로 생각하는 사람에게 이렇게 질문하고 싶다. '일하기 좋은 직장을 만들겠다고 진지하게 고려하는 모든 기업에서 이와 비슷한 프로세스를 채택하지 말아야 하는 이유는 무엇인가?' 일하기 좋은 직장을 만들고 싶다면 어떤 조직에서건 이러한 승진 프로세스를 보편적으로 활용할 수 있다고 마음 깊이 믿는다. 그래서 베인은 '순추천직원지수Net Promoter for People'라 명명한 업무 전략을 설계했고, 고객에게 판매하고 있다.[8]

측정하기 어려운 성과에 집중하라

베인의 사명은 언제나 고객을 위한 성과를 내는 걸 우선으로 삼아왔다. 사업 초기에는 재무 성과에 초점을 두었다. 사실 베인의 사명 선언문에는 정확히 재무 성과라는 표현이 들어 있었다. 하지만 회사의 사명에 사회적 영향력, 팀 경험, 고객의 역량처럼 표준 재무 기준으로는 측정하기 어려운 다른 종류의 성과도 포함시켜야 한다는 걸 깨달았다. 2019년 우리는 사명이 폭넓게 발전했음을 공식화하기 위해 사명 선언문에서 '재무 성과'라는 표현을 공식적으로 삭제했다. 베인이 이처럼 폭넓은 사명을 받아들임으로써 진정으로 일하기 좋은 회사가 될 중요한 혁신이 지속적으로 이루어질 것이라 믿는다.

베인은 각 팀의 자원봉사 노력과 사회 정의를 위한 계획을 지원하면서, 팀의 중요한 문제에도 크게 투자한다. 베인은 휴먼 라이츠 캠페인Human Rights Campaign의 기업평등지수Corporate Equality Index에서 15년 연속 100점 만점을 기록했다. 또한 회사 차원의 탄소중립 실천 계획을 수립했고, 사회적 가치 창출 계획을 지원하기 위해 향후 10년간 10억 달러 상당의 무료 봉사 서비스를 제공하기로 약속했다. 지역별로는 각 지역 오피스 대표 파트너는, 오피스 회의부터 사무실 리노베이션, 하계 회의 및 단합대회, 성과 과제 등 모든 것을 설계하고 운영하는 막강한 책임을 일선 직원 중 자원한 이들로 구성된 팀에 위임한다. 각 팀은 고객의 성공에 특별한 영향을 미쳤다는 점을 인정받기 위해 경쟁을 벌인다.

회사의 지원 프로그램은 어떻게 운영될까? 매년 회사의 지원을 받으려는 팀은 각 사업을 자기 추천한다. 추천을 위해서는 실제 성과, 고객과의 지속적인 관계 유지, 추천고객 형성, 의욕을 느끼는 팀이라는 4가지 주요 분야에서 역량을 증명해야 한다. 경영진은 사내 공모를 통해 최종 후보를 선발한다. 최종 프레젠테이션은 중요한 행사이다. 연극 연출, 의상, 축하 음악이 분위기를 조성한다. 대체로 주니어급 직원들과 지원팀에서 전체 직원을 대상으로 하는 발표에 앞장서는데, 매년 진행되는 사외 워크숍에서 프레젠테이션이 이루어진다. 발표하는 해당 사업에 대해 얼마나 의욕을 느끼는지를 강조하기 위해 인생의 핵심 요점, 즉 성취한 성과(재무적 혹은 기타 성과), 고객과 핵심 이해관계자에 미치는 영향(감사 영상 혹은 인용구), 추천고객의 피드백(추천 점수와 추천의 글 포함)을 비롯한 추천고객 형성을 위한 접근법, 팀허들 점수, 개인적인 승진이나 삶의 주요 사건처럼 삶에서 이정표가 된 일을 발표한다.

발표가 끝난 다음 전체 직원 투표나 선정위원회의 논의를 통해 수상자를 선정한다. 우승한 팀은 팀 행사에 쓸 수 있는 비용과 상패를 수여받고 지역 대회에 출전할 자격을 얻는다. 회사는 이런 프로세스를 통해 기본적으로 고객을 위한 우수한 성과를 내는 일이 중요하다는 것을 강조할 수 있고, 직원들에게 회사와 동료들이 거둔 훌륭한 성과를 알릴 수 있다. 덕분에 직원들은 베인의 훌륭한 성과가 어떤 모습인지 알게 된다.

정리하면 일선에서 활약할 뛰어난 리더를 채용해 교육함으로써 직원들에게 영감을 불어넣는다. 팀원이 고객에게 탁월한 가치를 제공하도록 함으로써 팀의 성공을 돕는다. 그리고 팀이 매일 발전하는 법을 배울 수 있도록 일의 진행 상황을 확인하고 가늠할 툴(팀허들, 상향식 피드백, 교육 등)을 제공한다. 모든 직원이 고객과 함께 승리하는 팀에서 가치 있는 역할을 하도록 영감을 얻을 수 있게 돕는다.

베인은 고객이 제출하는 순추천고객지수를 직원 보상체계에 반영하지 않는다. 그렇게 하지 않으면 팀원들이 고객으로부터 업무를 개선할 좋은 방법을 담은 솔직한 피드백을 구하기보다 경쟁적으로 점수를 따야 할 것처럼 느끼는 처지에 몰릴 수 있으며, 그건 팀원의 체면을 깎아내리는 일이라 생각한다. 고객이 매긴 점수를 성과급에 반영한다면 솔직한 피드백을 망쳐버릴 것이며, 팀의 업무 프로세스와 정신에 어긋날 뿐 아니라, NPS의 철학을 훼손시킬 것이다.

직원을 가장 소중하게 대우하라

베인앤드컴퍼니가 실적을 개선해 회생하는 모습은 어떤 기준으로 봐도 놀라운 일이었다. 그런데 효과적으로 실적을 개선해 회생한 기업에서 공통적으로 나타나는 요소는 의욕적인 직원이 아주 중요한 역할을 맡았다는 것이다. 예컨대 찰스 슈왑의 운명이 놀라울 정도로 역전된 것도 이 중요한 요소에 기댄 덕분이다. 수수료와 벌금이 매출의 25퍼센트에 이를 정도로 증가했고, 이렇게 나쁜 이익을 추구하는 정책에 고객은 짜증을 냈다. 일선에서 회사의 정책을 시행해야 했던 직원의 명예는 땅에 떨어졌다. 찰스 슈왑의 CEO 월터 베팅거는 이 모든 나쁜 이익을 없애는 데 전념했다. 회사가 고객을 대하는 방식을 직원들이 자랑스럽게 여길 수 있어야 한다고 굳게 믿었기 때문이었다. 찰스 슈왑이 업계 선두 자리를 다시 차지할 수 있었던 건 월터가 약속을 지킨 것이 주효했다.

티모바일에서도 비슷한 패턴의 사례를 확인할 수 있다. 통신산업은 업계 전체가 나쁜 이익에 중독되어 있었다. 하지만 티모바일은 교묘한 방식으로 매출을 얻는 전략을 꾸준히 제거했다. 그 결과 일선에서 일하는 직원들이 힘을 얻었고, 자부심을 가지고 고객을 대하겠다는 동기가 생겨났다. 앞에서 밝힌 것처럼 CEO였던 존 레기어는 일선에서 일하는 팀을 주기적으로 찾았고, 그들에게 영감을 불어넣었다. 일선 직원이 제안하는 내용을 주의 깊게 듣고 조치를 취했다. 존 레기어는 회사를 고객 중심으로 철저하게 재편하겠다는 캘리 필드의 제안을 지지하며, 서비스 콜센터를 150개의 팀으로 나누었다. 각 팀에는 리더가 따로 있고, 손익계산서도 분리했다. 각 팀은 보통 지역별로 구분된 특정 고객군을 담당했다. 이를 통해 고객이 도움을 받기 위해 전화를 걸었을 때 같은 지역 말투를 쓰고, 같은 스포츠팀에 소속되어 있고, 같은 지역 정보(통화 연결이 끊기는 특정 고속도로 구간 정보 등)를 아는 담당 직원과 통화할 수 있었다. 티모바일은 고객을 감동시키는 서비스가 가져오는 경제적 이점을 알기 때문에 직원 경험 개선에 크게 투자한다.

동시에 티모바일 경영진은 코치 및 리더 한 명당 배정하는 고객 서비스 담당자를 10명으로 한정해 팀의 규모를 줄였다.[9] 주로 생산성에 초점을 맞추고 공장처럼 운영되는 대부분의 콜센터에 비해 훨씬 작은 규모이다. 티모바일의 팀은 규모가 작기 때문에 코치가 각각의 동료를 돕는 데 시간을 더 많이 쓸 수 있다. 팀 리더는 매일 20분씩 화상 팀 회의와 팀원의 업무 기술을 개발하는 시간을 가졌다. 대부분 콜센터는 생산성을 올려야 할 근무 시간을 이런 식으로 사용하는 걸 절대 용납하지 않는다. 그런 회사는 대부분 직원을 소중히 여기거나 고객을 사랑하는 일의 중요성을 알지 못한다. 또한 대부분의 기업은 티모바일이 콜센터 관리자에게 어떻게 억대 연봉을 줄 수 있는지 이해하기 어려울 것이다. 티모바일은 손익계산서상 뛰어난 성과를 냈을 때 콜센터 관리자에게 억대 연봉을 지급하는데, 뛰어난 성과를 거둔 것이 티모바일의 서비스를 이용하고 행복해진 고객이 티모바일을 더 자주 다시 찾고 친구에게 추천한 결과라고 판단하기 때문이다.

신뢰와 존중, 보상의 가치

일선에서 일하는 팀 리더에게 후한 보상을 지급해 의욕을 불러일으키는 방법은 칙필에이(칙필에이 프랜차이즈 매장)에서도 기적을 일으켰다. 칙필에이는 비상장 개인기업이지만, 지점 개수와 매출액을 포함해 사업 실적의 핵심 정보를 공개한다. 각 지점의 실적은 모든 가맹점이 쉽게 확인할 수 있다. 경제적 정보를 투명하게 공개한다는 건 팀을 신뢰하고 존중한다는 걸 보여준다.

다음으로 칙필에이에서 중요한 요소가 한 가지 더 있다. 트루엣 캐시는 개인적으로 부자가 되려고 창업한 게 아니었다. 결국에는 그의 가족들이 수억 달러 재산을 가진 갑부가 되기는 했지만 말이다. 트루엣은 자신의 역할을 회사의 소유주라기보다 회사 자원의 청지기라 여겼고, 고객과 일선에서 고객을 섬기는 직원, 양쪽 모두를 섬겨야 할 책임이 자신에게 있다고 생각했다.[10]

이러한 창업주의 관점을 생각하면 트루엣이 고객에게 최대의 서비스를 제공하고 가맹점주(매장 운영자라 부른다)를 지원하도록 조직을 설계한 건 자연스러운 일이다. 가맹점주 등 일선 직원이 바로 고객에게 회사의 약속을 전하는 역할을 맡고 있기 때문이다. 그래서 트루엣은 현장에서 최고 수준의 리더십을 유지하는 일을 최우선으로 삼았고, 오직 능력과 인성 양쪽 측면 모두가 최고인 사람만 매장 운영자로 채용함으로써 매장 직원을 존중하려 노력했다. 트루엣은 뛰어난 능력을 가진 직원이 매장을 운영하고, 현장에서 고객을 감동시킬 결정을 내리는 것이 좋은 평판을 받고, 칙필에이를 훌륭한 기업으로 만드는 최고의 방법임을 본능적으로 알고 있었다.

그렇기에 최고의 매장 운영자를 유치해 보유할 시스템을 설계했다. 트루엣은 매장 운영자에게 전례없는 금전적 보상을 제시해 매장 한 곳의 운영에 집중하면서도(특별한 능력을 증명한 직원이라면 매장 2곳을 운영하는 것도 가능) 직원 개인의 경제적 목표를 이룰 수 있게 해주었다. 이렇게 하면 매장 운영을 부하 직원에게만 맡겨둘 일이 없고, 지역 관리자가 되거나 본사에서 일하려고 경쟁적으로 사내 승진의 사다리를 탈 일도 없을 것이다.

한편 본사와 지역 관리 직원은 자신의 일이 매장 운영을 돕는 것임을 안다. 본사의 모든 직원은 이 같은 메시지를 강화하고 현장 직원과의 공감대를 형성하기 위해 매년 적어도 하루는 매장에서 일해야 한다. 한편 현장 근무팀에 들어가기 위해서 매장 운영자 후보는 매장에서 여러 달 동안 교육을 받는다. 매장 직원의 니즈를 깊이 이해하기 위해서이다.

매장 운영자를 정하는 건 무엇보다 중요한 일이다. 나는 당시 칙필에이의 최고마케팅책임자였던 스티브 로빈슨Steve Robinson에게 후보자가 매장 운영자에 적합한 사람인지 어떻게 알 수 있는지 물었다. 스티브는 자신의 10대 자녀가 이 사람 밑에서 일한다면 기분이 좋을지 자문해본다고 설명했다. "우리는 가족이 될 사람을 찾고 있습니다. 바라건대 영원히 가족으로 남을 사람이었으면 합니다."

트루엣은 탁월한 매장 운영자를 채용할 수 있도록 새로 출점하는 신규 매장 수를 의도적으로 제한했다. 이런 원칙은 칙필에이의 사외 기획 회의를 주최했을 때 트루엣과 임원진이 가장 큰 의견 차이를 보였던 부분이었다. 회의에 참여한 젊은 임원은 회사가 매장을 훨씬 더 많이 열기 바랐다. 당시 재무 상황은 아주 좋아서 부채가 없었고, 수익의 상당 부분을 자선단체에 기부하고도 현금흐름이 매우 안정적으로 창출되고 있었다. 하지만 트루엣은 회사의 성장 속도를 높이자는 요청을 원칙에 입각해 단호히 거부했다. 스티브 로빈슨이 최근에 쓴 책에서 이렇게 회고했다. "트루엣 캐시는 절대 재무적 목표가 개인의 관계를 방해하지 않도록 하라고 했다. 사실 그는 재무 목표를 아주 싫어했다. 재무 목표를 추구하는 것이 본말이 전도된 행동이라고 생각했다. 트루엣은 회사의 성장을 통제해야 자신의 사업 철학과 고객 사랑을 이해하는 매장 운영자를 고를 수 있다고 보았다."[11]

즉 트루엣은 회사의 질적 성장을 가로막는 것이 재정적인 문제는 아니라고 믿었다. 질적 성장은 현장에 뛰어난 리더를 유치하고 개발하는 회사의 능력에 달려 있다. 적절한 보상을 제공해 현장 리더가 그 자리에 머물며 일을 더 잘해야겠다는 동기를 얻을 수 있어야 한다.

프랜차이즈 매장 가맹점주는 최소한의 현금 1만 달러만 준비하면 된다. 맥도날드의 프랜차이즈 매장을 열려면 100만 달러 이상이 필요한 것과 대조된다. 대신 칙필에이 운영자는 사업 자산을 소유하지 않고, 매장을 팔거나 자녀에게 물려줄 수 없다. 매장의 소유권과 통제 권한은 본사에 있고, 회사는 선불 투자금의 문턱을 낮춰 운영자로 일할 인재풀을 크게 늘리는 것이다.

그래서 잘 되었을까? 칙필에이 매장 운영자는 대부분 본사에서 일하는 것보다 훨씬 더 많은 수입을 올린다. 칙필에이에는 매년 약 2만 통의 프랜차이즈 가맹점 신청서가 접수된다. 하지만 새로 생기는 매장은 연간 약 100여 곳에 불과하다. 가맹점 승인율이 0.5퍼센트인 회사가 과연 몇 개가 될까?[12]

베인은 패스트푸드 체인 업계의 순추천고객지수를 측정하는데, 보통 칙필에이가 1위이며, 가장 최근에 실시한 2019년 조사에서는 60점을 기록했다. 이건 선순환이다. 비즈니스 전문지 〈앙트레프레너Entrepreneur〉의 부편집장 매튜 맥크리어리Matthew McCreary는 이렇게 말했다. "칙필에이는 맥도날드, 서브웨이, 스타벅스를 합한 것보다 지점당 수익이 더 높습니다. 심지어 일요일에는 영업을 하지 않는데도 말입니다."[13]

디스커버의 영감을 불러일으키는 시스템

　이제 디스커버 파이낸셜 서비스 사례로 다시 돌아가보자. 디스커버는 신용카드 업계에서 아메리칸 익스프레스를 누르고 NPS 조사에서 1위를 차지해 눈길을 사로잡았다. 앞서 설명한 것처럼 디스커버가 놀라운 성공을 거두는 데 기여한 요소로 고객 서비스센터 직원들이 뛰어난 서비스를 제공하도록 서비스센터에 투자하고, 시스템을 갖추고, 담당자를 교육한다는 점을 들 수 있다.

　이 부분을 더 깊이 살펴보자. 디스커버의 서비스센터에서 일하는 직원들은 회사가 자신들을 소중하고 감사한 존재로 여긴다는 증거를 많이 확인한다. 당시 디스커버의 CEO였던 데이비드 넬스는 이렇게 말했다. "저희 회사에서는 서비스센터 담당자를 비용이 아닌 수익으로 여깁니다. 고객 서비스 담당자는 회사의 브랜드 홍보대사입니다. 저희는 처음부터 아주 경쟁력 있는 급여를 지급하고, 직원이 고객에게 뛰어난 서비스를 제공하는 데 필요한 교육과 기술에 크게 투자합니다."

　한 가지 더 말하면 디스커버는 티모바일과 마찬가지로 고객 서비스 담당자를 여전히 미국 내에 두고 있다. 데이비드는 대부분 경쟁사에는 고객 서비스센터가 비용이라는 사고방식이 만연한 나머지 고객 서비스 업무를 저임금 국가로 아웃소싱하거나 고객에게 강제로 자동 응답 기능을 사용하게 한다고 말했다. 하지만 데이비드와 디스커버 직원들은 신용카드로 인해 발생하는 복잡한 문제를 해결하려면 관련 지식이 많고, 문화에 정통하고, 고객을 잘 배려하는 직원이 필요하다고 확신했다. 아웃소싱, 해외위탁, 자동화로는 문제를 해결할 수 없다고 본 것이다. 사실 신용카드를 잘라버리기 직전일 정도로 화난 고객의 마음을 되돌리려면 능력 있는 직원이 나서야만 한다.

현 CEO인 로저 호치쉴드는 수년간의 조사 결과 디스커버 본사 직원보다 콜센터 직원의 업무 만족도가 더 높다는 사실이 밝혀졌다고 전했다. 이건 매우 드문 일이다. 베인의 연구 결과에 따르면 일반적으로 조직의 명령 계통에서 하부로 내려가면 갈수록, 그리고 고객에 가까워지면 가까워질수록 직원의 NPS 평점은 꾸준히 떨어진다. 하지만《고객이 열광하는 회사의 비밀》을 통해 밝힌 연구 내용처럼 고객 로열티가 매우 높은 기업에서는 조직 내 계층 전체에서 직원의 만족도가 상당히 일관적이다.[14] 서번트 리더십에 전념하는 본사 직원의 힘을 강조하게 만드는 이유이다.

디스커버는 어떻게 현장에서 일하는 직원이 그렇게 존중받는다고 느끼게 했을까? 디스커버는 일선 직원에게 후한 급여를 지급하고, 이례적인 복지 혜택을 제공하는데 예를 들어 고위 임원진과 동일한 건강보험 혜택을 제공한다. 요즘 세상에는 학자금 대출 부담으로 삶이 휘청이는 청년이 많은데 디스커버는 주목할 만한 대안을 제시한다. 디스커버 대학 지원 프로그램Discover College Commitment을 통해 직원이 플로리다 대학교(온라인 수업 과정 이용), 윌밍턴 대학교, 브랜드맨 대학교 이렇게 3곳 가운데 한 군데를 고르면 온라인 학위를 받기까지 필요한 등록금, 수업료, 책값, 기타 비용을 지원한다. 디스커버의 직원이라면 입사 첫날부터 학업을 시작할 수 있다. 회사는 직원이 교육상, 직업상 발전을 이루는 데 가장 잘 맞는 대학 교육 프로그램을 찾아주는 학위 상담 서비스도 제공한다. 다른 회사의 일반적인 교육 혜택 프로그램에서는 학점이 좋으면 몇 달 뒤 돌려받는다는 조건을 걸고 학생이 먼저 학비를 내지만, 디스커버는 아무런 조건 없이 학비 100퍼센트를 미리 지원한다. 이는 놀라울 만큼 후한 혜택이며 다른 기업문화에서는 거의 찾아볼 수 없을 정도로 직원을 깊이 신뢰하고 있음을 보여주는 태도이다.

눈으로 확인할 수 있는 부분도 한몫한다. 대부분의 기업 콜센터에서는 CEO가 실제로 방문하면 깜짝 놀랄 것이다. 그리고 정리해고까지 떠올릴 만큼 나쁜 일이 일어나는 중이라는 결론을 내리게 된다.[15] 하지만 디스커버의 CEO 로저 호치쉴드는 각 콜센터를 적어도 1년에 한 번씩 방문해 모든 시간대의 근무조가 들을 수 있도록 네 차례의 프레젠테이션을 진행한다. 보통 회사의 사업 진행 상황과 우선순위를 업데이트하고, 즉석 질의응답 시간으로 마무리한다. 경영자가 직원의 목소리에 귀를 기울이고 조치를 취한다는 것을 명확하게 보여주는 일이다. 현실적인 예를 하나 살펴보면 어느 직원이 토요일이나 일요일이나 일하고 싶지 않은 날인 건 똑같은데 일요일 근무조가 토요일 근무조보다 더 많은 급여를 받는 건 불공평하게 느껴진다고 말했다. 경영진은 이에 답해 임금률을 조정했고, 토요일 급여를 일요일 급여와 동일하게 책정했다.

서비스센터 직원은 고객을 올바르게 대하려는 내재된 욕망을 업무로 강화하며 보수를 받는다. 디스커버의 직원 보상체계에는 커미션이 없다. 사실 전통적인 방식대로 고객에게 무엇이든 판매하는 것을 독려하는 제도 자체가 없다. 로저는 이렇게 말했다. "우리는 고객이 도움을 얻기 위해 전화를 걸었다고 생각합니다. 고객에게 추가로 상품을 판매하는 가장 좋은 방법은 훌륭한 서비스를 제공하는 것입니다. 그러고 나서 회사의 웹사이트, 애플리케이션, 마케팅 커뮤니케이션을 통해 고객이 회사의 상품을 더 쉽게 알 수 있도록 합니다."

콜센터 직원의 만족도를 본사의 관점에서만 듣지 않기 위해 디스커버의 피닉스 콜센터를 방문한 적이 있다. 디스커버 콜센터 직원들은 복지 혜택 측면에서 회사가 잘 배려해준다는 것을 확인시켜주었다. 직원이 고객을 감동시킬 수 있도록 회사가 도와준 덕분에 영감을 얻는다는 점 역시 확신할 수 있다.

디스커버 콜센터에서 18년 동안 일한 베테랑 직원인 도나 매튜스는 회사가 디스커버의 수익에 반하는 일로 생각되더라도 고객을 위해 옳은 일을 하라고 강조하는 교육을 정기적으로 시행한다는 사실을 열정적으로 전했다. 도나는 다음과 같은 예를 들었다. 도나는 고객이 콜센터에 전화를 걸어 현금서비스를 요청할 때마다(현금서비스는 ATM에서 100달러까지 지급하는 대출인데 이용하려면 10달러의 수수료가 발생하고, 이자율은 22~24퍼센트 수준이다) 먼저 해당 고객이 동네 점포에서 120달러까지 캐시백을 받을 거래 자격이 되는 고객인

지부터 시스템에서 확인한다. 캐시백 거래는 월말 대금 청구일까지 대금만 납부하면 수수료가 없고, 대출 이자도 붙지 않기 때문이다.[16] 도나는 다음과 같이 말했다. "그래서 우리는 회사가 매우 자랑스럽고, 매일의 출근이 기대됩니다."

콜센터 담당자들은 CEO와 본사 임원진이 콜센터와 고객 사이의 대화 내용을 골라 한 달에 두 차례 한 시간씩 듣는다는 걸 알고 있다.[17] 고객 서비스 담당자가 더 많은 고객을 감동시키는 데 도움이 될 기술에 투자하고, 개선이 필요한 프로세스가 있는지 확인하기 위해서이다. 경청회를 진행하는 동안 임원진은 콜센터 직원과 고객 간 통화를 들으며 입수한 내용을 논의하고, 논의 결과에 따라 개선 사항의 우선순위를 정한다.

디스커버에서 직원과 고객을 지원하는 우수한 디지털 툴을 어떻게 개발했는지 이 프로세스를 통해 알 수 있다. 다시 한번 강조하건대 디스커버는 업계에서 아주 예외적인 회사이다. 대부분 금융 서비스 기업은 고객이 서비스센터 전화번호를 찾지 못하도록 숨기고, 적은 비용이 드는 디지털 솔루션을 사용하도록 유도함으로써 고객 서비스에 드는 비용을 없애려 한다. 반면 디스커버는 디지털 솔루션도 잘 갖추어 고객이 필요할 때마다 찾을 수 있게 하면서도 웹사이트에 고객 서비스센터의 전화번호도 눈에 잘 띄게 표시해 두어 고객이 상담원과 통화하고 싶으면 언제든, 1년 365일 24시간 손쉽게 담당자에게 연락할 수 있도록 했다.

디스커버의 이런 태도가 고객 서비스 담당자의 관점에서는 어떤 의미일지 생각해보자. 다른 기업에서는 서비스 담당자와 통화가 연결되면 고객이 화를 내며 대화를 시작하는 경우가 많다. 통화가 연결되기까지 고객은 자동응답 시스템이나 자주 묻는 질문이라고 쓰인 게시판으로 자꾸 넘어가는 웹사이트에서 사투를 벌인다. 불만이 점점 쌓여가지만 끈질긴 시도 끝에 마침내 담당자와 통화가 연결된다. 아마 고객이 불친절한 기술 장벽과 사투를 벌이는 내내 뒤에 숨어 있었던 사람일 것이다. 반면 디스커버의 고객 서비스 담당자는 그렇지 않다. 고객은 힘들이지 않고 담당자와 통화할 수 있다. 서비스 담당자와 고객의 상호작용은 압박감이 없는 분위기에서, 고객의 속도에 맞춰 이루어진다. 고객은 얼마 지나지 않아 서비스 담당자가 평균 통화 처리 시간 목표에 쫓기지 않는다는 걸 알아차리고, 마음 편하게 문제를 해결하기 위한 대화를 나눌 수 있다. 이런 일련의 과정은 고객 감동으로 이어질 가능성이 훨씬 높다.

고객 서비스팀의 리더는 내부 승진으로 선발된다. 이처럼 다른 직원의 본보기가 되는 직원은 팀의 롤모델이자 코치로 활동한다. 이에 더해 디스커버에는 아이매터iMatter라고 부르는 광범위한 코칭 및 피드백 시스템을 갖추고 있는데, 여기서는 고객으로부터 받은 피드백을 코칭 계획에 활용해 서비스 품질을 향상하고 성공적인 서비스 제공을 축하한다. 아이매터 시스템은 자신이 고객의 삶에 진정한 변화를 가져다줄 수 있다는 생각을 강화시켜준다. 또한 디스커버도 제도 안에서 직원들의 경쟁을 최소화하기 위해 고객의 피드백을 절대 성과급에 반영하지 않는다.

디스커버가 직원의 영감을 불러일으키기 위해 사용하는 접근법 가운데 마지막으로 살펴볼 흥미로운 측면은 서비스 담당팀의 운영 방식이다. 일반적인 기업의 콜센터는 하나의 팀이 25~30명으로 구성되는데, 디스커버는 한 팀에 단 16명 정도만 배정하는 방식을 선호한다. 하지만 콜센터의 탄력 근무 일정과 개인별 코칭 시간이 많은 점까지 고려하면 실제 근무 중인 팀원의 수는 보통 12명 정도이다. 우연이겠지만 이 숫자는 미 육군 특수부대 작전팀의 규모와 유사하다. 특수부대 작전팀은 이러한 규모로 운영할 때 높은 수준의 진취성, 자기신뢰, 성숙함, 지략을 보여줄 것으로 기대한다. 12명이라는 숫자는 또한 사우스웨스트 항공 지상근무팀의 규모와도 같은데 다른 항공사의 일반적인 지상근무팀 보다 훨씬 작은 규모이다. 이러한 팀원 수는 앞서 설명했던 티모바일의 고객 서비스 담당팀의 규모도 떠오르게 한다.

이들 팀의 공통점은 무엇일까? 팀의 규모가 작으면 팀을 구성하는 각 개인의 중요성이 부각되고, 팀의 성공을 위해서는 모든 팀원의 역할이 필수적이라는 점이 강조된다. 순전히 재무적인 관점으로만 보면 팀의 규모가 큰 편이 효율적이다. 저임금 단순 업무 직원 그룹을 인건비가 비싼 한 사람의 관리자가 이끌 수 있기 때문이다. 하지만 디스커버의 경험에 따르면 직원에게 영감을 불어넣고 고객을 사랑하는 가장 좋은 방식은 팀을 소규모로 운영하는 것이다.

리더의 첫 번째 책임

기업의 주된 목적이 고객의 삶을 풍요롭게 하는 것일 때, 리더의 첫 번째 책임은 이처럼 본질적으로 영감이 느껴지는 미션을 직원들이 받아들여 성취할 수 있도록 돕는 것이다. 안전하게 그리고 지속가능한 방식으로 받아들이게 해야 한다. 직원들은 지속적으로 고객을 감동시키는 팀 내에서 가치 있는 역할을 맡을 수 있고, 미션을 완수했을 때 적절한 인정과 보상이 주어져야 의욕을 느낀다.

정말 훌륭한 경영자는 직원들이 고객과 동료에게서 기립박수를 받게 해준다. 직원의 영감을 북돋우고, 목적을 세워 승리하는 데 반드시 필요한 연료를 제공하기 위해 뛰어난 경영자가 사용하는 비밀 요소가 바로 그런 사랑과 지지의 경험이다.

⋘ **RESPECT YOUR INVESTORS**

5장

지속가능한 승리를
추구하라

투자자를 존중하는 최선책,
로열티 경영

2019년 여름, 한 중국인 사업가가 전설적인 투자자 워렌 버핏Warren Buffett과 점심 식사를 함께하는 기회를 얻기 위해 457만 달러라는 경악스러운 금액을 제시했다.¹ 이 뉴스를 들으니 1996년 비슷한(어쩌면 더 대단한) 기회를 얻었던 내가 얼마나 운이 좋았는지 떠올리게 되었다. 당시 나는 존 보글John Bogle과 함께 골프 라운딩을 할 기회를 얻었다.

존 보글은 자신의 분야에서 진정한 슈퍼 영웅이며, 투자자를 존중하는 태도로 널리 존경받는 사람이었다. 2019년 〈마켓워치Market Watch〉가 그의 부고를 전하면서 쓴 것처럼 '존 보글은 (세계에서) 가장 영향력 있는 투자자로서 심지어 워렌 버핏보다 더 뛰어난 사람이었다.'² 워렌 버핏도 이 견해에 동의하며, CNBC에 출연해 이렇게 말했다. "존 보글은 제가 아는 그 누구보다 미국 투자자 전체를 위해 많은 일을 했습니다."³

그날 존의 골프 실력은 아주 인상적이지는 않았는데, 나는 그의 눈에 계속 눈물이 차오르는 걸 알아차렸다. 그래서 용기를 내 계절성 알레르기가 있는 건지 물어보았다. 그는 무미건조하게 대답했다. "아니오, 그렇지 않습니다. 제가 새로 심장을 얻었습니다. 그리고 몸이 심장에 적응하느라 고생하고 있습니다." 나는 그가 농담을 하는 것으로 여겼지만 그날 저녁 식사 자리에서 그가 최근 정말로 심장이식 수술을 받았고, 벌써 골프를 쳤다는 걸 알고 깜짝 놀랐다. 사실 존은 이식 거부반응 방지약 때문에 눈물이 차는 거였다.

그후 몇 년 동안 나는 존 보글의 추진력과 투지에 관해 많이 생각했다. 그건 투자자가 마땅히 받아야 할 존경심을 가지고 투자자를 대해야 한다는 그의 개인적 사명과 뗄 수 없는 것이라고 결론 내렸다. 존은 투자자에게 가장 이익이 되는 것이 무엇인지 알았고, 적합한 솔루션을 제공하기 위해 기업을 설립했다. 그의 사례는 이 주제에 관한 내 생각의 뼈대가 되었다. 존경심으로 투자자를 대한다는 건 무엇을 의미하는 것일까? 기업의 주요 목적인 고객을 사랑한다는 원칙과 상충되는 것은 아닐까?

─────◆─────

존 보글과의 만남은 어떻게 이루어졌을까? 새로 임명된 뱅가드의 CEO 잭 브레넌Jack Brennan은 내가 쓴 《로열티 경영The Loyalty Effect》을 읽고 장기적인 고객 관계에서 나오는 엄청난 경제적 이점을 정량화하는 방법에 흥미를 느꼈다. 책에서 제시한 철학과 그에 따른 경제적 이점이 뱅가드의 전략에서 가장 중요한 부분이기 때문이었다. 그는 1996년 뱅가드 연례 임원 워크숍에서 강연해달라고 요청했고, 뱅가드는 투자자를 존중해 로열티를 얻는 방식에 관한 관점을 수립하는 데 매우 깊은 영향을 준 기업이었기에 강연 요청을 수락했다.

나는 대학을 졸업한 이후로 뱅가드 인덱스펀드로 계속 저축하고 있었다. 주식을 장기 투자하고, 사서 보유하며, 시장을 이기려 애쓰며 힘을 낭비하지 않는다는 뱅가드의 역발상 투자법에 믿음이 있었다. 이는 베인에서 경력을 쌓는 동안에도 지속되었고, 존 보글의 방식이 옳다고 확신했다. 저녁 식사를 하는 동안 존에게 뱅가드가 얼마나 크게 성장할 수 있다고 생각하는지 물었다(당시 뱅가드는 아직 틈새시장을 공략하는 회사였고, 광고는 거의 하지 않았다). 존이 답했다. "성장은 우리의 목표가 아닙니다. 우리의 목표는 투자자에게 훌륭한 가치를 전하는 것입니다. 크게 성장하려고 애쓰면 곤경에 처하게 될 것입니다." 표현은 달랐지만, 칙필에이 창업자 트루엣 캐시에게 들었던 말과 분명 똑같은 철학이었다. 트루엣의 꿈도 회사를 '크게' 키우는 게 아니라 고객과 직원에게 '훌륭한' 회사가 되는 것이었다.

기업이 성장하려면 야심 찬 성장 목표가 필요하지 않을까 생각할 수도 있다. 하지만 한마디로 말해 그렇지 않다. 이 글을 쓰는 지금 뱅가드500 인덱스펀드(뱅가드의 대형주 인덱스펀드)와 뱅가드 총주가지수 인덱스펀드(일부 중형주를 혼합한 뱅가드의 인덱스펀드)는 각각 전 세계 최대, 그리고 세 번째로 큰 규모의 펀드이다. 전체적으로 볼 때 뱅가드 그룹은 현재 세계 2위의 뮤츄얼펀드 운용사이며, 운용자산은 7조 달러 이상이다. 이처럼 이례적인 성장을 뱅가드 그룹은 극히 적은 영업 및 마케팅 예산으로 이루어냈다.

뱅가드의 놀라운 성장을 통해 고객 로열티를 바탕으로 하는 성장엔진이 가진 효율적이며 지속가능한 힘을 한번 더 확인할 수 있었다. 뱅가드는 고객과 투자자가 상호 소유하고 있는 구조여서 성장을 위한 모든 자금은 내부에서 창출한 현금으로 조달한다. 오늘날 뱅가드가 운용하는 펀드는 엄청난 규모와 폭넓은 이용 가능성 덕분에 어떤 투자자라도 손쉽게 개별 기업의 주식을 보유할 때 발생할 수 있는 위험성을 분산할 수 있다. 뱅가드의 인덱스펀드는 상품 설계상 매우 저렴한 운용보수로 시장평균 수익률을 얻게 되어 있다. 예를 들어 뱅가드 총주가지수펀드는 운용보수로 투자금의 겨우 0.04퍼센트만 부과한다. 내가 대학을 졸업했을 당시 뮤추얼펀드의 일반적인 운용보수는 2.0퍼센트였다. 뱅가드의 현재 수수료보다 50배나 비싼 가격이다. 엄청나게 싼 운용보수를 받고 뛰어난 수익률을 내는 잘 설계된 투자 상품을 제공하는 것, 바로 이것이 뱅가드의 기적을 만든 요인이다.

뱅가드의 이야기로 이번 장을 시작한 것은 몇 가지 이유 때문이다.

- 좋은 사람(예를 들어 존 보글과 뱅가드 직원들)과 어울리면 어떻게

삶이 풍요로워지는지 보여주는 또 다른 예이다.
- 뱅가드는 기업이 성장하는 가장 좋은 방법은 판매 수수료와 광고를 이용해 성장을 사는 것이 아니라 고객 사랑이라는 무적의 전략으로 성장을 획득하는 것이라는 실례이다.
- 뱅가드의 사례는 고객을 사랑하는 일과 장기 투자자에게 기쁨을 주는 일이 상충하는 것이 아님을 보여준다(뱅가드의 투자자가 곧 뱅가드의 고객이다).
- 뱅가드의 성공은 투자자에게 진정한 가치를 전하기 위해 모든 기업이 극복해내야 하는 새로운 기준선을 제시했다.
- 나는 뱅가드 주식계좌를 이용해 프레드 주가지수가 높은 기업에 투자하는 실험을 시작했다(2장 참조). 뱅가드 주식계좌를 이용하면 내가 보유 중인 뱅가드 총주가지수 인덱스펀드와 비교해 우세한 결과를 쉽게 확인할 수 있다.

이번 장에서는 투자자를 존중해야 한다는 존 보글의 기준을 집중 조명하고, 고객의 사랑을 받는 기업이 투자자를 가장 만족시키는 기업이라는 점을 보여주는 사례를 추가로 소개할 것이다. 또한 믿을 만한 순추천고객지수 자료 및 NPS에 깊이를 더하고 힘을 실어줄 보충 지표(획득성장률이라 부른다)의 필요성에 관한 결론적 시사점 몇 가지를 살펴볼 것이다.

투자자가 승리하는 전략이란 무엇인가

뱅가드 인덱스펀드가 놀라운 성장을 거둔 덕분에 이제 모든 투자자가 뱅가드식 투자를 쉽게 할 수 있다. 피델리티Fidelity와 블랙록Black Rock 등의 훌륭한 경쟁사에도 영감을 주었다. 이런 펀드들은 위험을 매우 효과적으로 분산하기 때문에 투자자들이 개별 기업의 주식을 보유할 때의 위험을 감수하려면 해당 기업의 주식이 반드시 현실적인 기준 수익률을 넘겨야 한다. 예를 들면 내가 개별 기업(아마존, 애플, 퍼스트 서비스나 코스트코 같은 곳)의 주식 투자에 만족하는 건 해당 기업의 주식 투자 수익률이 뱅가드 총주가지수펀드의 수익률보다 높을 때뿐이다. 뱅가드 총주가지수펀드에는 앞서 언급한 기업의 주식뿐 아니라 다른 여러 기업의 주식도 함께 구성되어 있다. 논리는 간단하다. 개별 기업의 주식 수익률이 인덱스펀드의 수익률보다 낮다면 인덱스펀드에 투자하는 편이 더 나을 것이다. 사실 내가 투자한 개별 기업의 주식 수익률이 인덱스펀드 수익률과 겨우 비슷한 수준이라면 가치를 잃은 것이나 마찬가지이다. 왜냐하면 다양한 기업의 주식을 담은 인덱스펀드는 개별 기업이 지닌 모든 위험을 없애기 때문이다. 다시 말하면 개별 기업에 투자하는 위험을 감수했는데 대가로 얻은 가치가 없는 것이다.

뱅가드 총주가지수 인덱스펀드는 NPS의 모범으로 소개하는 기업이 투자자에게 실제 가치를 전하고 있는지 테스트해볼 수 있는 유용한 기준 수익률을 제공한다. [도표 5-1]은 2020년 12월 31일

도표 5-1 NPS 선도기업의 수익률과 주식시장 평균 비교

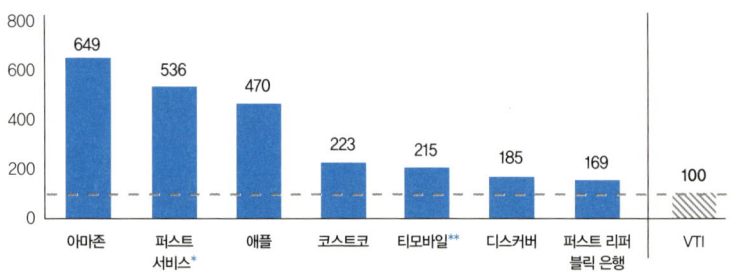

누적 총주주수익률 지수 vs. 뱅가드 총주가지수(VTI)
(2011년 1월 1일 ~ 2020년 12월 31일)

출처 : CapIQ, 퍼스트 서비스와 티모바일 연간보고서.
주 : * 퍼스트 서비스의 총주주수익률은 2015년 콜리어스 퍼스트 서비스 분사에서 나온 기존의 모든 퍼스트 서비스 주식이 새로운 퍼스트 서비스 주식으로 이동했다고 가정. 통화 조정 없음(총주주수익률은 2010년부터 2015년까지 CAD, USD 환율 조정=725%로 조정). 만일 투자자가 추가 변화 없이 계약 내용의 구조(퍼스트 서비스 : 41.4%, 콜리어스 : 58.6%)에 따라 투자했다면 수익률은 619%였을 것이다.
** 2013년 4월 30일 티모바일의 인수를 통한 메트로PCS의 총주주수익률을 가정하고, 티모바일의 상장 후 2013년 5월 1일부터 2020년 12월 31일까지의 기간 동안 티모바일의 총주주수익률 재평가.

을 마지막으로 하는 10년 동안의 누적 총주주수익률을 보여준다. 그래프 오른쪽은 뱅가드 총주가지수를 나타낸다. 이 도표를 살펴보면 NPS 슈퍼스타 기업은 VTI를 손쉽게 앞선다는 걸 확인할 수 있다. 이는 기업이 고객의 이익을 우선하면 로열티 성장엔진이 움직인다는 걸 보여주는 주목할 만한 증거이다. 충성 고객이 해당 기업을 더 자주 찾고 친구를 데려와 장기 투자자에게 뛰어난 투자 성과를 안겨준다는 뜻이다. 이것이 바로 장기 투자자가 고객 자본주의를 사랑해야 하는 이유이다!

NPS와 총주주수익률의 상관관계

프레드 주가지수는 고객을 사랑하는 기업에 투자한 투자자는 승리한다는 사실을 설득력 있게 보여주는 증거이다.[4] 여기서 더 깊게 들어가 투자자가 우수한 총주주수익률을 얻을 다른 방법(고객을 사랑하지 않는 기업에 투자할 경우)이 있는지 몇 가지 산업의 사례 연구를 통해 면밀히 살펴보자.

앞서 3장에서 존 레지어가 CEO로 취임해 티모바일을 목적 지향의 고객 사랑 성장엔진을 가진 기업으로 탈바꿈시킨 뒤 실적이 천정부지로 급등하는 모습을 확인했다. 존 레지어와 티모바일의 경영진은 속임수, 함정, 예상치 못한 수수료를 전부 없앰으로써 나쁜 이익을 체계적으로 없앴고, 티모바일은 업계 최고의 총주주수익률을 기록했다. [도표 5-2]를 살펴보면 훨씬 흥미로운 사실을 확인할 수 있다. NPS 선도기업인 티모바일은 업계 최고의 총주주수익률을 나타낼 뿐 아니라 VTI 기준 수익률을 넘긴 유일한 기업이다.[5] 즉 투자자에게 실제 가치를 전하는 건 NPS 선도기업뿐이라는 뜻이다.[6]

[도표 5-3]은 단순회귀법으로 계산한 결과를 보여준다. 이에 따르면 총주주수익률 변화의 3분의 2 이상이 하나의 변수, 즉 NPS로 설명된다. 인상적인 결과이다. 우리가 계산한 NPS는 미국 휴대전화 사용자에게 받은 피드백만 기반으로 한 것인데 비해 비교 기업군의 결과치는 전체 사업 포트폴리오를 반영한 것이기 때문이다.

도표 5-2 투자자에게 진정한 가치를 제공한 티모바일

누적 총주주수익률 지수 vs. 뱅가드 총주가지수(VTI)
(2014년 1월 1일 ~ 2019년 12월 31일)

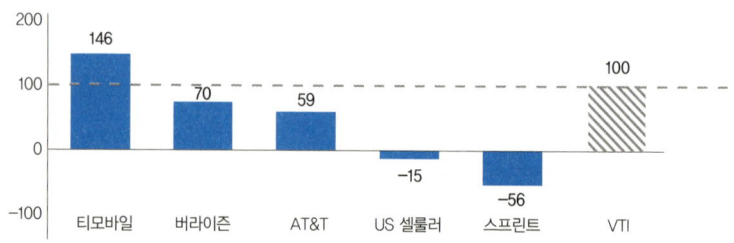

출처: CapIQ.
주: 누적 총주주수익률은 2014년 1월 1일부터 2019년 12월 31일까지의 투자를 가정했을 때의 총수익률. 티모바일이 2020년 스프린트를 인수했으므로 2019년을 투자 마지막 해로 설정.

예를 들어 버라이즌은 휴대전화 사업과 함께 유선전화 서비스도 운영하고, 주요 인터넷 공급 사업자이자 케이블 TV 패키지 상품도 판매한다. AT&T는 해당 기간 미디어 자산과 디렉TV$_{DirecTV}$를 인수했다. 완벽한 자료가 없기는 하지만(다른 모든 통신회사의 순추천고객지수는 아직 알 수 없다), [도표 5-3]에서 확인할 수 있는 패턴은 분명 고객을 사랑하는 기업에 투자하는 투자자가 승리한다는 이론을 뒷받침한다.[7]

이제 신용카드 업계로 돌아가보자. 신용카드 업계에서는 디스커버가 고객 친화적인 활동을 대대적으로 펼치면서 아메리칸 익스프레스를 제치고 순추천고객지수 1위 기업에 등극하는 모습을 확인

도표 5-3 미국 이동통신 산업의 순추천고객지수와 누적 총주주수익률

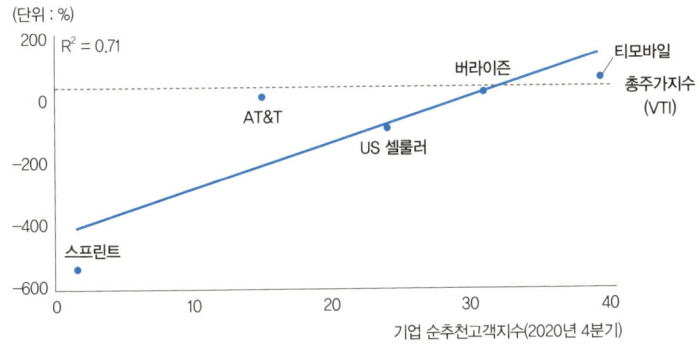

출처: 베인, 다이나타 무선 서비스 공급업체 분기별 벤치마킹 설문조사, 2020년 4분기(대상자 수=20,034명), CapIQ.
주: 누적 총주주수익률은 2014년 1월 1일부터 2019년 12월 31일까지의 투자를 가정한 총수익률. 티모바일이 2020년 스프린트를 인수했으므로 2019년을 투자 마지막 해로 설정.

했다. 경쟁사별 총주주수익률과 순추천고객지수를 비교해보니([도표 5-4] 참조) 통신 업계에서 살펴본 패턴과 비슷했다.

여기서도 마찬가지로 순수하게 신용카드 사업의 총주주수익률만 분석하는 편이 이상적이겠지만, 아쉽게도 신용카드 산업만 따로 정리한 데이터는 없다. 신용카드사들은 모두 여러 사업 부문에 참여한다. 디스커버, 아메리칸 익스프레스, 캐피털원은 신용카드 사업이 가장 큰 부문이지만, JP모건체이스에서는 전체 매출의 절반 수준이며, 뱅크오브아메리카에서는 20퍼센트 미만이다.[8] 그렇지만 경험으로 미뤄볼 때 고객 중심 문화는 사업 부문 전체로 퍼져

도표 5-4 미국 신용카드 산업의 순추천고객지수와 누적 총주주수익률

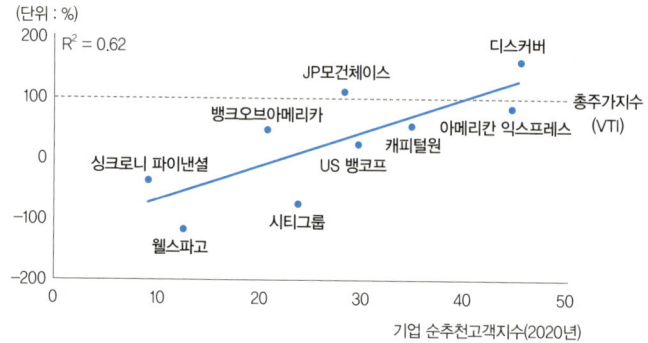

출처 : NPS 프리즘, CapIQ.

나가는 경향이 있으므로 신용카드 사업에서 NPS가 높은 기업은 모기지론이나 예금과 같은 다른 사업 부문에서도 고객 서비스를 잘할 가능성이 크다. 그보다 더 중요한 건 NPS가 높은 선도기업만이 두드러지는 총주주수익률을 보이는 패턴을 자주 확인할수록 프레드 주가지수 규칙이 타당하다는 결론에 도달할 수 있다는 것이다.

[도표 5-5]에서 볼 수 있듯이 미국 자동차 산업에서도 비슷한 패턴이 나타났다. 마찬가지로 해당 기업의 총주주수익률은 전 세계에서 판매한 실적을 바탕으로 한 반면 NPS 결과는 미국 시장만 대상으로 했다는 점을 생각하면 놀라울 정도록 밀접한 상관관계가 나타난다.[9] 테슬라는 통계상 확연히 구분되는 곳에 위치하는 아웃라이어outlier로 보인다. 업계의 NPS 1위 기업이라 해도 설명할 수

도표 5-5 미국 자동차 산업의 순추천고객지수와 누적 총주주수익률

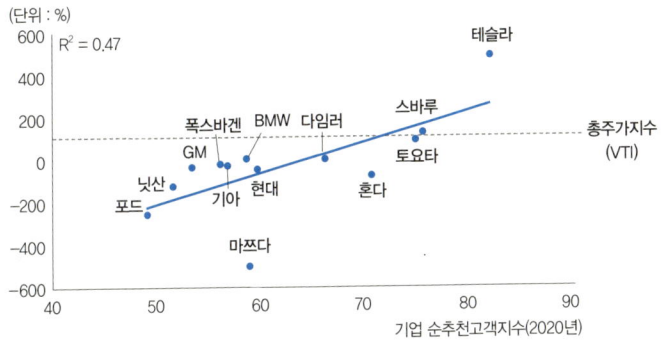

출처 : NPS 프리즘, CapIQ.

없을 정도로 총주주수익률이 높다. 급등한 테슬라의 주가는 투기 열풍을 나타내며, 현실적이거나 지속가능한 주가가 아니라고 생각하는 금융전문가가 많다. 그래서 우리 또한 테슬라를 제외하고 분석을 진행했다. 하지만 결과는 크게 달라지지 않았다. NPS는 여전히 경쟁사 총주주수익률의 변화를 대부분 설명했다.

주가와는 별개로 테슬라의 높은 NPS는 정말 인상적인 고객 사랑의 수준을 보여준다. 이렇게 높은 NPS는 혁신적인 제품 디자인의 결과로만 설명할 수 없다. 몇 년 전 당시 테슬라의 미국 시장 책임자와 대화를 나눈 적이 있다. 그는 테슬라에서 NPS를 채택했으며, 테슬라의 창업자 일론 머스크Elon Musk와 함께 정기적으로 고객이 남기는 글을 확인하고 고객의 피드백을 바탕으로 해야 할 일의

우선순위를 정한다고 했다.

예를 들어 새로 나온 테슬라의 모델X를 구매하기 위해 출시 1년 이상 전에 1,000달러를 내고 예약을 한 고객들이 몇 달이 지나도록 테슬라로부터 아무런 소식을 듣지 못했다는 보도가 나온다. NPS 피드백에서 이 문제가 제기되고, 테슬라는 차량 출시 계획이 어떻게 진행되고 있는지를 예약한 새로운 차주들에게 알리는 커뮤니케이션 프로그램이 필요하다고 결정했다. 테슬라는 계약자들에게 새로운 차량의 사진을 담은 이메일을 보내고 출시 계획을 업데이트해줄 뿐 아니라 차량 예약은 여전히 유효하다고 안심시켜줌으로써 곧 차주가 될 고객들이 테슬라의 특별한 내부 관계자가 된 것처럼 느끼게 만든다.

슈퍼스타 같은 테슬라의 NPS를 생각할 때 언급할 만한 이야기가 몇 가지 더 있다. 기업의 핵심에 훌륭한 상품(혹은 서비스 디자인) 없이 뛰어난 고객 경험을 제공하는 건 불가능하다. 테슬라가 디자인하고 제조한 상품에 고객은 열광한다. 일부 경쟁사는 어디선가 조만간 분명히 테슬라만큼 훌륭한 제품을 만들어낼 것이다. 하지만 테슬라는 제품 외에 또 다른 이점을 만들었고, 이는 제품보다 지속가능성이 더 크다. 테슬라는 자동차 업계에서 유일하게 직영 판매점을 보유하고 있다. 테슬라 직영 판매점은 정확히 말해 전통적인 자동차 판매 대리점 체인이라기보다 제품 매장이다. 테슬라는 직영 판매점을 통해 매끄럽게 쇼핑, 구매, 인도, 소유 경험을 통합해 제공한다(가격 흥정이 필요 없다! 상사에게 부탁하는 척하며 자리를 비운 영업사원을 답답하게 기다리지 않아도 된다! 보증 기간 연장 또는 녹 방지 제품을 구매하라고 설득하기 위해 차량의 신뢰성에 의문을 제기하는 재무 관리자도 없다).

테슬라는 광고나 홍보용 마케팅 상술을 거의 쓰지 않고 이처럼 엄청난 성장을 이루었다. 나는 테슬라의 여정을 직접 시험하기로 마음먹고 차량을 구입하기 위해 테슬라 홈페이지에 접속했다. 차량 구매 과정은 아주 간단했다. 예쁘게 디자인된 웹사이트에서 몇 가지 질문에 답하기만 하면 된다. 그러면 새 차가 집앞에 나타날 것이다. 그렇다, 테슬라의 현재 주가는 납득하기 어려울 수 있지만 기존의 자동차 제조사가 테슬라의 구매, 판매, 유통, 서비스 이점을 따라잡기는 아주 어려울 것이다.

요식업 같은 산업 부문에는 주주수익률을 추적할 수 없는 개인기업(예를 들면 칙필에이)이 많다. 하지만 NPS와 동일 점포 매출 성장률(수익성의 핵심 동인) 사이의 관계를 조사할 수 있다. [도표 5-6]에 제시한 2개의 도표는 요식 업계 주요 2개 부문에서 나타나는 NPS의 힘을 보여준다. [도표 5-6-A]는 일반 레스토랑casual-dining 부문이고, [도표 5-6-B]는 패스트푸드점 부문을 나타낸다. 10여 년 전에 비슷한 베인의 도표에서 텍사스 로드하우스([도표 5-6-A]의 우측 상단)를 확인했었는데, 텍사스 로드하우스가 상장기업이라는 것을 알자마자 기쁜 마음으로 이 회사를 투자 포트폴리오에 추가했었다.[10]

여기에서 잠시 [도표 5-3], [도표 5-4], [도표 5-5]를 다시 살펴보자. 이들 도표는 이동통신 업계, 신용카드 업계, 자동차 업계의

도표 5-6-A 미국 일반 레스토랑의 순추천고객지수와 동일 점포 매출 누적 성장률

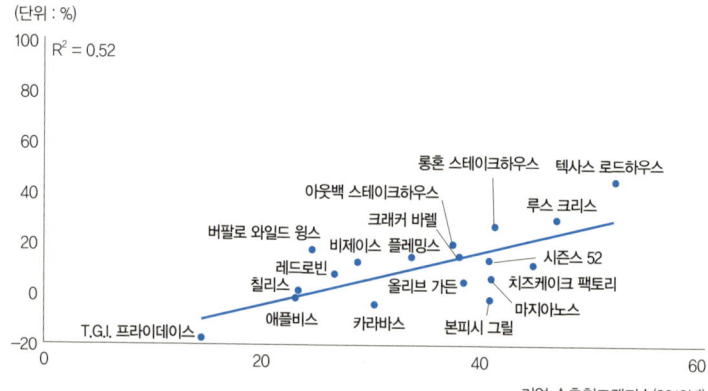

출처: 패스트푸드점 & 일반 레스토랑 NPS 조사 (미국, 2019), 레스토랑 리서치, 톰슨.
주: 2020년 코로나 팬데믹이 요식 업계에 엄청난 영향을 주었으므로 2019년 자료 사용.

    총주주수익률과 NPS를 비교 분석한 것이다. 이 3개의 도표를 통해 기업이 총주주수익률을 향상시킬 수 있는 유일하고 신뢰할 수 있는 방법은 고객을 더 사랑하는 것, 그리고 경쟁사와 비교해서 더 높은 NPS를 얻는 것이라는 사실을 분명히 알 수 있다.

    그런데 각 도표에서 해당 기간 뱅가드 총주가지수 펀드의 수익률을 나타내는 가로 점선을 다시 한번 살펴보라. 또 한번 강조하지만 투자자에게 실제 가치를 제공하려면 이 기준 수익률을 반드시 초과해야 한다. 뱅가드의 기준 수익률을 넘긴 기업은 순추천고객지수가 높은 기업들뿐이었다. 즉 '오직 고객의 사랑을 받는 기업만

도표 5-6-B 미국 패스트푸드점의 순추천고객지수와 동일 점포 매출 누적 성장률

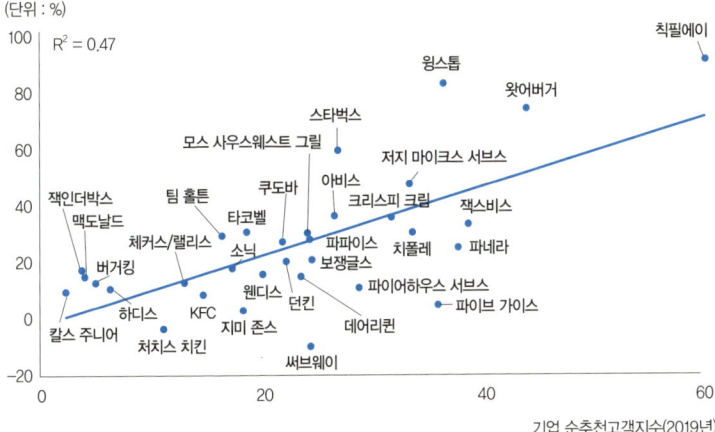

출처: 패스트푸드점 & 일반 레스토랑 NPS 조사 (미국, 2019), 레스토랑 리서치.
주: 2020년 코로나 팬데믹이 요식 업계에 엄청난 영향을 주었으므로 2019년 자료 사용.

이 투자자를 존중하는 수익률(주가지수 인덱스펀드 수익률보다 높은 수익률)을 낼 수 있었다.'

이는 매우 중요한 통찰이며, 모든 투자자가 생각해볼 내용이다. 이런 사실이 시사하는 바는 명확하다. 현명한 투자자는 고객을 더 사랑하려는 기업의 경영진을 열심히 지원해야 한다. 경영진을 향한 격려가 분기별 수익 목표를 달성하라고 압박하는 것보다 장기적으로 훨씬 더 나은 결과를 낳는다. 모든 증거가 하나의 결론을 가리킨다. '기업은 고객이 사랑받는다고 느끼게 할 방법을 찾지 않으면 투자자를 존중하는 성과를 내기 어렵다.' 뛰어난 순추천고객지수는 그 자체가 목적은 아니지만, 경쟁사와 비교해 상대적으로 순추천고객지수가 높다는 것은, 해당 기업이 올바른 방향으로 가고 있다는 것을 의미하며, 투자자의 로열티를 얻을 가치가 있다는 것을 의미한다.

유의미한 순추천고객지수를 확보하라

이번 장을 여기까지 읽었다면 이런 질문이 떠오를 것이다. '그렇다면 이 NPS 자료를 어디에서 입수해 시장에서 승리하는 주식을 고를 수 있을까?'

정말 좋은 질문이다. 많은 기업에서 내부적으로 만든 순추천고객지수를 보고하기 시작했다. 이들의 의도에 박수를 보낸다. 하지만 표준 계산 과정이나 감사 방법이 없으니 정통한 투자자라면 기업에서 자체적으로 조사한 NPS 통계의 비교 가능성에 회의적일 만하다. 2019년 여름 〈월스트리트 저널〉에서 다음과 같이 이 문제를 집중 조명했다.

미국 경제계는 최근 기업 CEO들이 종교처럼 따르는 고객 만족의 척도인 순추천고객지수, 즉 NPS에 집착하고 있다. 이익이나 매출은 측정하고 감사할 수 있지만, 그와 달리 NPS는 대개 기업이 스스로 만든 질문 한 개짜리 설문조사 결과를 바탕으로 계산한다. 〈월스트리트 저널〉의 기록 분석 결과 작년에는 '순추천고객' 혹은 'NPS'라는 표현이 S&P 500대 기업 가운데 50개사의 어닝콜earnings conference call에서 150회 이상 인용되었다. 5년 전과 비교해 거의 3배나 많은 기업에서 4배 이상 언급된 것이다.[11]

감사를 받지 않은 실적 수치는 무엇이든 적당히 가려서 수용할 필요가 있다는 〈월스트리트 저널〉의 의견에 나도 동의한다. 예를 들어 어떤 기업의 연간보고서와 기업공개를 위한 증권신고서에 기재된 순추천고객지수가 통계 도출 과정에 관한 설명이 전혀 없는 걸 보고 깜짝 놀란 적이 있다. 그런 결과가 엄격한 이중맹검 연구를 통해 도출된 정당한 순추천고객지수 관계 기준 점수를 나타내는가?[12] 아니면 단지 어떤 사건이나 거래의 결과로 시작된 자체 조사에 의해 생성된 점수를 종합한 것인가? 자세히 들여다볼 필요도 없이 오늘날 세상에는 대여섯 개나 되는 취향별 NPS가 있고 (제품 NPS, 관계 NPS, 거래 이후 NPS 등), 기업에서 순추천고객지수를 발표할 때는 어떤 점수를 보고하는지 구체적으로 명시하는 곳이 거의 없다.

투자자의 관점에서 볼 때 믿어야 하는 점수는 정말 단 하나뿐이다. 그건 바로 경쟁사와 대비한 이중맹검 관계 점수이다. 오늘날 기업에서 보고하는 순추천고객지수의 90퍼센트 이상이 특정 거래에 의해 시작해 조사자와 조사 대상을 가리지 않은 자체 설문조사 형

도표 5-7 츄이의 자체 조사 순추천고객지수와 베인 조사 점수의 차이

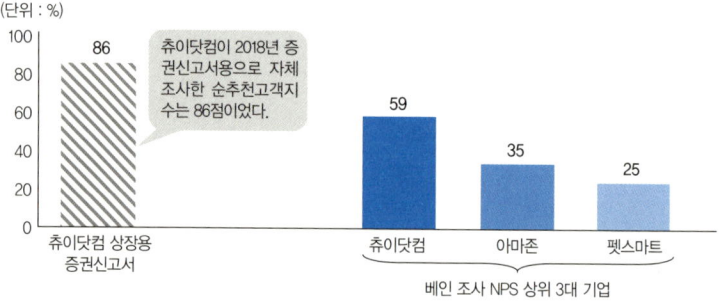

출처 : 베인, ROI 로켓 일반 소매업계 NPS 연구(2019), 2018 츄이 상장용 증권보고서.

식으로 진행된 결과일 가능성이 높다. 이렇게 얻은 순추천고객지수는 내부 관리 목적으로는 매우 유용할지 모르지만, 경쟁 관계 기준 점수와는 거의 관련이 없다.[13]

온라인 안경 판매업체 와비 파커는 이 문제의 미묘한 부분을 이해한다. 예를 들어 와비 파커에서 자체 조사하는 순추천고객지수는 일관되게 80점대를 유지한다. 하지만 와비 파커의 순추천고객지수를 이중맹검 방식으로 조사하면 점수가 10점 정도 낮아진다. 물론 그 점수도 업계에서는 여전히 매우 높은 점수이다.

[도표 5-7]을 살펴보면 츄이의 상장용 보고서와 베인의 이중맹검 관계 점수 사이에 더욱 심각한 차이가 나타난다. 그래도 츄이는 여전히 순추천고객지수 업계 1위인 기업이므로 괜찮은 경우지만,

투자자들은 기업이 보고한 점수를 믿기 전에 분명하게 조사를 진행해야 한다.

결정적 질문 2.0The Ultimate Question 2.0을 개발하던 때로 돌아가 생각해보면 순추천고객지수를 측정하는 올바른 방법에 관해 배울 것이 아주 많았다. NPS 선도기업을 확인하는 데 사용했던 데이터는 상당히 기본적이고, 저예산 시장조사 기법에 의해 얻어진 자료였다. 그렇다, 데이터는 이중맹검 조사 과정을 통해 얻었지만, 조사 과정에서는 중요한 고객 세분화(예를 들어 선불폰 사용자 대 후불폰 사용자) 내용을 구별하지 않았고, 표본도 기업별 100명의 응답자로 최소 크기였다.[14] 하지만 이번 장에서 사용하는 NPS 데이터는 그보다 훨씬 정확하며, 기업당 1만 명 이상의 응답을 바탕으로 신중하게 세분화한 표본을 바탕으로 도출했다. 우리는 많은 진전을 이루었다.

이러한 개선 내용을 어떻게 설명할 것인가? 이처럼 고유하고 독점적인 데이터는 현재 NPS 프리즘에서 제공한다. NPS 프리즘은 신뢰할 만한 순추천고객지수 기준 자료를 원하는 시장 수요를 충족시키기 위해 베인이 2019년에 출시한 데이터베이스 기반 서비스이다. NPS 프리즘은 매분기 자료를 작성해 추세를 빠르게 시각화한다. 현재 이목이 쏠려 있는 분기별 수익보고서에서 NPS 결과를 비교 평가하기 위해서는 필수적으로 분기별 보고가 이루어져야 한다. NPS 프리즘은 고객사의 NPS 조사 결과에서 매우 세세한 부분까지 알 수 있도록 모든 사건에 관한 추천고객의 피드백을 모은

다. 예를 들어 신용카드 산업에서는 업계 내 기업 관계 점수를 비교할 뿐 아니라 고객 여정을 따라 일어나는 모든 사건에서 업계 기업들이 고객과 디지털 및 대인 상호작용을 어떻게 쌓는지 비교한다. 세부적으로 예를 들면 NPS 프리즘의 데이터베이스에서는 디스커버 카드가 신용카드 브랜드 순위 1위를 차지했고, 신규 가입 고객에게 최고의 경험을 선사하는 반면 고객이 신용한도 상향 조정을 요청했을 때는 여전히 아메리칸 익스프레스가 최고의 경험을 제공한다는 점을 밝힌다. 고객 경험 향상을 담당하는 기업 임원에게 얼마나 유용한 자료인지 가늠할 수 있을 것이다. 그리고 어떤 기업의 현재 상황과 미래 전망을 파악하려는 투자자에게도 유용한 정보가 된다. NPS 프리즘의 자료 수요가 연간 100퍼센트 이상 성장하고 있는 이유도 바로 이 때문이다.

그렇다면 베인이 NPS 프리즘 출시에 투자하기까지 왜 그렇게 시간이 오래 걸렸을까? 처음에는 베인이 당시 만들고 있던 측정 방법론 개선 사항을 포함한 우리의 전문 지식을 공유하겠다고 제안하면 대형 회계법인에서 NPS 결과 보고를 위한 감사를 진행할 방법론을 개발하는 데 나설 것이라고 생각했다. 하지만 이건 무모한 생각이었다. 감사인에게 급여를 지급하는 기업은 순추천고객지수를 감사하려고 더 많은 비용을 지불하는 데 아무런 관심이 없었다. 규제 담당자나 투자자도 NPS 감사 결과를 요구하지 않았다. 사실 믿을 만한 NPS 자료를 얻기 위해 비용을 지불할 의사가 있는 유일한 기업은 사모펀드사뿐이었다.

그렇기는 하지만 우리는 NPS 툴을 계속 개선해나갔다. 베인은 전 세계 그 어느 컨설팅사보다 고객 사랑과 관련된 업무를 더 많이 맡아왔고 지금도 마찬가지이다. 사모펀드사와 사모펀드의 포트폴리오 기업에서 의뢰받는 일도 아주 많았다. 결과적으로 우리는 NPS 평점을 정확하게 측정하는 것이 매우 어렵다는 것을 깊이 느끼게 되었고, 이를 올바르게 측정할 방법을 개발해냈다. 예컨대 우리는 설문조사 기법에 사소해 보이는 변화만 가해져도 점수가 크게 달라진다는 걸 알게 되었다. 설문조사를 요청하는 시기나 이메일 제목에 쓴 단어, 이메일 본문에 설문조사지를 넣는지 아니면 클릭해서 넘어가는 방식인지 등의 차이, 결과 점수가 개별 직원에게 직접적인 영향이 줄 것이라는 암시, 점수를 0점에서 10점으로 할 것인지 아니면 10점에서 0점으로 할 것인지 등이 영향을 미쳤다. 이 모든 요소들이 누가 설문조사에 굳이 응답할지, 그리고 어떤 점수를 주는지에도 상당한 영향을 미쳤다.[15] 마지막으로 설문조사 점수 뒤편의 일이지만, 누가 설문조사를 실시하고 분석하는지도 중요하다. 믿을 만한 기준 점수를 얻고 싶다면 설문조사와 분석을 올바르고, 일관적으로 시행하는 전문성이 높은 제3의 기관을 이용해야 한다.

회계법인을 설득하는 일이 막다른 골목에 다다르자 한때 NPS를 비판했던 J.D.파워와 갤럽을 포함한 시장조사업체가 태도를 바꾸기 시작했음을 알아차렸다. 시장조사업체의 고객들이 NPS 피드백을 요구했기 때문이었다. 지금은 여러 시장조사업체에서 다양한 산업을 대상으로 핵심 경쟁사의 NPS 순위를 발표한다. 하지만 어떤 의미에서 우리는 처음 출발했던 곳으로 돌아와 있었다. 왜냐하면 시장조사업체는 다양한 측정 기법을 사용하고 종종 초보적인 세분화 기법이나 작은 크기의 표본을 사용하기 때문이다. 그렇게 하면 중구난방의 결과가 나오곤 한다. 심지어 일부 업체는 직접 NPS를 측정하지 않는다. 기업에서 자체 조사한 NPS 결과를 그대로 받아 재발표한다. 그 내용이 클릭을 부르는 미끼가 되어 그 업체 웹사이트에 사람들의 눈길이 모이기를 바라면서 말이다. 때로는 분명 신뢰할 만한 기업에서 발표한 NPS 기준도 미심쩍어 보일 때가 있다. 예컨대 높은 평가를 받는 어느 업체의 웹사이트에 최근 NPS 순위가 발표되었는데 가장 높은 NPS 평점을 받은 1위 산업이 황당하게도 자동차 판매 대리업이었다!

이런 일로 인해 온갖 혼란이 생겼다. 나는 제이넵 톤에게서 이메일을 받았다. 이메일에서 제이넵은 우려를 표했다. 베인이 요식 업계 일반 레스토랑 부문에서 순추천고객지수 순위 1위를 차지했다고 밝힌 업체가(앞서 말한 대로 텍사스 로드하우스이다) 어느 학생이 웹사이트를 검색하다 보게 된 순위에서는 NPS 최하위로 되어 있었다는 것이다. 당연히 이런 식의 혼란은 누구에게도 좋지 않다. 기업의 임원을 좌절하게 만들고, 투자자를 호도하며, 우리가 개발한 NPS 프레임워크의 신뢰성을 약화시킨다.

그래서 별도의 데이터 사업부를 세워 순추천고객지수 결과를 올바르게 구하는 데 필요한 투자를 하겠다고 결정했고, 그 사업부가 바로 NPS 프리즘이다. 그 이후 NPS 프리즘은 산업별 경제를 헤쳐 나가며 행진해왔고, 시의적절하고 신뢰 가능한 데이터의 흐름을 개발하기 위해 수백만 달러를 투자했다. 이제 베인은 분기별로 산업 내에서 경쟁사의 순위를 매길 수 있도록 순추천고객지수 평점과 이를 뒷받침하는 세부사항을 제공하며, 주요한 각 사건에 관한 NPS 평점도 제공한다.

NPS 프리즘은 미국 시장에서 소매 금융(신용카드, 자산관리, 모기지론 포함), 식료품 유통업, 보험(집, 자동차, 생명), 유틸리티(전기, 가스), 항공, 자동차, 통신, 상업 은행(카드와 상업 대출 포함) 등을 다룬다. 그리고 캐나다, 멕시코, 브라질, 영국, 터키, 홍콩과 오스트레일리아에서는 이 가운데 일부 산업에서 서비스를 제공하고 있다.

NPS 프리즘이 인상적인 발전을 이루었지만 사실 대부분 산업과 국가에서는 NPS 프리즘의 관련 자료를 이용할 수 있을 때까지 몇 년의 시간이 더 필요하다. 문제를 풀기 어려운 까닭은 NPS 프리즘의 조사 과정이 대표 고객 그룹을 구성하는 방식이기 때문이다. 그런데 이 방식은 기업 간 거래가 이루어지는 여러 부문에서는 사용할 수 없다. 의사결정권자를 확인하기 어렵고, 설문조사에 응해달라고 의사결정권자를 설득해 시간을 얻는 건 거의 불가능한 일이다. NPS 프리즘은 또한 일부 소비자 산업에서도 핵심 고객을 찾기 어렵거나 모집하기 어려울 때 고객 패널을 구성하는 데 어려움을 겪는다.

퍼스트 리퍼블릭 은행이 마주했던 어려움이 그런 예이다. 앞서 말한 것처럼 나는 개인적으로 이 은행을 이용하고 있다. 퍼스트 리퍼블릭 은행을 알고 난 뒤 이 은행의 진짜 순추천고객지수는 은행 업계에서 가장 높을 것이라고 확신하게 되었다. 동시에 NPS 프리즘의 방법으로 좀더 믿을 만한 기준 점수를 제공할 수 있을지 궁금해졌다. 퍼스트 리퍼블릭 은행의 NPS 설문조사는 제3의 조사기관에서 진행하고 있었지만, 은행 고객들은 퍼스트 리퍼블릭 은행이 해당 조사기관을 후원한다는 걸 알고 있었고, 보통 추천고객일수록 기꺼이 시간을 내 설문조사에 응한다. 나는 NPS 프리즘이 퍼스트 리퍼블릭 은행에 훨씬 더 좋은 자료를 제공할 수 있다는 확신이 들었다.

그런데 놀랍게도 NPS 프리즘이 내놓은 솔루션은 효과가 없었다. 퍼스트 리퍼블릭 은행이 상당한 규모의 기업이기는 하지만(미국 20대 은행에 속하고, 자산이 1,100억 달러 이상이며, S&P 500대 기업이다), 서비스를 제공받는 고객이 상대적으로 집중되어 있고 그 수가 적었다. NPS 프리즘은 퍼스트 리퍼블릭이라는 기업명을 꺼내지 않고 설문조사에 패널로 참가할 핵심 고객을 충분히 모을 수 없었다. 별일 아닌 것처럼 들리겠지만, 이것은 분명 문제이다. 조사 대상 기업명을 언급하면서 패널을 구성하면 거의 항상 추천고객이 과도하게 표본 추출되고 더 나아가 순추천고객지수가 부풀려진다. 일반적으로 추천고객의 설문조사 응답률은 일반 고객보다 50~100퍼센트 더 높다. 이런 식으로 참가자 반응 편향response bias이 있는 고객 집단에서 실제 순추천고객지수를 측정하는 것은 통계학적으로 매우 어려운 일이다.

그래서 NPS 프리즘이 인상적인 발전을 이루었음에도 여전히 추가적인 해결책이 필요한 기업이 많다. 이것이 최근 집중하고 있는 과제이다. 대기업이든 중소기업이든 전 세계 어떤 산업군에 속해 있든 모든 기업을 위한 신뢰할 만하고, 감사를 받을 가치가 있는 자료가 있을까? NPS는 설문조사에 바탕한 점수를 목표로 해야 하는 부담이 있고, 이 점이 순추천고객지수의 정확성과 효과성을 오염시키는데, 이러한 단점을 보완해줄 순추천고객지수의 자매 지표는 어떻게 만들 수 있을까? 기업의 임원이나 투자자는 기업 성장 엔진의 건전성을 측정할 간단한 지표를 필요로 한다. 분명 우리는 객관적인 결과 통계를 이용해 설문조사에 기반한 점수를 보강할 필요가 있다. 그리고 이 통계는 회계사도 측정할 수 있고 식별할 수 있는 행동을 기반으로 해야 한다.

획득성장의 발견

10년 이상 연구한 끝에 마침내 답을 찾았다고 생각한다. 그 길을 가르쳐준 퍼스트 리퍼블릭 은행에 감사를 표한다. 퍼스트 리퍼블릭 은행과의 관계는 은행의 연례 경영진 콘퍼런스에서 기조연설을 하면서 시작되었다. 기조연설 전에 은행에 관해 조사하고, 주요 임원 몇 명을 인터뷰했다. 나는 매우 감명을 받아서 또 다른 뱅가드나 엔터프라이즈 렌터카를 찾은 건지 모른다고 생각했다. 고객 로열티 선도기업을 은행 업계에서 찾았다고 말이다.

물론 퍼스트 리퍼블릭 은행의 NPS 평점이 JP모건체이스, 시티은행, 뱅크오브아메리카 같은 경쟁사보다 정말 우수하다는 것을 증명할 길은 없었다. 퍼스트 리퍼블릭 은행에서는 NPS 프리즘의 접근법이 효과가 없다는 걸 알았을 때 나는 책상으로 다시 돌아갔다.[16] 오래된 파일을 뒤지고, 처음 기조연설을 준비할 때 퍼스트 리퍼블릭 은행에서 보내준 자료를 일부 다시 살펴보았다. 나는 퍼스트 리퍼블릭 은행이 투자자 대상 프레젠테이션을 할 때 사용했던 막대 그래프에 내가 노란색으로 표시하고 강조의 의미로 별을 2개 그려 넣은 부분을 찾았다. 나는 그 부분을 보고 처음 그 도표를 보았을 때 왜 그런 표시를 할 정도로 중요하게 여겼을까 기억해내려 애쓰며 생각에 잠겼다. 알았다! 나는 답을 찾았다. 그 깨달음의 순간을 준 도표는 바로 [도표 5-8]이다.

이 도표를 보고 흥미로웠던 것은 퍼스트 리퍼블릭 은행이 기존 고객의 추가 거래로 성장한 부분(은행 예금 잔고가 50퍼센트 증가)과 기존 고객이 친구에게 추천해서 성장한 부분(추천고객은 32퍼센트를 차지)을 효과적으로 정량화했기 때문이었다. 다시 말해 은행 예금 증가의 82퍼센트를 기존 고객에게 뛰어난 경험을 제공함으로써 얻은 것이었다. 그에 따른 성장률은 대출 부문에서는 더 높아 88퍼센트를 기록했다.

나는 퍼스트 리퍼블릭 은행의 최고운영책임자인 제이슨 벤더Jason

도표 5-8 퍼스트 리퍼블릭 은행 고객의 예금 및 대출 잔고 추이

서비스 모델이 유기적 성장 주도

고객 서비스에 초점 = 만족스러운 고객 = 강력한 추천 + 매우 낮은 해지율
서비스에 만족하는 고객은 퍼스트 리퍼블릭 은행과 더 많이 거래한다. 그리고 새로운 고객을 추천한다.

주 : 1) 잔고의 변화로 측정. 입출금 예금 계좌는 모든 기업용·개인용 계좌로 정의하되 단기금융시장에서 사용하는 입출금 계좌는 제외.
2) 신규 고객은 역년 기준으로 퍼스트 리퍼블릭 은행에 등록한 새로운 고객 관계로 정의. 잔고는 역년 내 합산된 계좌를 나타냄.
3) 추천받은 고객은 2015년부터 2019년까지 새로 거래를 시작한 첫 고객에 관한 KYC 소개 정보로 확인
4) 하랜드 클라크, 2014년부터 2017년까지 10월 미국 은행 업계의 고객 해지율 자료.
5) 대출 개시 시점의 원금 잔액을 바탕으로 2015년부터 2019년까지 개시된 대출. 당좌대월과 대출 차환은 제외. 대차대조표상 대출 완료 또는 현재 진행 중인 대출 전부 포함.

Bender에게 이러한 내용을 정량화하는 방법을 물었다. 제이슨의 설명에 따르면 퍼스트 리퍼블릭 은행은 시스템상에서 가구별 계좌를 통합하기 때문에 기존 고객의 예금과 대출 잔고의 증가 여부를 쉽게 추적할 수 있다고 했다. 즉 퍼스트 리퍼블릭 은행은 고객 기반 회계를 시행할 능력을 갖춘 것이다.

제이슨은 또한 퍼스트 리퍼블릭에 고객이 새로 찾아오면 소개

나 추천으로 온 건지 확인한다고 했다. 그런 데이터를 추적하는 이유는 은행이 안전하고 질적으로 우수한 성장을 한다는 걸 확인하기 위해서라고 설명했다. 그리고 은행 업계에서 대출은 보통 연간 2~3퍼센트 정도 성장하는데, 퍼스트 리퍼블릭 은행은 연 15퍼센트가량 성장하고 있다고 전했다. [도표 5-8]의 자료는 퍼스트 리퍼블릭 은행이 리스크를 높이지 않으면서 성장하고 있다는 사실을 보여준다. 퍼스트 리퍼블릭 은행의 성장은 대부분 은행을 이미 잘 아는 고객과 그런 장기 고객에게 소개를 받은 신규 고객에 의해 이루어지는 것이지 신용기준을 완화해서 이루는 것이 아니었다. 신용기준 완화는 대출 포트폴리오를 늘리는 데 급급한 은행에서 자주 선택하는 전략이다.

퍼스트 리퍼블릭 은행의 자료에서 영감을 받아 만든 통계에 나는 획득성장률EGR, Earned Growth Rate이라는 이름을 붙였다. 획득성장률은 기업의 기존 고객이 해당 기업을 다시 찾거나 친구를 데려옴으로써 이루어지는 매출 성장을 측정한다. 이와 관련된 통계인 획득성장비율Earned Growth Ratio은 전체 성장에서 획득성장이 차지하는 비율을 뜻한다. 퍼스트 리퍼블릭 은행에서 말했던 예금의 82퍼센트와 대출의 88퍼센트가 바로 획득성장비율이다([도표 5-8] 참조). 퍼스트 리퍼블릭 은행의 총 대출 성장이 연간 약 15퍼센트이므로 획득성장률은 13.2퍼센트이다.

베세머 벤처스Bessemer Ventures의 파트너인 켄트 베넷Kent Bennett에게 획득성장률의 개념을 설명했더니 아주 열렬한 반응을 보였다.

베세머는 획득성장이 두드러지는 기업에 새로 투자할 때 크게 성공을 거둔 경우가 많아서 켄트 베넷도 이와 비슷한 생각을 해왔다고 한다(켄트는 이를 '비활동성장률resting growth rate'이라 불렀다. 이는 고객 획득 비용을 투입하지 않고 매출 성장이 일어나는 걸 뜻하는 말이다). 켄트는 벤처기업의 세계에서는 투자자와 기업 임원이 서로 마찬가지로 획득성장이 암시하는 바를 안다고 잘못 생각한다며 주의를 주었다. 그들은 벌써 고객 획득 비용에 대한 원금 회수를 계산하거나 고객 획득 비용을 고객 생애 가치의 백분율로 계산하기 때문이다. 그는 이러한 사고방식은 관리자들이 수익성 성장의 근본 원인을 개선하기보다 마케팅 비용의 효율성을 개선하는 데 초점을 맞추게 된다고 경고했다. 즉 마케팅 없이도 사업을 성장시킬 수 있는 핵심 성장엔진인 추천고객에 대해 관심을 제대로 쏟지 않는다는 것이다.

획득성장을 잘 이용하고 이를 알릴 좋은 방법에 관해 배워야 할 내용이 많이 남았지만, 이러한 새로운 지표의 계산법을 배우는 입문 내용으로는 부록 B를 참고하라.

고객 기반 회계로 전환하라

획득성장을 계산하려면 대부분 기업은 기본 회계 능력을 업그레이드해야 한다. 퍼스트 리퍼블릭 은행은 [도표 5-8]과 함께 투자자들에게 획득성장을 보고할 수 있었지만, 퍼스트 리퍼블릭 은행조차 해당 도표를 만들기 위해 일부 맞춤형 분석을 해야 했다. 모든 현대 회계 시스템에서 이러한 숫자를 자동으로 생성할 수 있어야 한다고 생각한다. 그렇게 되기 전까지 기업 임원은 고객 사랑을 전혀 반영하지 않는 전통적인 재무 지표를 기준으로 진척도를 측정해야 한다는 압박을 느낄 것이다. 하지만 계속 강조한 것처럼 당기 이익에 관한 책임이야말로 오늘날 고객이 좋아하지 않는 나쁜 이익 전략(로밍비, 연체료, 고객 서비스센터의 직원 부족 등)을 추구하게 만드는 근본 요인이다. 이처럼 잘못된 압박은 확인했던 것처럼 고객에게 상처를 주고, 투자자를 해친다.

분기별 결산 금액에 관한 기업의 집착 때문에 고객을 사랑하는 데 초점을 맞추고 싶은 경영진은 더욱 어려움을 겪는다. 분기당 이익을 늘리기 위한 단기적 처방을 쓰라며 옆에서 압박하는 헤지펀드 때문에 집중력도 분산된다. 또한 경험이 적은 포트폴리오 관리자들에게 사업이 실제로 어떻게 작동하는지 교육하고, 분기별 실적과 관련한 그들의 진부한 질문을 방어하는 데 시간을 들여야만 한다. 주가는 매일 변하고, 언론, 그리고 주가변동을 해석하고 조언하는(고객을 더 사랑할 방법과는 전혀 상관 없는 조언이다) 종목 선정 전문가로부터 질문과 의견이 쏟아진다.

이를 해결할 방법이라곤 회사를 개인 소유 기업으로 바꾸거나 아니면 워렌 버핏 같은 사람을 설득해 공중 엄호를 받을 수 있을 만큼 회사의 주식을 대량으로 구매하게 하는 것뿐이다. 물론 사모펀드의 파트너들도 분기별 실적에 관해 민감하게 반응한다. 하지만 이러한 상황을 넘어 고객을 사랑하는 기업 경영진이 집착하는 대상은 보고 실적이 아니다. 회계상의 숫자는 실제 경제를 반영하지 못한다. 대신 그보다 더 실제 고객 경제를 반영하는 지표에 집중한다. 세계 최고의 사모펀드를 세운 설립자가 자신이 매년 수십 명의 경영학 석사 학위 소지자들을 채용하는 이유가 포트폴리오 내 기업들과 인수 대상 기업의 회계장부상 숫자를 이리저리 뜯어보고 유용한 경제 데이터를 얻기 위함이라고 했다. 그는 우리가 이미 알고 있는 이야기를 전했다. 회계장부상의 숫자는 경제 현실을 측정하는 것에서 점점 더 멀어져 더 이상 기업 건전성을 추진하기 위한 필수 요인이 아니라는 것이었다. 일반적으로 인정되는 회계 원칙은 매년 얼마나 많은 고객이 기존 고객의 열성적인 추천 덕분에 늘어나는지는 물론이고, 얼마나 많은 고객이 구매를 늘리는가 혹은 얼마나 많은 신규 고객이 생기는가 하는 질문에 대해서도 침묵할 뿐이다.

고객 자본주의로 향하는 움직임을 지원하려면 회계 방식의 대대적인 업그레이드가 필요하다. 《고객이 열광하는 회사의 비밀》을 함께 집필한 롭 마키는 최근 〈하버드 비즈니스 리뷰〉에 발표한 칼럼에서 주목할 만한 주장을 펼쳤다.[17] 한번 생각해보자. 현재 우리가 사용하는 회계 기준은 철로를 건설하고 제조업 공장을 세우고, 공장의 기계류를 설치하기 위해 엄청난 규모의 금융 자본이 필요하던 시절에 수립된 것이다. 그런 구식 패러다임의 영향을 받아 모든 잉여 가치가 투자자에게 귀속되고 회계상 이익은 결코 자본의 비용으로 여기지 않는다. 그래서 자원을 이렇게 엉망으로 사용하는 것이다.

회계사는 고정 자산을 자본화하고 시간이 흐르면 가치를 절하하는 방법에는 완벽하다. 하지만 우리는 새로운 시대를 맞이했다. 새로운 시대에서 제조업과 자본재는 경제의 극히 일부를 차지할 뿐이다. 이제 미국 경제의 80퍼센트 이상은 서비스 부문이 차지한다. 서비스 부문에서 더 큰 비중을 차지하는 건 스타트업이며, 이들이 미래 경제를 지배할 가능성이 높다. 스타트업은 철로를 건설하거나 용광로를 구매하기 위한 자본을 필요로 하지 않는다. 심지어 컴퓨터 서버를 배치할 선반을 구매할 자본조차 필요하지 않다. 컴퓨팅은 이제 클라우드 기술을 이용해 대여가 가능하기 때문이다.

오늘날 우리에게 필요한 자본은 예전보다 훨씬 적다. 그리고 자본이 필요하다고 해도 그 자본은 연구개발, 소프트웨어 코드, 공급망, 회사 평판(그리고 평점), 신규 고객을 확보하고 그들의 로열티를 얻는 등의 무형 자산을 얻기 위한 투자에 사용된다. 이러한 고객 자산의 가치는 구식 회계 기법으로는 효과적으로 평가할 수 없다. 확보한 고객이 몇 명인지조차 자신 있게 말할 수 없는 기업이 많다. 게다가 바로 그런 기업이 회계사에게 부적격 감사를 받는다. 즉 오늘날의 회계는 너무나 고객 중심적이지 않아서 얼마나 많은 고객이 재구매를 위해 해당 기업을 다시 찾고, 친구를 데려오는지에 관한 정보는 물론이고, 고객이 얼마나 확보되어 있는지조차 신경 쓰지 않는다.

청년 기업가들에게 구식 자동차를 운전하라고 요구할 것인가. 그렇지는 않다. 그런데 그들이 창업한 회사를 상장하면 구식 자동차 같은 회계 기준을 따르라고 요구한다.

획득성장의 두 가지 요소

아마존, 코스트코, 츄이 같은 기업은 이미 고객 기반 회계를 시행하고 있다. 이들 기업은 대부분 이미 획득성장의 가장 중요한 요소를 계산할 수 있다. 예를 들어 츄이는 기업 상장용 증권보고서에서 전년도 고객층의 구매가 120퍼센트 늘었다고 보고했다. 이 계산은 획득성장의 첫 번째 요소로 구성되어 있는데, 이 요소는 이미 순매출유지율NRR, Net Revenue Retention이라는 명칭을 가지고 있다.

전쟁과도 같은 시장에서 시험을 마친 이 통계는 현재 여러 산업에서 사용되며, 서비스형 소프트웨어SaaS, software as a service 업체에서 사용하는 것으로 특히 잘 알려져 있다. SaaS는 신흥 산업으로 세일즈포스Salesforce, 서비스나우ServiceNow, 워크데이Workday, 드롭박스Dropbox, 줌Zoom 등의 기업이 이 업계에 속한다. 순매출유지율은 성장의 질과 지속가능성을 측정하는 지표이기 때문에 중요한데, 순매출유지율이 SaaS 기업가치 평가에 미치는 영향을 보면 분명히 알 수 있다. SaaS 캐피털은 순매출유지율이 1퍼센트 증가하면 다음 5년

도표 5-9 순매출유지율 : 서비스형 소프트웨어 기업가치 평가의 핵심 요인

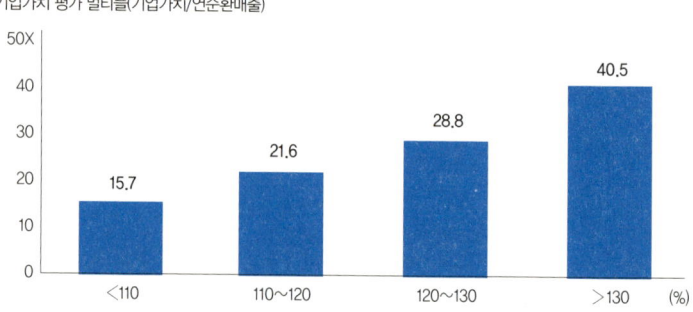

주 : 2021년 4월 현재 상장된 SaaS 기업 52개사 기준

에 걸쳐 기업가치가 총 15퍼센트 증가한다는 사실을 발견했다.[18]

SaaS 기업의 가치는 대체로 연간 환산매출annualized recurring revenues 의 멀티플을 바탕으로 평가된다. [도표 5-9]에서 볼 수 있듯이 순매출유지율은 기업가치 평가 멀티플에 큰 변화를 가져온다. 상장된 SaaS 기업의 순매출유지율이 130퍼센트가 넘으면 순매출유지율 110퍼센트 미만인 기업의 매출 멀티플보다 2배 이상 높은 가치를 평가받는다. 이 업계에 투자하는 투자자들은 잘 조율된 고객 로열티 기반의 성장엔진보다 더 수익성이 높고 지속가능한 성장 추진 요인은 없다는 걸 알고 있는 듯하다.

SaaS 업계에서 널리 사용되고 있기는 하지만 개별 기업은 다양한 방법론을 바탕으로 순매출유지율을 보고한다. 고객 표본을 사용하는 기업도 있고, 일부 기업은 신규 고객이 되었다가 같은 기간 내에 떠나는 고객이나 장기 계약을 맺은 고객 등을 통계에서 제외하기도 한다. 순매출유지율을 발표할 때는 표준 측정 가이드라인의 모든 변형을 자세하게 설명하는 각주를 포함한 정확한 보고 규칙을 사용해 일반적으로 인정된 회계원칙GAAP의 지표로 사용할 것을 강력하게 권한다.

획득성장의 두 번째 요소(대체로 훨씬 작은 요소이다)는 신규 획득 고객 매출ENCR, Earned New Customer revenue이다. 신규 획득 고객 매출은 기존 고객의 추천과 소개로 획득한 신규 고객에게서 발생하는 매출을 정량화한 것이다. NPS 프리즘에서 이 요소를 정량화하기 시작했고, 경쟁사들 사이에 상당한 차이가 있음을 발견했다. 예컨대 신용카드 업계 상위 12개사에서 기존 회원의 추천이나 소개로 새로 카드를 발급받은 회원의 비중은 기업별로 달라서 적게는 8퍼센트에서 많게는 31퍼센트에 이르렀다. 당좌예금과 저축예금 계좌를 살펴보면 미국 은행 가운데 가장 높은 곳은 신규 고객의 비중이 53퍼센트였다. 성장이 빠른 기업 중 신규 획득 고객 매출이 놀라울 정도인 90퍼센트에 달하는 회사도 있었다. 신규 획득 고객 매출 수치가 이렇게 다양한 것을 보면 기업의 임원이 이러한 질적 성장의 요소를 정량화하고 관리하는 것이 얼마나 중요한지 알 수 있다. 이를 위해서는 열심히 노력하고 혁신해야 한다.

이제는 진지하게 획득성장의 요소를 추적해봐야 할 때이다. 그렇게 하지 않으면 기업은 고객을 사랑한다는 목적의 가치를 결코 완전하게 알 수 없을 것이며, 기존 고객에게 감동을 주는 일에는 투자를 적게 하고, 홍보와 공격적인 판매 전술을 써서 성장을 사는 일에만 지나친 투자를 계속하게 될 것이다.

오늘날 신규 고객을 획득한 신규 고객과 구매한 신규 고객으로 나누어 분석하는 회사는 거의 없다. 그래서 베인에서는 메달리아와 제휴를 맺고 이러한 도전 과제를 해결할 실질적인 솔루션을 찾아 나서기로 했다. 이러한 솔루션에 관한 자세한 내용은 웹사이트 NetPromoterSystem.com에서 제공한다. 여기에서 간단히 언급하면 우리는 신규 고객 가입 절차에 포함할 하나의 질문을 만들기 위해 가장 좋은 질문 구조가 무엇인지 테스트했다. 새로운 고객과 관계를 맺기 시작할 때 회사를 찾게 된 주된 이유를 명확하게 확인하는 것은 중요한 일이다. 고객이 아직 의사결정 과정을 머릿속에 선명하게 기억하고 있기 때문이다. 신규 고객을 획득 고객과 구매 고객으로 나누어 분석할 방법이 더 발전할 것으로 기대하지만, 지금은 증명된 방법이 한 가지 존재하며(고객이 계정을 만들 때 간단한 한 가지 질문을 넣는다), 이처럼 중요한 통계를 추적하지 않는 것은 어떤 변명도 통하지 않을 일이다.

고객 기반 회계가 좀더 발전하면 결국 기업에서 고객 생애 경제(《로열티 경영》에서 고객 생애 가치를 계산하는 과정과 함께 자세히 다루었다)를 바탕으로 기업을 운영하는 데 필요한 정보의 흐름이 꾸준히 만들어질 것으로 기대한다.

하지만 그러는 동안 모든 기업에서 다음과 같은 기본적 통계를 관리하기 시작해야 한다. 고객 가입일, 가입의 주된 이유, 구매 빈도, 구매량과 가격, 제품 및 서비스 비용, 시간 경과에 따른 항목 변화, 그리고 휴면 상태가 되거나 계정을 탈퇴하는 날짜 등의 내용이다. 이런 정보를 알면 획득성장을 계산할 수 있다.[19] 각 고객의 가치를 추적하고 정량화해야만 고객이 회사의 가장 중요한 자산으로 자리매김할 수 있다.

칙필에이의 트루엣이 성경에서 배운 좋은 평판에 관한 지혜를 기억하는가? '명예는 금은보다 더 소중하다.' 경영자들은 더는 이 말을 그대로 믿지 않아도 된다. 고객 기반 회계를 통해 기업은 획득성장의 기본 요소를 측정할 수 있고, 실시간 데이터로 로열티 성장엔진을 관리할 수 있다. 그렇게 하면 경영자들도 트루엣과 같은 결론에 도달할 수 있을 것이다. 고객 기반 회계를 통해 얻은 결과치를 기반으로 진행 중인 투자를 지원하고, 예산 결정을 지원하며 투자자에게 보고하면 기업은 구식 회계 지표의 장단에 맞춰 춤추는 걸 멈추고 고객 사랑이라는 비트에 몸을 맡기기 시작할 것이다.

고객 로열티의 진정한 의미

고객의 삶을 풍요롭게 한다는 내용이 주를 이루어야 할 책에서 투자자 관점에서 살펴본 내용을 상당한 분량으로 쓴 이유가 무엇인지 궁금한 사람도 있을 것이다.

고객 자본주의의 시대에도 투자자는 상당한 영향력이 있는 존재이다. 이번 장을 통해 CEO, CFO, 이사회가 고객 사랑과 투자자 존중 사이에는 모순이 없다는 걸 알고 고객을 위한 올바른 일을 할 수 있도록 어려운 결정을 내려주길 바라서이다. 현명한 투자자라면 이러한 우선순위를 지지할 것이다.

나는 동료 투자자들이 추천고객에 관해 잘 아는 홍보대사가 되어주기를 바란다. 그저 순추천고객지수만이 아니라 고객 사랑을 향한 배움과 발전을 지원하는 순추천고객시스템을 알려주었으면 한다. 계속해서 강조하는 것처럼 '기업의 임원이 고객을 사랑하라는 목적을 직원들이 받아들이도록 영감을 불러일으킬 때 장기 투자자의 이익도 가장 커진다.'

경영자에게 고객을 위한 최선의 이익을 실현하기 위해 일해야 한다는 책임을 부여하고, 시장 평균을 넘는 총주주수익률을 낸 경우 크게 보상하는 이사회가 많았으면 한다.[20] 기업 임원은 투자자의 이익을 보호해야 한다는 의무를 명백하게 느낀다. 그런데 이미 살펴본 수많은 증거를 통해 그 의무를 다하려면 반드시 나쁜 이익을 뿌리 뽑아야 한다는 것을 확인할 수 있다. 나쁜 이익은 고객뿐 아니라 투자자에게도 나쁜 영향을 미친다.

고객을 사랑하는 경영자에게 보상하고 고객 사랑이라는 목적에 얼마나 다가갔는지 측정하기 위해 투자자와 이사회 모두가 신뢰할 만한 경쟁사 비교 NPS 결과와 더불어 획득성장률을 확인하겠다고 주장해야 한다. 자료는 감사할 수 있는 기준에 따라 측정하고 신뢰할 수 있는 제3자가 작성하거나 확인해야 한다. 마지막으로 투자자와 이사회 구성원은 고객 기반 회계 결과를 확인해야 한다. 단기 수익에만 초점을 두는 오늘날의 편협한 관점은 파괴적이다. 단기 수익은 고객을 사랑하기보다 고객을 착취함으로써 쉽게 늘릴 수 있기 때문이다.

⋘ **HONOR THE GOLDEN RULE**

6장

황금률을
절대적으로 지켜라

올바른 가치를 추구하는 힘

전 세계 대부분의 위대한 종교적 전통에서 여러 형태로 통용되며, 기독교 전통에서는 간결한 한 문장 '네 이웃을 네 몸과 같이 사랑하라'고 기술한 황금률은 인류 문명사에서 가장 심오한 사상 중 하나이다.[1]

나는 대부분의 사람들이 보기에 아주 종교적인 사람은 아니지만 올바른 삶을 살고, 훌륭한 리더가 되기 위해서는 황금률을 완전히 이해해야 한다고 믿는다. 황금률은 삶의 기초 원리로 우리가 다른 사람을 대하는 법, 인생의 목적을 확인하는 법, 그 목적을 향해 얼마나 나아갔는지를 측정하는 기준을 제공한다. 올바른 삶을 산다는 개념이 다소 철학적으로 보이겠지만 황금률은 실용적인 조언이다. 이 장에서는 위대한 기업을 세우는 방법, 황금률과 위대한 기업이 어떻게 밀접하게 연관되어 있는지를 구체적으로 살펴볼 것이다.

수년 전 황금률에 관해, 그리고 명백하게 세속적인 기업 세계에 황금률을 적용할 방법에 관해 생각하게 되었다. 이러한 생각과 씨름하다가 목사가 된 옛 친구를 찾았다. 이 친구는 근처 신학 대학에서 학생들을 가르치면서 계속 학문을 연마하고 있다.

아주 오래전 그와 황금률에 관해 이야기를 나눈 적이 있다. 사실 내가 황금률의 길고 복잡미묘한 역사에 관해 눈을 뜨게 해준 이였다. 그의 말에 따르면 오늘날의 황금률이 고대에 나타났던 건 2500년 이상 된 공자의 시대로 거슬러 올라간다고 한다. 공자는 가르침을 따르는 이들에게 '내가 원치 않는 바를 남에게 행하지 말라'고 말했다.[2] 이러한 부정의 표현(타인에게 나쁜 일을 하지 말라)은 유대 율법과 그외 구약성서에 기록된 시대에도 주요한 덕목이었다. 그 후 마태복음 7장 12절에서 보이듯 예수 그리스도가 의미를 확대했다. '남에게 대접을 받고자 하는 대로 너희도 남을 대접하라.' 그리고 마태복음 22장 39절에서는 내용을 더욱 강조해 다시 한번 이야기한다. '네 이웃을 네 몸과 같이 사랑하라.'

이는 분명 한 단계 높아진 새로운 황금률이며 사실 도덕적 행동의 기준을 매우 높게 설정한 것이다. 새로운 기준에서는 단지 타인에게 나쁜 행동을 하는 것을 피해야 할 뿐 아니라 다른 이의 삶이 풍요로워지도록 타인을 위해 좋은 일을 할 방법을 적극적으로 찾아야 한다.

그 친구와 대화를 나누며 황금률에 초점을 맞춘 경영서를 쓸 생각이라고 설명했다. 그는 열렬한 호응을 보이지 않으면서 자신이 보기에 경영은 근본적으로 이기적인 제로섬의 사고방식으로 이루어지는데 어떻게 황금률과 경영을 같이 이야기할 수 있을지 모르겠다고 했다(내가 얻으면 상대가 잃어야 하고, 반대로 상대가 얻으면 내가 잃어야 한다). 더 나아가 '어떤' 환경에서든 황금률이 매일의 생활을 안내하는 실용적인 기준으로 쓰일 방법이라고 생각하는 건 과장이라고 말했다.

그렇게 생각하는 까닭을 물으니 "단순히 상대가 어떻게 느낄지 아는 건 너무 어려운 일이니까"라고 답했다. 그는 자신이 한 말의 요지를 설명하기 위해 자기 자신과 레스토랑 종업원을 비교해 설명했다. 종업원은 외향적인 성격의 젊은 여성으로, 여러 개의 문신 가운데 하나로 보아 무신론자였다. 자신은 나이 지긋한 남성으로, 내향적이며 열렬한 유신론자이다. 이런 두 사람이 어떻게 상대를 이해하기 시작할 수 있을까? 만약 그렇지 못하다면, 즉 이해도 공감도 할 수 없다면 어떻게 황금률을 따를 수 있을까?

나는 적어도 내가 보기에는 황금률과 비슷한 기준을 따르는 경영 문화, 조직, 지배구조와 피드백 시스템을 발전시킨 기업 사례를 관찰했다고 반박했다. 그리고 황금률을 따르는 것은 실패할 수 없는 경제 전략이기 때문에 시장의 치열한 경쟁 속에서도 황금률을 따르는 기업이 승리한다고 계속 강조했다. 순추천고객지수가 높은 기업, 즉 황금률을 아주 잘 지키며 고객을 대하는 기업이 각자 경쟁하는 시장에서 이기고 있다는 증거를 제시했다.

하지만 그는 분명히 내 이야기에 확신이 들지 않는 표정이었다. 그러고는 "네가 황금률을 거론하여 경영자들과 소원해지고, 더 나아가 경영자들을 잘못된 방향으로 밀어넣는 게 아닐까?"라며 주의를 주었다. 그는 교회의 신도들, 신학 대학생과 함께 한 경험을 통해 사회의 다양한 구성원이 황금률의 실제 의미에 관해 천차만별의 생각(그리고 그런 생각은 확고하다)을 가지고 있다는 걸 알고 있었다. 게다가 오늘날 대부분 소비자와 직원은 고대로부터 전해오는 책이나 종교적 원칙을 통해서가 아니라 검색엔진을 이용해 진실을 구한다. 그는 "신중하게 진행해"라며 말을 맺었다.

하지만 고객과 직원들에게 로열티를 획득하는 기업에 관해 연구할수록 황금률을 설파하고 실행하는 경영자를 더 많이 만날 수 있었다. 그리고 그런 기업은 경쟁에서 큰 승리를 거두었다. NPS 선도 기업은 대부분 황금률을 따르는 데 모범을 보이는 기업이었고, 고객에게 50~70점 사이의 순추천고객지수를 받았으며, 때로는 그보다 더 높은 점수를 받았다. 직원들의 순추천직원지수는 40~60점 사이였다. 이런 기업은 지속가능한 좋은 이익을 거둠으로써 경쟁사보다 성장했고, 투자자의 장기적인 수익률은 천상의 수준이었다.[3] 이런 회사를 중심으로 상호관계가 얽혀 있는 공동체 구성원들은 당연히 더 많은 사랑을 느낀다.

포시즌스 호텔 앤 리조트Four Seasons Hotels and Resorts에서 NPS를 도입한다는 걸 알고 창립자이자 당시 CEO였던 이사도어 샤프Isadore

Sharp를 만난 적이 있다. 그는 황금률을 포시즌스 문화의 바탕으로 삼으려 한다고 설명했다. 그리고 황금률 덕분에 포시즌스 호텔이 영업 중인 전 세계 여러 지역 문화에서 포시즌스 공식이 잘 작동하는 이유를 알게 되었다고 했다. 그러고는 자신의 아내가 이 주제를 조사한 내용을 자랑스레 소개했다. 조사한 바에 따르면 세계의 주요 종교는 하나같이 어떠한 형태로든 황금률을 담고 있다고 한다. 그의 설명을 여러 가지 들으며, 황금률의 역사가 오래되기는 했지만 '황금률'이라는 표현 자체는 상대적으로 새로운 단어라는 걸 알게 되었다. 17세기 성공회 신부들이 황금률이라는 표현을 쓰기 전까지 누구도 황금률이라는 단어를 사용하지 않았다. 이런 종교적 근원으로 인해 많은 사람들이 황금률을 온전히 종교적 규칙이며, 상업적인 활동과 거의 관련이 없다고 여기는 것이다.

하지만 이사도어와 다른 많은 경영자들이 강조한 것처럼 황금률의 핵심 개념은 종교를 초월한다. 사실 황금률의 개념은 좋은 관계와 건강한 공동체의 기초가 되는 보편적인 원칙을 제공한다. 이런 데다가 황금률이 확실한 승리 전략이라면, 왜 황금률을 실행하는 사람은 그렇게 찾기 어려운 것일까? 출근길에 만나는 운전자들을 생각해보라. 운전 중에 딴짓을 하고, 매너 없고, 차를 밀어붙이고, 사람을 아주 불쾌하게 만든다. 슈퍼마켓에서 다른 사람을 완전히 무시하는 쇼핑객, 심지어 계산대에서 휴대전화로 계속 수다 떠는 마트 직원을 떠올려보라. 자동차 판매 대리점에 방문하거나 케이블TV 고객센터에 전화를 걸어 처음 드는 생각이 황금률인지 생각해보라. 고위직 공무원들에게 공손함이 없다는 걸 생각해보라. 소셜미디어에서 활동하는 괴물 집단을 생각해보라. 이처럼 이기적이고 무례한 사람들을 보고 있으면 황금률은 한물간 이야기처럼 보인다. 그러니 황금률이 모든 좋은 관계와 좋은 공동체의 기초라는 주장이 다소 현실감 없게 들릴 것이다. 게다가 기업에서는 이렇게 생각하는 사람들이 더 많을 것이기 때문에 동료 직원의 마음가짐을 바꾸고, 성공하는 가장 좋은 방법은 고객을, 그리고 직원들이 서로를 사랑으로 돌보는 것이라고 설득하는 데 큰 어려움이 따를 수 있다는 것을 각오해야 한다.

경영자가 회사 공동체에 황금률에 따른 행동의 힘을 불러일으킨다는 미션을 달성하기 위해서는 반드시 극복해야 할 여섯 가지 기본적인 장애물이 있다. 이러한 여섯 가지 도전 과제를 각각 살펴보고 고객 로열티를 얻은 기업이 해당 과제를 극복하는 데 사용한 실질적인 솔루션이 무엇이었는지 살펴보자.

도전 과제 1 : 황금률에 대한 피상적 이해

황금률은 분명 단순한 내용이지만 이를 해석하는 방법을 두고 혼란이 많다. 많은 사람들이 어린 시절 황금률을 배우지만 정확한 의미나 성인이 되어 마주하는 문제를 해결하는 데 황금률을 적용할 수 있다는 점을 깨닫지 못하는 경우가 많다. '자신이 대접받고 싶은 대로 남을 대접하라는 것은 내가 가장 좋아하는 벨지안 초콜릿을 그 사람에게 주라는 뜻이야. 아니 잠깐! 그 사람을 캐러멜을 더 좋아할지 몰라. 아니면 당뇨가 있어서 단 음식은 전부 안 좋을지 몰라' 하는 식으로 갈등한다. 즉 대부분의 사람들이 황금률에 관한 이해를 복잡하게 여긴다.

그래서 백금률Platinum Rule로 부르는 규칙, 즉 '상대가 대접받기 바라는 대로 대접하라'라는 말을 따라야 하는지도 모른다. 하지만 백금률에도 그것만의 문제가 있다. 만일 어느 불량배가 레스토랑에서 대기 줄 맨 앞까지 밀고 나오면 주인은 그가 대접받고 싶어 한다는 이유로 그 사람에게 먼저 자리를 안내해야 할까? 어떤 약에 대한 설득력 있는 TV 광고를 봤다거나 대통령이 공개적으로 지지했다는 이유로 환자가 그 약을 처방해주길 바란다면 어떨까? 만일 그 약이 이 환자의 몸에는 해로울 수 있다는 걸 안다면 의사는 환자가 원하는 대로 해줄 수 없다. 의사는 더 높은 수준의 의무적 치료, 즉 사랑의 기준에 도달해야 한다. 의사는 사랑하는 가족을 치료하듯 환자를 치료할 방법을 찾아야 한다.

공동체를 구성하는 관계의 상호연결성을 생각하면 한층 더 복잡해진다. '네 이웃을 네 몸과 같이 사랑하라'라는 말은 나와 이웃, 이렇게 두 사람만의 일에 연관된 것처럼 들린다. 하지만 모든 관계는 공동체 혹은 공동체가 중첩된 그룹의 맥락과 연관된다. 관계 문제에 대한 효과적인 해결책은 개별 관계뿐 아니라 관계를 둘러싼 공동체의 건전성과 활력을 강화한다. 이 지점에서 환경 보호, 다양성

지지, 사회 정의 옹호와 같은 과제가 모습을 드러낸다.

위대한 기업의 주요 목적은 고객의 삶이 더 나아지게 하는 것이지만, 이러한 큰 책임을 제대로 다하지 않고서는 목적을 이룰 수 없다. 진짜 황금률을 따르는 해결책은 여러 차원의 요구사항을 만족시키는 것이어야 한다.

첫째, 이웃의 행복과 안녕을 향상시킨다. 둘째, 나의 존엄과 안녕을 유지하거나 혹은 향상시킬 수 있으면 더 좋다. 셋째, 이런 관계를 지지하는 공동체 네크워크를 강화한다.

우리가 도움을 받는 처지라고 가정했을 때, 만약 이웃이 우리를 도우려고 지금까지 모아둔 돈을 전부 쓰고, 그래서 가족의 미래까지 등한시한다면 마음이 편하겠는가? 물론 그렇지 않을 것이다. 누구도 다른 사람에게 피해를 주면서 내게 관대함을 베풀어주길 원하지는 않는다. 좋은 사람이라면 누구라도 이웃이나 공동체와의 관계에 기생하고 싶어 하지 않을 것이다. 그러므로 자신을 해치지 않으면서 예컨대 일 중독으로 시간을 보내거나 우리의 원칙을 희생하지 않으면서 이웃을 기쁘게 해줄 방법을 찾아야 한다. 또한 기업 공동체도 보호해야 한다. 예컨대 원칙 없는 편파 인사나 특혜는 양측의 상호관계를 단기적으로 좋아지게 할지 모르지만, 그들의 존엄성과 명성을 훼손하고, 우리의 미래 행복과 안녕의 기초인 공동체를 약화시킨다.

개인적 차원으로 살펴보면 딸이 속한 농구팀의 코치를 맡았다면 딸이 좋아할 것이라는 이유만으로 딸을 선발 선수로 뽑아서는 안 된다. 마찬가지로 기업에서 공동체의 가치를 유지하는 데 이로울 것 없고, 비생산적이거나 혹은 이를 착취하는 고객이나 직원의 편을 드는 건 황금률의 기준과 공존할 수 없는 행동이다. 황금률의 기준은 사실 매우 높아서 '고객의 말은 항상 옳다'라는 기준보다 훨씬 더 높고 맞추기 어렵다.

직원은 고객이 제품 및 서비스를 구매하는 그 순간에만 즐거운 것에 그치지 않도록 하는 솔루션을 찾아야 한다. 이런 해결책은 직원 자신의 존엄성과 자존감을 강화하면서 장기적으로는 고객이 느끼는 행복감을 높여주고, 기업의 명성을 높여 기업의 경제적 건전성에 도움이 되는 것이어야 한다. 동시에 기업이 속한 공동체의 가치와 활력, 지속가능성을 강화해야 한다. 기업이 ESG 경영 지표를 보고하는 것은, 개인의 삶을 풍요롭게 하고 자신을 둘러싼 공동체를 강화하는 것이 진정으로 좋은 관계라고 정의하는 황금률의 기준을 분명히 밝히는 것이다. 황금률의 기준은 엄격하다!

황금률을 깊이 있게 이해하게 해줄 솔루션

- 사업팀은 공동체가 최선의 이익을 얻을 수 있도록 기업의 핵심 결정을 이해해야 한다. 그래야만 기업의 장기적인 건전성과 지속가능성을 희생하면서 한 명의 고객 혹은 한 명의 직원을 만족시키는 결정을 내리지 않을 수 있다.

  마찬가지로 사업팀은 계획한 투자를 감당할 수 있는지 확인하기 위해 공동체의 행복을 목표로 계획한 혁신이 가져올 예상

이익과 함께 최소한 대략적으로나마 비용을 계산할 수 있어야 한다. 그래서 제트블루와 사우스웨스트 항공(미국 항공업계의 NPS 선도기업), 콴타스 항공 Qantas(오스트레일리아의 고객 경험 선도기업)의 직원 교육 커리큘럼에는 가장 로열티가 높은 고객이 창출하는 이익 비중을 포함하여 비즈니스의 경제성에 관한 광범위한 내용이 포함된다.

콴타스 항공의 직원은 업무상 비행기를 자주 타는 고객의 생애 가치가 1만 달러가 넘으며, 이들의 로열티 지속이 회사의 재정 건전성에 필수 요인이라는 것을 배운다. 이런 사실을 알면 특별하게 대우받고 있다는 기분을 선사하기 위해 고객에게 무엇을 해주어야 할지를 두고 직원이 적절한 판단을 내릴 수 있게 된다.

- 콴타스 항공은 비행기를 자주 이용하는 고객이 특별하게 대우받는다는 기분을 느끼게 하면서도 다른 승객의 편의를 희생시키지 않도록 세심하게 신경 쓴다. 그래서 콴타스 항공을 자주 이용하는 승객이 뒤쪽 좌석에 앉았다는 걸 알면 승무원은 그 승객이 특별하게 대우받고 있다고 느낄 수 있도록 노력한다. 예컨대 퍼스트클래스 승객에게 제공하는 초콜릿의 여유분을 가져다주는 식이다. 단 여기에서 눈여겨볼 점은 단골 승객의 옆자리에 앉은 승객들에게도 초콜릿을 함께 나누어준다는 것이다. 직원의 이런 행동은 모두를 행복하게 만든다. 옆에 앉은 고객들은 비행기를 자주 타는 사람이 특별한 대우를 받는

걸 보고 억울하게 여기기보다 그런 사람 옆에 앉아서 운이 좋았다고 생각하게 된다. 즉 공동체의 진정성을 해치지 않으면서 단골 고객을 대우하는 것이다.

- USAA는 공감과 연민의 마음으로 고객(주로 전·현직 군인과 군인 가족)을 대하려 노력한다. 그래서 가능한 한 참전 군인과 군인 가족을 많이 고용한다. 공감대를 더 많이 형성하기 위해(황금률의 기본 요소) 신입 직원은 전부 신입 직원 오리엔테이션 행사에 참여한다. 새로 입사한 고위 임원도 일선 직원과 함께 행사에 참여한다. 이 행사에서는 직원 중 자원한 사람이 전투 복장을 하고 완전 군장을 멘다. 그리고 전투식량 먹기, 즉각 배치 군령에 대응하기, 혹은 군 사망 선고를 경험하는 역할극 등의 활동을 진행한다.[4] 그 결과 전화상담을 담당하는 직원은 고객의 전화를 받을 때 고객이 어떤 일을 겪어 왔는지 더 쉽게 헤아려볼 수 있다.

고객의 상황에 공감하는 트레이닝은 오리엔테이션 행사에서 끝나지 않는다. 고위 임원과 이사회 구성원은 매년 회원의 날에 정기적으로 보수교육RFT, refresher training을 받고, USAA 회원 120명은 교육에 참여한 임원 및 이사회 구성원 70여 명과 소그룹 활동을 하며 함께 시간을 보낸다. 이를 통해 USAA 임원들은 현재 회원들의 니즈와 우려 사항에 관해 더 깊이 이해할 수 있다.

- 인튜이트는 고객과 깊은 공감대를 형성하는 게 중요하다는 것

을 오래전부터 인식하고 있었다. 이는 소프트웨어 회사에서는 특히 어려운 과제였는데, 고객과 대면하여 관계를 맺는 일이 거의 없기 때문이다. 이는 사실 인간 대 인간의 상호작용이 디지털로 대체되면서 어느 기업이나 흔히 겪는 문제가 되었다. 오래전 인튜이트는 고객과의 상호작용을 위해 가정방문Follow Me Home 기법을 개발했다. 이 제도를 통해 인튜이트 직원은 원하는 고객의 집이나 사무실로 찾아가 그 고객이 인튜이트 제품을 사용하는 모습을 관찰한다. 이처럼 고객을 직접 대면하는 경험을 통해 인튜이트의 프로그래머, 제품 개발자, 마케팅 담당자와 임원진은 고객이 원하는 바를 중심에 두고 업무를 진행할 수 있게 된다. 코로나 위기가 찾아오면서 가정방문 과정은 웹캠을 통한 관찰로 바뀌었지만, 인튜이트의 직원은 여전히 고객의 눈으로 세상을 볼 수 있다.

인튜이트는 가정방문 제도를 통해 비추천고객을 대상으로 하는 후속 작업을 진행하면서 알게 된 사실이 있다. 가정방문 제도가 분명 고객에게 좋은 일(고객은 누군가 자신의 문제에 신경을 써준다고 느낀다)이면서 회사도 이익을 얻는다는 점이다. 직원들이 대화를 통해 고객과 유대감을 더 깊이 쌓을 수 있기 때문이다. 고객을 직접 만남으로써 직원들은 고객이 마주한 어려움을 제대로 이해하고 인튜이트가 문제를 해결할 방법을 더 깊이 생각하게 된다. 고객을 상대로 후속작업을 진행하는 건 지금까지 개발된 고객 공감 교육 방법 가운데 가장 좋은 방법일 것이다.

- 칙필에이는 직원들 사이에 공감대를 형성하는 데 특히 어려움을 겪는다. 신입사원 중에는 10대가 많고, 10대 청소년들은 틱톡TikTok이나 스냅챗Snapchat으로 사회적 관계를 익힌 이들이다. 고객의 눈을 바라보고 '있잖아요'나 '음'으로 시작하지 않는 완전한 문장으로 말하고 고객이 환영받으며 특별한 대우를 받는다고 느끼게 하는 건 학습을 통해 얻는 기술이다.

이러한 문제를 해결하기 위해 칙필에이는 매장 운영자가 신입사원에게 카운터 너머의 사람은 그저 빨리 확인하고 처리해야 할 휴대전화 알림이 아니라는 걸 알려주는 교육용 영상을 만들었다. 카운터 너머에 서 있는 건 '사람'이며, 자신만의 기쁨과 걱정을 안고 각자의 삶을 산다. 교육용 영상에서 매장으로 들어서는 손님마다 말풍선이 표시되고, 말풍선 안에는 고객이 지금 어려움을 겪고 있는 문제가 나타난다. 방금 치매 진단을 받은 어머니, 암이 재발한 딸, 직장에서 정리해고 당한 배우자 등의 사연이다. 교육용 영상을 통해 젊은 직원들은 그런 문제를 대하며 산다는 건 어떤 것일지 상상해보고, 고객과의 상호작용이 그저 와플 모양 감자튀김을 주문대로 효율적으로 제공하는 데 그치는 게 아니라 동정과 친절을 베풀 기회라고 여기기 시작한다. 지나치게 각본을 짠 듯하다거나 너무 기계적으로 보일지 모르지만, 매장 운영자는 신입사원에게 고객이 '감사합니다'라고 말하면 흔한 대답이지만 '괜찮습니다'라고 대답하지 말라고 가르친다. 대신 '제 기쁨입니다'라고 대답하라고 권한다. 그 말을 하면서 누구나 다른 사람을 위해 봉사하는 건 실제로 기쁨이자 특권이라는 점을 다시 한번 떠올릴 수 있기 때문이다.
- 와비 파커의 경영자와 임원진은 고객 서비스 담당자 옆에서 일하면서 고객 및 일선 직원과 공감대를 형성한다. 또한 임원들은 정기적으로 매장에 방문해 현장 영업팀과 고객의 피드백을 직접 듣는다. 이처럼 직접 고객에게 서비스를 제공하는 경험을 함으로써 본사의 임원들은 고객의 현재 관심사에 가까이 다가갈 수 있다. 그리고 그보다 훨씬 더 중요한 건 일선 직원이 고객에게 좋은 서비스를 제공하려 할 때 직면하는 어려움, 예컨대 계속 바뀌는 시스템이나 매뉴얼, 절차를 임원들이 경험한다는 것이다. 임원들이 그런 어려움을 직접 경험하면 이를 해결할 방안도 더 빨리 도출된다.

도전 과제 2 : 잘못된 인센티브 및 보상 시스템

엔지니어이자 효율성 전문가인 에드워즈 데밍Edwards Deming은 '나쁜 시스템이 매번 좋은 사람을 이긴다'라고 말했다.

이번에는 이처럼 의욕이 꺾이는 일을 주제로 이야기해보자. 기업의 시스템이 좋으면 직원은 손쉽게 올바른 일을 할 수 있고 잘못된 일을 하기 어렵다. 개별 직원이 황금률을 따랐을 때 인정하고 보상하며, 악용했을 때 처벌한다면 당연한 결과이다. 그런데 많은 기업에서 단기 수익에 인센티브를 주는 방식을 쓰고 있다. 이는 잘못된 방향으로 향하게 만든다. 안타깝게도 이런 방식은 기업의 자산을 관리하고 형성하는 대신 어떻게든 짜내는 방식이다. 영업사원은 고객이 로열티로 가득한 순추천고객이 되든 소리 높여 항의하는 비추천고객이 되어 떠나든 상관없이 똑같이 영업 수수료를 받으니, 고객에게 지나친 혜택을 약속한다. 관리자는 분기별 재무 목표를 달성하려고 팀을 소모하지만, 직원의 이탈이나 이직으로 인한 비용을 전부 감당해야 하는 건 아니다. 인사팀에서는 채용 기준을 낮춰 채용 목표를 달성한다. 고객 서비스가 좋지 못해 발생하는 비용은 다른 부서의 예산에 반영될 것이라는 걸 알기 때문이다. 임원들은 인센티브 제도 때문에 고객을 착취하는 관행을 따르더라도 단기 수익을 추구한다.

사실 오늘날 대부분의 기업에서는 주로 경영진에게 비용 및 매출 목표 달성에 대한 책임을 묻는다. 경영진이 어떻게든 이익을 쥐어짜려 할 때마다 각 부서에서는 온갖 종류의 나쁜 이익을 만들어 낼 정책을 내놓는다. 월터 베팅거는 찰스 슈왑을 회생시키기 위해 CEO에 취임했을 때 회사 수익의 4분의 1이 나쁜 이익을 통해 얻어진 것임을 알게 되었다. 월터는 직원들에게 고객을 가장 불쾌하게 하는 제도를 첫 번째로 두고 나쁜 제도의 순위를 매겨달라고 요청했다. 그러고는 순서대로 나쁜 정책을 없애려 노력해 몇 년 만에 전부 사라질 수 있게 했다. 이 방법은 효과적으로 집안 청소를 실시하는 것이나 마찬가지였다. 나쁜 사업 관행을 없애는 걸 목표로 삼아 분명하고 현실적인 기간을 설정해 개선해나갔다.

관성과 나쁜 습관이 미치는 영향도 크다. 이사회와 기업 운영계획에서 황금률을 찾아보기 어려운 이유는 황금률이 의사결정 논의 과정에 자리 잡은 기준이 아니기 때문이다. 황금률이 제시하는 기준을 따른다는 것을 측정할 수 없다면, 즉 분명하고 측정 가능한 목표가 아니라면 뒤로 밀려나고 만다. 고객과 동료를 사랑으로 대하는 직원은 제대로 살피지 않고, 비용 절감이나 매출 목표를 달성한 직원에게 보상한다. 수수료에 따른 인센티브는 특히 더 치명적이다. 이로 인해 판매 직원은 제품을 과장해서 선전하고 부적절한 상품을 무리하게 팔아야 할 동기를 얻는다.[5] 황금률을 어긴 경영자에게 보상이 주어지면 본래 선한 사람도 나쁜 짓을 하게 되고, 급여 외의 보상을 얻기 위해서 고객을 착취하고자 하게 된다. 보통 주주가치를 최대화한다고 가장한 채 말이다. 기업에서 그런 나쁜 관행을 용납하고, 그런 관행을 따른 직원을 힘과 권위가 있는 자리로 승진시키면 그렇게 만들어진 시스템이 수많은 선한 직원의 착한 본성을 짓밟아버린다.

기억하라. 기업의 나쁜 시스템은 강력하고, 절대 저절로 사라지지 않는다. 경영자가 올바른 행동의 모범을 보임으로써 기업문화를 가꿀 책임을 지는 것이 중요하며, 마찬가지로 황금률의 기준을 강화하는 성과 측정과 보상 시스템을 만드는 일도 중요하다.

황금률을 강화하는 인센티브·보상 시스템을 만드는 솔루션

- 판매 수수료를 주의하라. 많은 기업들이 제품과 서비스를 판매할 유일한 방법이 일선 직원에게 높은 판매 수수료를 지급하는 것이라고 생각한다. 앞서 이야기했던 것처럼 이렇게 하면 영업사원들이 고객에게 과도한 혜택을 약속하고, 부적절한 제품의 판매를 밀어붙이고, 당장 구매하지 않을 것 같은 고객을 무시하게 된다. 하지만 애플 리테일처럼 고객 로열티가 높은 기업은 영업사원에게 판매 수수료를 전혀 지급하지 않고도 엄청난 매출을 기록한다. 티모바일, 코스트코, 디스커버도 마찬가지이다.

사실 판매 수수료에 크게 의존하면서 뛰어난 성과를 내는 기업은 찾아보기 힘들다. 판매 실적이 안 좋은 기업이 있다면 그건 경기가 나빠서 혹은 영업팀이 부진해서가 아니라 제품의 품질이 떨어지거나 서비스가 그저 그렇거나 전반적인 고객 경험의 품질에 비해 가격이 과하게 설정되어 있기 때문이다. 여기에 힌트가 있다. 판매 수수료를 없앤 신규 기업이 업계에 진입해 판매 수수료에 의존하는 산업의 판도를 완전히 바꾼 경우가 많다. 매트리스 업계(속임수, 함정, 판매 수수료 기반의 영업팀을 활용)에서 고객은 디지털 판매를 기반으로 하는 캐스퍼Casper, 터프트 앤드 니들Tuft & Needle, 퍼플Purple 같은 기업이 새로 등장할 때까지 형편 없는 경험을 해야 했다. 겉만 번드르르한 안경회사들은 와비 파커의 매복 공격을 받았다. 낡은 영업 방식을 고수하던 증권거래 중개회사는 찰스 슈왑, 뱅가드, 피델리티가 나타나면서 대체되었다. 시장을 바꿔버린 신규 기업의 공통점은 판매 수수료를 지급하지 않는다는 것이다. 기업의 경영자로서 반드시 판매 수수료가 필요하다고 생각한다면 장기적으로 고객이 만족하지 못할 때는 그것을 회수해야 하고, 이로 인해 후한 반품과 환불 정책을 실시해야 한다는 걸 기억하라.

신규 고객에게 판매하기 위해 투자한 노력에 대해 보상하는 것이 아니라, 해당 고객이 재구매를 할 때 반복적으로 수수료를 지급하는 방식으로 보상받을 수 있도록 고정 판매 수수료 제도를 도입하라. 이런 방식으로 접근하면 영업팀은 장기 고객이 될 손님을 목표로 솔직하게 제품을 홍보하고, 고객도 현실적인 기대를 가질 수 있다.

- 판매 수수료 제도를 완전히 없앨 수 없다면 영업팀별 NPS 결과를 주목하자. 캘리포니아 클로짓은 수년간 NPS를 사용했고, 고객에게 받은 우수한 피드백을 자랑스럽게 여겼다. 하지만 경영진은 걱정스러웠다. 디자인 상담과 제안서를 받으러 왔다가 구매하지 않기로 한 잠재고객의 고객 경험이 열광적이지 않았던 것이다. 이유를 확인해보니 디자인 상담 직원의 보수에서 판매 수수료가 차지하는 비중이 너무 커서 직원이 당장 구매하지 않을 것 같은 손님을 무시하는 경향이 있었기 때문이었다. 어느 직원이 그런 손님을 어떻게 대하는지에

관해 말하는 걸 우연찮게 들은 적이 있다. "그런 손님은 내게 '죽은' 사람이나 마찬가지야." 이런 태도는 아마 숨기기 어려웠을 것이고(사실 숨기려고 했는지나 모르겠다!), 회사의 목적에도 어긋났다. 캘리포니아 클로짓의 목적은 매장을 방문한 손님이 당장 제품을 구매하지 않더라도 뛰어난 쇼핑 경험을 할 수 있도록 해주어, 나중에 친구나 이웃에게 캘리포니아 클로짓의 이야기를 전하고, 해당 고객도 추후 필요할 때 캘리포니아 클로짓을 다시 찾을 기회를 마련하는 것이었다.

경영진은 문제를 해결하기 위해 구매하지 않은 고객을 대상으로 순추천고객지수를 측정하기 시작했다. 그리고 구매로 이어지지 않은 고객을 '잃어버린 잠재고객'이라고 부르다가 '미래 고객'으로 바꾸어 칭하기 시작했다. 미래 고객을 대상으로 순추천고객지수를 측정하자 점수는 -23퍼센트를 기록했다. 구매 고객을 통해 얻은 +78퍼센트라는 점수에 비해 너무 낮은 점수였다. 경영진은 모든 지점에 측정 결과를 공개하고 우수 직원('미래 고객'이 매긴 어느 디자이너의 순추천고객지수는 놀랍게도 무려 +67퍼센트였다!)의 업무 방식을 집중 조명했다. 그렇게 하자 회사는 비약적으로 발전했고, 이제는 퍼스트 서비스 내 다른 기업에서도 대부분 캘리포니아 클로짓이 배운 기법을 채택하고 있다.

- 평가 점수 자체를 기준으로 인센티브를 지급하는 것을 주의하라. 즉 설문조사를 통해 얻은 점수를 기준으로 보너스를 지급

하는 것은 대개 황금률에 어긋나는 일이다(1장에서 이야기했던 자동차 판매 대리점을 다시 생각해보라. 고객에게 애원하고, 설문조사를 조작하며, 뇌물을 주기까지 했다).

베인에서도 고객사의 순추천고객지수를 조사하는 프로세스를 시작했을 때 파트너 평가 시스템에 점수를 반영했었다. 아주 큰 실수로 드러나긴 했지만 말이다. 파트너들은 반발하며 이러한 평가 프로세스는 관료주의적 비용을 늘리고, 유의미한 통찰은 거의 얻을 수 없다고 주장했다. 고객사 내의 친구나 지지자를 제외하고 설문조사 대상자를 선정하는 것을 꺼리는 것도 이유가 되었다.[6]

베인에서는 이에 대응해 고객 피드백 과정을 보다 황금률에 우호적인 방향으로 만들기 위해 두 가지를 바꾸었다. 첫째, 긍정적이든 부정적이든 고객의 피드백과 파트너의 인센티브 지급 관련 평가를 완전히 분리했다. 둘째, 일선에서 일하는 파트너가 유익하게 활용할 수 있도록 직접 시스템을 재설계하는 책임을 맡겼다. 그 결과 이제 설문조사를 시작할 때 일선 파트너가 프로세스를 제어한다. 그렇다는 건 보통 개별 설문조사 대상자를 선택할 때 사례 연구팀 전체의 의견을 반영한다는 것을 의미한다.

직원에게 보너스를 지급할 때 NPS 평점을 반드시 포함해야 한다고 생각한다면 티모바일이 고객 서비스센터에 적용하는 방식을 따르자. 티모바일은 팀 전체의 점수를 보너스에 반영할 뿐, 결코 개인의 점수를 반영하지 않는다.

- 엔터프라이즈 렌터카는 지점 수익을 기준으로 직원에게 보너스를 지급한다. 효과가 있는 것 같았지만, 경영진은 결과적으로 직원들 사이에 나타난 수익 중심의 행동을 자랑스러워할 수 없었다. 앤디 테일러는 이에 대응해 고객 피드백 점수 채점 프로세스를 만들었다. '엔터프라이즈 서비스 품질지수ESQi, Enterprise Service Quality index'라 부르는 이 프로세스는 NPS의 선조격이다. 점수를 그냥 측정하기만 하는 것으로는 충분하지 않았기에 엔터프라이즈 렌터카는 고객 평가 점수와 직원의 보너스 계산을 직접 연관 짓지 않고(엔터프라이즈 렌터카는 자동차 판매 대리점에서 나타난 이에 따른 끔찍한 결과를 지켜봤고, 그런 모습의 일부가 되고 싶지 않았다) 프로세스를 강화할 여러 방법을 테스트했다. 그 결과 엔터프라이즈 렌터카의 스위트 스폿sweet spot은 서비스 품질지수를 승진 자격에 반영하는 것이라는 것을 확인했다. 현재 엔터프라이즈 렌터카에서는 고객 피드백 점수가 비교 대상 지점들 중 상위 50퍼센트 이내가 아니면 지점의 누구도 승진하지 못한다(승진은 어느 한 해의 보너스보다 경력을 관리하여 장기적인 수입을 얻는 데 더 중요한 요인이다).

- 어느 기업이 중요하게 생각하는 이정표나 성과는 그 기업이 진짜 가치를 두는 것이 무엇인지에 대한 시사점을 제공한다. 최고의 성과를 내는 영업사원에게 여행이나 여러 혜택으로 보상하는 회사가 많다. 베인에서 가장 영광으로 여기는 건 브라

이트 딕스상Bright-Dix Award을 받는 것이다. 브라이트 딕스상의 이름은 스코틀랜드 로커비에서 발생한 비극적인 팬암103 테러로 목숨을 잃은 컨설턴트 두 사람의 이름을 따서 지은 것이다. 그들은 베인 컨설턴트들의 모범이 되는 코치였다. 지난 30년이 넘는 세월 동안 매년 교육, 코칭, 멘토링을 통해(기업문화의 초석이 되는 활동이다) 컨설턴트 능력 개발에 남다르게 공헌한 관리자급 컨설턴트를 추천하고 투표를 통해 수상자를 선발해왔다. 정확하게 말해 금전적인 보상은 아니지만, 미미한 금액의 돈보다 직원들이 훨씬 더 가치 있게 여기는 상이다.

도전 과제 3 : 부정확한 피드백 측정 시스템

사람은 저마다 다르다. 믿을 만한 피드백 시스템이 없다면 우리가 언제 이웃에게 그들의 삶이 풍요로워졌다고 느끼게 대했는지 알 길이 없다. 무엇이 외향적인 사람을 행복하게 하는지 내향적인 사람이 어떻게 알겠는가? 비건인 사람이 음식을 가리지 않고 먹는 사람을 어떻게 이해하겠는가? 낙태 반대주의자가 어떻게 낙태 찬성주의자인 상대에게 공감할 수 있겠는가? 기업에 신뢰할 만한 리트머스 시험지가 없다면 직원이 고객에게 행복과 안녕을 주었는지 어떻게 확인할 수 있겠는가?

바로 여기서 NPS가 중요한 역할을 맡는다. NPS 결과를 통해 일선 직원은 순추천고객지수와 고객이 남긴 글을 확인하고, 그에 따른 충성 고객의 행동을 관찰한다. NPS 결과로 얻은 정보를 종합하면 고객이 어느 정도 사랑받는다고 느꼈는지, 더 나아가 직원이 얼마나 황금률을 잘 따르며 일했는지 명확히 알 수 있다. 또한 NPS에서 얻은 정보를 바탕으로 다른 직원이 실행하는 효과적인 업무 방식을 배우고 따라할 수 있다.

직원이 매일 정하는 우선순위에 고객의 행복이 언제나 최상단 중심에 자리할 수 있도록 피드백 결과는 자주 알 수 있어야 한다. 피드백은 사소하지만 맥락상 중요한 모든 요소를 포함해 고객과 상호작용 했던 일을 분명히 기억할 수 있도록 적시에 제공되어야 한다. 또한 피드백 시스템은 당면한 특정 거래 현실을 반영해야 한다. 일부 기업에서는 언제 고객을 행복하게 할 수 있었는지 말하기가 상대적으로 쉽다. 예컨대 애플스토어에서 고객을 교육하는 담당자는 고객이 교육 시간에 얼마나 활기찬지 반응을 살피는 것으로 고객의 삶이 얼마나 풍요로워지는지 직접 확인할 수 있다. 하지만 그런 교육 담당자조차 놀라는 일이 생긴다. 예를 들어 매장에서 내향적인 모습을 보였던 고객이 후속 설문조사에서 아주 자세한 글을 적어 보내는 일도 있고, 매장에서 수업을 받을 때는 만족스러워 했던 고객이 집에 가서 개러지 밴드Garage Band(애플에서 제공하는 디지털 음악 작업 애플리케이션)에서 녹음을 추가하는 방법을 사실 제대로 이해하지 못했다는 걸 알고 만족도가 훨씬 떨어지는 경우도 있다.

고객의 피드백을 정확하게 측정하는 방안은 두 가지이다.

첫째, 고객이 편안하게 생각하고 갈등을 느끼지 않는 피드백 과정을 통해 직원과의 상호작용을 어떻게 느꼈는지 측정하는 방법을 고안해야 한다. 다시 한번 말하지만 여기서 바로 NPS가 유용한 역할을 한다. 이를 위해 우리가 해야 할 건 빠르게 경험을 평가하는 방식을 마련하는 것이다. 보통 0~10점으로 점수를 매긴다. 여기에 더해 고객이 직접 점수를 매긴 이유와 더 좋은 점수를 받을 수 있는 방법을 쓸 기회를 제공한다.

둘째, 설문조사를 통해 반드시 고객이 보내는 신호, 진짜 행동 혹은 운영 데이터를 더 많이 알 수 있어야 한다. 훌륭한 시스템은 고객이 평가표에 남긴 말, 설문조사 화면마다 고객이 머문 시간, 설문조사를 포기하기까지 클릭한 횟수, 문제를 해결하지 못해 서비스 센터에 전화한 횟수 등을 추적 조사한다. 이러한 데이터가 왜 필요한 걸까? 설문조사는 고객에게 귀찮은 일이다. 이는 설문조사에 답하지 않는 고객이 많다는 뜻이다. 대부분의 고객이 답하지 않을 때도 있다. 이렇게 되면 설문조사에 기반한 고객 평가 시스템에서 얻을 수 있는 통찰이 줄어든다. 예전의 평가 시스템 중에는 극히 저조한 응답률을 나타내고, 고객이 그냥 만점에만 답을 표기한 비율이 응답의 80퍼센트나 차지해서 평가 시스템으로서 기능이 한계에 다다른 경우도 있었다. 이러한 결과는 현실과 동떨어져 있다. 그러니 고객이 황금률에 따른 진정한 대우를 받는 건 여전히 꽤 드물고 놀랄 만한 경험이다.

만일 기업의 고객 평가 시스템이 여러 문제와 개선 기회를 포착하지 못한다면, 시스템을 대대적으로 재설계할 때가 되었다는 신호일 가능성이 크다.

고객이 보내는 신호를 적시에 정확히 측정할 수 있는 솔루션

- 요즘 택배회사에서는 고객이 배송 진행 상황을 확인할 수 있는 디지털 툴을 제공한다. 회사는 어느 고객이 시스템에서 배송 상태를 여러 번 확인했다는 것을 파악하면 해당 배송을 우선순위에 두는 편이 좋을 것이다. 배송 예정일을 맞추지 못할 것이 분명해지면 시스템에서 알림을 보내고, 고객 서비스 담당자가 고객에게 연락하여 사과를 전하고 대안을 마련하게 한다. 변경된 배송 일정에 관해 고객이 받은 사전 알림의 양을 디지털 모니터링한 결과와 배송이 완료된 후 고객이 제공하는 NPS 피드백 결과를 종합하면 배송 일정이 변경될 때 고객에게 알려야 하는 적절한 마감일을 정할 수 있다. 예를 들어 어느 회사가 원래 예정되었던 배송 일정에서 12시간 미만으로 남았을 때 배송 일정을 변경했을 때 순추천고객지수가 급격히 떨어진다는 걸 확인했다면 가능한 한 12시간 미만이 되기 전에 시스템에서 먼저 알림을 보낼 수 있다.
- 어느 은행은 고객 서비스 담당자에게 고객과 문제가 생기는 때가 언제인지 확인하는 설문조사를 정기적으로 실시한다. 이런 조사를 통해 자동 결제가 제 시간에 이루어졌는지 걱정되

어 전화를 거는 고객이 많다는 것을 발견할 수 있었다. 이것은 단순히 해당 결제 정보가 웹사이트 결제 내역란에서 눈에 잘 띄지 않기 때문에 발생한 일이었다. 그리고 웹사이트 디자인 팀에서 우선순위만 파악하면 금방 해결할 수 있는 문제이다. 이처럼 현장 직원이 전하는 피드백에는 종종 아주 중요한 신호가 담겨 있고, 고객이 귀찮아하는 설문조사를 피할 수 있게 해준다.

- **와비 파커** : 와비 파커는 모든 고객 그룹을 대상으로 신중하게 NPS 피드백 결과를 추적하고, 그 결과와 안경 주문 시점부터 최종 배송 시점까지 시간의 상관관계를 관리한다. 그랬더니 주문 이행 주기의 길이와 추천고객 점수를 제공하는 고객의 숫자 사이에 매우 직접적인 관계가 있다는 게 드러났다. 고객을 감동시키는 데 무엇이 필요한지 알면 고객 만족도를 달성하기 위해 무엇을 개선해야 하는지 결정하는 기준으로 삼을 수 있다. 와비 파커는 이러한 데이터를 기반으로 빠른 배송에 얼마나 투자해야 하는지 결정할 수 있었다. 그들은 순추천고객지수 기준 80퍼센트 이상을 유지하는 수준으로 배송 기간을 맞추는 걸 목표로 하고 있다.

- **펠로톤** : 펠로톤은 가정용 운동 기구를 판매하는 기업으로 원래 인기가 높았지만, 코로나 팬데믹으로 인해 헬스클럽, 피트니스 수업이 문을 닫자 수요가 폭발적으로 늘어났다. 신생 기업인 펠로톤의 공급망과 생산 능력에는 문제가 생겼고, 펠로

톤은 배송 지연과 관련해 어떤 고객이 불만을 가졌는지 알 수 있을 때까지 그냥 기다리지 않았다. NPS 설문조사를 활용해 회사 운영상의 신호를 포착했고, 배송 일정이 상식적이지 않은 수준인 고객에게는 미리 연락을 취했다. 배송 지연 사과 메일에 200달러 상당의 사용권을 동봉했고, 즉시(무료로) 펠로톤 애플리케이션을 이용할 수 있게 해주었다.

- **애플**: 애플은 온라인, 전화, 매장 등에서 얻는 고객 피드백을 메달리아의 플랫폼에 전부 통합했다. 메달리아는 NPS의 프레임워크와 분류체계를 사용한다. 덕분에 애플 직원은 아이폰 애플리케이션을 사용해 적시에 고객의 피드백을 얻을 수 있고, 매장에서는 제품군, 세분화한 고객 그룹 등의 기준별로 쉽게 순위를 확인하고 분석할 수 있다. 애플은 서비스 개선 아이디어에 관한 고객의 평가를 확인하는 테스트도 간단하게 진행할 수 있다.

개별 부서에서 서로 다른 기술 플랫폼, 질문, 표본 채집 기법 등을 사용해 각자 선호하는 방식으로 피드백 프로세스를 진행하게 두는 기업이 매우 많다. 이러한 방식은 부서별로 각자의 방식에 따라 재무 성과를 보고하게 하는 것과 다를 바 없다. 현장에서 얻는 신호와 NPS 설문조사 결과는 전부 통합해 고객의 피드백이 성공과 실패(추천고객, 중립고객, 비추천고객)를 정확히 분류했는지 확인 및 조정한 후에 그 결과를 직원들에게 제공해야 한다.

도전 과제 4 : 피드백을 처리하기에 안정적인 시간 및 장소의 부재

그 어느 때보다 빠른 속도로 움직이는 오늘날의 직장 환경은 종종 혼란을 느끼는 장소가 된다. 그런 현실을 고려하면 직원이 업무 결과를 확인하고, 피드백으로 받은 글을 읽고 생각할 수 있는 안정적인 공간과 시간이 반드시 확보되어야 한다. 직원이 개인적으로 먼저 성공을 확인하고 실패를 분석하며, 올바른 행동의 의미를 곰곰이 생각해볼 수 있어야 한다는 뜻이다. 이런 과정이 선행된 후에 코치, 동료와 논의하도록 하면 훨씬 더 효과적이다.

피드백을 확인할 시간과 공간을 안전하게 확보했다면 코치 및 동료와의 대화에도 안전성이 확보되어야 한다. 즉 직원이 피드백을 주고받기에 안전하다고 느낄 수 있어야 한다. 평가나 처벌이 아닌 코칭과 격려가 논의의 목적임을 믿을 수 있어야 한다. 이와 반대로 피드백 과정이 직원의 순위를 매기고, 저성과자를 질책하거나 실패를 영구한 기록으로 남기기 위해서라고 느낀다면 직원들은 일어난 일을 재구성하고, 변명거리를 만들고, 남 탓으로 돌리는 데 정신적 에너지를 온통 집중할 것이다. 그런데 안타깝게도 대부분의 기업은 직원들이 학습하고 성장하도록 피드백을 주고, 이를 효과적으로 처리하도록 돕는 직원 교육의 필요성을 완전히 간과한다.

인튜이트는 베인을 제외하고 NPS를 처음으로 도입한 기업이며, 초창기부터 NPS 로열티 포럼 회원사였다. 애플과 마찬가지로 인튜이트도 회사가 고객을 올바르게 대하기 위해 NPS라는 프레임워크를 잘 사용할 방법을 깊이 고민했다. 인튜이트에서 처음 NPS를 도입했을 때 콜센터 관리자는 회사 게시판에 담당자별 순추천고객지수를 공개했다. 이러한 접근법으로 우수 사원은 인정해주고, 평점이 낮은 직원에게는 압박을 가할 수 있을 것이라고 생각한 것이다. 하지만 결과는 인튜이트에서 기대했던 바와 전혀 달랐다. 관리자들이 모범적인 업무 방식을 확인하려고 가장 점수가 높은 직원의 통화를 들어보았더니 고객과 통화를 할 때마다 매번 같은 말로 통화를 시작하고 있었다. "10점 만점 주시는 날 되길 바랍니다!"

이처럼 황당한 점수 조작 사건으로 인튜이트는 접근 방식을 다시 고려하게 되었다. 10년 정도 지나 인튜이트 콜센터를 방문했을 때는 분명히 개선되었음을 느낄 수 있었으며, 벽에 점수표 같은 건 붙어 있지 않았다. 나는 직원들이 코치라고 부르는 관리자에게 순추천고객지수를 어떻게 사용하는지 물었다. 관리자는 각 직원의 자기계발을 위해 점수와 피드백 글을 고객에게서 받은 그대로 전달한다고 설명했다. 그 후 코치는 매달 해당 직원이 통화한 전화 가운데 비추천 점수를 받은 전화 한 통과 추천 점수를 받은 전화 한 통, 그렇게 2건의 통화를 선정한다(교육 목적으로 모든 통화는 녹음한다). 그러고 나서 코치와 직원이 2건의 통화를 함께 듣고, 직원에게 어느 통화는 잘 진행되었고 어느 통화는 그렇지 않았는지, 왜 그렇게 판단했는지, 다르게 대처할 방법이 있을지 묻는다. 이 모든 과정은 평가하는 분위기가 아니라 안정감을 주는 분위기에서 이루어지며, 직원들은 이 시간을 통해 노력해야 할 부분을 파악한다. 그리고 다음 기간 동안 NPS 피드백을 받은 뒤 얼마나 나아졌는지 스스로 평가 점수를 매긴다. 고객 서비스 담당자들은 이 과정을 좋아한다. 피드백 시간을 통해 존엄성을 지키면서 개인의 발전에 도움을 받을 수 있다고 생각한다. 그러면서 인튜이트는 계속 경쟁사보다 뛰어난 성과를 내고 있다.

고객 만족보다는 실행 및 운영 효율성에만 집착하는 공장식 사고방식으로 운영되는 많은 매장, 콜센터와 비교해보라. 이런 곳에서는 일일 회의나 코칭에 시간을 배분하지 않는다. 이런 시간을 쓴다는 것은 직원이 매장에서 고객을 상대하거나 전화를 받는 시간이 줄어든다는 의미이기 때문이다. 하지만 팀이 피드백을 심사숙고하고 처리할 수 있는 프로세스가 없다면 아무리 값비싼 최신 기술로 가득 찬 피드백 플랫폼을 도입한다고 해도 효과가 없을 것이다.

공장식 사고방식은 또한 만족도나 특정 거래에 한정된 만족과 노력에 대한 제한된 책임만 측정한다. 하지만 서비스 담당자가 자신의 제한된 책임 범위를 넘어선 내용의 피드백을 반기고 그에 따라 행동하지 않는다면, 나아가 전체 고객 경험을 개선하는 데 도움이 되지 않는다면 그들 직업의 안정성은 보장되지 않는다. 더 나은 고객 경험을 제공하기 위한 판단, 해석, 창의성을 발휘할 수 없다면 그 자리는 사람이 아닌 저렴한 로봇으로 대체될 것이다.

피드백을 처리하기 안정적인 시간 및 장소를 제공할 솔루션

• **애플** : 애플스토어에서 성공적인 경력을 쌓은 매니저가 이런

말을 한 적이 있다. "우리 회사에서는 직원에 관한 긍정적인 피드백은 전체 팀원 앞에서 공유하지만, 부정적인 피드백은 개인별로 따로 논의합니다." 특정 직원을 언급하는 고객 피드백은 해당 직원의 아이폰으로 바로 전송된다. 하지만 자세한 내용을 확인할 수 있는 다른 사람은 상사뿐이고, 상사는 코칭의 목적으로만 피드백 내용을 사용할 수 있다. NPS 결과를 두고 공개적으로 직원의 순위를 매기는 일은 결코 없다.

- 베인앤드컴퍼니 : 3장에서 언급했듯이 베인의 핵심 피드백 프로세스는 팀허들이다. 베인에서 성과를 내야 한다는 압박은 상당할지 모른다. 이러한 성과 압박을 제대로 관리하지 않으면 인간성을 상실한 파리대왕식 문화로 이어질 수 있다. 그러한 점을 염두에 두고 베인의 모든 직원은 회사를 일하기 좋은 직장으로 만들려는 목적으로 유익한 코칭이라는 프레임워크 안에서 피드백을 주고받아야 한다고 교육받는다. 점수와 피드백 프로세스는 고객과 함께 승리하도록 설계되어 있으며, 매주 팀허들에 참여하면서 피드백은 대단한 테스트가 아니라 그저 숙제 검사를 통해 받는 점수처럼 느끼게 된다.

- 베인의 고객사 중 여러 곳이 특히 코로나 팬데믹이라는 압박 상황에서 사내에 피드백 내용을 공유하기 전 개별 직원의 이름과 점수를 삭제하기로 했다. 처음에는 이런 접근법에 대해 회의적이었지만 꽤 효과적인 방법이라는 것이 밝혀졌다. 부정적인 피드백이 직원 개인에게 주어지면 상당한 위협이 되

지만, 직원을 팀의 구성원으로 대우하면 방어적인 태도가 줄고, 고객의 피드백을 더 잘 듣고, 잘 처리하고, 더 건설적으로 대응한다.

- 잘 설계된 기술 툴이 있으면 담당자가 상사를 거치지 않고도 고객에게서 직접 통찰을 얻어 문제를 해결할 수도 있다. 예컨대 많이 사용되고 있는 툴은 인공지능을 활용해 최근 서비스를 받은 고객들이 남긴 글 가운데 생각하고 연구해볼 만한 가장 유익한 글을 골라 해당 직원에게 전달해주는 것이다. 이용자가 직접 도움받을 수 있는 툴을 적용하면 직원은 관리자나 코치로부터 어떠한 압력도 받지 않고 더욱 효과적으로 배움을 얻을 수 있다. 이러한 과정을 통해 직원은 자기 개선 프로그램에 책임감을 느끼게 되고, 피드백을 잘 수용하며 마음을 열고 새로운 접근법을 찾는다.

도전 과제 5 : 무분별한 익명성

책임감 있는 공동체를 형성하려면 공동체의 리더와 구성원들이 개인의 행동을 살펴보고 알아차릴 수 있어야 한다. 그 행동이 좋은 것이든 나쁜 것이든 모두 말이다. 익명성은 종종 황금률에 따라 행동을 하는 것을 방해한다. 즉 익명성이 있으면 자신에게는 부정적인 결과를 초래하지 않으면서 공동체 구성원, 그리고 공동체 자체를 착취하는 괴롭힘, 태만, 속임수를 쓰는 것이 가능해진다. 옛날에는 작은 마을 주민들이 서로 아는 사이였고 믿을 수 있는 사람이 누구인지 알고 있었다. 그 사람의 행동이나 태도를 직접 관찰한 것을 바탕으로 평판이 형성되었기 때문이다. 하지만 요즘 시대에는 어떤 사람을 대하고 있는지 항상 알 수는 없다.

오늘날 이 같은 익명성으로 인해 군중 속에서 개인의 책임은 사라졌다. 온갖 유형의 디지털 커뮤니티에서 완전한 익명성이 보장될 때 그 문제는 더욱 커진다. 사람들은 직접 얼굴을 마주 보고는 절대 사용하지 않았을 말이나 감정을 강하게 자극하는 말을 쓴다. 디지털 채널의 역할이 점점 중요해지고 있다는 것을 감안했을 때 세상에서 황금률이 우세해지기 위해서는 익명성을 반드시 줄여야 한다.

완전히 익명으로만 이루어지는 피드백과 평점은 무책임한, 심지어 비난받을 행동을 낳을 수 있다. 하지만 동시에 피드백이 완전히 투명하게 이루어진다면, 즉 피드백 하나하나가 어느 개인과 연관된다면 정직하고 솔직한 대답이 줄어들 것이다. 친절해야 한다는 사회적 압박 때문에 종종 사람들은 비판을 삼가하고 점수를 부풀린다. 힘의 불균형이 있는 곳에서는 상황이 더 나빠진다. 예를 들어 조만간 치과를 다시 찾을 예정인 사람이 치과 의사의 점수를 솔직하게 매기기 어렵다.

결론적으로 완전한 익명성은 황금률에 따르는 삶에 반하는 것이지만, 상대적으로 많은 경우에 '구조화된 익명성'은 필수적이다.

'구조화되었다'는 건 피드백을 주고받는 사람 사이에 개인의 정체성은 적절히 구분되고 가려지지만(예컨대 우버 운전자와 승객), 시스템에서는 전부 알고 있다는 뜻이다. 기업에서는 더 좋은 결정을 내리고 시스템의 무결성을 확인할 수 있도록 책임 있는 임원이 모든 상세한 정보를 확인할 수 있어야 한다. 아마존의 제품 평점 화면에서는 평점을 매긴 사람이 누구인지 완전히 드러나지 않지만, 아마존은 누가 평점을 남겼는지 알며, 황금률의 기준에 맞게 이용자의 책임을 향상하도록 조치를 취할 수 있다.

핵심은 각 피드백 프로세스에서 최적 수준의 익명성이 사용되도록, 즉 솔직하고 건설적인 피드백을 얻을 수 있을 정도의 한도 내에서 가능한 한 적게 사용되도록 설계하는 것이다.

최적의 익명성을 구현하기 위한 솔루션

- 배인앤드컴퍼니 : 베인의 내부 피드백 프로세스에서는 적절한 사람들에게 투표권(단 한 표만 가능)이 주어지도록 보장하고, 필요할 때는 익명 투표를 보장하므로 사람들은 실제로 생각하고 느끼는 바를 말한다. 마찬가지로 고객으로부터 피드백을 받을 때도 자신이 누구인지 밝힐지 여부를 고객이 선택하도록 한다. 물론 이렇게 하면 응답자에게 직접 연락하여 문제의 근본 원인을 밝히는 것이 훨씬 어려워진다. 하지만 이렇게 하지 않으면 고객사 직원들, 특히 직급이 낮은 직원들이 진짜 생각하는 바를 말하지 않는다. 솔직하게 말했다가 비협조적인 사람으로

보여지거나 상사에게 좋지 않은 모습으로 보여질까 두려워하기 때문이다.

- **아마존** : 아마존의 별점 5점 만점 기준으로 구성된 후기란은 익명성을 보장해 제품 구매자가 솔직하게 후기를 쓰도록 한다. 한편 아마존은 구매 확인 프로그램을 사용하고, 이용 고객이 그 후기가 유익했는지 평가하도록 하여 후기의 신뢰성을 높이는 노력을 기울여왔다. 물론 아마존의 시스템은 여전히 개선해야 할 부분이 많다. 전문가들의 의견에 따르면 아마존 후기란에 기재된 상품 후기 중 상당수가 진짜 후기가 아니라고 한다.

- **에어비앤비** : 에어비앤비에서는 이용 평점을 정직하게 매기게 하는 양방향 평가 시스템을 활용해 숙소 이용자와 집주인, 양쪽의 피드백으로 가능한 모든 가치를 얻을 수 있게 한다. 일정 기간 동안은 후기가 보이지 않지만, 그 기간이 지나면 호스트와 게스트 양쪽의 후기가 동시에 공개된다. 공개 평점과 댓글(웹사이트 이용자와 에어비앤비 본사 직원들 모두가 볼 수 있다) 외에 추가로 개인적인 후기를 남길 수도 있다. 이를 통해 게스트는 호스트의 대외적인 평판을 해치는 일 없이, 그리고 에어비앤비 측에서 개입하지 않는 조건하에 호스트에게 탁자 다리가 흔들린다는 걸 알리는 등의 친절한 조언이나 코칭을 전할 수 있다. 마찬가지로 에어비앤비의 개입이 필요한 게스트의 문제를 보고할 수 있는 호스트 전용 채널이 있다.

- **우버**: 승객이 후기 작성을 편안하게 느끼고 보복당하는 일을 피할 수 있도록 우버Uber의 평점을 작성하는 양측(승객의 운전자 평가, 운전자의 승객 평가)은 서로 누구인지 알 수 없다. 하지만 우버 본사 경영진은 후기에 관한 정보를 전부 알고 있으며, 이용자에게 효과적인 인센티브와 필요시 적절한 제재를 가할 방법을 설계하려 노력한다.

도전 과제 6 : 나쁜 행동을 일삼는 사람들

황금률은 기본적으로 선한 사람들로 구성된 공동체에서 가장 잘 작동한다. 즉 공동체 안의 개인이 올바른 삶을 살기 위해 노력하고, 다른 사람의 삶을 풍요롭게 함으로써 의욕이 생기는 사람이어야 한다. 하지만 바깥의 진짜 세상에는 오직 자신만 생각하는 사람도 있다. 조직심리학자인 애덤 그랜트Adam Grant는 이런 사람을 '테이커taker'라 부른다.[7] 테이커는 세상, 혹은 자신이 속한 공동체를 더 나은 곳으로 만드는 일에 대해서는 의욕을 느끼지 않는다. 그저 자신이 가능한 한 많이 가지고 싶어 할 뿐이다.

애덤 그랜트에게 현재 세상에서 몇 퍼센트 정도가 테이커라고 생각하는지 물었다. 그는 19퍼센트라고 대답했다. 나는 정말 나쁜 사람의 수는 그보다 적을 것이라고 생각했고, 그렇기를 바란다. 트위터에서는 이용자의 1~2퍼센트만이 온갖 모욕적, 위협적, 증오성

메시지를 게시한다고 추산한다.[8]

진짜 숫자가 얼마든 나쁜 행동을 하는 사람을 용인해서는 안 된다. 황금률이 공동체의 지침으로 작동하기 위해서는 일관되게 나쁜 행동을 보이는 고객, 동료, 공급업자, 파트너, 투자자를 다루는 프로세스가 있어야 한다. 나쁜 행동을 묵인하면 공동체가 약화되고, 당연히 공동체의 힘과 자원을 받아야 할 사람들이 이를 빼앗기고 만다.

우리의 리더가 황금률을 실천하는 사람인지 확인하는 데 특별한 관심을 기울여야 한다. 만일 다른 이를 괴롭히고, 태만하며, 남을 속이는 자기중심적인 사람이 리더를 맡으면 그 공동체는 수준 낮은 행동을 하게 마련이다. 공동체의 구성원은 리더가 보이는 도덕적 기준을 모방하기 때문이다.

기업 공동체의 훌륭한 강점 한 가지는 고객, 직원, 납품업체, 투자자가 자유롭게 선택하고, 호혜적인 관계를 형성하는 자발적인 모임이라는 점이다. 하지만 이런 관계도 공동체의 활력을 강화하기 위해 노력해야 한다. 개인이 가치 있는 기여를 하지 못하거나 대중의 이익을 해치는 방식으로 행동할 때는 그에 관한 책임을 져야 한다. 경영자는 가치와 원칙에 따라 결정을 내리고 우선순위를 정하며, 나쁜 행동을 하는 사람(그게 고객이든 동료든)에게서 모든 구성원을 보호할 용기가 있어야 한다.

나쁜 행동을 줄일 솔루션

- **우버 운전자** : 만일 한 운전자의 차를 이용한 승객의 평점이 같은 지역 동료 운전자가 받은 평점과 비교해 하위 10퍼센트에 해당되면(대부분 지역에서 4.6퍼센트 이하) 해당 운전자는 경고를 받고, 지역 관리팀에서 승객의 피드백을 바탕으로 개선책을 제안한다. 이러한 코칭을 받고도 개선이 되지 않으면 우수한 고객 경험을 제공하는 데 도움이 되는 특화된 내용이 담긴 온라인 수업을 들어야 한다. 그런데 이러한 노력이 모두 실패하면 해당 운전자는 우버에서 일할 수 없게 된다.

- **우버 승객** : 우버는 운전자가 매긴 승객 평점도 조사한다. 우버의 시스템은 평점이 낮은 고객에게 자동으로 패널티를 부과한다. 운전자가 승객 평점 데이터를 확인할 수 있으므로 그에 따라 누구를 태울 것인지 결정하는 데 영향을 주기 때문이다. 극단적인 경우 우버에서 해당 승객의 우버 서비스 이용을 금지하기도 한다.

우버의 오스트레일리아 및 뉴질랜드 담당자는 매년 서비스 이용을 금지당하는 승객이 수백 명에 이른다고 밝힌 바 있다. 다른 승객이나 운전자에게 물리적 혹은 언어 폭력을 가한 이들이다. 고객의 서비스 이용을 금지할 때는 고객에게 정상 참작의 여지가 없고 적법 절차를 따랐음을 확인해주기 위해 해당 지역을 담당하는 임원이 고객과 전화통화를 한다. 이렇게 함으로써 우버는 해당 고객에게 한 번 더 기회를 줄 것인지 여부를 결정할 수 있다.

- **제트블루** : 대부분 항공사에는 자사 항공기 탑승을 금지하는 승객을 규정한 탑승 거부자 명단이 있다. 다른 승객이나 승무원을 폭력적으로 대하는 승객 또한 항공기에서 추방되며, 대개 기장이 직접 개입해야 한다. 최근 보도된 뉴스에 따르면 제트블루에서는 한 승객이 코로나바이러스에 노출되었다는 사실을 알면서도 항공기에 탑승해 다른 승객과 승무원에게 피해를 주었다는 사실을 확인했다. 제트블루는 이 고객에 대해 평생 제트블루 항공기 이용을 금지했다.

- **에어비앤비** : 평점이 낮은 호스트와 게스트는 자유시장의 메커니즘에 따라 처벌받는다. 평점이 낮은 호스트는 경쟁력 있는 가격을 설정하기 어렵고, 이용률이 떨어진다. 평점이 나쁜 게스트는 좋은 집을 빌리기 어렵다. 어느 쪽이든 나쁜 행동을 계속하는 사람은 에어비앤비를 이용할 수 없게 된다. 2021년 미국 국회의사당 습격 사건 이후 에어비앤비는 사법기관과 긴밀히 협조해 범죄 연루자를 가려내고 플랫폼 이용을 차단하는 조치를 취했다.

- **애플** : 애플스토어의 직원들에게 어떤 변화가 있으면 근무 경험이 향상될지 물었더니, 직원과 다른 고객의 경험을 망치는 소수의 고객을 제재할 방법을 찾아야 한다는 제안이 가장 많았다. 애플의 고객 친화적 시스템을 악용하고 자주 규칙을 어기는 악의적인 고객들이다. 어느 직원은 보증 기간이 훨씬 지

난 휴대전화의 액정을 무료로 교체해달라고 요구하면서 들어주지 않으면 고객 설문조사에서 0점을 주겠다고 으름장을 놓은 고객도 있었다고 말했다. 애플 제품을 수리해주는 지니어스 바Genius Bar에서는 제멋대로인 어느 고객이 지워진 데이터를 다시 복구할 수 없다는 걸 알고서는 이성을 잃고 직원을 들이받은 적도 있다고 한다. 이처럼 폭력적인 고객은 마땅히 판매 금지 고객 명단에 올라야 한다. 애플 제품의 열성적 애호가에게 그건 정말 큰 벌일 것이다!

'네 이웃을 네 몸과 같이 사랑하라'는 이 간단한 말이 세상을 바꾸었다. 시장에서 사용하는 세속적인 느낌의 표현이 좋다면 이렇게 말할 수 있다. '손길이 닿는 사람의 삶을 풍요롭게 만들라.'

위대한 기업은 올바른 기업문화와 환경을 가꾸어 이러한 목적을 추구하고, 목적을 얼마나 달성했는지 측정하고 관리하기 위해 NPS를 이용해야 한다. 어떤 회사가 모범이 될까? 성경에 기대보자. '그들의 열매로 그들을 알리라.' 높은 순추천고객지수와 그에 덧붙여진 열렬한 글은 어느 기업의 고객이 사랑을 느끼는지 알려주는 강력한 증거이다.

기업 조직의 큰 장점은 경영자가 기업 공동체를 설계할 엄청난 자율권을 지녔다는 점이다. 경영자는 황금률을 기준으로 삼아 행동하고, 황금률을 강화할 수 있으며, 나쁜 행동을 하는 사람으로부터 고객, 직원, 투자자를 보호할 수 있다. 이번 장에서 요약한 혁신적인 접근법은 황금률을 조직의 중심으로 삼는 실질적인 방법을 제시한다.

결론적으로 이러한 도전이 만만치 않고, 조직에 내재하는 장애물을 극복하려면 엄청난 노력이 필요할 것이라고 생각한다면 이번 장을 제대로 이해한 것이다.

황금률을 따르며 사는 것이 그 모든 노력을 기울일 만큼 가치 있는 일일까? 정말 그렇다고 답하겠다. 우리가 지금까지 살펴본 것을 기반으로 이야기하면 고객의 삶을 풍요롭게 만드는 데 뛰어난 실적을 기록한 기업만이 지속해서 성장하고 번창한다. 직원과 고객을 올바르게 대하는 건 모든 선한 회사와 그 회사를 구성하는 모든 선한 사람의 책임이다. 사실 자유시장 체제에서 책임감을 가지고 운영되는 기업은 황금률의 행동 기준을 따르며, 사회적 책임을 다하고 지속하는 공동체를 만드는 데 큰 희망이 된다.

'정부, 교회, 자선단체, 기타 비영리기구는 어떨까?'라는 질문을 떠올리는 사람도 있을 것이다. 물론 그러한 조직에도 중요한 역할이 계획되어 있다. 하지만 위대한 기업의 기적이란 자금을 스스로 충당한다는 점이다. 기업은 세금이나 기부금을 통해 직접적으로, 혹은 직원, 공급업체, 투자자에게서 창출한 가치를 통해 간접적으로 정부, 교회, 자선단체, 기타 비영리기구 등의 조직에 자금을 지원한다. 그리고 정부는 이를 토대로 법치를 확립할 수 있다. 하지만 규제와 사법 기준은 이웃을 해치지 말라는 구약성서의 내용을 그저 반복하는 것뿐이다. 승리하는 기업은 '이웃을 사랑하는' 방법을 개혁하고 수준을 높인다. 내가 살고 싶은 공동체는 바로 이런 공동체이다.

««« BE REMARKABLE

7장

탁월한 경험을 선사하라

고객 경험을 극대화하는 혁신

아내와 나는 지난 크리스마스를 아들 부부의 신혼집에서 보냈다. 안부 인사를 나누면서 아들에게 탁월한 고객 경험을 관찰한 적이 있는지 물었다. 애플스토어에서 근무하고 있는 아들에게 애플의 새로운 이야기를 들을 수 있지 않을까 기대했기 때문이었다. 아들은 애플 대신 최근 아마존에서 경험한 것을 이야기했다. 아들의 이야기를 들으며 투자자가 아마존을 사랑하듯 수많은 고객들도 아마존을 사랑하는 이유를 알 수 있었다. 하지만 이 이야기는 반대로 전통적인 금융 자본주의를 따르는 투자자를 위축시킬지도 모른다.

아들은 아마존에서 애플의 두바이 지사로 가는 동료에게 줄 선물을 샀다. 100달러가 조금 넘는 가격의 상품이었고, 동료의 집으로 바로 배송될 예정이었다. 하지만 동료가 두바이로 떠날 날이 다가오는데도 제품이 아직 배송되지 않았다. 확인을 위해 아마존에 연락을 해보니 고객 서비스 담당 직원은 제품이 이미 도착했다면서 몇 가지 확인을 했고, 동료의 집주소를 잘못 입력했다는 사실을 알았다. 아들은 서비스 담당자에게 사과를 전하면서 실수를 인정하고, 재주문을 할 테니 빠르게 배송해줄 수 있는지 물었다. 그런데 서비스 담당자는 아들이 잘못 입력한 주소가 없는 주소이며, 그렇다면 아마존에서 입력 실수를 알아차렸어야 한다고 밝혔다. 그러고는 아들에게서 올바른 주소를 받아 동료의 집으로 갈 상품의 재주문을 빠르게 처리해주었다. 아마존 비용으로 말이다. 탁월한 서비스이다!

아들의 이야기를 들으니 1년 전 아마존에서 경험한 일이 떠올랐다. 영화 대여에 대한 아마존의 비용 청구서를 보니 제목을 봐도 기억나지 않는 영화가 있었다. 가족 중에도 그 영화를 봤다는 사람은 아무도 없었다. 아마존에 전화를 걸어 담당 직원에게 잘못 청구된 것 같다고 이야기했다. 고객 서비스 담당자는 매우 친절했고, 부과된 요금을 삭제해주겠다고 하면서 내가 원하면 아마존의 비용 부과 시스템을 통해 해당 영화를 시청한 TV의 종류를 확인할 수 있다고 했다.

나는 해당 정보를 받아 적고 조사했다. 그랬더니 해당 TV 모델은 우리 집 손님방에 설치되어 있는 TV였다. 더 확인해보니 우리 집에 묵었던 한 손님이 나중에 영화비를 줄 생각으로 그 영화를 보고서는 깜빡한 것이었다. 나는 아마존으로 다시 전화해 사과하고, 서비스 담당자에게 요금을 다시 청구 내역에 넣어달라고 말했다. 서비스 담당자는 공손하게 영화 대여비를 청구 내역에 다시 넣을 방법이 없다고 답했다. 그러고는 내 아마존 이용 기록을 확인하니 아주 좋은 고객이라며 영화 대여비를 아마존이 보낸 선물로 여기고 받아달라고 말했다. 다시 한번 말하지만 탁월한 서비스이다!

이 이야기에 대한 후기가 2개 있다. 다음날 나는 아마존에서의 경험을 묻는 아주 간단한 설문조사에 응했다. 응답을 제출하자 아마존에서 보낸 디지털 메시지가 왔다. '아마존이 지구상에서 가장 고객 중심인 회사가 될 수 있도록 도와주셔서 감사합니다.' 이 메시지는 내 눈길을 끌었고, 나는 '상당히 야망이 크다'라고 혼자 생각했다.

시간이 흐른 뒤 우리 집에 비상사태가 발생했을 때 나는 아마존의 서비스에 대해 다시 한번 감탄하게 되었다. 비상사태는 우리 집 정원 연못에 있던 비단잉어를 무언가 모두 해친 사건이었다. 이런 종류의 범죄면 용의자는 왜가리, 수달, 밍크, 여우, 너구리, 코요테 등 많았다. 대책을 세우기 전에 범인이 누구인지 확인해야 했고, 낮 동안 잉어를 사냥하는 낌새는 전혀 없었으므로 범인은 밤에 움직인 게 틀림없어 보였다. 그래서 아마존에서 야생 동물 관찰용 야간 투시 카메라를 검색했고, 그중 가장 평이 좋은 모델을 구입했다.

애석하게도 카메라를 받았을 때 제품의 사용설명서는 정말 이해하기 어려웠고, 카메라를 어떻게 작동해야 할지 알 수 없었다. 결국 포기한 나는 반품 신청을 하려고 아마존 웹사이트에 다시 접속했다. 그런데 카메라를 빨리 설치하겠다고 서두르다가 배송 상자를 수습할 수 없을 정도로 망가뜨렸다. 나는 마음속으로 여러 귀찮은 일을 할 생각을 했다. 적절한 상자를 찾는다, 단단히 포장한다, 라벨을 출력한다, UPS 매장까지 차를 타고 가서, 줄을 선다, 배송장을 기입한다 등의 과정이었다. 하지만 아마존 웹사이트를 살펴보니 아마존에서 멋진 반품 프로세스를 새로 개발했다는 걸 알게 되었다. 아마존에서는 실시간으로 승인 코드를 이메일로 보냈다. 이제 내가 할 일은 카메라와 아이폰을 들고 가장 가까운 UPS 지점으로 가서 카메라를 직원에게 건네주는 것뿐이었다. 그러면 직원이 적절한 상자에 담아 포장해 제대로 된 라벨을 붙여줄 터였다.

나는 근처 UPS 지점으로 갔고, 카운터에 있던 직원이 내 아이폰에서 승인 코드를 스캔했다. 동시에 내 계정에는 바로 환불금이 입금되었다. 제품이 반송되고 창고에서 검수 후 환불 처리를 해줄 때까지 기다릴 필요가 없었다. UPS 지점에 들어서고 반품을 끝내기까지 60초도 걸리지 않았다. 아름답다, 아마존!

그로부터 그리 오래 지나지 않아 베인에서 아마존에 관해 조사한 보고서를 읽었는데, 보고서에 따르면 아마존은 곧 미국 전체 온라인 쇼핑의 50퍼센트 이상을 차지하게 될 것으로 예측했다. 그러면서 아마존의 중요한 성공 요인을 고객 친화적 가격 정책이라고 결론지었다. 이 이야기가 놀라울 것이다. 읽고서 나도 놀랐다. 수년간 아마존이 고객에게 가능한 높은 가격을 부과하려고 정교한 가변적 가격 책정 dynamic-pricing 알고리즘을 사용한다는 기사를 많이 읽었다. 기사 내용은 아마존이 빅데이터 분석 전문가를 고용해 고객이 사는 지역, 과거 구매 패턴, 컴퓨터 모델, 인터넷 브라우저 종류 등의 정보를 바탕으로 고객의 돈을 최대한 빼내려 한다는 주장이었다.

과학적으로 보이는 가변적 가격 책정 알고리즘이 이미 시장에서 널리 쓰이고 있다는 점을 생각하면 이런 주장은 타당하다. 은밀하게 매 거래마다 매출을 최대로 늘리면서 말이다. 이러한 가격 책정 알고리즘은 공연 및 여행 업계에서 널리 사용된다. 아마 항공권을 구매할 때 경험해본 적이 있을 것이다. 항공권 가격은 하루 중 언제 검색하는지, 어디에서 검색하는지, 심지어 무슨 요일에 검색하는지에 따라 똑같은 좌석의 가격도 크게 달라진다. 서드 파티 쿠키 Third-party cookies(사용자가 방문한 웹사이트에서 해당 웹사이트가 아닌 제3의 업체가 사용자의 행태를 기록, 추적하는 것)가 우리의 클릭 패턴을 감시하고, 소비자로부터 최대한 돈을 빼내도록 설계된 알고리즘에 은밀하게 정보를 제공한다.

극도로 화나게 하는 사실이다. 그래서 나는 아마존에서 일했던 여러 지인을 인터뷰해 아마존이 고객에게 가능한 최고가를 매기기 위해 실제로 딥 데이터 deep data와 첨단 기술을 쓰는지 단도직입적으로 물었다. 그들은 모두 회의적인 반응을 보였다. 그런 식으로 가격을 매기는 건 아마존의 핵심 원칙에 어긋난다는 이유였다.[1]

베인의 조사에서도 인터뷰에서 들은 회의적인 의견과 같은 결론이 확인되었다. 우리는 모든 주요 상품 범주에서 다양한 제품을 구매해보았고, 아마존이 말하는 바를 실천한다는 걸 알았다. 아마존은 80퍼센트 이상의 경우에 최저가 혹은 최저가와 동일한 가격으로 제품을 판매했다. 아마존이 최저가가 아닌 상품은 대부분 25달러 미만인 제품이었다.

아마존이 하는 일이 대부분 그렇듯 이것도 우연은 아니다. 2001년 봄 어느 토요일, 제프 베조스는 짐 시네갈을 만나 코스트코의 가격 정책을 배웠다. 다음주 월요일, 제프 베조스는 경영진에게 아마존의 일관성 없는 가격 전략을 바꿀 때가 되었다고 선언했다. "소매유통업체에는 두 가지 종류가 있다. 가격을 더 높게 매길 방법을 연구하는 업체와 더 낮게 매길 방법을 연구하는 업체이다. 아마존은 후자가 될 것이다. 논의는 이것으로 끝이다."[2]

나는 아마존의 가격 전략 변화를 직접 목격했다. 예전에는 가장 좋은 가격의 상품을 찾기 위해 여러 웹사이트를 확인하며 시간을 많이 낭비해야 했다. 아마존을 비롯해 웹사이트마다 가격이 천차만별이었기 때문이다. 하지만 점차 아마존에서 파는 제품의 가격이 최저가는 아니더라도 최저가에 꽤 가깝다는 걸 분명히 알게 되었다.

또한 아마존이 배송비를 정직하게 부과한다는 점을 높이 평가했다. 다른 온라인 쇼핑몰에서는 제품은 특가를 내세웠지만, 배송비를 터무니없이 높여 이윤을 챙겼다. 때로는 과도한 배송비를 주문 과정의 거의 마지막 단계까지 숨기기도 했다. 비싼 배송비를 눈치채지 못하는 이용자도 있고, 눈치챘다고 하더라도(사기당한 것 같은 기분이 들어 좋지는 않겠지만) 다른 쇼핑몰에 가서 주문 과정을 처음부터 전부 다시 시작하느니 비싼 배송비를 그냥 부담하는 것을 받아들일 것이라고 가정하기 때문이었다. 이러한 상황으로 인해 아마존은 정말 탁월한 서비스를 제공할 기회가 생겼다. 바로 아마존 프라임Amazon Prime이다.

아마존 프라임, 고객 중심의 혁신

2005년 2월 아마존은 아마존 프라임 서비스를 출시하여 고객에게 유리한 조건으로 전자상거래 규칙을 변경했다. 아마존 프라임은 연회비 79달러를 내면 무제한 무료배송 및 2일 내 배송을 보장하는 멤버십 프로그램이다. 이 급진적인 제안이 고객에게 인기를 끌 것은 분명해 보였지만, 회사의 수익에 미칠 영향을 정확히 예측할 수 있는 사람은 아무도 없었다. 한 가지 아주 대략적인 추정은, 당시 아마존이 2일 내 배송 서비스에 9.48달러를 청구하고 있었기 때문에, 연간 8번 이상 주문하는 모든 고객은 이익을 얻는 셈이라는 것뿐이었다. 아마존 내부에서도 자주 구매하는 고객이 시스템을 악용해 그렇지 않아도 극히 적은 아마존의 이윤을 더 악화시킬 것이라는 우려가 제기되었다.

그럼에도 불구하고 제프 베조스는 그대로 밀어붙였고, 직원들에게 이렇게 설명했다. "저는 최고의 고객들 주위에 해자垓子를 만들고 싶습니다. 우리는 최고의 고객을 당연하게 여기지 않을 겁니다."[3] 그는 혁신적인 솔루션으로 정기적으로 고객을 열광시키는 것이 아마존을 이용한 소비를 증가시킬 뿐 아니라 회사에 관해 좋은 의견을 크게 말해줄 충실한 브랜드 전도사들을 만들어낼 것임을 알았다. 그는 아마존 프라임 서비스 출시에 맞춰 웹사이트에 서한을 공개해 자신의 생각을 설명했다. 그 내용을 아래에 다시 싣는다.[4] 마지막 문단에 특히 주목해보자.

고객 여러분께

아마존 프라임 출시를 선언하게 되어 매우 들뜬 마음입니다. 아마존 프라임은 아마존 최초의 멤버십 프로그램으로 '무한리필식' 빠른 배송 서비스를 제공합니다. 내용은 간단합니다. 정해진 가입비를 내면 아마존이 갖춘 100만 개의 상품을 무제한으로 2일 내 무료 배송 서비스로 받아볼 수 있습니다. 프라임 회원은 제품당 3.99달러를 추가하면 익일배송 서비스도 이용할 수 있습니다(동부 시간 기준 6:30PM 이전 주문분에 한함)

아마존 프라임을 이용하면 힘들이지 않고 제품을 주문할 수 있습니다. 최저 구매 한도도 없고 합배송 신청도 필요 없습니다. 2일 내 배송은 어쩌다 이용하는 사치가 아닌 일상의 경험이 됩니다.

아마존 프라임 회원 가입비는 출시 기념 특별가로 연 79달러에 제공됩니다. 여기에는 4인 가족 한 가구가 회원 자격을 공유할 수 있는 혜택도 포함됩니다.

아마존에서 책 한 권을 살 때 2일 내 배송을 신청하면 보통 9.48달러, 익일배송을 신청하면 16.48달러의 배송비를 부과한다는 걸 생각하면 프라임 멤버십 프로그램이 매우 가치가 있다는 걸 아실 겁니다. 프라임 회원의 배송 서비스는 책, DVD, 음반, 전자기기, 주방용품, 공구, 건강 제품, 위생용품 등등 모든 제품에 적용됩니다.

아마존닷컴이 프라임 멤버십 프로그램을 운영하는 건 단기적으로는 높은 비용이 드는 일일 것이라 예상합니다. 하지만 장기적으로 고객 여러분의 주문이 더 많아지길 바랍니다. 그건 아마존에도 좋은 일일 것입니다. 저희가 펼치는 새로운 혁신을 즐기시길 바랍니다.

클릭 한 번으로 회원 가입이 가능합니다.

마음을 담아,

제프 베조스, 창립자 & CEO

아마존이 용감하게 고객 중심의 혁신을 추진했던 모습을 보니 앞서 이야기했던 디스커버의 CEO 데이비드 넴스가 결제일 하루 전에 고객에게 알림 이메일을 보냄으로써 연체료 수입 2억 달러를 포기한 결정을 내린 일이 떠오른다. 또한 코스트코에서 손만 뻗으면 얻을 수 있는 분명한 수익이 눈앞에 있는데도 회사의 14퍼센트 수익률 원칙에 맞춰 캘빈클라인 청바지를 팔기로 결정했던 일도 생각난다. 이러한 맥락에서 이 말을 한 번 더 해야겠다. "만일 회사가 탁월해지기(고객의 삶을 정말 풍요롭게 하는 제품과 서비스를 제공하고, 이를 알맞은 가격으로 제공할 방법을 찾음으로써 항상 고객에게 가장 이익이 되도록 행동하는 것) 위해 노력한다면 고객은 기쁜 마음으로 혁신에 대한 비용을 지불하고, 친구들에게도 알릴 것이다."

 기억해둬야 할 점은 아마존이 프라임 서비스를 출시했을 당시는 전자상거래 업계에서 누가 승자가 될지 알 수 없었던 때였다는 사실이다. 당시 업계의 정상에 있던 거인은 이베이로, 시가총액은 330억 달러였다. 2004년 당시 아마존은 여전히 주로 책과 음반을 판매하고 있었고, 시가총액은 180억 달러였다. 세계 유수의 고객 리서치 회사의 CEO는 아마존닷컴(당시에는 아마존닷컴이라는 이름으로 알려져 있었다)이 사업 분야를 확대하면 곧 '아마존닷토스트(아마존은 망함)'가 된다고 말했다.[5] 그로부터 15년 뒤 아마존의 시가총액은 9,000억 달러를 넘어섰고, 반면 이베이의 시가총액은 약간 줄어 300억 달러가 되었다. 아마존이 이렇게 성장할 수 있었던 것은 제품군을 과감하게 확대했을 뿐 아니라 고객 경험도 끈질기게 개선했기 때문이다.

 다음은 아마존 프라임 회원의 고객 경험이 개선된 내용 가운데 핵심을 요약한 것이다.

- 2005년 : 프라임 서비스 출시(연회비 79달러, 무제한 2일 내 무료배송)
- 2006년 : 제3자 판매자가 받은 주문을 아마존에서 이행(아마존 프라임 2일 내 무료배송 이용 가능)
- 2011년 : 영상 스트리밍 서비스 무료 제공 시작
- 2014년 : 아마존닷컴 반짝 세일 상품 30분 일찍 확인 가능
- 2014년 : 프라임 팬트리 Prime Pantry ('평소에 쓰는 크기'로 일상 가정

용품을 온라인으로 구매) 출시. 프라임 회원은 35달러 이상 구매 시 무료배송. 음악 스트리밍 서비스와 무제한 사진 보관 서비스도 이용 가능해짐.

- 2014년 : 대도시에 사는 프라임 회원이 자주 주문하는 제품을 당일(보통 2시간 이내)에 수령하는 서비스인 프라임 나우 Prime Now 시작.
- 2017년 : 홀푸드 할인, 프라임 워드로브 Prime Wardrobe 출시, 프라임 회원 전용 브랜드 굿스레드 Goodthreads 등 출시, 체이스에서 발행하는 프라임 리워드 비자카드(아마존과 홀푸드에서 구매 시 모든 구매 금액의 5퍼센트 캐시백) 도입 등 여러 혁신 시행.
- 2019년 : 식료품 무료배송 및 홀푸드에서 픽업 가능한 서비스 시작, 무료 당일 배송 서비스 지역을 1만 개 이상의 도시로 확대. 여기에는 프라임 회원 집안까지 배송하는 서비스도 포함.

매 2년마다 새로운 이정표를 등장시키며 고객에 집중하는 혁신을 통해 아마존 프라임은 대단한 성공을 거두었다. 15년 만에 아마존은 전 세계 가입자 2억 명을 보유한 기업으로 성장했다. 프라임 회원은 프라임 회원이 아닌 경우보다 2.3배 더 구매하며(연간 1,400달러 대 600달러), 베인의 조사에 따르면 아마존 프라임 회원의 순추천고객지수는 모든 소매유통업체 가운데 일관적으로 높은 수준을 나타낸다(일부 경우에는 30점 더 높다). 프라임 회원의 연회비는 최근 119달러로 올랐지만, 그래도 여전히 놀라울 만큼 저렴한 가격이다.

예를 들어 프라임 회원에게 무료로 제공되는 영상 스트리밍 서비스에서는 프라임 연회비 외에 추가 비용 전혀 없이 넷플릭스보다 3배나 많은 수의 영화를 볼 수 있다. 이에 반해 넷플릭스에서 기본 요금제를 사용하면 연간 168달러를 내야 하며, 시청 가능한 영상의 수는 아마존보다 훨씬 적다. 아마존의 서비스는 탁월하다!

만족스러움을 넘어 탁월함을 추구하라

현대 경영학의 아버지로 불리는 피터 드러커Peter Drucker는 '고객 만족은 모든 기업의 미션이자 목적이다'라고 밝힌 바 있다.[6]

내 의견은 이와 다르다는 걸 정중하게 밝히고 싶다. 물론 기업의 목적에서 고객이 중심에 있어야 한다는 생각은 전폭적으로 지지한다. 하지만 고객을 그저 만족시키는 것은 너무 낮은 기준이다. '만족시킨다'라는 말을 살펴보자. 사전적 의미로는 '누군가의 기대를 충족하다'라는 뜻이고, 유의어로는 '적절하다'가 있다. 이런데도 '만족시키다'라는 단어를 듣고 의욕이 생기는가?

NPS는 더 높은 기준을 제시한다. 즉 고객의 기대를 만족시키는 것에서 고객의 기대를 넘어서는 것으로, 그리고 고객을 열광시키는 것으로 기준을 높인다. 지금까지 계속 강조해온 내용처럼 위대한 기업의 주요 목적은 고객의 삶을 풍요롭게 하는 것이다. 그렇게 하려면 사람들을 만족시키는 것보다 훨씬 더 많은 일을 해야 한다.

고객을 만족시킨다는 건 암묵적으로 불평불만이 없는 상태를 기준으로 삼는다. 하지만 고객의 삶을 풍요롭게 한다는 건 고객에게 정말 탁월한 경험을 제공해 사랑받고 있다는 느낌을 선사하는 것이다. 정말 사랑받는다는 느낌이 들어 다른 사람에게 자랑할 정도여야 한다. 고객을 열광하게 만들어야 한다. 고객이 그저 만족하는 수준에서 진짜 행복해하는 수준으로 끌어올려야 한다. 이렇게 높은 허들을 넘었을 때만 고객을 순추천고객(재구매를 계속하여 더 많이 구매하고, 브랜드를 친구에게 추천하는, 기업의 소중한 자산)으로 바꿀 수 있다.

NPS 선도기업은 정기적으로 탁월함을 선보이며, 체계적이고 변화무쌍한 방식으로 탁월함을 이룬다. 코스트코의 짐 시네갈은 자신이 보기에 코스트코의 창고형 매장에서 매일 최고의 저가 상품을 판매하는 것만으로는 회사가 장기적으로 성장하기에 충분하지 않다고 생각했다. 인간의 뇌는 이런 면에서 다소 삐딱하다. 우리의 뇌는 어떤 패턴을 인식하는 순간 같은 패턴을 지겨워하기 시작한다. 우리는 어떤 새로운 것('정말 좋은' 어떤 것이라고 해두자)이 나타나면 처음에는 당연히 설렌다. 하지만 시간이 흐르면 그 대상이 여전히 아주 좋은 것이라 해도 흥미를 잃는다.[7] 우리가 열광하고, 열광했던 경험을 친구나 동료에게 이야기할 마음이 생기려면 예상하지 못했던 놀라움이 있어야 한다.

코스트코에서 항상 새로운 상품과 믿기 힘들 정도의 할인 상품을 갖추고 고객이 매장을 방문할 때마다 보물찾기 하는 느낌을 주려고 애쓰는 이유이다. 코스트코는 무언가 발견하고 싶어 하는 우리의 욕구를 충족시켜준다. 재방문하기 훨씬 전에 상품이 이미 품절될 것이고, 이 엄청난 할인 상품을 지금 사는 것이 낫다고 말하며 아드레날린 수치를 높인다. 물론 상당히 맞는 말이다. 그렇기에 떠밀리거나 조종당해 샀다는 생각은 들지 않는 것이다. 코스트코에서는 어떤 제품이든 쉽게 반품할 수 있기 때문에 구매자가 후회할 위험조차 없앴다.

처음에는 우리를 열광시켰지만, 얼마 지나지 않아 당연하게 여기게 된 혁신이 얼마나 많은지 생각해보라. 예를 들어 USAA는 2009년 금융 업계 최초로 스마트폰 애플리케이션을 통해 수표를 입금할 수 있게 했다. 당시에는 정말 놀라운 서비스였다. 수표를 입금하러 은행 지점을 방문할 필요가 없고, 거의 바로 현금을 찾을 수 있다니 마법 같은 일이었다. 하지만 지금은 모든 주요 금융기관과 대부분의 소규모 기관에서도 동일한 서비스를 제공한다. 그래서 불과 몇 년 사이에 사람들이 열광하던 서비스에서 당연하게 이용할 수 있는 서비스가 되었다.[8]

서비스센터에서 제공하는 자동 콜백callback 기술도 마찬가지였다. 처음 이 서비스를 접한 건 눈폭풍이 불어 항공권을 다시 예약하려고 사우스웨스트 항공에 전화를 걸었을 때였다. 사우스웨스트 항공에 전화하기 바로 전 다른 항공사에 전화를 걸었다가 35분간 대기 상태로 있어야 했다. 사우스웨스트 항공에서는 대기 상태로 기다리게 하는 대신 대화형 음성 응답 시스템을 통해 상담사가 준비

되는 대로 바로 내게 전화해주겠다고 제안하며, 대기 순번은 그대로 지켜질 거라고 확인해주었다. 심지어 콜백을 받을 시간도 정할 수 있었다. 당시로서는 기억에 남을 만한 열광의 순간이었다. 물론 요즘은 콜백 기능에 더는 열광하지 않는다.

다시 말하지만 혁신의 필요성은 항상 존재한다. 사람들은 어제 열광하던 혁신에 오늘은 하품을 짓고, 내일은 최소한의 기본 기준으로 삼는다. 만족을 모르는 고객의 욕망을 기업이 어떻게 채워주고 탁월한 혁신을 꾸준히, 반복적으로 이룰 수 있을까? 이 질문에 답하려면 대부분 기업이 거의 무한에 가까운 창의적 재능의 보고인, 인지적 초자원을 이용해야 한다. 그것은 바로 일선 직원과 고객의 지혜이다.

고객에게 배움을 구하는 세 번째 질문

나는 자녀들에게 오랫동안 엘윈 브룩스 화이트E.B.White의 복음을 전해왔다. 엘윈 브룩스 화이트는 〈뉴요커New yorker〉의 전설적인 작가이자 시대를 초월해 좋은 글을 쓰는 방법을 알려주는 훌륭한 안내서 《글쓰기의 요소The Elements of Style》의 공저자이다(윌리엄 스트렁크William Strunk Jr. 공저).

이 두 저자가 알려준 복음의 중심 내용은 '단순함이 힘을 발한다'라는 것이다. 전통적인 NPS 설문조사에도 이러한 철학을 반영해 단 2개의 질문만 넣었다. (1) 추천할 가능성은 얼마나 됩니까?(0~10점) (2) 그 점수를 매긴 이유는 무엇입니까?(개방형 질문)

〈포춘〉의 편집자 제프 콜빈Geoff Colvin은 순추천고객지수가 고객 성공을 나타내는 뛰어난 지표가 된 이유를 분석하며 '세계에서 가장 짧은 고객 설문조사'에 기반하는 '불경스러울' 정도로 철저한 단순함의 결과가 성공으로 이어졌다고 결론지었다.[9]

여기서 우리 딸 제니가 등장한다. 당시 제니는 대형 와인 및 주류 소매유통 체인점에서 일하고 있었다. 제니는 그 회사의 NPS 피드백 관리를 담당하고 있었는데, 업무에 관해 내게 하고 싶은 이야기가 있다고 했다. 제니는 "이 사실을 좋아하시지 않으시겠지만, 우리 회사에서 설문조사 질문을 2개에서 3개로 늘렸어요"라고 말했다. 세 번째 질문이 무엇인지 묻자 '고객님의 경험이 더 특별해지기 위해 우리가 할 수 있는 일이 있습니까?'라고 했다. 나는 믿을 수가 없었다. 친딸이 내 평생의 과업을 망치다니 말이다.

개인적으로 질문 혐오와 씨름을 벌이는 건 NPS가 제일 처음 시작되었던 때까지 거슬러 올라간다. NPS를 처음 실행해보는 담당자 중 추가 질문을 넣으면 NPS가 개선될 것이라고 결론 내리는 사람이 너무 많았다. 보통은 NPS 프로세스를 기업별로 구체적인 상황에 맞춘다는 이유를 들었다. 그렇게 추가하는 질문이 하나에서 둘이 되고, 서너 개가 되고 점점 더 늘어나 고객이 응답하기 싫을 정도가 되었다. 그런 NPS 설문지는 질문이 길고 긴 다른 시장조사 도구와 비슷해졌다. 소비자의 시간이 아주 소중한 건 아니라고 여기고, 이에 짜증 난 소비자가 '삭제' 버튼을 누르게 만들어 대화가 시작되기도 전에 끝나게 만드는 그런 설문지 말이다.

나는 제니에게 만일 고객이 무언가 중요하게 말할 것이 있다면 두 번째 질문(개방형)에 답하면서 쓸 수 있다고 이야기했고, 농담처럼 주의를 주었다. "넌 복잡성을 도입했어. 힘을 빨아들이고 에너지를 좀먹는 어두운 힘이지. E.B. 화이트가 수치스러워할 거다."

하지만 제니는 자신이 찾은 증거를 보이며 주장을 굽히지 않았다. 그리고 제니의 말이 옳은 것으로 판명되었다. 고객들이 두 번째 질문에 답할 때 추천고객은 대개 이런 글을 남겼다. '우리는 페어팩스Fairfax 매장에서 쇼핑하는 걸 좋아합니다. 계산대를 맡은 안젤라가 언제나 우리를 환영해주기 때문입니다. 안젤라는 정말 훌륭한 직원입니다.' 그렇다, 이는 정말 중요한 피드백이다. 이 피드백 덕분에 점장은 다음번 팀 모임에서 안젤라를 칭찬할 수 있다. 안젤라에게 일을 정말 잘한다고 공개적으로 인정해주고 직원들에게 뛰어난 고객 서비스의 가치를 보여줄 기회를 얻은 것이다.

하지만 그런 피드백만으로는 회사가 어떤 부분을 더 잘할 수 있을지 분명하고 일관성 있는 통찰을 얻을 수는 없다. 그래서 세 번째 질문을 넣게 되었다. '고객님의 경험이 더 특별해지기 위해 우리가 할 수 있는 일이 있습니까?' 제니는 두 그룹의 고객에게 3번 질문을 안내했다. 한 그룹은 1번 질문에 9점이나 10점을 매긴 추천고객이고, 다른 한 그룹은 7점이나 8점을 준 중립고객, 즉 지금은 만족하지만 경쟁사가 마음에 들면 떠날지 모르니 신경 써야 할 고객들이었다.

  한 추천고객은 3번 질문에 답하면서 최근 매장을 방문했을 때 좋아하는 수제 맥주를 찾을 수 없었다고 썼다. 덕분에 점장이 해당 고객에게 전화할 기회를 얻었고, 점장은 고객에게 전화해 시간 내 설문에 답해주셔서 감사하다고 인사를 전하고는 서비스 데스크 뒤에 그 고객이 좋아하는 수제 맥주가 진열되어 있으며, 다음번에 매장을 찾으실 때도 그 자리에 있을 거라고 확인해주었다. 이것이 바로 베인에서 NPS 업무시 '클로징 루프 후속 작업closing the loop'이라 부르는 일이다. 이처럼 제니의 질문은 이 소중한 고객을 진정으로 감동시킬 기회를 만들었다.

  이제 제니의 질문이라 부르는 세 번째 질문이 폭넓은 상황에서 유용하게 쓸 수 있다는 점이 증명되었다. 세 번째 질문 덕분에 기업은 그 기업을 가장 잘 알고, 성공을 바라는 고객에게서 더 많이 배울 수 있다. 추천고객은 어떤 면에서는 회사보다 우리 회사에 관해 더 잘 알고 있다. 이건 진실이다. 제니의 질문을 던짐으로써 그런 고객의 선의와 창의적인 지적 능력을 활용할 수 있다.

  그렇기는 하지만 NPS 설문지에 추가 질문을 넣는다는 생각은 '정말 상상하기 힘든 일'이라고 경고했다. 우리는 NPS 설문의 단순함을 버리고 싶지 않다. 그런 단순함을 분명하게 옹호했던 E.B.화이트가 무덤에서 벌떡 일어나게 할 일은 당연히 만들고 싶지 않다.

탁월함의 경계를 높이는 칙필에이

칙필에이와 함께 긴밀하게 일하던 시절 매년 열리는 칙필에이 매장 운영자 모임에 참석한 적이 있다. 기억에 남는 한 모임에서 성경의 한 장면을 다시 꾸민 영상을 보았다. 로마법에서 지역 유대인들에게 로마 군인을 위한 안내자와 짐꾼 역할을 모두 맡으라고 요구했다. 로마군이 유대인 마을을 지날 때 로마식 1마일(오늘날 사용하는 마일보다 약간 짧은 거리)만큼씩 로마군의 무거운 짐을 들라 명했다. 이처럼 부담스러운 요청을 받고 예수는 주민들에게 로마군의 요청을 피하거나 분하게 여기지도 말고 기쁜 마음으로 짐을 받아 필요한 만큼의 거리가 아니라 1마일만큼 더 들어주라고 조언했다. 그렇다, '기대 이상go the extra mile'이라는 표현이 바로 여기에서 나왔다.[10]

이 성경의 구절에서 영감을 받아 칙필에이는 세컨드마일 서비스 Second Mile Service 프로그램을 도입하게 되었고, 매장 운영자와 직원들이 고객 만족을 넘어 고객 감동을 이룰 방법을 창의적으로 떠올리도록 장려했다. 그 후 몇 년간 칙필에이의 임원진은 이를 '탁월성 이니셔티브Be Remarkable initiative'라고 부르기 시작했고, 그동안 각 매장의 순추천고객지수를 '탁월성 점수Be Remarkable Score'라고 불렀다. 명칭이나 점수에 상관없이 중요했던 것은 칙필에이 일선 직원들이 고객을 감동시켜 진정한 추천고객(더 자주 재구매하고 친구와 가족을 데려오는 고객)으로 만들 창의적인 방안을 내놓는 것이었다.

그리고 이런 방식은 성공을 거뒀다. 그 뒤로 주로 지역 매장 운영자와 일선 직원들에게서 주목할 만한 혁신이 꾸준히 이어졌다. 예를 들어 지역 매장 직원의 아이디어로 출시한 페퍼민트 밀크쉐이크가 연말 연휴 기간에 큰 인기를 끌었다. 또 다른 지역 매장에서는 엄청난 성공을 거둔 치킨 너깃을 처음 내놓았다. 드라이브스루 줄에 반려동물을 키우는 사람이 있으면 강아지용 비스킷을 나눠주자는 의견도 있었다. 이런 아이디어는 끊임없이 말할 수 있을 정도이다. 정말 끝이 없다.

때로 좋은 아이디어가 있으면 본사에서 매장 운영자를 도와 아이디어를 테스트해보고, 다른 매장에서도 쉽게 따라서 할 수 있도록 내용을 개선한다. 성공을 거둔 아이디어가 생기면 본사에서는 성공 스토리를 집중 조명하고 관련 통계를 공유한다. 하지만 어느 지역 매장에서 자생적으로 제시한 혁신 아이디어를 다른 매장에서 반드시 채택해야 한다고 지시하지는 않는다. 개별 프랜차이즈 매장은 매장 입지, 고객, 운영 능력을 감안해 각자 상황에 맞는 혁신 아이디어를 채택한다.

플로리다 걸프 코스트 근처 골프장에서 골프를 친 후 막내 아들을 칙필에이에 데려갔던 적이 있다. 당시 매사추세츠주 우리 집 근처에는 칙필에이 매장이 없었으므로 나는 칙필에이의 어떤 점이 그렇게 특별한지 아들이 직접 보았으면 했다. 우리는 당시 신메뉴였던 스파이시 치킨 샌드위치를 주문했다. 음식이 담긴 쟁반을 받아 자리에 앉자마자 친절한 직원이 음식 맛이 어떤지 알아보러 우리 테이블로 왔고 음료를 리필해줘도 괜찮을지 물었다. 그러고는 샌드위치에 블루치즈 드레싱을 뿌려보겠냐고 물었고(보통 샐러드 메뉴에 나오는 드레싱이다), 내가 고개를 끄덕이자 카운터 뒤로 가 블루치즈 샐러드 드레싱을 가져다주었다. 그 직원은 마치 음모에 가담하듯 자신이 규칙을 어기고 있지만, 내가 그 조합을 정말 좋아할 것 같았다고 말했다. 그 직원의 말이 맞았다.

그에게 내가 종종 칙필에이에 관한 글을 쓰고, 기조연설이나 세미나에서 칙필에이를 사례로 제시한다고 말했다. 그러면서 탁월한 혁신이라 생각하는 멋진 새 아이디어가 있는지 물어보았다. 직원은 열의를 보이며 "오, 물론 있습니다. 저희 매장 운영자는 온갖 훌륭한 아이디어를 생각해냅니다!"라고 말하고는 혁신 아이디어를 하나씩 차례로 말하기 시작했다. 상당히 창의적인 아이디어가 많았다. 30분 뒤 아들과 차로 다시 돌아왔을 때 직원의 이야기를 잊지 않기 위해서 몇 분 동안 내용을 메모해두어야 했다.

그중 한 가지 이야기가 특별히 지금까지도 기억에 남아 있다. 그 매장 운영자는 지역 홈디포의 매니저를 알고 지냈는데, 그를 설득해서 부모와 자녀를 위한 토요일 아침 만들기 수업용 재료와 전문 지식을 제공받았다. 첫 번째 프로젝트는 새집 만들기였는데, 수업이 크게 인기를 끌어서 여러 번 행사를 진행했다. 화분 만들기, 경주로 만들기 등 새로운 만들기 프로젝트도 추가되었다. 덕분에 토요일 아침 메뉴는 보통 품절된다고 했다.

베인 댈러스 오피스에서 파트너들에게 이 사례를 전했다. 그랬더니 한 파트너가 칙필에이는 자신의 가족, 더 정확히 말하면 세 살짜리 아들이 가장 좋아하는 레스토랑이라고 이야기했다. 매주 가족이 들르는 곳이라는 의미였다. 그의 이야기에서 가장 흥미로웠던 건 아들이 칙필에이를 좋아하는 이유였는데, 가족과 처음 칙필에이에 갔을 때 호세라는 직원이 그의 아들에게 특히 친절했다고 했다. 호세는 바퀴가 달린 걸레통을 끌고 다니며 매장 바닥을 청소 중이었는데, 어린 아들이 걸레 짜는 통을 보고 넋을 잃었다. 호세는 부모에게 아이가 바닥 닦는 일을 도와도 되는지 물었고, 부모가 허락하자 아이를 대걸레 위에 태우고는 매장 안을 한 바퀴 돌았다(호세는 아이에게 바닥을 완전히 깨끗하게 닦으려면 어린아이만큼의 무게가 더 필요하다고 설명했다). 그날 이후 동료의 가족이 칙필에이 매장을 방문할 때마다 호세는 아이의 이름을 부르며 반겼고, 그 자리에서 하고 있는 일이 무엇이든 아이에게 도와달라고 하며 함께 했다. 냅킨함에 냅킨 채우기, 빨대 보충하기, 비오는 날 우산 나눠주기 등 무슨 일이든 말이다. 동료 직원의 결론은 가족이 전부 칙필에이의 음식, 서비스, 전체적인 분위기를 좋아하기도 하지만, 칙필에이가 정말 탁월한 건 호세가 있기 때문이라는 것이었다.

칙필에이 매장의 운영자들도 고객 경험을 풍요롭게 만든다. 한 매장 운영자는 발렌타인데이에 예약자 전용 특별 저녁 식사를 진행하면서 턱시도를 입고 참석했다. 테이블마다 테이블보를 깔고, 빨간 카네이션이 꽂힌 꽃병을 놓았으며, 커플 손님들이 특별한 밤을 축하하도록 바이올린을 켜며 세레나데를 불렀다. 정말 저렴한 가격에 진행한 행사였다. 또 다른 운영자는 아빠와 딸이 데이트하는 날이라는 행사를 기획해 매월 진행했다. 아빠가 행사 참여를 예약한 후 특별하게 장식된 레스토랑에서 딸과 함께 좋은 시간을 보내는 날이었다. 아빠가 어색한 분위기를 떨칠 수 있도록(혼자서 딸들과 그렇게 긴 시간을 보내본 적이 없는 아빠도 있다) 칙필에이는 사려 깊게 대화의 물꼬를 트는 데 사용할 수 있는 '오늘 학교 식당에서 누구 옆에 앉았는지 얘기해주겠니?'와 같은 내용이 담긴 쪽지도 마련했다.

조카의 가족들은 화요 가족의 밤 행사가 진행되는 동네 칙필에이 매장을 방문했다. 여러 가지 활동이 펼쳐졌고, 그중에는 광대와 마술사의 공연, 물건 찾기 놀이, 부엌 견학 프로그램도 있었다. 식사와 함께 어린아이들이 좋아하는 작은 만들기 세트(예를 들어 종이로 된 소 얼굴 만들기 세트)가 나왔다.[11] 그런데 조카의 아들이 칙필에이를 좋아하는 가장 큰 이유는 매장 직원인 듀에인 때문이다. 듀에인은 조카 가족이 매장을 방문할 때마다 아이의 이름을 부르며 반겨주는 직원으로, 언제나 광선검 대결에 참여할 준비가 되어 있다. 이렇게 어른이 자신을 알아봐주는 것을 조카의 아들은 매우 특별하게 생각하면서, 가족이 함께 보내는 크리스마스 카드를 듀에인에게도 보내야 한다고 주장한다.

나는 마크 모라이타키스Mark Moraitakis에게 전화를 걸었다. 마크는 칙필에이의 임원으로 로마군의 짐을 메고 1마일을 더 가라는 예수의 조언을 담은 영상을 준비했던 사람이다. 당시 마크는 직원들의 '미래 경력' 설계를 담당하는 업무를 맡고 있었다. 마크에게 이 책에서 소개할 만한 탁월한 경험 사례가 더 있는지 물었다. 그는 코로나 팬데믹 초기 누구도 매장을 방문할 수 없어 대부분 매장이 심각한 매출 감소를 겪고 있던 때 대단한 효과를 거둔 프로그램에 관해 이야기했다. 한 매장 운영자가 내놓은 아이디어였는데, 그 운영자는 20퍼센트의 매출 성장을 이루었다. 그는 창의적인 발상으로 주차장을 바꿔 4개의 드라이브스루 차선을 만들고 각 차선마다 아이패드를 장착한 임시 스탠드를 세웠다. 덕분에 고객은 매장 안에서 창문을 통해 인사하며 손을 흔드는 직원과 차 안에서 페이스 타임 영상 통화를 이용해 직접 이야기를 나눌 수 있었다.

창의적인 발상을 하는 매장 운영자가 내놓은 또 다른 혁신적인 아이디어로 (팬데믹 기간에는 일시적으로 중단된 상태이지만) 테디 베어의 하룻밤 행사가 있다. 해당 매장에서는 평일 저녁에 손님이 적은 특정 요일이 며칠 있었다. 그래서 그중 하루를 골라 동화책 읽기 시간을 마련했다. 즐거우면서도 교육적인 행사로 기획해 가족에게는 사교 행사를 제공하면서 어린아이들이 읽기 연습도 할 수 있는 기회가 되었다. 초저녁에 가족이 매장을 찾아 책 읽기 시간에 참여하고 이야기가 끝나면 어린아이들은 처음으로 밖에서 잠자는 날을 맞이한 테디베어를 위해 각자의 테디베어에 이불을 덮어 잘 재우고 부모님과 함께 집으로 돌아간다. 그리고 다음 날 아침 테디베어와 아침을 먹기 위해 전부 매장으로 다시 돌아온다. 탁월할 뿐 아니라 정말 멋진 아이디어이다!

마지막으로 마크는 캘리포니아에서 칙필에이 매장을 운영하는 숀 요크가 제작하는 팟캐스트 시리즈를 확인해보라고 권했다. 숀은 팟캐스트 방송을 통해 칙필에이 매장을 운영하며 발전시킨 리더십 철학을 공유한다. 거기에는 직원들이 서로를 그리고 특히 고객을 올바르게 대하도록 영감을 주는 통찰력과 행동이 포함된다. 숀이 팟캐스트 방송에 그렇게 상당한 시간을 투자해서 자신과 매장이 직접 이익을 얻는 건 없다. 하지만 자영업을 시작하려는 사람이라면 누구에게나 유익한 내용을 제공하고 있으므로 그런 면에서 생각하면 탁월하고, 포용적인 행동이다. 팟캐스트 방송의 제목은 '사랑이 통하는 이 곳Love Works Here'이다.

디지털 혁신의 힘

이제 지금까지 언급했던 기업들을 다시 한번 살펴보고 디지털 솔루션이 고객 경험을 향상시킬(사실 완전히 새롭게 재해석한다) 수많은 기회를 어떻게 제공하는지 살펴보자.

와비 파커보다 디지털 혁신을 잘 시행한 회사도 드물다. 와비 파커는 지난 10년간 안경과 콘택트렌즈 구매 과정에 혁명을 일으켰다. 와비 파커를 세운 와튼 경영대학원 출신의 네 학생은 탁월함을 목표로 하는 순추천고객 철학을 새로운 사업모델의 중심으로 삼았다. 와비 파커의 창업자들은 안경 업계가 고객에게 그저 그런 서비스를 제공하면서 최고가의 금액을 부담시키고, 영업사원들에게 판매 수수료를 제공하며 강력한 마케팅을 펼치는 구식 사고에 갇혀 있는 것을 보았다. 매장에 진열된 제품은 안경 케이스 안에 들어 있어서 판매 수수료를 받으며 일하는 영업사원의 도움이 있어야 안경테를 살펴볼 수 있었다. 와비 파커는 판매 수수료와 마케팅 비용을 없애면 고객이 처방받은 안경을 95달러에 팔아도 수익이 발생한다고 계산했다. 업계에서는 같은 안경을 400~500달러에 팔고 있는 상황이었다. 하지만 와비 파커의 목적은 가격으로 경쟁하는 것이 아니었다. 고객 경험 전반에 걸쳐 열광할 만한 서비스를 제공함으로써 열성적인 추천고객을 만드는 것이 목적이었다. 이를 위해 고객 여정의 매 단계를 완전히 재해석했다.

와비 파커에서 안경을 주문할 때는 웹사이트에서 나와 잘 어울릴 것 같은 안경테 몇 가지를 찾도록 도와주는 기능을 손쉽게 이용할 수 있다. 웹사이트에서 안경테를 고르면 선택한 다섯 가지 안경테를 아무런 비용이나 의무 사항 없이 보내준다. 집에서 혼자 편안하게 안경을 써보고, 거울로 살펴보고, 어떤 게 좋을지 가족들의 의견도 모은 다음 가장 마음에 드는 안경테를 주문할 수 있다. 와비 파커 애플리케이션에서 클릭만 몇 번 하면 주문할 수 있다. 샘플로 받은 안경테는 선불 처리된 배송 박스에 넣어 반품하면 며칠 뒤 새 안경테에 맞춤 렌즈를 끼운 안경이 도착한다. 배송 상자 안에는 와비 파커의 상품을 구매해준 덕분에 안경이 필요한 어려운 사람에게 새 안경을 나눠주었다는 소식이 함께 들어 있다. 훌륭하다!

이런 고객 경험 덕분에 많은 사람들이 와비 파커를 추천하고, 추천을 받은 사람이 다시 와비 파커의 충성 고객이 된다. 와비 파커의 공동 CEO인 데이브 길보아는 이런 경험을 하는 사람이 많다고 했다. 와비 파커를 새로 이용하는 고객 대부분은 기존 고객의 추천으로 유입된다. 게다가 무료 샘플 박스를 받고 한 번에 여러 개의 안경테를 구매하는 고객도 많다고 한다.

펠로톤은 고객(펠로톤에서는 회원이라고 부른다)이 열광할 기회를 포착하기 위해 고객과 고객 지원 담당자의 이야기를 인상적일 정도로 무척 주의 깊게 듣는다. 예를 들어 고객 지원팀에서 운동하는 동안 나온 음악에 관해 자세히 알고 싶어 하는 회원이 많다고 보고하자 펠로톤은 '좋아하는 곡Track Love'이라는 기능을 도입해 화면 터치 한 번으로 그 곡을 재생하거나 회원의 애플 뮤직이나 스포티파이 재생목록에 동기화할 수 있도록 했다.

펠로톤은 꽤 많은 회원이 스스로 그룹을 만들거나 점수판에 하이파이브를 남기기 위해 프로필란에 #흑인소녀마법BlackGirlMagic이나 #간호사RN 같은 해시태그를 넣는다는 걸 알게 되었다. 그래서 태그Tags 기능을 넣어 회원들이 프로필란에 고유한 해시태그를 추가할 수 있게 했다. 이 기능 덕분에 대학 동문이나 고향 모임, 특정 기업이나 업계 종사자, 좋아하는 취미가 같은 사람들, 운동 방식이 비슷한 사람들처럼 공동의 이익에 따라 다양한 모임을 형성할 수 있었다. 펠로톤 플랫폼에서는 회원의 태그에 따라 인기 있는 수업도 게시해 새로운 모임을 찾도록 도와주고, 회원 모임이 원활하게 확장되도록 한다. 태그 기능이 도입된 이후 32만 5,000개의 태그가 새로 추가되었다.

그중 #흑인소녀마법은 가장 큰 태그 모임으로 성장했고, 회원 수가 2만 9,000명이 넘는다. 펠로톤은 그룹 운동을 용이하게 할 뿐 아니라 특정 태그 모임의 회원들에게 연락해 가상의 모임 이벤트도 주최하고, 펠로톤 경영진, 강사, 다른 회원과 대화에 참여하도록 초대한다. 첫 번째 가상 모임 이벤트는 2020년 여름 #흑인소녀마법 모임과 당시 펠로톤의 CEO였던 존 폴리가 함께 했다. 모임에 참석한 회원 수백 명의 피드백은 긍정적 내용이 압도적이었다. 그날의 이벤트는 순추천고객지수 94점을 기록했다. 이벤트에 참석했던 한 회원은 이렇게 소감을 밝혔다. 'CEO의 이야기를 듣다니 정말 좋은 기회였습니다. 흑인소녀마법 모임의 구성원으로 활동하는 건 제가 펠로톤의 여정을 헤쳐나가는 데 정말 도움이 되었습니다. 다른 회원들이 함께 운동하며 저를 응원해주고 있다고 생각하면 정말 변화가 생깁니다. 이런 모임에 참여해 목소리를 낼 기회를 준 펠로톤에 감사드립니다.' 상당히 탁월한 서비스이다.

츄이도 반복해서 고객을 열광시키는 디지털 혁신 기업의 또 다른 사례이다. 츄이는 '고객과의 모든 상호작용에서 기대치를 넘어선다'라는 목표에 집중한다고 밝혔다. 츄이 순매출의 약 70퍼센트 이상은 자동 재주문에서 나온다(고객과 츄이 모두에게 손쉬운 방법이다). 아마존을 포함한 많은 기업에서 유사한 기능을 사용하지만, 츄이의 서비스는 훨씬 뛰어나다.[12] 츄이는 자동 배송이 이루어지기 직전 친절한 이메일 알림을 보낸다. 알림 메일을 받은 고객은 직접 배송 일정을 조정하거나 미룰 수 있다. 츄이에서는 또한 그런 주문에 추가할 수 있는 많은 상품을 준비한다. 반려동물 사료부터 장난감, 운송 상자까지 6만 5,000여 개의 상품이 구비되어 있으며, 지난 2년간 상품 종류를 30퍼센트 늘렸다. 츄이는 상품뿐만 아니라 서비스도 제공하는데 최근에는 수의사 연결Connect with a Vet 서비스를 출시했다. 이 서비스를 통해 온라인으로 수의사에게 기본적인 상담을 받을 수 있다.

츄이의 고객은 계정에 반려동물의 프로필을 만들 수 있다. 품종, 몸무게, 사료, 생일 등의 정보를 기재하며, 이를 바탕으로 츄이의 추천 엔진이 반려동물이 좋아할 것 같은 제품을 알려준다. 넷플릭스가 비슷한 성향의 고객이 매긴 평점을 바탕으로 영화를 추천해 주는 것과 같은 방식이다. 반려동물 데이터는 또한 전문 지식을 갖춘 고객 서비스 담당자에게도 도움을 준다. 츄이의 고객 서비스 담당자는 365일 항상 연락 가능하며 맞춤형 조언을 제공한다.

츄이에는 100여 명의 직원으로 구성된 고객 열광팀이 따로 있다. 이들은 고객을 감동시킬 혁신적인 방법을 구상하고 실행한다. 이 팀에서는 반려인과 반려동물 사이에 특별한 감정적 유대감을 고려해 반려동물이 사망해 반려인이 주문을 취소하면 꽃이나 편지를 보내는 등 고객을 보살핀다. 때로 고객 열광팀에서 깜짝 감사 인사로 보낸 손으로 그린 반려동물의 초상화는 고객들을 깊이 감동시켰고, 고객들은 소셜미디어에 그림을 올리며 열렬한 찬사를 보냈다. 덕분에 츄이는 진정성 있고 강력한 지지를 얻었다.

한계를 넘어서기 위하여

대기업은 비용 관리 측면에 맞춰 보통 재무, 운영, 마케팅 등 기능별 부서로 구성된다. 각 부서 직원들은 주의 깊게 프로세스를 정의하고, 기준을 벗어나는 일은 가차 없이 제거하려고 하면서 완벽을 추구한다.

이러한 접근법은 실제 표준화된 품질과 낮은 비용으로 이어지며, 일부 제품에는 잘 맞는 방식이다. 하지만 그보다 복잡한 제품과 서비스의 경우 부서 내에서 끊임없이 완벽을 추구하는 방식이 역효과를 낳기도 한다. 혁신과 창의성을 억누르기 때문이다. 의미 있는 혁신을 이루려면 이러한 기능적 한계를 초월해야 한다.

단순히 이론상의 우려는 아니다. NPS를 처음 만들었을 때 많은 대기업에서 NPS 프로그램에서 비추천고객을 '고치려'(즉 의견을 막거나 바꾸려고) 애썼다. 그 결과 제품이나 서비스의 결함을 줄일 목적으로 NPS 프로그램과 품질 관리를 단단히 묶어서 생각했다. 여기에는 분명한 논리가 있었다. 제품의 결함이나 관계 부조화를 줄이면 고객이 만족할 수준이 된다는 생각이었다. 하지만 여기서 '만족시킨다'라는 문제적 표현을 다시 만나게 된다. 고객을 단순히 만족시키는 것 이상의 일을 하려면 어떻게 해야 할까? 고객을 추천고객으로 발전시키려면 반드시 고객이 열광하는 탁월한 경험이 있어야 하는데, 어떻게 해야 할까?

부서별로 나뉜 체계를 가진 조직은 대부분 이 문제로 씨름한다.

추천고객을 늘리려는 처음의 노력은 대체로 기존 추천고객을 확인하는 데 초점을 맞추고, NPS 설문지의 2번 질문에 대한 답을 연구해 좋은 방법을 찾고, 그 방법을 강화하고 복제하려 한다. 하지만 그것만으로는 부족하다. 승리하는 기업(특히 일선 직원들)은 고객을 반복적으로 열광시키기 위해 다양한 시도와 테스트를 독려한다. 신뢰할 만한 프로세스가 주는 이점을 유지해야(제품의 품질은 여전히 매우 중요하다) 하지만 지속적인 혁신을 이루려면 '열광을 일으키는 공장 wow factory'이라 부를 만한 것을 더해야 한다는 것을 알기 때문이다.

이러한 문제는 준수해야 할 광범위한 규정 사항이 있는, 고도로 규제되는 산업에서 특히 어렵다. 이미 숨 막히게 나눠진 조직에 프로세스 표준화와 관료적 관리까지 더하면 특별함 없는 범용 제품만 나오는 게 당연하다. 고객과 직원, 투자자까지 누구에게도 감동을 주지 못하는 방안이다.

이런 모습은 멀리서 찾을 것도 없이 전통적인 금융 업계에서 찾아볼 수 있다. 전통적인 금융 업계는 위험을 회피해야 한다는 생각과 복잡한 운영 모델에 빠져 의사결정 속도와 발전 속도가 느리다. 그래서 퍼스트 리퍼블릭 은행 지점에 처음 갔을 때 감동받고 탁월함을 경험할 수 있는 것이다. 담당 직원(내가 대표 번호로 전화를 걸었을 때 통화했던 직원으로, 음성사서함 감옥에 갇히지 않게 구해주었다)은 아는 것이 많았고 '예'라는 대답을 내놓을 방법을 열심히 찾았다. 부가적으로 갓 구운 쿠키를 먹어보라고 권하기도 했고, 퍼스트 리퍼블릭 은행에서 신규 계좌를 개설하자 감사의 표시로 새 우산도 선물해줬다. 서명용 테이블 위에는 펜이 많이 있었고(줄은 달려 있지 않았다) 다양한 종류의 돋보기가 갖춰진 나무 상자도 있었다. 퍼스트 리퍼블릭 은행 지점에서는 몇 달에 한 번씩 파티를 열어 고객이 전 직원과 다른 고객을 만날 수 있는 시간을 마련했다. 주요 기념일을 축하했고, 그렇게 큰 기념일이 아닌 날도 축하했다. 퍼스트 리퍼블릭 은행의 창립 35주년을 축하하는 CEO의 이메일을 받았는데 이메일 속의 두 문장이 눈길을 사로잡았다. '지난 시간 퍼스트 리퍼블릭 은행은 성장을 목표로 삼은 적이 없습니다. 성장은 목표라기보다 한 번에 한 고객씩, 수십 년 동안 꾸준히 남다르게 보살핀 결과입니다.'

먼저 고객을 열광시키는 일에 투자하는 걸 보면 신규 고객이 이 은행으로 정하길 잘했다고 느끼는 게 얼마나 중요한 일인지 잘 이해하고 있음을 알 수 있다. 그건 사실이다. 어떤 고객 경험이든 가장 강력한 기억은 처음에 환영받는 일이다. 첫 만남의 순간에 고객 감동을 불러일으킬 수 있다면, 그래서 고객이 환영받는다고 느끼고 앞으로 보살핌을 받을 것이라 믿고, 이곳이 자신이 속해야 할 곳이라는 결론을 내린다면, 관계를 잘 풀어나갈 수 있을 뿐 아니라 관계가 유지될 가능성도 커진다. 그렇다, 첫인상은 앞으로 이어질 모든 일에 대한 기대를 높인다. 첫인상을 미리 좋게 남기면 고객이 우리 회사를 좋은 쪽으로 생각하게 되는 이점을 얻는다. 말콤 글래드웰Malcolm Gladwell은 첫인상의 중요한 역할을 주제로 책 한 권을 썼다. 첫인상은 무대를 꾸미는 것과 남은 관계에 영향을 주는 것, 양

쪽 의미에서 모두 중요하다.[13]

함께 성장하기 위한 해법

이건 사실이다. 첫인상을 남길 기회는 한 번뿐이다. 시장이 전자상거래 중심으로 빠르게 이동하면서 기업에서 신규 고객의 마음을 끄는, 따뜻한 맞춤형 환영 인사를 전하기가 점점 어려워지고 있다. 그래서 베인의 파트너인 빌 웨이드에게서 BILT를 찾았다는 말을 들었을 때 정말 기뻤다. BILT는 최고 평점을 받는 애플리케이션으로, 고객 환영, 제품 조립과 안내를 디지털 감동으로 바꿔 전한다.

지난 세월 내가 구매했던 제품을 조립하는 데 도움을 줘야 마땅할 제품 설명서가 전부 끔찍하게 이해하기 어려웠던 기억이 떠오른다. 엉망진창인 영어에, 대여섯 가지 다른 언어 버전도 실으려고 글자는 작고, 이해할 수 없는 도표와 그림이 섞여 있는 설명서였다. BILT는 그런 문제를 전부 피해 이상적인 조립이나 설치 순서를 3차원 애니메이션으로 보여주고, 여기에 음성과 문자 설명을 더하고, 피해야 할 잦은 실수에 관한 힌트까지 알려준다.[14] 모든 설명은 자동으로 스마트폰에 이미 설정되어 있는 언어로 제공된다.

전자상거래 시장이 활성화되면서 효율적인 배송을 위해 제품을 분해하여 부피를 줄여 배송하는 것이 보편화되었다. 그로 인해 정말 중요한 첫인상을 좋게 남기면서 배송하는 건 점점 더 어려워졌고, 매일 비전문가인 고객이 직접 조립해야 할 물건이 늘어나고 있다. BILT는 구글맵이 내비게이션의 혁명을 불러왔듯이 제품 설명서와 조립 문제에 혁명을 일으키지 않을까 생각한다.

시험 삼아 BILT 무료 애플리케이션을 다운받아 새로운 그릴을 산 것처럼 이용해보았다. 앞서 기존의 종이 설명서를 보고 그릴을 조립하려다 고개를 저으며 물러난 경험이 있었다. 그런데 BILT 애플리케이션을 이용했더니 조립 경험이 꿈만 같아졌다. 제품을 전체적으로 빨리 살펴보고 나자 BILT는 조립에 필요한 도구와 제품 패키지 안에 들어 있는 부품 목록을 보여주었다. 조립 완성까지 걸릴 예상 시간이 나왔고, 그런 뒤 음성과 문자로 안내하는 학습 애니메이션이 내 속도에 맞춰 조립 절차를 단계별로 안내했다. 스마트폰으로 그림을 확대하고, 화면을 터치해 그림의 방향도 바꿀 수 있었고, 더 알고 싶은 부분을 누르면 추가 정보가 제공되었다.

BILT에는 또한 가상 서류함이 있어 영수증과 보증서, 제품 등록 정보도 보관할 수 있다. BILT 덕분에 제품 반품과 고객 지원 요청 전화가 상당히 줄어들 것으로 예상한다. 그러면 소매유통업체와 제조업체는 비용을 절감하게 될 것이다. BILT 애플리케이션은 사용자가 조립 단계별로 소요하는 시간을 측정해 설명서와 제품 디자인 개선이 필요한 문제점을 확인해준다. 설명서 업데이트는 실시간으로 이루어진다. 제품 리콜과 관련해 설명서를 재인쇄하고 재배포할 필요가 없으니 얼마나 많은 비용이 절약될지 생각해보라. 마지막으로 BILT가 종이 설명서를 불필요하게 만든다는 것도 중요한 점이다. 결국 종이 낭비를 최소화하게 될 테니 말이다.

'정말 멋지다'라고 생각했다. 하지만 진정으로 내 주의를 끌었던 기능은 설명이 끝나고 마지막에 나오는 화면이었다. 거기에는 NPS 설문조사의 질문 2개가 나타나 고객에게 제품이나 서비스를 평가하고, 그 이유를 설명해달라는 요청이 담겨 있었다. 특정 상품단위 SKU와 제품 등록에 연결된 고객 피드백을 알리는 보물 창고 같은 역할이다!

BILT CEO 네이트 핸더슨Nate Henderson과 만날 기회가 있었다. 그는 《고객이 열광하는 회사의 비밀》에서 설명한 원칙을 바탕으로 회사를 세웠다고 말해 나를 깜짝 놀라게 했다. 네이트는 면접에서 구직자들과 내 책에 나오는 내용을 논의할 수 있도록 면접 전에 책을 읽고 오라고 요청한다고 말했다. 그러고는 "책에 관해 이야기할 때 지원자의 눈이 반짝이지 않으면 그 사람은 BILT에 맞는 사람이 아닙니다"라고 설명했다. BILT의 사명은 '사용자에게 정말 뛰어나고, 힘이 되는 경험을 만들어줌으로써 우리가 제공하는 브랜드의 추천고객이 되도록 하는 것'이다. 얼마나 멋진 발견인가! NPS 원칙 위에 세워진 기업이 '다른' 기업이 더 높은 순추천고객지수를 얻도록 돕는 데 전면적인 노력을 기울이고 있다니, NPS 추진 로켓 같은 기업이지 않은가.

고객을 위해 더 나은 세상을 만든다는 NPS 철학에 헌신하는 기업을 만날 때마다 나는 그 회사의 성공을 돕는다(밥 헤르스의 가르침에 감사한다). 이번 경우 나는 BILT에 상당한 투자를 했고, 이사회에 참여했으며, 친구들에게 추천했다. BILT에 투자한 건 5장에서 설명했던 획득성장률이라는 새로운 통계방식을 실제로 처음 적용해서 내린 결정이었다. 그렇다, BILT의 매출은 매년 175퍼센트 이상 성장해왔다. 하지만 다른 대부분의 서비스 소프트웨어 업체가 그렇듯 BILT의 사업도 현금이 많이 필요하다. 그리고 정말로 내 주목을 끈 건 BILT의 순매출유지율이 150퍼센트라는 점과 대부분 신규 고객이 소개와 추천으로 유입된다는 점, 그래서 획득성장률이 160퍼센트라는 점이었다. 이런 증거들이 이 회사의 성장은 지속가능하다고 믿게 만들었으며, 투자금액을 늘릴 수 있었다. BILT는 고객을 사랑하는 것이 투자자를 존중하는 것이라는 사실을 증명하는 또 하나의 사례가 되는 기업이다. 고객을 향한 사랑을 증명할 최고의 방법은 정말 탁월한 경험을 반복적으로 선사하는 것이다.

⋘ **BE PERSISTENT**

8장

끈기를 가지고
지속하라

위대한 기업을 세우는
원칙과 시스템

내가 이 세상에서 제일 좋아하는 장소는 우리 집 정원이다. 정원 가꾸기에 관해 나는 여전히 배울 게 많지만 열의가 부족해서 발목이 잡힐 일은 없다. 내가 왜 그렇게 정원 가꾸기를 좋아할까? 첫째, 모든 예술, 과학, 자연사가 정원으로 모인다. 정원을 가꾸면 자연의 경이로운 질서에 훨씬 가까이 다가갈 수 있다. 예를 들어 우리 집 돌담을 장식하는 아름다운 지의식물에는 협력과 경쟁의 힘이 담겨 있다. 지의식물은 사실 두 가지 유기체(녹조 혹은 시아노박테리아라 부르는 유기체와 균류)가 공생 관계를 이루고 있으며, 회복력이 정말 뛰어나서 수백 년간 살고, 심지어 식물이 자라기에 적당하지 않은 우주 환경에도 대응할 수 있다. 아니면 점균류를 생각해보자. 점균류는 단일세포 생물이 뭉친 것으로, 힘을 합쳐 다음 먹이를 찾고 이동하는 모습은 집단지성과 비슷하다. 이처럼 경이롭고 끊임없이 반복되는 자연의 질서 앞에서 나는 아직 배울 것이 더 많다는 생각에 자주 겸손해진다. 둘째, 정원을 가꾸면 살아 있는 모든 생물은 주위를 둘러싼 공동체와 조화로운 관계에 의존하고 있다는 사실을 떠올리게 된다. 마지막으로 정원을 가꾸려면 인내심이 있어야 한다. 정원 가꾸기는 궁극의 만족지연 연습법이다. 오늘 아름다워 보이는 식물은 아마 오랜 세월 끊임없이 관심을 쏟은 결과물일 가능성이 크다. 즉각적인 만족을 추구하는 사람에게 정원 가꾸기는 맞지 않는다. 화학비료 같은 간단한 방법을 쓰면 잠깐의 효과는 있겠지만, 결국 정원의 건강과 활력을 해치게 된다. 한편 자연은 종종 우리의 뜻을 거스르는 방향으로 움직인다. 진딧물, 잎을 좀먹는 벌레, 병충해, 배고픈 생물들, 허리케인 등의 이유로 우리는 여러 해 동안 뒤로 물러서야 하기도 한다.

정원으로 나설 때마다 일에도 영향을 받는다. 도덕주의자가 하는 말처럼 들릴 위험이 있지만 내 인생의 핵심 원칙은 무슨 일이든 내가 발견했을 때보다 적어도 조금은 더 나은 상태로 만들자는 것이다. 이러한 생각은 부모님에게 물려받은 욕구이다.

우리 가족은 20년 전 제멋대로 잡초가 자란 사발 모양의 땅을 가꾸기 시작했다. 시간이 걸리기는 했지만 우리는 그 땅의 모습을 바꾸는 데 성공했고, 정원을 가꾸는 데 투자한 노력이 아주 가치 있는 일이었다고 느꼈다. 잡초가 웃자라 있던 구혈은 현재 가족 모임을 위한 마법 같은 정원으로 변신했다. 정원의 중심이자 정원을 방문하는 모든 아이들이 가장 좋아하는 곳은 비단잉어 연못이다. 정원에 왜 물고기 연못을 만들었을까? 무엇보다 비단잉어가 예쁘고,

정원의 풍경에 색감과 움직임을 더한다. 그리고 비단잉어의 상징을 좋아하기 때문이다. 중국 전통 예술에서 비단잉어는 '끈기'를 상징한다. 비단잉어는 아시아의 하천과 바다가 만나는 하구에서 진화했다. 강의 담수가 바다의 해수로 흘러나가는 곳이다. 비단잉어가 생존하기 위해서는 민물이 필요하다. 강의 담수는 끊임없이 바다를 향해 흘러나가므로 비단잉어는 물의 흐름을 거슬러 계속 헤엄쳐야 한다. 그렇지 않으면 짠 바다로 휩쓸려 나가 죽음을 맞이하고 만다.

왜 그렇게 끈기에 집착할까? 끈기는 로열티를 쌓기 위한 기초를 제공한다. 고객 로열티를 얻는 일은 '계속해야 한다.' 역효과를 불러오는 물의 흐름과 단기적인 해결책을 찾고 싶은 유혹에 맞서 싸우려면 에너지를 계속 쏟아야 한다. 오늘날 기업에서 지배적인 흐름은 재무 중심의 지표와 지배구조 체제에서 만들어진다. 게다가 앞서 이야기했던 것처럼 대부분 기업에는 고객 로열티 형성이라는 과제에 제대로 초점을 맞추기 어려운 신규 고객이 꾸준히 유입된다. 이로 인해 기업은 조직 내에서 확고한 문화를 유지하고자 하는 시도에 계속 어려움을 겪게 된다. 즉 원칙 없는 손쉬운 방법을 거부하고 고객 로열티를 지속적으로 추구하는 것이 더욱 힘들어진다.

그리고 이 점은 우리 집 정원의 두 번째 특징, 로열티 종 Loyalty Bell

을 떠오르게 한다. 우리 부부는 정원에 개인적 취향과 상징을 나타내는 장식을 하기로 했다. 그래서 필라델피아의 유명한 자유의 종과 동일한 크기의 종을 제작 의뢰했다. 자유의 종에는 '그 땅의 모든 주민을 위하여 자유를 선포하라'라는 성경 구절이 쓰여 있지만,[1] 우리 집 종에는 로열티LOYALTY라는 한 단어와 바로 아래에 그보다 훨씬 작은 글씨로 우리 가족의 이름을 새겨져 있다.

지금 그 종은 비단잉어 연못에서 위로 이어지는 언덕 바로 위 둔덕에 자리 잡고 있다. 종은 그에 맞춘 두 개의 화강암 기둥 사이에 설치되어 있는데, 화강암 기둥 하나는 자유, 다른 하나는 지혜를 나타낸다. 우리 생각으로는 자유가 사실 소중한 선물이지만, 그 자체로 목적이 될 수는 없다. 일단 자유를 얻었다면 그 사람은 무엇을 해야 할지 결정해야 한다. 자유를 가지고 이기적으로 혹은 무책임하게 행동한다면(다른 무엇보다 개인의 이익을 추구하는 것, 원칙 없는 생활이라 부를 수도 있겠다) 그건 소중한 선물을 낭비하는 일이다. 하지만 자유를 감당할 지혜를 불러오면 우리는 어떤 삶을 살고 싶은지, 더 나아가 어떤 원칙, 어떤 조직, 어떤 사람에게 우리의 로열티를 바칠 가치가 있는지 결정하게 된다.

반대 방향으로 나아가려는 압력 앞에서 로열티를 형성하고 유지한다는 어려운 일을 해내려면 엄청난 끈기가 필요하다. 끈기의 기저에서는 특정한 원칙을 고수한다는 의미가 내포되어 있다. '우리는 무엇을 나타내는가?' 왜 그런 원칙에 우리의 로열티를 바칠 가치가 있는가? 그러한 원칙과 그 원칙에 포함된 의미에 대한 이해는 살면서 흥미를 끄는 교훈을 얻으면 개선해야 하는가?

그리고 아직 한 가지 요소가 더 있다. 고객 자본주의의 넓은 원칙 (고객을 사랑하라, 팀을 존중하라, 투자자를 존중하라, 황금률을 준수하라, 탁월한 혁신을 추구하라)을 끈기 있게 구현하려는 기업의 유일한 희망은 업무를 잘못된 방향으로 밀어붙이는 온갖 지배적인 흐름을 거스르고 싸워 이기는 데 도움을 될 시스템과 프로세스를 갖추는 일이다. 그러한 시스템이 없으면 직원들은 예산 회의, 주간 판매 목표, 자본 배분 모형 등 전부 단기적인 이익을 최대화하려는 방향의 힘을 강화하는 급류에 휩쓸려 하류로 떠내려가 버리고 만다.

이 점은 앞서 얘기했던 비단잉어 비유가 지닌 아주 명백한 결점을 알려준다. 바로 시간이다. 경영자는 위협이 되는 물살에 맞서 헤엄치려는 유전적 충동이 수행해야 할 미션 하나하나에 스며드는 진화를 이룰 때까지 그저 참을성 있게 기다려서는 안 된다. 경영자가 효율적으로 일하려면 직원들이 올바른 방향으로 나아가려는 습성을 강화하는 시스템을 만들어야 한다. 물론 비슷한 신념을 지닌 직원을 가능한 한 많이 채용해야 한다. 하지만 조직이 성장하고 신입 직원이 엄청나게 많아지면 경영자는 창의적인 발상으로 고객을 사랑한다는 목적에 완전하게 초점을 맞춘 황금률 문화를 심고 강화하는 시스템을 반드시 개발해야 한다. 오직 CEO만이 그러한 시스템을 구축하고 키워나갈 힘과 견해를 가지고 있다. CEO는 기업 공동체라는 정원의 수석 정원사가 되어야 한다.

이것이 핵심이다. 그 핵심을 다시 한번 다른 방식으로 표현하면 다음과 같다. '위대한 기업은 위대한 원칙 위에 세워진다.' 하지만 직원을 하류로 끌어내리는 물길을 경영자가 분명히 이해하고 직원이 올바른 행동을 하기 쉽고 잘못된 행동을 하기 어렵도록 만드는 실질적인 시스템을 개발하지 않는 한 이러한 원칙이 매일의 결정과 우선순위를 효과적으로 지배할 수는 없다. 직원들이 상류로 헤엄쳐 올라가고 세상을 더 나은 곳으로 만들게 하는 시스템이 필요하다.

그렇다면 어떻게 하면 될까? 회사의 지침을 공표하는 데 가장 효과적인 방법은 상징을 도입하고 일상과 의식을 통해 그러한 상징을 전파하는 것이다. 종교 부적이나 깃발, 자유의 종과 같은 상징이 만들어내는 강력하며 감정을 울리는 영향력을 생각해보라. 상징은 빛을 발하며 영감을 준다. 이번 장에서 설명하는 그러한 시스템은 기업 내에 지침을 심고 강화한다. 상징과 시스템이 함께 하면 기업은 끈기 있게 원칙을 지킬 수 있다.

가치 선언서로 지속하는 힘을 만들라

이제 보험 업계에서 아주 구체적인 사례를 살펴보며 더 깊이 들여다보자. 3장에서 퓨어 인슈어런스에 관해 언급한 것을 기억할 것이다. 퓨어 인슈어런스를 창립한 지 얼마 되지 않았던 시점에 퓨어의 임원진은 보험 업계의 전통적 사고방식은 궁극적으로 나쁜 결과로 이어질 뿐이라는 것을 깨달았다. 보험료를 책정하는 팀에서는 신규 가입자를 유치하는 데 이용하는, 시장가 이하의 보험료를 보조하기 위해 오랜 기간 가입 중인 로열티 높은 고객에게 과도한 요금을 부과하는 업계의 관행을 따르고 싶은 마음이 들 것이 분명해 보였기 때문이다. 이런 일이 발생하는 걸 막기 위해 퓨어는 보험료 책정 원칙을 온라인에 공개했고, 회사의 모든 관계자에게 가장 중요한 목적은 기존 고객을 살피는 것이라는 점을 상기시켰다. 퓨어의 이 같은 노력은 오늘날에도 지속되고 있다. 고객에게 연차 보고서를 발송하고 다른 여러 커뮤니케이션 방식을 통해 회사의 철학을 규칙적으로 강조한다. 마지막으로 보험 가입 후 다섯 번째 계약을 갱신하면 보험료를 할인해주고, 10년이 지나면 현금을 지급한다(순보장비용을 추가로 할인해주는 효과).

퓨어의 메시지는 비록 회사 외부를 향한 것이기는 하지만, 내부 구성원에게도 잘 전달되었고, 그런 메시지가 없었다면 길에서 벗어나고자 하는 유혹을 느꼈을 보험료 책정팀에도 예외 없이 전해졌다.

마찬가지로 퍼스트 리퍼블릭 은행 역시 회사의 핵심 가치를 강조하는 연차보고서를 보낸다. 연차보고서에는 퍼스트 리퍼블릭 은행이 삶에 어떤 영향을 주었는지 들려주는 고객들의 이야기가 함께 실려 있다.[2] 퍼스트 리퍼블릭 은행이 보낸 이메일의 제목은 '고객의 이야기는 은행의 이야기입니다'였다. 고객 중심주의에 관해 이야기하는 꽤 설득력 있는 방법이라고 생각한다. 최근 보고서에서는 '우리는 누구이며 무엇에 가치를 두는가'라는 제목의 글 아래에 고객의 이야기가 실려 있었다. 해당 글에서는 제목에서 알 수 있듯이 퍼스트 리퍼블릭 은행의 고위 임원과 이사회 구성원의 약력이 적혀 있었다. 그다음에는 회사의 가치를 설명하는 내용이 그림과 함께 제시되어 있었다([도표 8-1]).

잠시 각 가치 아래에 적혀 있는 짧은 글을 읽어보자. 또한 가치가 제시된 순서에서 나타나는 암묵적 우선순위도 살펴보자. '올바른 일을 하라'와 '탁월한 서비스를 제공하라'라는 가치가 맨 위에 나오고, '성장하라'와 '즐겨라'가 아래쪽에 자리한 가치인 건 우연이 아니다. 똑똑하게 그림을 넣었다는 점도 확인하자. 그림은 목록에서 소개하는 가치를 기억하기 쉽게 도와주는 상징이다. 2000년대 초 창업자이자 이사회 회장, CEO인 짐 허버트Jim Herbert는 회사의 가치를 명확히 하는 건 회사가 성장하면서 서비스 지향의 문화를 유지하는 데 필수적인 일이라고 생각했다.

퍼스트 리퍼블릭 은행의 최고운영책임자 제이슨 벤더는 이것이 자신이 스탠포드 경영대학원을 졸업하고 입사한 후 처음 맡은 프로젝트였다고 설명했다. "최고마케팅책임자인 다이앤 스네데이커Dianne Snedaker와 함께 프로젝트에 참여했습니다. 전국에 있는 100명 이상의 직원들을 만나기 위한 자동차 여행길에서였습니다. 우리는 성장의 열망을 담은 원칙을 찾는 것이 아니었습니다. 직원들에게 우리를 진짜 우리답게 만드는 것이 무엇인지 물어보았습니다." 그 결과로 얻은 가치 목록은 기업문화의 특별한 점을 설명하는 직원들의 이야기를 정리해서 만들었다.

도표 8-1 퍼스트 리퍼블릭 은행의 핵심 가치

우리의 문화를 유지한다 : 핵심 가치

올바른 일을 하라
퍼스트 리퍼블릭에서 우리는 올바른 일을 위해 노력한다. 또한 우리는 사람의 일을 하고 있음을 인식한다. 즉 실수가 발생할 것이다. 그러므로 우리의 임무는 올바른 일을 하는 것이다. 정직하게 행동하고, 자신의 행동에 책임지고, 실수는 바로잡고, 경험을 통해 배움을 얻어라.

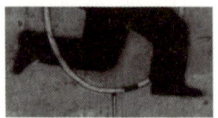

탁월한 서비스를 제공하라
우리는 항상 기대를 넘어서는 것을 목표로 삼으며, 고객이 기대하지 않았던 방식으로 응대한다. 우리는 올바르게 할 수 있는 일만 맡는다. 우리의 사업은 자산 관리와 은행업이지만, 우리의 성공은 전적으로 서비스에 달려 있다. 탁월한 고객 서비스를 제공해야 한다.

팀을 존중하라
퍼스트 리퍼블릭의 모든 직원이 차이를 만들며, 자신이 공헌하는 바가 소중하다고 느낄 자격이 있다. 우리는 협력에 높은 가치를 부여한다. 다수의 힘이 한 사람의 힘보다 크다는 것을 알기 때문이다.

앞으로 나아가고, 빨리 나아가라
세상에는 두 가지 형태의 기업이 있다. 확인하는 데 시간을 쓰는 기업과 실행하는 데 시간을 쓰는 기업이다. 우리는 실행하는 사람이다. 우리의 행동과 결단에 가치를 두며, 빠르게 행동하는 사람이 가장 좋은 기회를 얻는다는 것을 안다.

긍정적으로 생각하라
우리는 신뢰하는 환경에서 일하며, 개방성과 유연성을 장려한다. 우리는 긍정적으로 행동하는 긍정적인 사람을 채용한다. 우리의 목표는 '예(yes)'를 향해 나아가는 것'이다.

책임감을 가져라
퍼스트 리퍼블릭에서는 자신의 일을 잘하는 것만으로 충분하지 않다. 고객을 만족시키는 건 누구나 하는 일이다. 그러므로 무언가 해결해야 할 일이 생겼다면 앞으로 나서 문제를 '내 일'처럼 여기고 일을 바로잡아라.

성장하라
우리는 창업 이래 우리 자신과 사업의 목적을 확대하며 엄청난 발전을 이루었다. 퍼스트 리퍼블릭에서 우리는 변화를 받아들이며, 누구나 성장하고 기여할 기회를 가진다. 우리는 퍼스트 리퍼블릭의 직원들이 날아오르기 바란다.

즐겨라
우리는 모두가 자신의 일을 즐기면 일을 더 잘할 수밖에 없다는 걸 안다. 그리고 고객도 그 차이를 느낄 것이다. 정말 그렇게 간단한 일이다.

출처 : 퍼스트 리퍼블릭 은행의 허가를 받고 재구성

퍼스트 서비스 레지덴셜FirstService Residential(미국 최고의 아파트 및 주택 소유자 조합 관리 회사)의 가치 목록도 퍼스트 리퍼블릭 은행의 가치 목록과 크게 다르지 않다. 하지만 그런 맥락에서 오히려 가치를 명확히 하고 그 아래로 직원을 단결시키는 건 훨씬 어려운 과제였다. 퍼스트 서비스 레지덴셜은 창업자 개인(예를 들어 퍼스트 리퍼블릭 은행의 짐 허버트 같은 사람)이 자신의 가치를 바탕으로 세운 회사가 아니라 전국 각 지역의 수많은 경쟁사를 인수해서 설립한 회사로, 각각의 회사마다 기존의 고유한 문화와 가치가 있었다.

이 점이 바로 2013년 척 팰런Chuck Fallon이 퍼스트 서비스 레지덴셜의 CEO를 맡았을 때 직면한 난제였다. 척 팰런은 이처럼 각각의 문화와 가치를 지닌 여러 기업을 공통의 가치와 체제로 함께 묶을 하나의 문화를 형성하는 것을 최우선 과제로 삼았다. 척의 적극적인 지지를 받은 지역 팀이 함께 모여 목록([도표 8-2])을 만들었고, 회사에서는 이 목록을 여러 인쇄물에 널리 싣고 홍보했다. 그리고 지금은 모든 지역 사무소의 입구 벽을 장식하고 있다.

가치 선언서를 간단하게 기술했을 때 발휘되는 힘을 다시 한번 기억하라. 상징을 그림으로 나타내 그 힘을 더 강화할 수 있다(나로서는 '진정으로 도와라'라는 항목이 목록의 맨 위에 있다는 사실이 기쁘다). 회사의 모든 주요 사무실 입구에 이러한 선언서가 실물로 크게 걸려 있다고 상상해보라. 이는 다함께 모여 강력한 상징을 이룬다.

척 팰런은 경영진을 다시 소집해 직원들이 이러한 가치에 따를 때 보이는 행동을 정의해달라고 요청했다. 이를 바탕으로 그가 '바

도표 8-2 퍼스트 서비스 레지덴셜의 가치 선언서

진정으로 도와라
우리는 지역 사회 한 사람 한 사람을 위해 일한다는 데 자부심을 느낀다. 친절한 미소로 문을 여는 일이든 문제와 씨름하는 일이든 진정으로 돕는다는 것이 우리를 정의하는 바이다.

목표를 높게 세워라
우리는 우리가 하는 일에서 최고가 되려는 열정을 지닌다. 뛰어난 인재를 유치하고, 교육하고, 보유함으로써 업계 내 서비스와 프로페셔널리즘의 기준을 세운다.

올바른 일을 하라
고객은 우리가 지역 사회에 가장 좋은 일을 할 것이라 믿는다. 우리는 모든 일에서 회사의 윤리와 고객의 이익을 따른다.

내 일처럼 여겨라
우리는 각자 책임이 있다. 어려움을 마주했을 때 우리는 끈기, 진실성, 열린 소통으로 문제를 해결한다.

개선하라
우리는 경험을 통해 배운다. 우리는 열린 마음을 지니고, 협력하고, 개선할 방법을 계속 찾는다.

훌륭한 관계를 맺어라
존중, 신뢰, 효과적인 소통을 바탕으로 하는 관계는 성공의 초석이다.

람직한 행동 모습'이라 부르는 15개의 서비스 기준을 정의하게 되었다. 예를 들어 경영진에서는 '진정으로 도우려면' 급하지 않은 이메일 요청에도 빠르게 답해야 한다고 정했다(분명 12시간 이내에는 해야 한다). 척의 다음 행보는 퍼스트콜FirstCall이라고 알려진 팀 모임을 매일 실시하는 시스템을 만드는 것이었다. 퍼스트콜에서는 직원들이 소규모로 모여 회사의 가치와 서비스 기준에 맞춰 어떤 행동을 했는지 자신의 경험이나 힘든 점을 이야기했다. 퍼스트콜은 본질상 리츠칼튼 호텔의 공동창업자 호스트 슐츠Horst Schulze가 시작한 직원 모임과 같은 시스템이다. 호스트 슐츠는 중요한 통찰 한 가지를 바탕으로 이 같은 일일 회의 시스템을 만들었다. '가치는 직원들이 구조화된 방식으로 정기적으로 이야기하지 않는 한 현실화되지 않는다.' 그리고 가장 좋은 방법은, 주어진 어떤 원칙이 직원 개인에게 무슨 영향을 주었는지 각자 이야기하게 하는 것이다.

 척이 실험한 또 다른 루틴은 적어도 분기에 한 번은 팀 모임을 다른 방식으로 접근하는 것이다. 이때는 직원 각각에게 팀에서 가장 잘 구현하고 있다고 생각하는 가치를 고르게 하고 왜 그렇게 생각하는지 보여주는 사례를 제시하게 한다. 그런 다음 실행에 가장 개선이 필요한 가치는 무엇인지 확인한다. 이러한 과정을 통해 각 팀들(더 큰 조직에서는 팀 하위의 각 담당 그룹별로)은 잘 지켜지고 있는 가치와 개선이 필요한 가치에 집중한다. 그래서 직원들은 해당 가치를 개인적으로 받아들이고 공유할 수 있다. 시간이 흐름에 따라 이러한 모임을 반복적으로 가진다는 사실은 이번 장에서 처방하는

'끈기를 가지고 지속하라'라는 방법을 반영하는 것이다.

 핵심 원칙을 출판하는 데서 나오는 힘을 보여주는 사례 가운데 가장 마음에 드는 것은 '컬처북Culture Book'이라 불리는 디스커버 파이낸셜 서비스의 책자이다.³ 앞에서 디스커버에 관해 설명했던 내용을 기억할 것이다. 디스커버는 고객 중심으로 잘 알려진 신용카드 및 결제 네트워크 기업이다. 몇 년 전 디스커버의 고위 임원진을 인터뷰하기 위해 디스커버 본사를 방문했을 때 처음 받은 것이 바로 컬처북이었다. 밝은 오렌지색의 140페이지짜리 소책자로 디스커버의 핵심 원칙을 선언하고 있으며, 디스커버의 모든 직원이 함께 본다. 디스커버의 원칙은 'DISCOVER'라는 회사 이름의 철자를 딴 것이었다.

- Doing the right thing : 올바른 일을 하는 것
- Innovation : 혁신
- Simplicity : 단순성
- Collaboration : 협력
- Openness : 개방성
- Volunteerism : 자원봉사 정신
- Enthusiasm : 열정
- Respect : 존중

 이 책에는 각각의 가치에 대해 회사에서 이를 어떻게 지키려 하

는지 설명하는 직원들의 이야기가 함께 담겨 있다. 인터뷰를 진행하면서 컬처북은 그저 첫걸음에 불과하다는 것을 금방 알 수 있었다. 다음으로 디스커버의 경영진은 회사의 원칙을 강화하는 시스템과 의식을 만들었다. 예를 들면 4층 아트리움 층마다 직원들이 기립박수를 보내며 아래를 내려다보는 가운데 본사 직원들이 최우수직원상 수상자를 환영하는 의식이다. 수상자는 고객을 대면하는 업무를 담당하는 직원으로 아래 기준에 의거해 동료들이 추천하고 투표해서 선정한다.

- 직원의 행동과 성과가 지속해서 다른 직원의 모범이 되는가?
- 직원은 우리 회사의 문화 안에서 좋은 평판을 얻고 있는가?
- 동료들이 직원을 위해 기뻐할 것인가?
- 직원은 디스커버에 대해 강한 자부심과 감사의 마음을 가지고 있는가?

이러한 기립박수 행사는 수상자, 그리고 디스커버가 선택한 가치 기반의 업무 프로세스를 향한 존중을 나타낸다. 이 의식은 서비스 담당자의 역할을 디스커버가 높이 평가하고 있음을 스스로 증명하는 것이기도 하다. 모든 임원이 매달 두 시간씩 서비스 담당자의 통화 내용을 듣고, 동료 임원과 만나 통화에서 배운 내용과 더불어 서비스 담당자의 업무가 쉬워지고, 그래서 직원이 고객을 감동시키는 것이 좀더 잘 이루어지려면 어떤 프로세스나 기술 변화가 도움이 될지 함께 논의한다. 이런 프로세스도 서비스 담당자에 대한 존중이 담겨 있는 것이다.

임원들의 인센티브 시스템도 디스커버의 원칙을 강화한다. 마케팅과 운영을 담당하는 고위 임원의 보너스 지급 기준은 매년 고객 불만 접수 건수를 10퍼센트 줄인다는 목표와 연동되어 있다. 이런 이유로 모든 팀의 업무 우선순위의 맨 위에 혁신과 존중 같은 가치를 지키는 일을 두는 실제적인 시스템을 만들게 된다.

아마존을 독특한 기업으로 만드는 14가지 원칙

아마존 또한 핵심 원칙을 기반으로 세워진 회사이다.[4] 아마존의 경우 흥미로운 반전은 회사의 리더들이 회사의 원칙을 구현할 방법을 명백히 밝히고 있다는 점이다. 그 내용은 다음과 같이 아마존 웹사이트에 게시되어 있다.

고객에 대한 집중

리더는 고객으로부터 시작해 거기에서부터 내려오며 일한다. 리더는 고객의 신뢰를 얻고 유지하기 위해 열심히 일한다. 리더는 경쟁사에 주의를 기울이지만, 고객에게 집중한다.

주인의식

리더는 주인이다. 리더는 장기적으로 생각하고 단기적인 성과를 위해 장기적인 가치를 희생하지 않는다. 리더는 그저 자신의 팀을 위해서가 아니라 이를 뛰어넘어 회사 전체를 대표해 행동한다. 리더는 "그건 제 일이 아닙니다"라는 말을 절대 하지 않는다.

발명하고 단순화하라

리더는 자신의 팀에게서 혁신과 발명을 기대하고 요구하며, 항상 단순화할 방법을 찾는다. 리더는 외부를 인식하고, 모든 곳에서 새로운 아이디어를 구하고 '여기서 발명되지 않았다'는 이유로 한계를 두지 않는다. 우리는 새로운 일을 행하므로 오랜 시간 동안 오해받을 수 있다는 점을 받아들인다.

옳다, 아주 많이

리더의 말은 아주 많이 옳다. 리더는 명석한 판단력과 훌륭한 직감을 지닌다. 리더는 다양한 관점을 추구하고 자신이 믿는 바가 부당하지 않은지 확인한다.

배우고 호기심을 가져라

리더는 결코 배움을 멈추지 않고 항상 자신의 발전을 추구한다. 새로운 가능성에 호기심을 가지고 이를 탐구하기 위해 행동한다.

최고의 인재를 채용하고 개발하라

리더는 직원을 채용하고 승진시킬 때마다 성과 기준을 높인다. 뛰어난 재능을 지닌 인재를 알아보고, 기꺼이 조직 전체로 인재를 이동시킨다. 리더는 리더를 개발하고, 다른 직원을 코칭하는 역할에 진지하게 임한다. 우리는 직원을 대표해 커리어 초이스Career Choice와 같은 인재 개발 메커니즘을 개발한다.

최고의 기준을 고집하라

리더는 가차 없이 높은 기준을 가진다. 그러한 기준이 비합리적으로 높다고 생각하는 사람이 많지만 리더는 계속해서 기준을 높이고 팀이 고품질의 제품, 서비스, 프로세스를 제공하도록 만든다. 리더는 결점이 하부로 이어지지 못하게 하고, 문제를 해결한다.

크게 생각하라

편협한 생각은 자기 충족적 예언이다. 리더는 결과에 영감을 주는 대담한 방향을 제시하고 소통한다. 리더는 사람들과 다르게 생각하고 고객을 응대할 방법을 찾기 위해 구석구석 살핀다.

실행에 치우쳐라

사업에서 속도는 중요하다. 많은 결정과 행동은 되돌릴 수 있으며 깊은 연구가 필요하지 않다. 우리는 계산된 위험을 감수하는 일을 가치 있게 여긴다.

절약

적게 가지고 많이 성취하라. 제약이 있으면 지략이 생기고, 자족하며, 발명한다. 인원수, 예산 규모, 혹은 고정 비용을 늘려서 얻는 가산점은 없다.

신뢰를 얻어라

리더는 귀 기울여 듣고, 솔직하게 이야기하고, 타인을 존중한다. 리더는 소리 내 자기를 비판한다. 어색하거나 당황스러워도 그렇게 한다. 리더는 자신 혹은 팀에서 나는 체취를 향수 냄새라고 믿지 않는다. 리더는 자신과 팀을 최고의 팀과 비교하여 벤치마킹한다.

깊이 빠져라

리더는 모든 수준에서 업무를 진행한다. 세부사항을 계속 확인하며, 자주 감사하고, 지표와 이야기가 다를 때는 회의적인 시각을 가진다. 리더에게 할 가치가 없는 일은 없다.

근성을 가져라. 의견을 달리하고 전념하라

다른 의견에 동의하지 않을 때 리더는 예의 바르게 이의를 제기할 의무가 있다. 이의를 제기하는 것이 불편하고 에너지가 소모되는 일이더라도 그렇게 해야 한다. 리더는 강한 신념을 가지며 결연하다. 사회적 결속을 위해 절충하지 않는다. 결정을 내리면 완전히 전념한다.

성과를 내라

리더는 사업을 위한 주요 투입 요소에 집중하고, 적시에 올바른 품질의 성과물을 낸다. 일에 차질이 생기더라도 난국에 대처하며 결코 타협하지 않는다.

위에 소개한 원칙 앞에 나오는 서문에서는 다음과 같이 말한다. '우리는 새로운 프로젝트를 논의하든 문제 해결을 위한 가장 좋은 방법을 결정하든 매일 리더십 원칙을 활용한다. 리더십 원칙은 아마존을 독특한 기업으로 만드는 요소 중 하나이다.'

'독특한'이라는 단어를 사용한 점이 정말 마음에 든다. 그 말이 사실이 아니었으면 좋겠다. 이러한 리더십 가치를 고수하는 기업이 아주 드물고 남다른 회사가 아니기를 바라기 때문이다. 하지만 내 생각에 아마존은 남다른 곳인 것 같다. 부디 더 많은 기업이 이 길을 따라가 아마존이 독특하지 않은 기업이 되기를 바란다.

위에 소개한 커다란 원칙은 또한 실제라고 믿는다. 전·현직 아마존 임원을 인터뷰하고 나니 아마존에서는 위의 원칙을 정말 매일 논의하고 모든 관리 과정(채용에서부터 직원 교육, 승진에 이르기까지, 그리고 당연히 회사가 고객을 대하는 법에도)에 사려 깊게 반영한다는 확신이 들었다. 아마존의 상당히 포괄적인 원칙 가운데 단 한마디도 매출 성장이나 이익 목표와 관련된 표현은 없다는 점에 주목하라. 금융 자본주의자들의 사고방식이 판치는 세상에서 신선한 일이다. 몇 가지 생각은 표현만 달리해서 반복적으로 나온다는 사실에도 주목하자. 예를 들어 리더는 '모든 곳에서 새로운 아이디어를 구한다', '리더는 결코 배움을 멈추지 않는다', '리더는 새로운 가능성에 호기심을 가진다' 그리고 '리더는 구석구석 살핀다'라는 식이다. 가치를 심어줄 때는 의도적인 반복이 큰 도움이 된다.

그런데 아마존이 뛰어난 성과를 보이기는 하지만, 14가지 원칙에는 문제가 있다. 황금률이 명백하게 드러나지 않는다는 점이다. 직원을 사랑하는 마음으로 친절하게 대하라거나 직원의 안전과 안녕에 깊은 관심을 가지라는 원칙이 없다. 그리고 '사람을 올바르게 대하라'와 관련된 원칙이 전혀 없다. 그러므로 아마존 모델의 성공이 지속될 수 있을까 궁금해지는 만드는 부분이 하나 있다면 아마존에서 직원이 위대한 삶을 사는 정말 일하기 좋은 직장이 되려는 노력을 하지 않는다는 점이다.[5]

제프 베조스는 2020년 연차보고서에 실은 주주에게 보내는 서한(CEO로서 마지막으로 보내는 서한이었다)에서 이러한 우려를 나타냈다.[6] 아마존은 앨라배마주 베서머에 있는 시설에서 71퍼센트의 득표율로 노조 결성 움직임을 막 꺾은 참이었다. 그렇기는 했지만 이 경험이 분명 베조스에게 영향을 주었고, 제프 베조스는 서한에 '우리는 직원을 더 위해야 합니다'라고 썼다. 그리고 다음과 같이 약속했다. '우리는 항상 지구상에서 가장 고객을 중심으로 하는 회사가 되기를 원했습니다. 이를 바꾸지는 않을 것입니다. 우리를 여기까지 오게 한 힘이기 때문입니다. 하지만 저는 여기에 다음을 추가하겠다고 약속합니다. 우리는 지구상에서 최고의 회사, 지구상에서 가장 안전한 일터가 될 것입니다.'

아마존의 문화가 그런 방향으로 바뀔지는 세월이 지나야만 알 수 있을 것이다. 아마존처럼 큰 기업에서는 경영진이 좋지 못한 결정을 내리게 되는 경우가 잦다. 수익을 중시하고, 사랑에 반하는 결정이다. 이와 관련해 최근 〈월스트리트 저널〉에 보도된 사건이 있었다. 아마존이 스마트 스피커와 비디오 도어벨 업계의 경쟁사에게 아마존 웹페이지에서 상품 검색 결과에 더 노출될 수 있는 주요 광고 판매를 거부해 경쟁사를 억압했다는 것이었다.[7] 〈월스트리트 저널〉은 또한 아마존 직원들이 아마존 마켓플레이스 플랫폼에서 데이터를 얻어 불공정 경쟁을 벌인다는 아마존 마켓플레이스 판매자들의 비난을 실었다. 이러한 문제가 얼마나 빨리 황금률에 맞춰 해결되는지 보면(아마존에서 그렇게 한다고 가정할 때의 이야기이다!) 아마존이 상장기업으로서 끊임없이 재무상 압박을 받으면서도 원칙을 잘 지키는지 알 수 있을 것이다.

회사의 실수가 없을 때조차 대기업(정말 많은 사람에게 고통을 안겨준 팬데믹 덕분에 더 빨리 성공한 기업)은 쉽게 증오할 대상, 사람들을 착취하는 회사로 비춰진다. 제프 베조스가 이미 오래전부터 이 사실을 인식하고 있었음을 보여주는 점이 있다. 예를 들어 아마존이 매출 1,000억 달러를 넘었을 때 베조스는 '아마존. 사랑'이라는 제목의 글을 써서 배포했다. 그는 이 글에서 두려움의 대상이 아닌 사랑받는 기업이 되기를 바란다고 말했다. 베조스는 이렇게 썼다. '영세 기업을 이기는 건 멋진 일이 아닙니다. 오직 아마존만 모든 가치를 얻는 것도 멋진 일은 아닙니다.'[8] 이제 앤디 재시Andy Jassy에게 아마존의 CEO 자리를 물려주었으므로 이 차세대 경영진이 황금률의 원칙을 따르는 데 얼마나 노력을 기울일지 지켜볼 기회가 생겼다.

이러한 심각한 주의와 경고를 염두에 두고 고객 중심이 되려고 노력하는 기업이 있다면 원칙을 명백하게 체계적으로, 꾸준히 실행하는 아마존의 사례를 연구해야 한다. 아마존에서 가장 중요하게 여기는 원칙(14가지 원칙 가운데 첫 번째로 꼽는 원칙이다)은 '고객에 대한 집중'이다. 뒤에 이어지는 많은 원칙이 고객에 대한 집중이라는 개념을 지지하거나 강화하고 있다. 예를 들어 '발명하고 단순화하라'와 '최고의 기준을 고집하라' 등이 그렇다.

아마존 관리자가 경력을 쌓는 과정에도 끈기가 나타난다. 다음은 전직 아마존 임원과의 대화 내용 중에서 아마존이 직원 관리 시스템에 리더십 원칙을 포함시키는 방법을 설명한 내용을 발췌한 것이다.

- 입사 지원자는 회사의 원칙에 바탕한 내용으로 면접을 치른다.
- 입사 첫날 회사의 원칙을 배운다.
- 면접관이라면 채용 후보자가 리더십 원칙에 해당하는지 '그렇다'와 '아니다'를 엄격하게 정해야 한다. 이 기준은 채용 후보자의 경험이나 능력보다 중요하다.
- 전사 회의는 리더십 원칙을 중심으로 주제로 정한다.
- 직원의 승진 서류는 리더십 원칙을 얼마나 실행했는지를 바탕으로 작성된다.
- 리더십 원칙을 따를 수 있다는 걸 입증하지 못했다면 '관리 대상'이 되어 그만두게 된다.
- 아마존에서는 이러한 원칙을 따르는 건 선택이나 권유 사항, 하면 좋은 정도의 일이 아니라 아마존 직원이 된다는 의미의 기본 조건이다. 이것은 우수해지기 위한 가차 없는 노력이다. 원칙에 100퍼센트 따르거나 아니면 그만두어야 한다.

아마존의 직원 관리 시스템 또한 고객에 대한 집중을 강화하는 방식과 맞물려 있다. 예를 들어 고위직으로 승진하려면 리더는 고객의 삶을 더 나아지게 한 일련의 혁신을 지목할 수 있어야 한다.

하지만 그런 혁신을 실행하려면 당연히 자본이 필요하며, 새로운 계획을 실행하는 데 드는 자본을 통제하는 시스템으로 인해 제안자는 혁신이 지닌 새로운 특징과 장점을 설명하는 모의 보도자료를 작성해야 하고, 그 내용은 언론에서 뉴스로 내보낼 가치가 있을 만큼 충분히 주목할 만한 것이어야 한다. 보도자료 대책에는 해당 서비스가 어떻게 실행되는지, 어떤 자원이 필요한지, 서비스 일정은 어떤지 예상되는 질문(답변 포함) 또한 들어 있어야 한다. 즉 제안자는 혁신을 통해 고객을 열광시킬 방법과 예산 및 시행기간에 맞게 혁신을 이루려면 무엇이 필요한지 이해하고 있음을 보여주어야 한다. 이처럼 높은 관문을 반복적으로 통과한 뒤에야 비로소 해당 리더는 고위 임원 역할을 맡을 사람으로 인정받는다.

나는 아마존의 차세대 경영진이 아마존 역사의 새로운 장을 시작하는 모습을 주의 깊게 지켜볼 것이다. 바라건대 아마존도 애플만큼 경영진 교체가 효과적으로 이루어졌으면 한다. 애플에서는 팀 쿡이 창업자 스티브 잡스로부터 바통을 이어받아 고객과 직원을 올바르게 대하는 데 그 어느 때보다 큰 노력을 기울이는 모습을 보여주었다. 애플의 성공은 기업의 계속된 성장뿐 아니라 뛰어난 순추천고객지수를 통해서도 입증된다. 하지만 사실 현재 아마존의 순추천고객지수 결과는 어두운 그림자를 드리우고 있다. 대부분의 소매 카테고리에서 아마존의 상대적인 고객 설문조사 결과 순위는 점차 떨어지고 있다. 베인의 글로벌 유통 부문Ratail practice에서는 매년 10개 부문을 조사하는데 2020년 순위에 따르면 아마존이 순추천고객지수 1위를 차지한 건 단 1개 부문(가정용 가구)에 불과했다. 2017년 이후 아마존의 경쟁사가 대부분의 부문에서 1위를 차지하고 있다. 나는 앤디 재시와 경영진이 아마존에 적임자라고 생각한다. 그의 팀이 아마존의 핵심 원칙과 황금률을 실천하고, 이를 더욱 끈질지게 고수해주기를 바란다.

경영자의 의지와 행동 없이는 아무것도 이룰 수 없다

당연한 이야기지만 그저 영감을 주는 가치의 목록을 발표하는 것만으로는 충분하지 않다. 원칙과 시스템, 무엇보다 경영자가 본보기를 제시해 꾸준한 실천과 상징을 뒷받침해야 한다. 경영자는 얼마나 끈기 있게 회사의 원칙을 구현하고 있는가?

엔론Enron이 내부적으로 붕괴하고, 고위 임원들이 원칙 없이 수익을 추구했던 탓에 감옥으로 갔던 사건을 기억하는가? 한때 잘나가는 회사였던 엔론은 말한 걸 지키는 기업이 아닌 말만 하는 기업의 전형적인 사례가 되고 말았다. 예를 들어 엔론이 연차보고서에서 공표했던 네 가지 기업가치는 다음과 같았다.

- 소통 : 우리는 소통할 의무가 있다.
- 존중 : 우리는 우리가 대접받고 싶은 대로 다른 사람을 대접한다.

- 정직 : 우리는 터놓고 정직하게 진심을 담아 고객 및 잠재고객과 함께 한다.
- 우수함 : 우리는 우리가 하는 모든 일에서 최고가 아니면 만족하지 않는다.[9]

이제와 돌아보면 읽기 좀 우울해진다. 이는 아서 앤더슨Arthur Andersen의 경우도 다르지 않다. 대형 회계법인이었던 아서 앤더슨에는 약 8만 5,000명의 직원이 근무하고 있었지만, 엔론 사건에 연루되어(웨이스트 매니지먼트Waste Management, 선빔Sunbeam, 월드컴WorldCom의 회계부정에도 연루) 하룻밤 사이 무너졌다. 아서 앤더슨이 회사 설립자로부터 여러 세대를 거치며 전해 내려온 탄탄한 가치를 수용한다는 점을 아주 공개적으로 밝혔음에도 불구하고 일어난 재앙이었다.

- 성실과 정직
- 하나의 회사, 하나의 목소리 파트너십 모델
- 공유 방식Shared Method 교육[10]

그러므로 아무리 유창하고 고결한 말로 표현했다 해도 가치 선언서가 위대한 기업과 그 외의 기업을 구별해주는 것은 분명히 아니다. 조직에서 기업의 원칙이 살아 숨 쉬게 하는 것은 시스템을 구축하고 강화하는 경영진의 능력이다. 또한 기업의 원칙을 따르는 모습을 모범적으로 실행하는 의지이다. 특히 회사의 상황이 좋지 않을 때 더욱 그렇다. 상황이 좋지 않을 때 경영진이 개인적 이익보다 회사의 원칙과 성공을 우선할 것인가?

문제는 '그 순간이 실제 일어날 때까지 답을 알 수 없다'는 것이다. 코로나 팬데믹이 퍼스트 서비스의 경영에 영향을 미쳤을 때 경영진은 가장 먼저 이사회와 고위 임원의 보수를 삭감하기로 결정했다. 퍼스트 서비스의 이러한 결정은 이 위기를 헤쳐나가는 데 그리고 다음 위기를 마주하는 데(그 위기가 언제 오든) 아주 중요한 의미를 지닌다. 경영진이 위기로 인한 직원 해고를 피하기 위해 얼마나 열심히 노력하는지, 반대로 일선 직원의 수를 줄여야 한다고 결정한다면 경영진이 얼마나 스스로 후하게 보상하는지 전 직원이 보고 있을 것이다. 당연한 이야기지만 경영진이 회사의 원칙에 따르기 위해 스스로 의미 있는 희생을 치르는 것만큼 원칙을 지키기 위한 노력을 잘 보여주는 방법도 없다.

스티브 그림쇼는 이 점을 알았고, 그래서 팬데믹으로 인해 캘리버 콜리전의 상황이 나빠지자 자신과 고위 임원진의 보수를 삭감했다. 연봉 10만 달러가 넘는 직원의 급여는 전부 삭감했다. 캘리버 콜리전은 전국 모든 지점을 정상 운영하기 위해 애썼다(반면 경쟁사는 50퍼센트까지 지점의 문을 닫았다). 지점의 주간 매출이 표준 물량 인센티브를 기준으로 차량 정비 기사의 기본급을 지급할 수 없을 정도로 떨어진 경우에도 정비 기사의 기본급을 보장해주었다. 자동차 정비 업계가 팬데믹 이전 수준으로 회복된다면 팬데믹 동안 늘어난 캘리버 콜리전의 시장점유율은 더욱 빨리 늘어날 것이다. 캘리버 콜리전이 원칙을 따르는 기업이라는 걸 직원, 납품업체, 보험회사와 고객 등 모든 사람에게 증명했기 때문이다.

기업의 가치관을 강화하는 시스템을 만들라

베인이 고객에 초점을 맞춘 미션('고객이 높은 수준의 가치를 창출하는 데 도움이 되도록 우리는 함께 우수함의 기준을 새로 정한다')을 무엇보다 우선시하고, 그 미션을 꾸준히 강력하게 드러내도록 지난 수년간 실행해온 여러 시스템에 관해서는 이미 설명했다. 여기서는 몇 가지만 다시 한번 이야기하겠다. 예를 들면 매주 팀허들 시간에는 팀원들에게 자신이 하는 일이 고객 가치를 얼마나 잘 실현하는지 평가하라고 요청한다. 동시에 '연간 성과' 경쟁 덕분에 전 세계 모든 오피스에서 고객에게 가장 뛰어난 성과를 전했다는 점을 인정받으려는 경쟁에 참여하게 된다.

베인의 미션을 지지하는 또 다른 핵심 원칙은 '베인을 일하기 좋은 직장으로 만드는 것'이다. 이 원칙을 지지하기 위해 우리는 매주 직원들에게 자신의 팀을 더 큰 조직에 속한 다른 동료에게 추천할 가능성이 어느 정도인지 묻는다. 팀허들에서 질문의 답에 관해 논의함으로써 대부분의 문제를 팀에서 스스로 해결하게 한다. 하지만 이에 더해 집계 결과는 각 오피스의 월간 회의에 상정되어 팀별 순위가 보고된다. 지역 오피스의 핵심 경영진은 코칭부터 팀 자원 이용 결정에 해당 점수를 반영한다. 또한 점수는 지역 오피스 내 모든 시니어 컨설턴트와 주니어 컨설턴트에게 공유된다. 그래서 '재미있고 생산적인 팀 만들기'라는 과제에 훨씬 더 초점을 맞추게 된다. 무엇보다 강력한 시스템은 6개월마다 직원들이 경영진의 자질에 관해 투표하고, 직원의 지지를 얻지 못한 리더는 힘과 권위가 더 큰 자리로 승진할 수 없게 하는 것이다.

다시 한번 말하지만 핵심은 회사의 가치(강력한 가치라 할지라도)는 도움을 필요로 한다는 것이다. 그렇다, 앞서 강조했던 것처럼 경영자는 모범이 되어야 하며, 가치에 따라 살아야 한다. 이에 더해 기업 내에 효과적인 시스템을 구축함으로써 기업문화적 가치를 강화해야 한다. 그런 시스템이 꾸준함을 낳는다. 기업의 시스템은 1년 365일 매주 하루 24시간 배경에서 계속 노래하고 있다. 사람들이 시스템의 영향이나 누적된 힘을 의식적으로 알지 못할 때조차 그렇다.

꼭 내 말을 믿어야 할 필요는 없다. 다음은 타마르 도-너Tamar Dor-Ner가 베인 보스턴 오피스 대표로 임명된 직후 인터뷰한 내용으로 〈보스턴 비즈니스 저널〉에 게재된 기사를 발췌한 것이다.

노스웨스턴 대학에서 유럽지식사를 공부한 뒤 1999년 베인에 입사했을 때 타마르 도-너는 6개월만 일할 생각이었다. "제가 인류학을 탐험하게 될 것으로 생각했어요. 자연 서식지에 있는 기업인을 관찰하고 직장판 위대한 미국 소설을 쓰러 갈 생각이었습니다."

하지만 타마르 도-너는 회사를 떠나지 않았다. 그로부터 20년 뒤 그는 베인 보스턴 오피스(컨설팅 업계 대기업 중 최대 규모로 1,000명이 조금 안 되는 직원들이 일하는 가장 큰 오피스) 대표이며, 자신이 공동 설립한 브랜드 포지셔닝 및 전략 그룹을 이끌고 있다. 타마르 도-너의 말에 따르면 탐험을 떠나는 대신 장기간 캠프에 머무르게 된 건 베인앤드컴퍼니의 문화 때문이었다고 한다. (중략)

타마르 도-너는 온통 회사 입장만 생각하는 사람과는 거리가 멀다. 그는 동료들이 똑똑하고, 재미있으며, 열심히 일한다는 걸 안다. 타마르 도-너는 말했다. "저는 베인에서 가치관이 일치한다고 느꼈습니다. 제가 좋아하는 사람은 모두가 존경하고 존중하는 사람이었고, 승진하는 사람도 그런 사람이었습니다. 별로라고 생각한 사람은 독소처럼 꽤 빠르게 시스템에서 빠져 나갔습니다."[11]

타마르가 말한 '가치관의 일치'란 표면상 타마르 자신의 가치관과 새로운 동료들의 가치관이 예상치 못하게 일치했다는 말이다. 하지만 더 깊이 들어가보면 타마르는 베인이 꾸준히 유지한 시스템의 누적 효과를 포착한 것이다. 왜 타마르가 존경하는 사람은 승진하고 별로라고 생각한 사람은 회사를 그만두게 되었을까? 그건 베인이 가치를 명백하게 밝히고, 체계적으로 꾸준히 강화한 덕분이다. 베인이 30년 전 거의 파산할 뻔한 상황에서 회복할 수 있었던 이유는 훌륭한 전략 계획을 새로 도입했기 때문이 아니었으며,

서번트 리더십을 통해 고객이 뛰어난 성과를 얻도록 돕는다는 우리의 핵심 미션으로 돌아갔기 때문이었다는 것을 앞서 언급했다. 그리고 우리의 미션을 뒷받침하는 원칙을 꾸준히 강화하는 시스템을 설계했다. 타마르 같은 사람이 베인에 머물기로 하고, 회사를 더욱 일하기 좋은 직장으로 만들고 있는 이유가 바로 이것이다.

어쩌면 베인이 아주 특별한 경우에 불과하다고 일축하고 싶을지도 모른다. 유명 명문대에서 여러 학위를 받은 고소득자가 많은 그들만의 직장이라고 생각할 수도 있다. 하지만 동일한 원칙과 원칙 강화 시스템이 전체 산업 스펙트럼에서 성공을 거두고 있다. 예를 들어 퍼스트 서비스 브랜드의 자회사인 세르타프로 페인터스CertaPro Painters를 생각해보자. 세르타프로 페인터스는 프랜차이즈로 운영되는 북미 최대의 주거 및 상업용 페인트 회사이다. 세르타프로 페인터스의 경영진은 최근 이사회에 사업 전략을 업데이트 했는데, 회사를 대표하는 색(모든 광고와 간판에서 두드러지게 표현하는 색)으로 금색을 고른 건 세르타프로 페인터스가 황금률을 따르려 노력하는 기업이라는 점을 알리기 위해서라고 설명했다.

이는 더 큰 그림의 일부이다. 사실 퍼스트 서비스 브랜드에 속하는 모든 기업이 다음의 가치를 따르려 노력한다.

- 약속한 바를 이행하라.
- 개인을 존중하라.
- 하는 일에 자부심을 가져라.

- 계속해서 개선하라.

퍼스트 서비스 브랜드의 CEO 찰리 체이스_{Charlie Chase}에게 위의 가치를 어떻게 선정하게 되었는지 설명해달라고 부탁했더니 이 가치들은 '황금률의 다른 면을 반영하는 것뿐이며, 황금률은 페인트 사업이나 주택 검수 사업, 주택 복원 사업, 마루 사업이나 캘리포니아 클로짓에서나 전부 똑같이 효과가 있다'라고 대답했다.

맞는 말이다. 성공한 기업의 핵심 가치 목록에는 하나같이 황금률을 분석해 특정 산업의 직원들이 이해하고 실제 활용할 수 있도록 만든 내용이 들어 있다. 찰리에게 퍼스트 서비스 브랜드에서 이러한 기업가치를 강화하고 꾸준히 지키기 위한 시스템과 의식을 어떻게 개발했는지 설명해달라고 하자 우선 기업가치를 다음 '서비스 기본 사항_{Service Basics}'으로 바꿔 직원들이 언제 가치를 따랐는지 알게 한다고 했다.

- 말과 행동은 브랜드의 약속과 일치시켜라.
- 우리 브랜드를 자랑스럽게 드러내라.
- 우리가 하는 모든 일로 브랜드 로열티를 쌓아라.
- 즉시 실행하라.
- 고객은 단 한 번만 이야기하게 하라.
- 고객과 함께 배우고, 소통하고, 협력하라.
- 고객 여정 내내 고객에게서 피드백을 구하라.

- 준비하라, 관심을 집중하라, 개인적인 서비스를 제공하라.
- 고객의 주택과 선호사항을 존중하라.
- 프로젝트의 완성을 고객과 함께 확인하고 축하하라.

그는 퍼스트 서비스 브랜드에서 매년 기업의 가치관을 가장 잘 따른 직원이 누구인지 확인하는 행사에 관해서도 설명해주었다. 황금률어워드Golden Rule Awards로 불리는 이 행사에서는 동료 직원의 추천을 통해 각 브랜드에서 4명의 수상자(고객 대면 영업팀 직원 1명, 고객 대면 생산팀 직원 1명, 프랜차이즈 지점장 1명, 본사 직원 1명)를 선정한다. 수상자는 연례 퍼스트 서비스 브랜드 익스피리언스 서밋 FirstService Brand Experience Summit에 참가해 무대에서 회사의 핵심 가치와 서비스 기본 사항을 반영한 자신의 이야기를 발표한다. 이러한 직원의 이야기가 황금률을 따른다는 것이 어떤 의미인지, 북미 전체의 임직원을 위한 우수성의 기준을 세운다는 것이 어떤 것인지를 정의해준다.

찰리 체이스나 그의 상사 스콧 패터슨Scott Patterson은 재무 분석가가 퍼스트 서비스가 여러 사업 부문에서 계속 경쟁사보다 더 많이 성장하고 더 뛰어난 성과를 내는 이유나 뛰어난 총주주수익률 기록을 이어나가는 방법(생각해보라. 주택 관리, 페인팅, 주택 복원, 주문 제작형 옷장처럼 이미 성숙한 산업에 속하는 사업 부문으로 구성된 회사가 10년 넘게 아마존, 애플과 동등한 수익률을 기록하고 있다)을 물을 때 '우리 직원들이 그 누구보다 성실하며 꾸준히 황금률을 따른다'와 같은 대답을 기대하는 것이 아니라는 걸 안다. 하지만 사실 이것이 바로 대답에서 큰 부분을 차지하는 내용이다.

고객 사랑이라는 가치를 끈기 있게 지원하라

현명한 경영자는 나이아가라의 힘을 받은 해류가 우리가 좋아하는 비단잉어를 다시 하류로 끌어내리려할 것임을 안다. 직원, 고객, 투자자, 사회 구성원 대다수가 기업의 주요 목적은 이익 추구라고 생각한다. 어떤 비즈니스 트렌드나 대중 철학이 설파되든 사람들은 기업 리더들이 말하는 것보다 더 많이 일하고 있다고 생각한다. 사람들은 상사가 예산을 계획하고, 자본을 분배하고, 성공을 측정하며, 주로 재무적인 성과를 기준으로 보너스를 지급하는 모습을 봐왔다. 그러므로 고객을 사랑하라는 메시지를 진지하게 받아들이도록 하려면 황금률을 강화하는 문화, 의식, 시스템을 세심하게 설계하여 고객 사랑이라는 메시지를 적극 지원해주어야 한다.

결혼식에서 많이 낭독하는 사랑에 관한 유명한 문구를 떠올려보자. 이는 사도 바울이 고린도인에게 보낸 첫 번째 편지에 나오는 내용에서 발췌한 것이다.

사랑은 오래 참고, 사랑은 온유하다. 사랑은 시기하지 아니하며, 자랑하지 아니하고, 교만하지 아니한다. 사랑은 무례히 행하지 아니하며, 자기의 유익을 구하지 아니하고, 성내지 아니하며, 잘못된 것을 생각하지 아니한다. 사랑은 불의를 기뻐하지 아니하며 진리와 함께 기뻐하고, 모든 것을 보호하며 모든 것을 믿으며 모든 것을 바라며 모든 것을 견딘다.

고객을 향하는 사랑의 경우 경영진이 노력해 시스템의 도움을 많이 구할 때에만 보존할 수 있다.

⋘ BE HUMBLE

9장

최고의 덕목은
겸손이다

디지털 시대와 NPS 3.0의 진화

베인에서는 모든 커뮤니케이션에서 '먼저 대답하고', 항상 '인상적인 끝맺음'(행동을 촉구)을 해야 한다고 가르친다.

마지막 장에서 이 조언을 따르려 한다. 결론부터 말하겠다. 진정한 고객 중심 기업이 되기 위해 가야 할 길의 거리를 생각하면 우리는 겸손해진다. 이번 장에서는 최신 순추천고객시스템 3.0 NPS 3.0을 구성하는 데 필요한 요소의 체크리스트를 제공해 우리가 가야 할 길의 거리를 알려줄 것이다. 고객 자본주의를 향한 움직임의 선두에 선 경영자들과 함께 일하고, 그들을 관찰하며 20년 동안 배운 내용을 정리해 제시하는 것이다.

우선 이 책에서 전하는 중심 생각으로 먼저 돌아가고 싶다. 즉 황금률을 깨닫고 이해해야 고객 자본주의를 뒷받침하는 근본 원칙을 알고, 지속가능한 좋은 이익을 창출하는 바탕을 갖출 수 있다고 생각한다. '황금률을 절대적으로 지켜라'라는 제목의 6장의 시작 부분에 소개한 목사이자 신학교 교수인 친구와 만나 대화를 나눈 내용을 기억할 것이다. 그날 친구와 점심을 먹으며 나눈 이야기에서 나는 두 가지 중요한 교훈을 얻었다. 그중 한 가지는 이미 밝혔다. 아주 똑똑하고 사려 깊은 친구조차 '네 이웃을 네 몸과 같이 사랑하라'라는 말이 비즈니스 세계에 적용될 수 있을지에 대해서 깊은 회의를 보였다는 점이다.

그가 다른 결론을 내리기 바라지만, 적어도 그가 이야기한 주의 사항을 마음에 깊이 새겼다는 걸 그도 알았으면 한다. 나는 대부분의 사람들이 고객에게 더 나은 세상을 만드는 것은 승리하는 기업의 주요 목적일 뿐 아니라 성공하는 기업의 전략을 나타내는 것이라는 데 공감하지 못할 것이라는 회의론을 인정했다. 아마 내 주장은 많은 사람들, 특히 기업은 타인을 위한 서비스를 제공하기보다 이기성을 바탕으로 운영된다고 믿는 사람에게는 대책없이 순진한 생각이거나, 현실적인 방안이 아니라고 여겨질 수도 있다. 고객의 삶을 풍요롭게 하는 것을 기업의 주요 목적으로 삼고, 이를 이해관계자를 위한 다른 모든 의무보다 우선시해야 한다는 생각은 전형적인 월스트리트 사람들에게는 완전히 터무니없는 생각으로 비춰질 것이다.

하지만 지금까지 논의한 것들을 확인하고 이해했다면 미래는 고객 자본주의자의 세상이 될 것이라고 믿을 것이다. 오늘날 기업 경영자의 오직 10퍼센트만이 기업의 주요 목적이 고객의 삶을 풍요롭게 하는 것이라고 생각한다. 그들의 규모는 작지만 그 힘은 강하다.

이제 그 친구와의 대화 이후에 남은 두 번째 교훈에 대해 말하겠다. 나는 오랫동안 궁금해서 견딜 수 없었던 성경 속의 수수께끼를 이야기했다. 나는 성경에서 주목하지 않을 수 없는 산상수훈 Sermon on the Mount에 나오는 팔복八福 중 하나, '온유한 자는 복이 있나니 그들이 땅을 기업으로 받을 것이다'[1]라는 말을 그다지 이해할 수 없었다. '온유한 자'라고? 정말일까? 승리하는 인생 전략이 온유함일까? 경험상 충성스럽고, 원칙 있는 사람은 어려움 앞에 온순하게 굽혀서는 안 된다. 세상을 더 나은 곳으로 만들고 싶다면 믿는 바를 위해 용감하게 일어서야 한다.

친구는 내게 그 표현이 완전히 정확한 번역이 아니라는 성경학자들의 연구 내용을 소개하면서 '온유한'보다는 '겸손한'에 가깝다고 했다. '겸손한 자는 복이 있나니 그들이 땅을 기업으로 받을 것이다'인 셈이다. 분명 뜻이 더 잘 통한다. 겸손함이 없다면 서번트 리더십은 불가능하다. 서번트 리더십이야말로 고객 로열티를 얻기 위한 전제조건이다. 조직 내에 겸손함이 없으면 이기적인 권리의식(그러면 배움과 성장이 멈춘다)이 피어난다. 이러한 현상을 이 책의 주요 주제와 연결하면 겸손함이 없으면 기업의 직원은 위아래로 혁신과 고객 경험 향상에 필수적인 피드백을 우선순위로 정하거나 피드백을 처리하지 않을 것이다. 겸손해야만 다른 사람에게 더 나은 서비스를 제공하려면 지속적인 학습이 필요하다는 걸 명확히 안다. 그러므로 겸손함은 고객 중심 세계에서 성공을 지속하기 위한 기초 요소이다.

우리는 이미 짐 콜린스의 《좋은 기업을 넘어 위대한 기업으로》와 그 대표기업의 사례를 살펴보았다. 이미 확인한 것처럼 여기에 속하는 많은 기업이 그리 오래지 않아서 어려움에 빠졌다. 짐 콜린스는 후속으로 쓴 책《위대한 기업은 다 어디로 갔을까How the Mighty Fall》에서 이들 기업의 몰락은 임원들이 거만해지고, 성공에 도취되고, 무원칙으로 더 많은 것을 얻으려 할 때 시작되었다고 결론 내렸다.[2] 그의 의견이 대체로 맞다고 생각하지만, 오만함과 탐욕은 별개로 하고, 이런 기업의 임원들도 일정 부분 금융 자본주의 체제의 희생자라고 생각한다. 금융 자본주의는 전통적으로 단기적인 분기별 성과와 성장에 대해 보상한다. 성장의 질이나 지속가능성은 고려 대상이 되지 않는다.

대기업의 성공에서 나타나는 취약성은 《좋은 기업을 넘어 위대한 기업으로》의 대표기업을 넘어 훨씬 더 많은 기업에서 드러나고 있다. 대기업 최상위권에 진입할 정도로 능력 있는 기업이라면 그에 따라 기업의 규모, 경험, 재무 건전성, 브랜드 친밀도 등을 활용해 최고의 자리에 머무를 수 있을 것으로 생각할지 모르지만, 실상은 그렇지 않다. 10여 년 전 포춘 500대 기업으로 선정된 기업의 반감기가 겨우 17년에 불과하다는 사실을 알았다. 오늘날에는 창조적 파괴의 속도가 빨라지고 있으므로 기업 수명의 반감기는 훨씬 더 짧아졌을 가능성이 크다. 블랙베리Blackberry, 블록버스터Blockbuster, 컴팩Compaq, 아메리카 온라인America Online과 같은 기업을 기억하는가? 희미하게 기억날 뿐이다, 그렇지 않은가?

1997년 10월로 돌아가보자. 당시 로열티 라운드테이블Loyalty Roundtable에 참석한 고객 로열티가 높은 기업의 CEO들에게 성공한 기업들 가운데 비틀거리다 몰락하는 기업이 왜 그렇게 많은지에 대한 견해를 물었다. 그날 모임에는 인튜이트, 스테이트 팜State Farm, USAA, 할리 데이비슨Harley Davidson, 베인앤드컴퍼니, 엔터프라이즈 렌터카의 CEO와 칙필에이의 댄 캐시와 트루엣 캐시, 그리고 프라이스 워터하우스Price Waterhouse의 전 부회장 톰 도나호Tom Donahoe가 참석했다.³ CEO들은 기업의 성공을 지속하지 못하게 만드는 주요한 적은 획기적인 기술로 무장한 새로운 경쟁사 같은 외부적 위협이 아니라는 데 의견을 모았다. 진짜 적은 대개 내부에서 나타나는 악랄한 4명의 기수, 즉 탐욕, 오만함, 안주, 권리 인정이다. 이러한 네 가지 치명적인 죄악은 동일한 일탈, 즉 겸손하지 못함의 서로 다른 측면을 나타낸다.

기업이 성공을 누리는 기간이 길어질수록, 힘을 점점 더 많이 얻게 될수록 탐욕, 오만함, 안주, 권리 인정의 문제가 나타날 위험성은 더 커지고, 이러한 위험이 한데 모여 발전을 방해한다. 동시에 임원진은 고객의 목소리에 귀 기울이기보다 회사 내부 사정(정치적 영역 다툼, 조직 개편 등)에 초점을 맞추기 쉽다. 고객의 문제를 해결하고 고객의 삶을 풍요롭게 할 방법을 혁신하기보다 내부적인 문제로 티격태격하며 시간을 낭비하는 것이다.

어떻게 하면 이런 함정을 피할 수 있을까? '대하는 모든 고객의 삶을 풍요롭게 한다'는 미션을 받아들이고, 고객의 이야기를 귀 기울여 듣고 고객의 행동을 세심히 살펴 회사가 실제로 그 미션을 실행하고 있는지 확인하는 것이다. 고객에게 피드백을 요청하고, 피드백에 따라 행동하려면 극도의 겸손함이 필요하다. 기업의 힘과 위상이 커질수록 그렇게 하기가 점점 어려워진다. 아직까지 비추천고객이 없는 기업은 찾지 못했다. 그러므로 가장 훌륭한 기업이라고 해도 개선의 여지는 있다. 황금률에서 영감을 얻은 '대하는 모든 사람의 삶을 풍요롭게 한다'는 목적을 받아들이면 기업이 겸손해진다. 겸손함은 기업이 최고의 자리에 오르기까지 도움을 주고, 최고의 자리에 머무는 데는 더욱 중심적인 역할을 한다.[4]

현재 포춘 1000대 기업의 3분의 2가 NPS를 이용하고, 투자자에게 NPS 평점을 보고하는 기업도 많다. 하지만 고객 자본주의 시대에 기업이 승리하는 데 필요한 NPS의 마음가짐까지 갖춘 기업은 극히 드물다. 그래서 바로 여기서 선언서의 형태로 NPS 3.0을 구성하는 기본 마음가짐과 핵심 요소를 공표하려 한다.[5]

순추천고객(고객 자본주의자) 선언서

위대한 기업은 사람들이 위대한 삶을 살도록 돕는다. 위대한 기업은 선을 위한 힘이다. 위대한 리더들은 그러한 공동체를 세우고 지탱한다. 그들은 직원들이 타인을 위한 일을 하면서 의미와 목적이 있는 삶을 꾸려나가도록 영감을 불어넣는다. 그저 만족스러운 수준으로 일하는 것이 아니라 고객에게 감동을 선사하고, 고객의 삶이 풍요로워지도록 사려 깊고, 창의적이며, 정성을 쏟아 일하게 한다.

위대한 공동체의 구성 요소는 관계이다. 이 관계는 '사랑하는 사람이 대접받기를 바라는 대로 다른 사람을 대접하라' 혹은 가장 순수한 형태로는 '네 이웃을 네 몸과 같이 사랑하라'라는 원칙을 바탕에 두고 형성되었다. 이러한 황금률은 인류사 최고의 우수성의 기준을 확립한다.

기업에서 모든 공동체 구성원들 사이에 황금률의 책임을 강화하는 정책, 절차, 문화, 회원 규칙을 만들 때 로열티를 가질 가치가 있는 관계를 형성하는 기초가 마련된다.

기업은 고객을 사랑하는 마음으로 돌봄으로써 로열티를 얻는다. 고객이 더 많이 구매하기 위해 기업을 다시 찾고, 친구를 데려오며, 더욱 좋은 관계를 형성할 방법에 관해 소중한 피드백을 제공할 때 고객에게서 얻은 로열티가 명백해진다. 이런 식으로 고객 사랑이 로열티를 낳고, 고객 로열티는 지속가능하고 수익성 있는 성장을 촉진하며, 기업과 내부 팀, 개별 직원에게 위대함으로 가는 길을 밝혀준다. 이러한 시스템은 황금률 기준에 가장 적합하게 만들어진 공동체가 누리는 재정적 번영을 뒷받침한다.

그러므로 위대함을 추구하는 모든 조직의 핵심 미션은 '주요 목적이 고객의 삶을 지속적으로 풍요롭게 만들고, 모든 구성원이 황금률에 따라 대접받는, 그리고 황금률을 지킬 책임이 있는 공동체를 만드는 것'이어야 한다.

이러한 목적을 이루기 위해서 경영자는 다음과 같은 미션을 수행해야 한다.

1. 타협할 수 없는 목적을 세워라

고객의 삶을 풍요롭게 한다. 이것이 조직의 주된 목적이라는 것을 분명하게 밝힌다. 경영자는 직원들에게 우선순위, 의사결정, 트레이드오프를 정할 때 이처럼 철학적인 북극성이 어떻게 안내하는지, 그래서 개인과 조직의 성공으로 가는 길을 어떻게 빛내는지 가르쳐야 한다.

2. 사랑으로 이끌어라

경영자의 주된 미션은 직원을 돌보는 것이다. 경영자는 고객을 위한다는 기업의 목적을 직원들이 받아들이고, 이를 수행하는 데 충분한 시간, 교육, 자원을 분배해 기업의 성공을 이루도록 직원들에게 영감을 주어야 한다. 경영자는 상징과 말, 행동을 통해 사랑의 문화가 체계적으로 강화되도록 황금률의 원칙과 가치를 실행하고, 설파하고, 가르치는 롤모델이 되어야 한다.

3. 팀에 영감을 불러일으켜라

직원들은 고객의 삶을 풍요롭게 한다는 미션을 수행하며 활기를 느끼고, 황금률에 반하는 정책, 절차, 행동을 근절할 수 있어야 한다. 그리고 옳은 일을 하려는 노력은 항상 지지받을 것이라는 믿음이 있어야 한다.

4. NPS 등급으로 피드백의 흐름을 나타내라

시스템과 기술은 구매 행동, 사용 패턴, 온라인 게시글, 평가 등급 및 서비스 담당자와의 상호작용 등 피드백의 신호가 되는 모든 영역을 통합해 설문조사 내용에 더함으로써 고객과 동료에게서 믿을 만한 피드백을 적시에 얻도록 지원한다. 설문조사를 지치는 일로 만드는 데이터 흐름에 압도된 세상(디지털봇, 데이터 과학과 알고리즘에 점점 더 의존하는 세상)에서 피드백을 올바르게 수집하고, 관리하고, 분배하기 위해서는 끊임없는 혁신이 필요하다.

5. 열심히 배우게 하라

경영자는 사내에 황금률을 지키기 위한 전제조건인 피드백을 반기는 문화를 심어야 한다. 이를 위해서는 피드백을 주고, 받고, 모으고, 처리하기에 안전한 장소를 제공해야 하며, 가장 효과적인 방법을 교육해야 한다.

6. 획득성장 관련 성과를 정량화하라

경영자와 직원은 트레이드오프 사항과 투자 결정 여부를 평가할 때 최고재무책임자가 제공하고 승인한 고객 기반 회계 지표를 이해하고 사용해야 한다.

7. 탁월함을 정기적으로 재정의하라

경영자와 직원은 모든 고객이 사랑받는다고 느낄 수 있도록 하려면 얼마나 발전하고 혁신해야 할지 겸손한 마음으로 알아

> 보아야 한다. 경영자는 탁월한 제품과 경험으로 고객에게 감동을 선사할 새로운 방법을 만들기 위해 계속 노력해야 한다. 직원 개인과 팀, 그리고 회사는 고객이 우리 회사 제품을 더 많이 사기 위해 다시 찾고, 친구에게 추천할 정도로 탁월한 경험을 만들어낼 책임과 권한을 가져야 한다.

새로운 흐름을 포용하라

선언서의 요소가 벅찬 내용일지 모른다. 특히 이미 재무적 사고방식이 잘 자리 잡고 있는 기업의 경영자에게는 더욱 어려운 일이다. 부록 A에서 NPS 3.0에 필요한 요구사항의 종합적인 체크리스트를 확인하면 거의 대부분의 경영자가 겸손해짐을 느낄 것이다. 하지만 기업이 베스트 프랙티스를 나타내는 전체 체크리스트 내용을 받아들이고, 이를 통해 고객을 사랑하는 방향으로 전환하지 못한다면 그 무엇보다 가장 위험한 일이 될 것이다. 5장에서 요약했던 것처럼 '순추천고객지수가 낮은 기업은 투자자에게 진정한 가치를 가져다줄 수 없다'는 것을 나타내는 증거는 점점 많아지고 있음을 기억하라. 고객의 사랑을 받는 기업과 비교했을 때 자신의 회사가 어디쯤 있는지 분명하게 평가할 수 있도록 NPS 3.0 진단 프로그램을 개발했고, 이는 웹사이트 NetPromoterSystem.com에서 무료로 이용할 수 있다.

한때 베인의 동료 및 고객과 함께 NPS 혁명을 진전시킬 수 있기를 바랐다. 하지만 지난 10년 동안 나 역시 좀더 겸손해졌다. 비즈니스 세계에서 성공을 정의하고 측정하는 방식을 바꾸기 위해서는 그런 움직임에 참여할 용기 있는 경영자가 더 필요하다. 우리는 금융 자본주의에서 고객 자본주의로의 빠른 이행을 이루기 위해 모든 이해관계자들 사이에 더욱 강하고 넓은 공동체를 형성해야 한다. 그러려면 우리에게는 다음이 필요하다.

- 투자자와 최고재무책임자가 획득성장 기반 성과모델을 받아들여야 한다. 재무 회계 및 재무 계획과 분석에 고객 기반 회계를 통합해야 한다. 고객 기반 회계는 기업의 고객 관계 건전성(대부분 기업에 가장 소중한 자산)을 신뢰할 수 있게 측정한다. 고객 기반 회계는 다른 무엇보다 활성고객 수를 추적해야 하며, 활성고객이 구매를 했을 때 각 기간별 구매 내용의 증가 및 감소, 부문별·유지 기간 그룹별 고객 이탈률, 유지 기간 그룹별 매출, 신규 고객 규모, 인수 비용, 신규 고객 중 획득 고객earned customer(소개, 추천, 입소문 등으로 유입된 고객)과 구매 고객bought customer(광고, 판촉용 상품, 수수료, 영업 등을 통해 유입된 고객)으로 나눠지는 정도도 추적해야 한다. 즉 고객별 고객 생애 가치를 추산하는 데 필요한 모든 핵심 요소를 추적한다.
- 평가 내용을 신뢰할 수 있는 평가 사이트와 전자상거래 플랫폼이 있어야 한다. 고객 평가 사이트는 정직하고 적절해서 유

용한 평가를 제공할 방법을 혁신해야 한다. 비교 기준으로 가짜 후기를 조사하는 페이크스폿Fakespot은 2020년 기준 아마존에 게시된 후기의 42퍼센트가 가짜인 것으로 추산했다.[6] 여러 산업에서 개인 고객의 취향은 서로 크게 다르므로 적절한 평가를 위해 각 소비자에 가장 적절한 평가자가 강조되도록 후기를 조정해 구성할 것으로 예상한다.

- 투자자는 기업이 자체적으로 보고하는(미확인된) 순추천고객지수에 이의를 제기해야 한다. 앞서 살펴본 바와 같이 고객 피드백 점수를 아무런 감사도 받지 않고 보고하는 기업이 많다. 어떤 기업이 보유한 고객 자산의 가치를 알고 싶은 투자자라면 기업에서 보고한 순추천고객지수가 어떻게 도출되었는지 이해하고, 일관성 있고 신뢰할 만한 방법론을 적용할 것을 요구해야 한다.

- 이사회는 진정한 고객 옹호자가 되어야 한다. 이사회는 기업의 정책 및 업무 방식이 고객을 올바르게 대하고 있는지 확인할 책임을 가진다. 단순히 법률을 어겼는지 감시하는 것보다 더 높은 기준이다. 이사회는 기존의 임명 및 지배구조위원회, 감사위원회, 보상위원회와 함께할 고객위원회의 설립을 고려해야 한다. 기업에서 인공지능이 주도하는 고객 상호작용의 가능성 및 위험 요소를 수용한다면 이러한 감시는 더욱 중요해질 것이다. 기업은 윤리적 인공지능과 규제 요구사항을 준수하는 것을 뛰어넘어 고객 사랑이라는 황금률로 운영 기준을 높여야

한다. 고객위원회가 실제 책임과 영향력을 가지려면 신뢰할 수 있는 순추천고객지수 자료를 확보해야 한다. 베인의 NPS 프리즘 등 제3의 업체를 통해 자료를 확보하거나 믿을 만한 내부 프로세스를 통해 확보해야 한다. 이는 기업 내부에 보고 지표로 이용할 수 있는 탄탄한 고객 기반 회계 자료가 있을 때에만 가능한 일이다. 예를 들어 고객의 사랑을 측정하고, 감사할 가치가 있으며, 그래서 공개 보고와 임원 보너스 지급 기준으로 삼기에 가장 적절한 획득성장률 같은 자료이다.

- 이사회는 장기적인 관점으로 기업을 이끄는 경영자에게 보상해야 한다. 경영자가 고객을 올바르게 대하는 결정을 내리려 한다면 단기 투기자의 방해를 받지 않도록 보호해야 한다. NPS 평점이 가장 높은 기업의 총주주수익률이 가장 높다는 것을 기억하고, 고객을 사랑하라고 경영진을 장려할 때 장기 투자자의 이익에 가장 큰 도움이 된다. 경영자 인센티브도 진화해 장기 투자자에게 진정한 가치를 전하는(즉 총주주수익률이 주식시장평균 수익률 초과) 경영자에게 후한 보너스가 지급되어야 한다. 총주주수익률에 더해 고객과 직원의 설문조사 결과도 경영자 인센티브 평가 요소의 일부가 되어야 한다.

- 직원은 직장을 잘 선별해야 하고, 직원이 올바르게 살도록 도울 것을 사측에 요구해야 한다. 직원들은 이미 의미 있는 업무를 요구하고 있다. 특히 노동력이 MZ세대로 전환되면서 이런 요구가 더욱 강해지고 있다. 이 책에서 기업의 직원 로열티에

관해 많이 언급했다. 콜센터 직원에서부터 상하이의 사용자 경험 디자이너, 마드리드의 우편배달부에 이르기까지 최고의 직원은 어디에서 일할 것인지 선택할 권한이 있다. 선택한 직장 공동체는 올바른 삶을 사는 데 깊이 영향을 미치기에 직장 선택은 현명하게 해야 한다. 이는 올바른 자료를 기반으로 직장을 선택해야 한다는 뜻이기도 하다.

이러한 길을 가려면 많은 일을 해야 한다. 이에 필요한 노력이 자신의 능력을 넘어서는 건 아닐까 겸손한 마음이 들 수도 있다. 이에 대해 '노력할 가치가 있다'라고 말해주고 싶다. 금융 자본주의에서 고객 자본주의로의 전환을 앞당기려는 노력은 자신과 팀이 승리하도록 도와주는 보람된 일이기 때문이다. 고객의 사랑을 받는 기업이 보여주는 눈부신 총주주수익률을 기억하는가? 그것은 쉽게 얻어진 성과가 아니다. 하지만 그런 회사의 CEO는 우리에게 노력을 기울일 만한 가치가 있다고 말해줄 것이라고 확신한다.

여기서 사례 하나를 살펴보자.

먼저 다른 사람을 섬겨라

2011년 가을 퍼스트 서비스의 CEO 스콧 패터슨을 베인의 고객 로열티 포럼에서 처음 만났다. 스콧은 팀 리더가 고객과 더 강력한 관계를 형성하는 데 NPS가 어떻게 도움을 주는지 더 배우고 싶다고 말했다. 퍼스트 서비스는 시가총액 70억 달러 이상이고 임직원 2만 5,000명이 근무하는 북미 최대의 주택 관리 회사이다. 또한 세르타프로 페인터스, 캘리포니아 클로짓, 센추리 파이어Century Fire, 퍼스트 온사이트 리스토레이션스First Onsite Restorations 등 소위 주택 필수 서비스를 제공하는 기업 포트폴리오를 보유하고 있다. 지난 수년간 퍼스트 서비스가 펼쳐온 사업에 관해 배울 기회가 있었다. 여기에는 퍼스트 서비스가 뛰어난 고객 로열티를 형성한 방법, 경영진의 철학이 기업을 이끈 방법도 포함되었는데, 이를 해시태그로 요약하면 #먼저다른사람섬기기FirstServeOthers가 된다.

퍼스트 서비스의 창업자이자 회장인 제이 헨닉Jay Hennick를 만났는데, 그와 그의 회사에 관해 더 알게 될수록 아주 흥미로워졌다. 제이 헨닉과 퍼스트 서비스 임원들이 나만큼 고객 로열티에 신경을 쓰는 것 같았기 때문이었다. 퍼스트 서비스는 2008년부터 모든 사업 부문에서 NPS를 실행하기 시작했다. 하지만 사실 제이가 고객을 올바르게 대하고 고객 로열티를 얻는 게 중요하다는 사실을 배운 건 그보다 훨씬 전의 일이었다. 제이는 15살 때 동네 아파트 수영장에서 안전요원으로 처음 일을 시작했고, 이후 수백 명의 직원을 보유한 수영장 관련 서비스 제공업체를 키웠다. 아직 고등학생이던 때였다. 최근에 나온 '수영장 관리인에서 억만장자로'라는 제목의 기사에서 제이가 변호사로 경력을 쌓으면서 어떻게 수영장 서비스 사업을 유지할 수 있었는지 방법을 설명했다.[7] 1989년 제이는 회사를 주택 관리 서비스 회사로 전환하고 사업에 전념하기 위해 로펌을 퇴사했다.

정기 이사회 회의에 참석하며 퍼스트 서비스에 관해 더 많이 배울수록 이 기업이 보여주는 고객 사랑의 사례가 매우 흥미로웠다. 만났던 모든 임원이 높은 고객 로열티를 쌓는 일에 지대한 관심을 가졌고, 회사의 잠재력을 최대로 발휘하기 위해 NPS를 실행할 더 좋은 방법이 있는지 배우는 데 열의를 보였다. 퍼스트 서비스가 보여주는 성과는 높은 고객 로열티가 지닌 경제적 이익에 관한 멋진 사례 연구를 제시한다. [도표 5-1](5장)에서 살펴본 것처럼 퍼스트 서비스의 총주주수익률은 지난 10여 년간 아마존, 애플과 같은 수준이었다. 하지만 퍼스트 서비스의 탁월한 질주는 그보다 훨씬 전에 시작되었다. 퍼스트 서비스는 1995년 나스닥에 상장되었다. 당시 북미 시장 상장기업으로 매출 1억 달러가 넘는 약 2,800개의 기업 가운데 퍼스트 서비스의 총주주수익률은 상장 이후 25년간 8위를 기록했다(99.7퍼센타일). 이는 거의 연 22퍼센트의 수익률이다. 1995년 퍼스트 서비스 주식에 10만 달러를 투자했다면 2019년에는 1,360만 달러로 늘어나 있었을 것이다.

퍼스트 서비스의 뛰어난 기록을 무엇으로 설명할 수 있을까? 이미 답을 알고 있을 것이다. 퍼스트 서비스는 풍부한 현금흐름을 창출하는 고객 로열티 기반의 성장엔진에서 힘을 얻는다. 퍼스트 서비스의 경영진은 고객 사랑을 바탕으로 현금을 창출하는 회사를 활용해 수년간 여러 다른 회사를 인수했다. 콜리어스 인터내셔널

Colliers International도 그 대상이었다. 콜리어스 인터내셔널은 탄탄한 부동산 전문 서비스 및 투자 관리 회사이다. 콜리어스 인터내셔널이 독립 기업으로 유지할 수 있을 만큼 성장하자 제이는 콜리어스를 독립 상장기업으로 분할할 것을 제안했다. 콜리어스가 자체 이사회를 만들어 적절한 수준의 관리를 받고, 회사의 글로벌 중개 및 관리 서비스를 이해하고 가치를 느끼는 장기 투자자를 만들어내도록 하기 위해서였다.

콜리어스 인터내셔널의 기업 분할 사례가 특별한 까닭은 오늘날 이렇듯 겸손하게 행동하는 CEO가 많지 않기 때문이다. 경영자들은 다보스 세계경제포럼에 초대받을 정도로 커다란 제국을 건설하려 애쓴다. 그뿐 아니라 오거스타 내셔널 골프 클럽에서 마스터스 골프 토너먼트를 관람한다든지 영화 시사회, 아카데미상 파티, 그 외에도 몹시 눈에 띄고 자만심을 채워주는 행사에 초대받고 싶어 한다. 경영자 보상 전문 컨설턴트는 큰 기업일수록 CEO의 급여도 많아야 한다고 추정한다.[8]

제이 헨릭과 스콧 패터슨처럼 현명하고 겸손한 경영자는 주인정신이 중요하다는 걸 안다. 그들은 각 사업 경영자의 인센티브와 장기 투자자에게 돌아가는 인센티브를 연동시킨다.[9] 이러한 접근법은 우연히 같은 기업을 모기업으로 두게 되고, 운영하게 되었을 뿐 관련이 없는 여러 사업으로 지분이 흩어지지 않을 때 가장 효과적으로 작동한다. 예를 들어 캘리포니아 클로짓 프랜차이즈는 퍼스트 서비스 브랜드의 지분을 갖는 것보다 마이애미 캘리포니아 클로짓의 지분을 소유하는 게 훨씬 낫다. 그래서 퍼스트 서비스에서는 핵심 철학에 따라 사업 경영자가 자신이 운영하는 매장의 지분을 상당 부분 소유한다. 똑같은 규율은 전체 조직에도 적용되어 위로는 CEO인 스콧 패터슨까지 포함해 전체 고위 임원진은 회사가 놀라운 주당순이익 목표를 달성했을 때만 보너스를 지급받는다. 이런 식으로 퍼스트 서비스는 고객과 직원뿐 아니라 장기 투자자도 존중하는 마음으로 대한다.

제이의 소유지분(차등의결권 지분으로 더욱 영향력이 강화된다)이 엄호하고 있으므로 퍼스트 서비스에서 사업 경영자는 자신 있게 장기적인 관점으로 회사를 운영하고, 성공의 올바른 척도에 초점을 맞출 수 있다.[10] 덕분에 경영자는 고객을 사랑하는 마음을 바탕으로 탄력적인 전략을 세울 수 있다. 이러한 탄력성을 입증하는 예로 코로나 팬데믹이 퍼스트 서비스의 산업 부문인 부동산 서비스 산업에 남긴 충격적인 영향력을 생각해보자. 이런 어려운 상황에도 퍼스트 서비스는 어떻게든 계속 운영하고 있다.

스콧은 이렇게 설명한다. "퍼스트 서비스에는 작은 성장엔진이 많이 있습니다. 각 지점의 매니저는 직원이라기보다 주인처럼 일합니다. 자신이 가진 작은 엔진으로 성공이 측정되고 보상이 주어지기 때문입니다." 이러한 조직 구조와 서비스 및 로열티에서 나타나는 고객 중심 사고방식은 고객을 사랑하는 일이 탄력적인 승리의 전략을 가져다준다는 점을 증명한다. 퍼스트 서비스 같은 회사라면 상장기업이라 해도 마찬가지이다.

겸손의 가치

사람들은 탁월한 실적을 올린 경영자가 그렇게 겸손하리라고 기대하지는 않는다. 하지만 제이 헨릭과 스콧 패터슨은 계속 학습하고 성장한다. 스콧에게 획득성장률 통계를 개발하겠다는 계획을 설명하자 그는 "정말 좋은 아이디어입니다. 여기 퍼스트 서비스에서 우리가 생각하는 방법을 완벽하게 반영하고 있습니다"라며 환호했다.

스콧은 회사가 실적을 낼 수 있었던 까닭이 대부분 고객 서비스 문화를 육성한 덕분이라 여긴다. 고객 서비스 문화는 지역별 지분 소유 방식을 통해 더욱 강화된다. 지역의 매니저는 스콧이 말하는 유기적 성장을 이루는 것이 중요하다고 느낀다. 각 지역의 경영자는 고객이 이탈하면 잃어버린 고객을 다시 확보하는 데 엄청난 비용이 든다는 것을 알고, 기존 고객의 소개와 입소문을 통해 신규 고객을 확보하는 것이 얼마나 효율적인 방식인지 안다. 스콧은 퍼스트 서비스의 주택 관리 사업에 유입되는 신규 고객 중 절반이 기존 고객의 소개를 통해서 형성된다고 추산한다. 캘리포니아 클로짓과 세르타프로 페인터스에서는 좋은 거래로 이어지는 문의의 70퍼센트가 지인 추천을 통해 이루어진다. 지역 매장에서는 소개를 받고 문의해오면 좋은 거래로 마무리될 가능성이 높아진다.[11]

감사 대상으로 삼을 만한 획득성장률을 추적하고 공개함으로써 퍼스트 서비스와 같은 기업은 자신이 지닌 장점의 원천을 명확히 밝힐 수 있고, 그래서 투자자에게 고객 로열티를 기반으로 하는 성장엔진이 지속가능함을 이해시킬 수 있다. 스콧은 퍼스트 서비스의 고객 중심 문화가 가져오는 지속가능한 장점을 투자자에게 납득시키는 데 어려움을 겪고 있다고 인정했다. 그는 "투자자는 제 이야기를 듣지만 재무 중심 사고방식 때문에 그 이야기를 이해하지 못할 뿐입니다. 그래서 우리 회사의 미래 기업가치를 평가하려고 인상적인 실적 뒤에 진짜 어떤 비밀이 있는지 계속 묻습니다"라고 말했다. 이러한 이유 때문에 스콧은 획득성장을 측정하는 과학적인 방법의 개발이 자신에게 아주 도움이 되는 일이라 여겼다. 그리고 신뢰할 수 있는 엄격한 지표로 무장해 퍼스트 서비스의 수익성 높은 성장을 추진하는 요소에 대해 투자자들도 믿음을 가지게 될 날을 손꼽아 기다리고 있다.

퍼스트 서비스는 또한 좋은 사람과 어울리면 정말 좋은 일이 생긴다는 사실을 떠올리게 한다. 여기에는 좋은 사람이 다른 좋은 사람을 소개해준다는 것도 포함된다. 이 책의 1장을 캘리버 콜리전의 스티브 그림쇼 이야기로 시작한 건 제이와 스콧이 내게 스티브가 이사회에 참여할 수 있게 도와달라고 부탁했기 때문이었다. 스티브가 퍼스트 서비스의 이사회에 참여하겠다는 뜻을 밝혔다고 전할 수 있어서 나는 기뻤다. 그런데 스티브와 처음 통화하면서 이런 생각을 했던 게 떠오른다. 캘리버 콜리전에서 스티브가 남긴 탁월한 성취를 생각하고, 그가 최근 CEO 직을 넘기고 시간이 덜 드는 이사회 회장으로 이동했다는 사실을 고려하면 스티브에게는 시간을 보낼 다른 많은 선택지가 있을 터이다. 그래서 나는 소중한 시간을 퍼스트 서비스의 이사로 일하는 데 투자하겠다고 생각하게 된 이유가 무엇인지 궁금했다. 스티브는 "아시다시피 제이 헨릭과 스콧 패터슨은 이토록 위대한 기업을 세우고, 눈부신 성공을 거두었습니다. 그런데도 그렇게 겸손합니다. 저는 그런 분들과 함께 일하고 싶습니다"라고 답했다.

스티브의 의견에 동의한다. 제이 헨릭과 스콧 패터슨, 그리고 퍼스트 서비스의 임원진과 시간을 보내면서 고객 자본주의의 이해에 관해 새로운 관점을 갖게 되었다. 물론 투자자를 위한 혜택도 탁월했지만 퍼스트 서비스에 점점 더 매료되었다. 특별히 퍼스트 서비스가 고객과 직원에게 어떤 영향을 미치는지에 관심을 기울였다.

퍼스트 서비스의 직원들이 위기에 빠진 고객, 이를 테면 허리케인, 화재 또는 홍수 피해를 입은 고객을 구하기 위해 극적으로 행동했다는 것을 전해야겠다. 재난 이후의 회복과 복원이 회사의 핵심 사업이라는 점, 특히 재난 회복 서비스를 담당하는 폴 데이비스Paul Davis와 퍼스트 온사이트First Onsite 사업부가 있다는 점을 생각하면 퍼스트 서비스에도 극적인 이야기는 많다. 하지만 그런 사례는 어느 기업에나 있다. 이웃이나 심지어 전혀 모르는 사람이라 해도 비극적인 일이나 생명이 위협당하는 상황에 빠진 것을 보면 사람들은 영웅적으로 나서기 마련이다. 인간에게는 위기에 처했을 때 서로를 돕는 본성이 있다. 하지만 대부분의 단조로운 일상생활에서는 타인을 향한 그런 사랑의 보살핌을 잘 드러내지 않는다. 일상생활에서는 게으르거나 이기적인 자신에 빠져 있기 쉽기 때문이다. 하지만 이 지점이 바로 위대한 기업과 그 외의 기업을 구분 짓는 선이다. 위대한 기업이 지닌 사람을 사랑으로 보살피는 문화는 시스템, 프로세스, 측정, 책임의식, 리더십에 의해 강화되고, 직원들은 한결같이 최고의 모습을 보인다.

직원들이 황금률에 따라 살도록 퍼스트 서비스가 도움을 주는 방법을 설명하기 위해 몇 가지 일상적인 일들을 사례로 소개한다.

첫 번째는 고객으로서 직접 경험한 일이다. 나는 플로리다에 있는 우리 집 안방에 딸린 옷장에 새로 선반을 설치하려고 캘리포니아 클로짓에 의뢰했다.[12] 작업자들은 정시에 도착했고, 설치 과정을 분명하게 설명한 뒤 선반을 설치했으며, 작업이 끝난 뒤에는 마무리 청소를 했다. 예상보다 빨리 설치가 끝났는데 작업자들은 달려 나가 밖에서 오래 휴식 시간을 가지려 하지 않고 집안에 다른 도울 일이 없는지 물었다. 마침 주방의 대면형 창에 딸린 카운터를 고쳐줄 수리공을 몇 주째 찾고 있었다. 카운터가 심하게 기울어져 위에 올려 놓은 물건이 구르거나 미끄러져 결국 거실 바닥으로 떨어지는 상태였는데, 너무 사소한 수리라서 일을 맡으려는 수리공이 없었다. 그런데 캘리포니아 클로짓의 설치 작업자가 어시스턴트와 함께 기꺼이 카운터를 고쳐주겠다고 했고, 20분 정도 걸려 수리를 마쳤다. 내가 추가 비용을 내겠다고 하자 추가 비용은 필요 없다고 했다. 옆에 있던 젊은 어시스턴트가 놀란 듯 눈살을 찌푸리는 모습이 보였다.[13] 설치 작업자는 어시스턴트를 교육할 수 있는 순간으로 여겼던 것 같다. 두 사람이 엘리베이터를 타러 복도를 걸어나가는 동안 작업자가 어시스턴트에게 고객을 위해 호의를 베푸는 건 사업상 이치에 잘 맞는 일이라고 설명하는 것이 들렸기 때문이다. 그리고 어시스턴트에게 고객이 감동할 수 있는 방법을 찾는 게 사업을 운영하는 똑똑한 방식(그리고 살아가는 올바른 방식)이라고 이야기하는 듯했다.

퍼스트 서비스 브랜드의 CEO 찰리 체이스에게 이 이야기를 전했는데, 그는 전혀 놀라지 않았다. 그러면서 퍼스트 서비스에서는 직원들에게 가능할 때마다 고객에게 추가 서비스를 제공할 방법을 찾으라는 교육을 실시한다고 설명했다. 그는 후기 공유 애플리케이션 옐프YELP에 올라온 다음 글을 퍼스트 서비스 설치 작업자의 서비스를 보여주는 또 다른 예로 참조하라며 전달해주었다.

캘리포니아 클로짓의 새로운 후기-팜데저트

★★★★★ 2/5/2021

이 이야기는 캘리포니아 클로짓의 업무와는 관련이 없다. 하지만 캘리포니아 클로짓의 '멋진' 직원이 주차장에 있던 내 차의 조수석 쪽 앞바퀴에 펑크가 났다는 걸 우연히 알아차렸다. 편의점에서 나와 차를 몰고 떠나려는데 캘리포니아 클로짓의 직원이 나를 불러 주차 구역에 차를 대면 펑크 난 타이어를 교체하는 작업을 도와주겠다고 했다. 나를 도와준 직원의 이름은 매튜 H이다. 나는 절망의 순간에 어찌할지 몰랐는데, 매튜는 도움이 절실한 나에게 도움의 손길을 내밀었다. (중략) 게다가 타이어를 교체하고 나서도 내가 어떻게 해야 하는지 등을 보여주었다. 끔찍할 뻔했던 나의 하루가 마음 따뜻한 날이 되었다. 매튜에게 정말 감사할 뿐 아니라 그런 멋진 직원을 고용해준 캘리포니아 클로짓에도 큰 감사를 드린다. 매튜 같은 사람은 매우 드물다! 멋진 사람들! 캘리포니아 클로짓 최고!

찰리는 매튜의 상사에게 연락해 매튜가 낯선 이를 돕기 위해 시간을 써야 한다고 확신했던 이유를 물었다. 알고 보니 매튜는 상대적으로 입사한 지 얼마 되지 않은 직원이었고, 최근에 설치 담당자로 승진한 참이었다. 그 상사는 이렇게 보고했다. "매튜는 그 사람을 돕는 게 옳은 일이었기 때문에 힘이 났다고 합니다. 우리는 설치 담당자로서 매튜를 신뢰합니다. 그건 매튜가 옳은 결정을 내릴 것이라고 믿는다는 말입니다. 매튜는 그가 설명하는 것을 우리가 지지할 것임을 알고 있습니다."

퍼스트 서비스는 옳은 일을 하기 쉽게 만들려고 노력한다. 세르타프로 페인터스의 임원진은 페인트 작업 담당 직원의 마음속에 고객을 열광시킬 방법이 가장 먼저 떠오르도록 이를 목록으로 만들었다. 예를 들면 천정이 높은 계단을 페인트칠할 때 천정의 등이 너무 높이 있어 손이 닿지 않는다면 페인트 작업을 마친 후 사다리를 치우기 전에 전구를 교체해주겠다고 제안한다거나, 입구 문에 문을 두드리는 용도의 황동 고리쇠가 달려 있다면 윤이 나도록 닦아주겠다고 제안한다는 등의 목록이 계속 이어진다.

이처럼 작은 친절에는 그다지 비용이 들지 않지만 많은 고객이 미소 짓고, 자신의 일에 자부심을 느낀 직원도 미소 짓는다. 그렇게 경제의 플라이휠이 돌기 시작한다. 고객이 친구에게 이야기를 전하고 새로운 일도 의뢰한다. 그 결과 투자자가 퍼스트 서비스를 좋아하게 된다. 하지만 주된 수혜자는 #먼저다른사람섬기기에 바탕한 삶, 이 세상을 좀더 나은 곳으로 만드는 삶을 경험하게 된 수천 명의 직원과 수백만 명의 고객들이다.

찰리가 원고의 이 부분 내용이 정확한지 확인하고 나서 내게 답장으로 보낸 메시지를 여기에 넣지 않을 수 없었다.

프레드, 이 책은 우리가 매일 살며 생각하는 주제를 담고 있습니다. 겸손하라, 황금률을 지키며 살도록 직원들에게 힘을 부여하라. 직원들의 영감을 불러일으키는 방식으로 이끌어라. 하지만 그러면 진짜 문제가 생긴다는 걸 알아야 합니다. 우리가 감당할 수 있는 수준보다 더 많은 고객이 우리를 찾는 것입니다. 황금률에 따라 살면 그 누가 생각했던 것보다 빠르게 회사를 성장시키는 추천고객이 나타납니다. 수요를 맞추기 위해 직원을 늘리는 건 어려운 과제입니다!

디지털 시대와 NPS의 미래

기업이 승리한다는 것이 어떤 의미인지, 일과 삶 모든 측면에서의 성공은 어떻게 측정하는지, 고객 사랑과 로열티 사이의 관계는 어떤지, 이런 내용을 이해하게 된 특별한 날을 소개하면서 이 책을 시작했다. 기업이 승리한다는 건 얼마나 많은 인생을 풍요롭게 했는지(풍요로움이 줄어든 삶을 뺀 순수치)를 기준으로 측정한다는 정의가 분명히 전해졌기를 바란다. 경영자가 승리로 향하는 최선의 방법은 직원들에게 고객을 사랑하라는 영감을 불러일으키는 것이다. 그런 목적이 얼마나 달성되었는지 확인하려면 충성 고객이 사랑을 느꼈는지 살펴보면 된다. 그 증거로는 반복 구매, 구매 증가, 지출 점유율(범주) 증가, 직원을 존중하는 태도, 건설적인 피드백 제공, 그리고 가장 특별한 건 친구, 가족, 동료에게 추천하는 모습이다. 이러한 나의 가치관은 지난 44년간 베인에서 일하면서, 그리고 고객이자 투자자, 이사회 구성원, 아버지, 그리고 이제는 할아버지로서 내 경험을 통해 발전되었다. 고객 자본주의라는 새로운 마음가짐에 눈을 뜨게 한 특별한 날들은 많았다.

지난 몇 년간 우리가 특별한 시대(변곡점이라 부를 수도 있을 것이다)에 살고 있다는 게 명백해졌다. 이 시대는 빠르게 변화하면서 정말 많은 특별한 날을 만들고, 그런 날이 모여 발생하는 누적 효과는 때로 우리를 당혹스럽게 한다. 클라우드 기반 컴퓨팅, 기술 대기업, 스마트폰 애플리케이션, 디지털 혁신, 빅데이터 분석, 그리고 인공지능이 팬데믹이 불러온 생활양식 패턴과 고객 및 직원의 우선순위를 변화시키고, 통합시키고 있다. 이로 인해 기업이 고객을 더 사랑(혹은 착취)하는 방법에도 지각변동이 일어나고 있다. 어떻게 해도 여기에서 모든 답을 할 수는 없다. 하지만 이러한 변화가 시간이 흐르면 NPS 4.0과 그 너머로 이어질 것이라고 확신한다. 바라건대 고객 자본주의라는 렌즈를 통해 지난 40년간의 변화를 지켜봄으로써 이처럼 새롭고 용감한 세상에서 따라야 할 우선순위를 알려주는 유용한 안내서가 되기를 바란다.

많은 산업에서 고객 거래의 대부분은 디지털화될 것이다. 앞서 말했듯 이미 미국 전체 은행 거래 가운데 80퍼센트가 디지털로 이루어지고 있다. 이로 인해 새로운 서비스 노동력이 등장했다. 주로 애플리케이션과 셀프서비스 키오스크(현금자동인출기, 셀프 체크아웃기)로 이루어진 디지털 현장 직원으로 인공지능과 알고리즘, 로봇이 안내한다. 이런 상황에서 기업 경영자는 스스로 반드시 핵심 질문을 떠올려야 한다. '로봇이 고객을 사랑하는지 어떻게 확인할 것인가?' 만일 로봇의 학습 모델이 재무 회계 숫자를 최적화하는 데 바탕을 두고 있다면(그렇다는 건 가능한 최고의 가격에 최저의 비용으로 더 많은 물건을 팔아야 한다는 뜻이다) 우리는 어려운 상황에 처할 것이다. 우리는 어떻게든 고객 기반 회계, 그리고 순추천고객지수 계수(아니면 기울기)나 획득성장률 같은 목표가 각 고객 상호작용을 지배적으로 구성하는 목적함수가 되도록 해야 한다. 그리고 이러한 지표를 우리의 디지털 학습 모델에 완전히 포함시켜야 한다. 로봇이 고객을 사랑하고 고객의 삶을 풍요롭게 하는 방법을 학습하려면 순추천고객 방식의 피드백 과정이 반드시 있어야 한다.

이 책에 소개한 몇몇 모범적인 기업들이 이 일에 앞장서고 있다. 아마존이 코스트코 방식의 가격 책정 전략을 따르기로 결정해서 다행이다. 그렇지 않았다면 컴퓨터 과학자들이 개인의 삶, 선호 사항, 재정 상태, 쇼핑 습관에 관한 모든 데이터에 접근해 우리의 전자 지갑은 텅 비었을 것이다! 감사하게도 애플은 고객의 개인정보를 수익을 최대화는 데 이용하는 대신 보호하기로 결정했다.

이처럼 기업에서 최선의 의도를 지닌다 해도 디지털 세상으로 전환함에 따라 새로운 위험 요소는 계속 나타날 것이다. 경영자는 기업이 고객의 삶을 풍요롭게 하기 위해 존재한다는 점을 명확히 하고, 이러한 기업의 미션이 디지털로 전환된 일선의 업무에 통합되도록 세심하게 주의를 기울여야 한다. 일선에서 기업문화의 전도사로 일하고, 업무상 트레이드오프와 주요 결정이 황금률을 따르는지 여부를 판단할 사람은 훨씬 줄어들 것이다.

데이터와 의사결정 모델은 디지털화한 일선 업무를 지원하는 궁극의 힘이다. 그런 모델을 사용해 한번이라도 일해본 적이 있다면 두 가지 사항을 알 것이다. 첫째, 디지털 모델은 입력되는 데이터만큼의 결과만 낸다. 둘째, 디지털 모델에는 분명한 제약조건과 더 명확한 객관적 함수가 필요하다. 다시 말해 모델이 최적화되는 단일 차원이 있어야 한다. 여기서 잘못되면 엄청난 위험이 발생한다. 우리는 기술 기업, 그리고 그보다 광범위한 산업에 속하는 기업 경영자들이 디지털화의 위험을 이해하기 시작하면서 윤리적 인공지능의 개념이 출현하는 걸 보았다. 이는 중요하고도 꼭 필요한 움직임이다. 우리에게는 로봇이 해를 끼치지 않도록 하기 위한 경계가 필요하다. 금융 서비스, 의료 혹은 어떤 산업에서든 디지털이 경계를 넘는 것을 용인해서는 안 된다. 기계는 판단을 내리거나 사람을 올바르게 대하려고 관심을 쏟지 않을 것이다. 누군가의 사생활을 침해했을 때 발생하는 비용을 이해하지 못하며, 유출된 고객정보를 구입하거나 훔치는 나쁜 행위자들의 해로운 행동에 고객을 쉽게 노출시킬 수 있다.

하지만 윤리적 인공지능은 너무 편협한 목표이다. 우리는 고객의 풍요로운 삶을 궁극적 목표로 하는 인공지능을 사랑하기 위해 노력해야 한다. 이것이 얼마나 도전적인 전환을 의미하는지 생각해보라. 오늘날 인공지능 모델은 대부분 회계 결과를 극대화하는 것을 목표로 삼은 함수를 아무런 점검 없이 실행한다. 이것이 바로 허리케인 진행 경로에서 항공권 가격이 폭등하는 이유이고, 자동 병원비 청구 시스템이 가능한 한 가장 비싼 가격을 부과하는 이유이다(지불 능력이 전혀 없는 사람에게까지 그렇게 청구한다). 황금률과 디지털 기술의 의사결정 매트릭스를 통합할 방법을 완벽하게 마련할 때까지 기업은 고객이 사랑을 느꼈는지, 그래서 다시 구매하러 오고 친구를 데려올지 어떻게 확인할 수 있을까? 그리고 이러한 고객 로열티 없이 기업이 어떻게 투자자에게 존중을 나타낼 정도의 수익률을 달성할 수 있을까? 머신러닝이 대규모로 이루어지고, 경영진이 고객 서비스의 두뇌와 영혼을 로봇에게 더 많이 넘겨주면 이런 문제는 점점 커질 것이다.

그렇다면 해결책은 무엇일까?

내가 보기에는 분명한 해결책이 있다. 디지털 시대에는 순추천고객의 연관성이 줄어들 것이라 주장하는 전문가들의 의견과 극명한 대조를 이루지만, 순추천고객 철학과 이를 실행할 디지털 툴이 전보다 훨씬 중요해질 것이라고 확신한다. 물리적 장소는 문을 닫고 직원들이 디지털 대안으로 교체되면서 고객의 목소리는 의사결정권자로부터 더 멀어질 것이다. 그러므로 기업에서는 직원과 인공지능 모델이 고객의 목소리를 통해 배움을 얻는다는 걸 확인하기 위해 순추천고객 피드백 툴(디지털 신호와 설문조사)을 반드시 활용해야 한다. 순추천고객 피드백을 비판하는 사람들은 순추천고객 피드백 조사를 위한 핵심 툴(설문조사, 고객의 설명, 고객의 회신)이 구식이라고 주장한다. 디지털 기술을 이용하면 필요한 데이터를 전부 얻을 수 있기 때문이다. 하지만 이 주장에 동의할 수 없다. 기술은 우리에게 고객이 '왜' 그렇게 느끼고 행동하는지 설명해줄 수 없기 때문이다.

하지만 신호 데이터의 이용 가능성, NPS 예측 모델, 음성 감정 분석, 세션 재생을 비롯한 여러 혁신 기술을 보면 기대감도 생긴다. 단순히 클릭 패턴과 디지털 관찰 분석으로 고객이 어떤 기분인지 이해한다거나 그런 기분이 드는 이유를 알 수 있는 척하지는 말자. 아무리 정교한 디지털 대시보드를 이용해도 고객과 대화를 나눈 것과 똑같은 통찰은 결코 얻을 수 없다. 인공지능이 인간 지성의 천재성에 접근하려면 앞으로도 오래 진화되어야 한다. 인공의 사랑이 진짜 사랑과 비슷해지려면 분명 그보다 훨씬 더 오래 걸릴 것이다. 기계는 결코 인간의 사랑을 이해하거나 대체할 수 없다. 고객을 사랑한다는 불패의 전략은 항상 우리 인간에게 달려 있을 것이다.

지속가능한 성장은 공동체가 핵심이다

마지막 장을 마무리하면서 나는 매년 실시하는 암 선별 검사를 받기 위해 지역 암센터에 가려고 준비 중이다. 요즘은 이 땅에서 내 시간이 정해져 있다는 걸 피할 수 없이 알려주는 이런 검사만큼 나를 겸손하게 만드는 것도 없다.[14] 건강이 버티고 있어서 고마운 이유가 두 가지 있다. 첫째, 나는 이 책이 완성되는 걸 볼 수 있었다. 베인에서 일하며 얻은 44년간의 교훈을 일련의 원칙으로 정리했다. 사랑으로 보살피라는 황금률의 기준에 따라 원칙의 프레임워크를 정하고, 지표, 프로세스, 시스템을 이용해 원칙을 강화하면서 이를 꾸준히 실행하는 것이다. 둘째, 더 중요한 이유인데 두 명의 손주가 이 세상에 태어난 것을 환영하는 축복을 얻었다.

이 책을 쓴 주요 목적은 기업이 고객 자본주의 시대로 무사히 이행해 승리하는 걸 돕겠다는 것이었다. 동시에 이웃과도 널리 관련된 내용이기를 바란다. 이들의 삶이 어떤 길을 가더라도 이 책에 담은 아이디어가 그 길을 순탄하고 성공적인 길로 만들어준다면 좋겠다. 내 손주, 그리고 그들의 또래 친구들도 분명 고객이 될 것이다. 이 책에 담은 내용을 바탕으로 아이들이 정말 고객을 사랑하려 애쓰는 최고의 기업을 찾기를 바란다.

인생의 어느 시점이 되면 아이들이 취업을 할 것이다. 어느 회사가 일할 가치가 있는 회사인지 알아보는 데 이 책이 도움을 줄 것이다. 고객에게 서비스를 제공하는 업무 속에서 아이들이 서비스를 제공하는 자의 마음가짐(진정으로 탁월한 서비스를 제공해 고객의 삶을 풍요롭게 한다는 목적을 마음에 담는 것)을 지니면 유익할 것이다.

아이들이 경영자가 될 수도 있다. 그렇게 된다면 직원들이 고객에게 감동을 선사함으로써 의미와 목적이 있는 삶을 살도록 돕는 기쁨을 경험할 수 있다. 아이들이 황금률을 따르는 책임 기준을 꾸준히 강화하도록 내부 시스템에 혁신을 더하기 바란다. 마지막으로 아이들이 투자자가 된다면 이 책이 이기는 투자로 안내해 줄 것이다.

이상의 내용을 전부 더하면 (고객, 직원, 투자자로서 자신의 도덕적, 경제적 힘을 깨닫는 개인이 점점 많아지고 있다) 고객 자본주의를 따르는 기업의 장점이 더욱 강화될 것이다. 현명한 경영자는 이러한 물결의 선두에 서 있을 것이며, 그들은 고객 중심으로 세계관을 빠르게 변경하고 올바른 기업문화를 형성하는 지혜를 받아들여 그 안에서 모든 직원이 황금률의 행동 기준을 지킬 책임을 가지게 하고, 삶이 풍요로워진 고객의 숫자로 성공을 측정한다.

기업문화는 왜 그렇게 중요할까? 황금률이 작동하려면 공동체 전체가 필요하기 때문이다. 이 책에서 반복적으로 인용했던 기업의 사례들처럼 강력한 문화를 갖춘 강하고 번창하는 기업만이 황금률의 최대 잠재력을 끌어내는 관계를 키울 능력이 있다. 사람을 착취하는 테이커로부터 회사가 보호해준다고 믿을 때에만 직원은 서비스 관계를 구축하는 데 집중하고 고객의 삶을 풍요롭게 하는 데 전력을 다한다.

말했다시피 공동체가 핵심이다. 사람의 인생은 함께하는 사람의 가중평균이라는 옛 속담이 분명 어느 정도 사실이다. 함께 보내는 시간이 가장 긴 사람과의 관계가 목표, 규범, 희망, 꿈, 그리고 성공을 측정하는 방식에도 깊은 영향을 미친다. 여러분이 사랑과 봉사라는 황금률의 기준을 긍정하는 관계를 실현하는 공동체를 찾아 키우는 데 이 책이 도움이 되기를 바란다. 그런 조직이 우리의 삶을 풍요롭게 만들 것이며, 승리할 것이다. 이들의 승리는 목적을 가지고 거두는 승리이다. 그리고 이런 조직에서는 할아버지가 해줄 법한 다음과 같은 조언에 귀 기울이는 인재를 채용해 보유할 것이다. '좋은 사람을 사귀고 자신의 로열티를 현명하게 바쳐라. 이는 우리 인생의 모습을 정하고 우리가 남길 유산을 정의한다. 다른 무엇보다 찡그린 얼굴을 미소로 바꾸고, 그게 무엇이든 발견했을 때보다 더 나은 상태로 만드는 인생, 그런 올바른 인생을 살게 한다.'

부록

부록 A

NPS 3.0 체크리스트

　현재 수천 개의 기업이 순추천고객시스템의 핵심 요소만이라도 사용하고 있으며, NPS로 구성된 기업의 툴과 프로세스는 계속 성장, 진화하고 있다. 베인에서는 이 시스템의 일부 요소만 발명했다. 우리는 NPS를 오픈소스로 공개했고, 혁신적인 기업에서 잘 작동하는 것을 관찰했던 요소 중에서 가장 좋은 요소들을 통합했다.

　혁신을 선도하는 여러 기업이 베인의 NPS 로열티 포럼의 회원으로 가입해 정기적으로 베스트 프랙티스를 공유하고, 어려움을 겪는 문제를 해결하기 위한 도움을 얻는다.[1] 베인이 현재 NPS의 최신 필수 요소를 이해하는 데 이 포럼의 회원사들이 엄청난 도움을 주었다.

　이제 내가 NPS 3.0이라 부르는 현재의 NPS 관리 시스템을 구성하는 요소를 요약할 것이다. 대부분 자세한 내용은 본문에 실었지만, 일종의 체크리스트로 활용할 수 있도록 여기에 정리해둔다.

NPS 3.0의 요소 가운데 이미 실행하고 있는 것은 몇 가지인가? 여기 실린 항목을 대부분 실행하고 있다면 고객의 삶을 풍요롭게 하는 데 꾸준히 초점을 맞추는 황금률의 문화를 형성하는 방향으로 가는 중이라고 자신해도 된다.

나는 순추천고객시스템을 7개의 주요 구성 요소로 정리했으며, 각 구성 요소에는 하위체제가 있다.

1. 타협할 수 없는 목적을 세워라

경영자는 고객의 삶을 풍요롭게 하는 것을 조직의 목적으로 삼는다

고객의 삶을 풍요롭게 한다. 이것이 조직의 주된 목적이라는 것을 분명하게 밝힌다. 경영자는 직원들에게 우선순위, 의사결정, 트레이드오프를 정할 때 이처럼 철학적인 북극성이 어떻게 안내하는지, 그래서 개인과 조직의 성공으로 가는 길을 어떻게 빛내는지 가르쳐야 한다.

- 고객이라는 목적이 최우선이며, 모든 이해관계자를 황금률에 따라 대하려 노력해야 한다는 점을 정기적으로 공표하라(상징, 말과 행동을 통해 표현).
- 이러한 목적에 충실한 전략을 만들어 수용하라.
- 이 목적을 자신의 북극성으로 삼고 나아간 정도를 측정하라.

2. 사랑으로 이끌어라

경영자는 황금률의 원칙과 가치를 실행하고, 설파하고, 가르친다.

경영자의 주된 미션은 직원을 돌보는 것이다. 경영자는 고객을 위한다는 기업의 목적을 직원들이 받아들이고, 이를 수행하는 데 충분한 시간, 교육, 자원을 분배해 기업의 성공을 이루도록 직원들에게 영감을 주어야 한다. 경영자는 상징과 말, 행동을 통해 사랑의 문화가 체계적으로 강화되도록 황금률의 원칙과 가치를 실행하고, 설파하고, 가르치는 롤모델이 되어야 한다.

- 올바른 행동의 롤모델을 맡고, 핵심 가치 아래 주요 결정 사항과 우선순위를 설명하라.
- 단기적인 재무 목표는 결코 원칙을 이길 수 없음을 확실히 하고, 장기적으로 보는 문화를 키워라.
- 제품 개발에서부터 직원 채용, 고객 서비스와 기업 운영의 디지털화 작업에 이르기까지 매일의 업무 결정에서 고객을 중심에 두어라.
- 진전을 방해하는 장벽(조직 혹은 기타)을 무너뜨려라.

3. 팀에 영감을 불러일으켜라

고객의 삶을 풍요롭게 한다는 임무를 실행하는 데 직원이 전적으로 참여하고 지지받아야 한다.

직원들은 고객의 삶을 풍요롭게 한다는 미션을 수행하며 활기를 느끼고, 황금률에 반하는 정책, 절차, 행동을 근절할 수 있어야 한다. 그리고 옳은 일을 하려는 노력은 항상 지지받을 것이라는 믿음이 있어야 한다.

- 직원은 고객을 감동시키기 위해(그리고 그 일에 의욕을 느낀다) 채용되고, 교육받고, 구성되고, 조직된다.
  - 고객의 삶을 풍요롭게 하는 직원의 능력은 계속 관리되어야 한다. 경영자는 직원의 피드백을 듣고 실행하며, 해결이 필요한 제약이나 장애물을 확인하고 우선 처리한다.
  - 직원은 피드백을 반기며 전하는 문화를 강화하고 육성하는 시스템 안에서 피드백을 주고받는 법을 배운다.
  - 직원은 경영진에게 상향식 피드백을 제공한다. 상향식 피드백은 유용한 코칭을 제공하고, 리더십 평가와 적절히 연결되는, 세심하게 설계된 프로세스를 통해 이루어진다.
- 안전한 피드백 프로세스를 통해 직원은 원칙이 얼마나 잘 지켜지고 있으며, 개선이 필요한 부분은 어디인지 신호를 보낼 수 있어야 한다.
- 폭력적인 고객으로부터 직원을 보호하는 시스템이 있어야 한다(경고, 제재, 필요시 평생 이용을 금하는 방법을 포함해 고객을 거부하는 적절한 프로세스).
- 인정·보상·승진 시스템은 기업의 원칙을 강화하는 방식으로 이루어져야 한다.

- 고객, 직원 혹은 투자자를 희생시켜 경영자가 이익을 얻지 못하게 하는 보호장치를 마련해야 한다.
- 고객 기반 회계 결과(획득성장 포함)와 경쟁사와 비교해 상대적인 위치를 보여주는 관계 NPS가 고위 임원의 보상에 적적한 영향을 주어야 한다.
- 일선에서 일하는 개별 직원을 대상으로 하는 설문조사 결과 점수를 직원의 업무 성과 목표치로 삼는다거나 개인별 보상의 기준으로 정하는 식으로 변질되어서는 안 되며, 직원에게 배움과 개선의 의욕을 불어넣을 방법이 되어야 한다.
- 모든 직급의 리더는 승진 대상자로 고려되려면 핵심 원칙을 구현해야 한다(동료와 직원의 눈으로 볼 때).

4. NPS 등급으로 피드백의 흐름을 나타내라

실시간 NPS, 신호, 기타 고객 피드백은 학습, 혁신, 진전을 가속하는 핵심 시스템에 통합되어야 한다.

시스템과 기술은 구매 행동, 사용 패턴, 온라인 게시글, 평가 등급 및 고객 서비스 담당자와의 상호작용 등 피드백의 신호가 되는 모든 영역를 통합해 설문조사 내용에 더함으로써 고객과 동료에게서 믿을 만한 피드백을 적시에 얻도록 지원한다. 설문조사를 지치는 일로 만드는 데이터 흐름에 압도된 세상(디지털봇, 데이터 과학과 알고리즘에 점점 더 의존하는 세상)에서 피드백을 올바르게 수집하고, 관리하고, 분배하기 위해서는 끊임없는 혁신이 필요하다.

- NPS 피드백의 흐름이 시의적절하고 신뢰할 수 있는지 올바른 방법론과 목적으로 올바른 장소에서 측정되어야 한다.
  - 외부에서 제공하는 NPS 프리즘-역량 수준에 대해 경쟁사와 비교 가능한 벤치마킹 서비스를 이용하라. 핵심 경쟁사와 비교해 우리 회사의 전반적인 성과 및 제품별, 여정별 성과를 알 수 있다.
  - 구체적인 주제와 체계적인 기회를 확인하기 위해 관계 NPS, 제품 NPS, 그리고 고객 여정 내 주요 경험별 NPS를 사용하라.
  - 개별 직원의 서비스 접점 순추천고객지수는 주로 팀별, 개인별 학습, 코칭, 개선의 목적으로 사용하라.
- 고객 여정 지도를 그리고, 우선으로 처리해야 할 일과 고객 접점을 확인하고, 결점을 고치고 고객이 열광하는 일을 만드는 데 명확하고, 지속가능한 전략을 이용하라(추적 결과 대 NPS 프리즘-역량 수준에 대해 경쟁사와 비교 가능한 벤치마킹 서비스).
- 설문조사의 질을 높이거나 대체하기 위해 모든 신호(콜센터, 소셜미디어, 평가 등급, 채팅, 이메일 등)를 이용하라. 추천고객·중립고객·비추천고객의 범주에 맞춰 실제 행동을 조정하고 지속적으로 혁신하는 데 이용하라(예. NPS 예측 모델).
- 고객이 답변을 망설이지 않도록 정기적으로 설문조사 프로세스를 업그레이드하라. 이는 높은 응답률과 고객이 남긴 긴 글로 알 수 있다.
- 전통적인 설문조사의 대안으로 신뢰할 만한 방법이 있는지 찾

기 위해 끊임없이 혁신하라.

5. 열심히 배우게 하라

직원이 피드백을 듣고, 배우고, 그에 따라 행동하는 리듬이 내재되어 있어야 한다.

경영자는 사내에 황금률을 지키기 위한 전제조건인 피드백을 반기는 문화를 심어야 한다. 이를 위해서는 피드백을 주고, 받고, 모으고, 처리하기에 안전한 장소를 제공해야 하며, 가장 효과적인 방법을 교육해야 한다.

- 팀 학습과 개선
  - 팀허들
    - 팀은 일간·주간 팀허들을 가장 잘 활용하는 방법을 배워야 한다. 팀허들은 빠른 리듬으로 진행하고 업무 모범 사례를 공유한다.
    - 직원이 의욕을 느끼고 효과적으로 함께 일하게 만드는 문제 및 솔루션 소개에 집중하는 시간이 팀허들 중에 있어야 한다. 피드백의 내용을 생각해볼 안전한 장소가 제공되어야 한다. 솔직한 피드백을 받으려면 메시지와 구조화된 익명성을 활용해야 한다.
  - 내부 루프Inner Loop(비추천고객의 피드백 전부와 중립고객과 추천고객의 피드백 샘플을 확인하고 마무리)

- 팀원(혹은 관리자)이 비추천고객의 피드백 전부와 중립고객과 추천고객의 피드백 가운데 적절한 샘플을 확인하고 (내부) 후속 작업을 마무리한다.
  - 팀은 업무의 우선순위를 정하고 통제 아래에서 문제를 해결하기 위해 피드백을 이용한다.
  - 상부로 올려야 할 문제(팀의 통제권 밖의 문제)는 솔루션의 책임을 명확히 하고 우선 처리한다.
- 외부 루프 Outer Loop (정책 및 프로세스 변경이 필요한 변화를 확인하고 우선 처리한다. 팀의 통제권 밖의 변화)
  - 상의하달식(임원진이 청취)
  - 우선순위에 오른 모든 문제에 필요한 자원 및 기간과 함께 책임이 할당되어야 한다.
  - 임원진의 청취 및 학습
- 이사회 구성원과 고위 임원은 조직의 목적, 원칙, 주요 문제나 장애물에 관해 계속 교육받는다.
- 모든 리더는 공감 교육을 받는다. 그래야 의사결정권자가 고객을 이해하고, 그들의 니즈를 이해할 수 있다.
- 임원진이 정기적으로 고객의 전화나 문제를 주의 깊게 들어야(처리하고) 하고, 고객이 직접 남긴 피드백을 읽고, 필요한 경우 후속 업무도 맡아야 한다.
- 고객 설문조사의 직무별 교차 검토 결과와 신호 피드백을 보고 처리 순서와 실행에 나서야 할 문제를 결정한다.

- 일선 직원이 고객 감동을 이루는 데 제약이라고 말하는 문제를 우선 해결한다.
- 팀에서 원칙에 부합하지 않는다고 하는 정책 및 프로세스를 고친다(일과 가정의 양립, 지속가능성, 환경에 미치는 영향, 사회적 우선순위 등의 문제 포함).
- 직원의 피드백에 따라 취한 조치의 내용을 주기적으로 직원과 소통해야 한다('여러분이 말하면 우리가 합니다').

6. 획득성장 관련 성과를 정량화하라

의사결정의 지침이 되고 투자자가 신뢰하는 CFO가 승인한 고객 기반 회계를 활용하라

경영자와 직원은 트레이드오프 사항과 투자 결정 여부를 평가할 때 최고재무책임자가 제공하고 승인한 고객 기반 회계 지표를 이해하고 사용해야 한다.

- CFO가 인증한 획득성장 관련 성과는 정량화해야 하며, 투자 선택 사항을 평가할 때 사용해야 한다.
- 획득성장 관련 성과는 전략, 고객 확보 및 유지, 회사 운영에 통합해야 한다.
- 고객 기반 회계를 이용해 고객 생애 가치를 계산하고, 투자 결정의 지침으로 삼을 수 있다.
- 소개와 입소문을 통한 고객의 유입을 철저히 추적해 고객 생

애가치 계산에 통합해야 한다.
- 감사 대상으로 삼을 만한 고객 기반 회계 결과는 투자자에게 보고해야 한다. 순추천고객지수를 어떤 식으로든 공개했다면 도출한 방법을 분명하게 밝혀야 한다. 공개적으로 보고하는 NPS 평점은 이중맹검조사 과정(일반 재무회계와 같은 기준을 엄격히 적용)을 통해 구하는 것이 이상적이다. 이때 NPS의 다른 범주가 담당하는 중요한 역할, 그리고 이중맹검 지표와 관계되는 방식을 명확히 알아야 한다.

7. 탁월함을 정기적으로 재정의하라

경영자와 직원은 고객이 사랑받는다고 느낄 수 있도록 하려면 얼마나 발전하고 혁신해야 할지 겸손한 마음으로 알아보아야 한다.

경영자는 탁월한 제품과 경험으로 고객에게 감동을 선사할 새로운 방법을 만들기 위해 계속 노력해야 한다. 직원 개인과 팀, 그리고 회사는 고객이 우리 회사 제품을 더 많이 사기 위해 다시 찾고, 친구에게 추천할 정도로 탁월한 경험을 만들어낼 책임과 권한을 가져야 한다.

- 대규모 혁신
  - 모든 임원은 고객이 느끼는 가치를 더할 신제품과 경험 혁신을 옹호하고 만들어내야 한다는 책임을 느낀다.
  - 사건별, 전체 관계 측면에서 정기적으로 경쟁사를 벤치마킹

하여 기회를 강조하고 '얼마나 수준이 높은 건지'에 계속 초점을 맞춘다.
- 인식을 높이는 과정을 통해 일선 직원은 고객을 더 열광시키고 실망은 줄일 가장 적합한 후보를 늘린다.
- 임원진은 자본과 예산 배분 과정에서 고객 경험 업그레이드를 우선순위로 삼는다(산출물에 관한 분명한 책임과 일정이 있어야 한다).
- 제품과 경험을 재발명하기 위해 신기술 활용에 꾸준히 관심을 가져야 한다.

- 소규모 혁신
  - 모든 직원이 고객에게 공감할 수 있도록 공감 교육을 실시해야 한다. 지능형 고객 만족을 실천하기 위해 직원은 각자 소비자로서 개인적인 관점과 경험을 활용한다.
  - 직원이 아이디어를 더 많이 낼 수 있도록 '우리가 더 개선할 수 있는 건 무엇입니까?'라는 질문을 편입해야 한다.
  - 모든 직원에게 고객 만족을 위한 혁신을 찾도록 장려해야 하고, 직원은 혁신을 찾으려는 노력이 적절히 인정받을 것임을 자신할 수 있어야 한다.
  - 일선 직원은 제안한 혁신이 지속가능한 모범 업무 방식이라는 점을 증명하기 위해 비용편익을 분석하는 법을 알아야 한다.

부록 B

획득성장 산출 계산법

다음 페이지에 실린 도표는 획득성장 계산에 들어가는 요소와 그 중요성을 명확히 보여준다. 모든 기업에서 성장은 획득 고객으로부터의 매출과 획득 고객이 아닌 신규 고객으로부터의 매출이 더해진 결과이다. 이 둘을 분리하면 해당 기업 성장의 질과 지속가능성을 한층 명확하게 알 수 있으며, 그래서 기업의 미래 전망에 대한 이해가 높아진다. 웹사이트 NetPromoterSystem.com에서는 획득성장 계산법에 관한 더 자세한 설명과 함께 온라인 획득성장 계산기도 제공한다. 온라인 획득성장 계산기는 도표에 포함된 생각을 실제 적용하는 데 도움을 주기 위해 만들어졌다.

[도표 B-1]은 표준 회계 프로세스를 적용하면 해당 기간에 매출이 100달러에서 130달러(이는 수천 달러 혹은 수백만 달러를 나타내는 것일 수 있다. 중요한 건 비율이며, 기준연도 매출을 100달러로 정한 건 모든 계산을 단순하게 만들기 위해서이다)로 늘어나 해당 기업은 30퍼센트 성

장했다. 세 번째 막대(맨 오른쪽)는 기업의 매출이 30퍼센트 성장할 때 고객 기반 회계가 성장 기저의 고객 흐름과 구매 변화를 어떻게 밝히는지 보여준다. 막대를 보면 30퍼센트의 매출 성장은 순매출유지율NRR, net revenue retention 85퍼센트(기존 고객 가운데 일부는 구매를 늘렸지만 일부는 구매를 줄였다. 늘어난 구매와 줄어든 구매를 합산하면 결과적으로 매출은 15퍼센트 감소했다)이다. 신규 고객의 구매로 매출은 45퍼센트 추가로 늘어났고, 그 가운데 20퍼센트는 획득 고객이 아닌 신규 고객으로부터 창출된 매출이고, 25퍼센트는 신규 획득 고객으로부터 창출된 매출이다. 총 획득성장의 규모를 계산하기 위해 순매출유지율 85퍼센트에 신규 획득 고객으로부터 창출된 매출 25퍼센트를 더해 110퍼센트의 획득성장 요소(획득성장률이 10퍼센트라는 뜻)를 구했다. 이 사례에서 획득성장비율은 33퍼센트이다. 다시 말해 보고된 성장률(표준 회계 기준)의 3분의 1이 획득성장이다. 순추천고객지수가 높은 기업은 성장을 위해 과도한 신규 고객 유치 비용을 집행할 필요가 없다. 그러므로 그런 기업의 획득성장비율은 33퍼센트보다 훨씬 높을 것이다.

간단 계산법

순매출유지율을 구성하는 모든 요소를 계산할 수 없는 기업도 있다. 예를 들어 고객 감소나 이탈로 줄어든 매출은 정량화할 수 없다. 추적 시스템이 불충분해서일 수도 있고, 해당 기업의 고객 구매 주기가 길고 예측할 수 없어서일 수도 있다(자동차나 안경 같은 제

도표 B-1 획득성장률 계산법

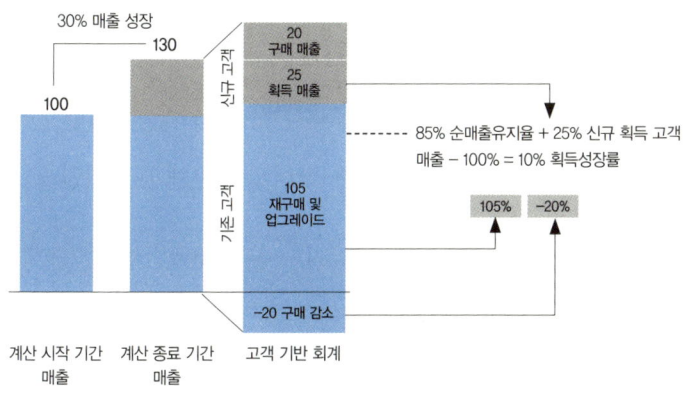

획득성장비율 : 획득성장률을 같은 기간 동안의 명목성장률로 나눈 것
(예: 10% / 30%=0.33)

주 : 모든 비율은 계산 시작 기간 매출 기준.
획득성장비는 명목성장이 획득성장을 초과하고 두 성장률이 양수일 때만 의미를 가진다.

품). 하지만 간단한 방법으로 획득성장률을 계산할 수 있으니 걱정할 것 없다. 먼저 이전에 구매한 적 있는 고객의 현 기간 매출을 계산하고, 이를 이전 기간 총매출(모든 고객의 매출)로 나눈다. 그 결과가 순매출유지율 추정값이다.

그러고 나서 획득성장 요소(획득성장률도 구한다. 간단히 획득성장 요소에서 100퍼센트를 빼면 된다)를 구하기 위해 신규 획득 매출(현 기간 총매출의 퍼센트)의 최적추정치를 더한다. 5장에서 말한 것처럼 신규 획득 고객 매출(보통 획득성장에서 훨씬 작은 요소)은 기존 고객의 추천과 소개를 통해 신규 획득한 고객 그룹에게서 발생한 매출을 나타낸다. 현재 신규 고객을 획득 고객 대 비획득 고객으로 나누어 분석할 수 있는 기업은 거의 없다. 그래서 베인은(메달리아와 제휴) 이 문제를 해결할 실제적인 해결책을 찾아 나섰다. 이에 관한 자세한 설명은 웹사이트 NetPromoterSystem.com에서 제공하지만, 간단히 설명하면 신규 고객 유입 과정에 포함된 질문에 대안적인 구조를 적용해 테스트했다.

더 깊이 알아보기

[도표 B-2]는 표준 회계 방식을 사용했을 때 동일한 매출 성장 30퍼센트를 보고한 가상의 기업(A기업과 B기업) 2개사를 비교한 것이다. 고객 기반 회계 방식으로 살펴보면 두 기업은 서로 다른 획득성장률로 인해 30퍼센트 성장률을 이루기까지 매우 다른 길을 걸었음을 확인할 수 있다.

A기업은 순매출유지율이 높고, 소개 및 추천으로 유입된 신규 고객의 건전한 흐름을 가졌지만, B기업은 순매출유지율이 낮고, 신규 획득 고객으로부터의 매출 흐름이 보잘것없어 이를 메꾸기 위해 신규 고객 유치 비용을 많이 집행해야 한다. A기업의 순추천고객지수가 B기업보다 상대적으로 뛰어날 것으로 예상되며(상대적인 점수가 있다면), 이러한 패턴을 유지한다면 앞으로 시간이 흐르면서 A기업이 훨씬 우수한 경영 성과를 누리게 될 것이다. 두 기업이 수익이나 매출에 따른 멀티플이 비슷한 주가를 보이는 상장기업이라면 A기업에 투자하고 B기업은 매도 포지션을 취하는 것이 올바른 판단일 것이다.

도표 B-2 명목성장이 동일한 기업의 고객 기반 회계 결과 비교

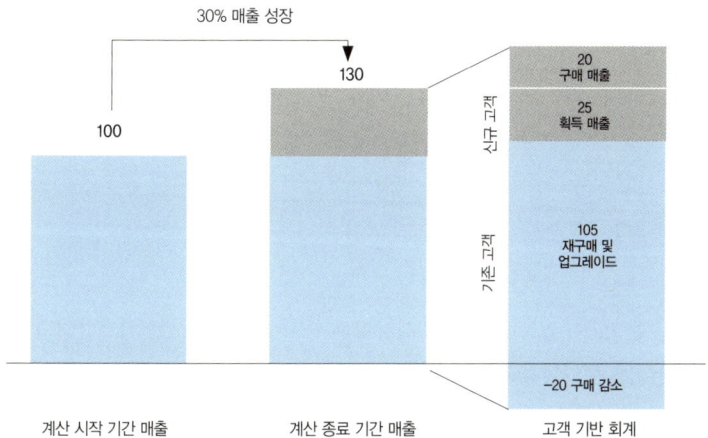

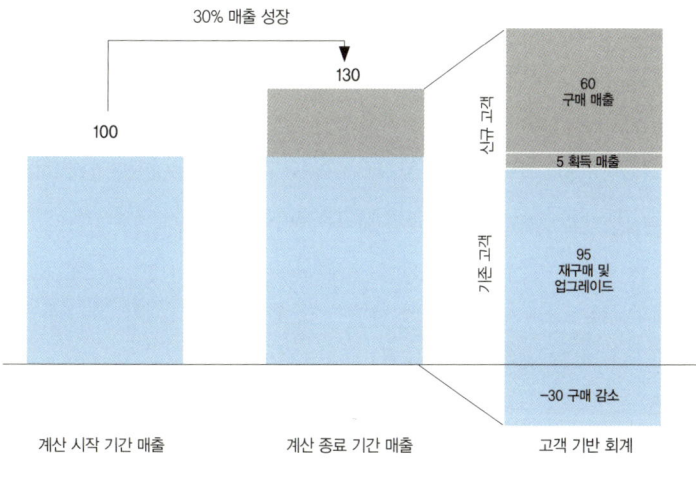

주

머리말

1 특별한 언급이 없는 한 이 책에 실린 모든 진술과 인용문은 개인적인 대화이거나 프레드와의 인터뷰 내용이다.

서론

1 베인 기업 임원 설문조사 결과, 2021년 7월.

2 경영대학원의 사례연구법에 익숙하지 않은 독자를 위해 설명하면, 콜드콜은 보통 수업의 시작과 함께 이루어지며 교수님께 이름이 불린 학생은 전날 밤 전부 공부해 오기로 되어 있는 사례를 분석해야 한다.

3 일반적으로 마케팅이라는 분야가 수십 년 전 학문적 관심에서 벗어났다.

4 Frank Newport, 'Democrats More Positive About Socialism Than Capitalism', Gallup News, 2018년 8월 13일자, https://news.gallup.com/poll/240725/democrats-positive-socialism-capitalism.aspx.

5 블룸버그는 연설에서 (다른 무엇보다) 직원을 공정히 대하는 일의 중요성을 강조했다. 블룸버그의 표현에 따르면 '일리가 있는 좋은 행동'이다.

6 다른 모든 차원은 임계값 요구사항이 있는 제한 조건으로 다루어야 한다. 일단 다른 차원을 전부 제한해야 하나의 목표 기능에 모든 에너지와 창의성을 집중할 수 있다.

7 예컨대 자본 비용을 실제 비용으로 보면(현재 금리 환경에서 8퍼센트라고 가정해보자) 기업이 주주가치를 최대화하면서 동시에 고객가치(이에 더해 직원 참여, 공동체 기여, 혁신, 인권, 지속가능성 등)를 최대화해야겠다는 혼란이 사라진다. 이 내용에 관해서는 뒤에서 더 설명할 것이다.

8 내가 기억하기에 이 표현을 처음 본 건 로저 마틴의 글 '자본주의의 시대The Age of Capitalism', 〈하버드 비즈니스리뷰〉, 2010년 1~2월호에서였다. 뒤이은 조사를 통해 《고객 자본주의》가 1999년에 출판되었다. 저자 산드라 밴더머위는 임페리얼 칼리지 런던의 마케팅 교수로, 하버드 경영대학원 크리스토퍼 러브록, 존 퀠치 교수를 포함해 여러 학자와 공동으로 여러 편의 논문을 썼다.

9 이 조사는 프레드 라이켈트, 롭 마키, 《고객이 열광하는 회사의 비밀》, Harvard Business Review Press, 2011에서 설명한다.

10 예를 들어, Siemens, 'Sustainability Information 2020' (Berlin, 2020), 34, https://assets.new.siemens.com/siemens/assetsapi/uuid:13f56263-0d96-421c-a6a4-9c10bb9b9d28/sustainability2020-en.pdf.

11 Geoff Colvin, 'The Simple Metric That's Taking Over Big Business,' 〈Fortune〉, 2020년 5월 18일, https://fortune.com/longform/net-promoter-score-for-tune-500-customer-satisfaction-metric/

12 Fay Twersky and Fred Reichheld, 'Why Customer Feedback Tools Are Vital for Nonprofits', 〈Harvard Business Review〉, 2019년 2월호.

13 오픈소스란 기업에서 회사의 지속가능하고 수익성 있는 성장을 위해 NPS와 관련된 이론, 방법론, 툴을 자유롭게 사용할 수 있다는 뜻이다. 하지만 NPS, 순추천고객, 순추천고객시스템을 포함해 NPS 마크는 베인앤드컴퍼니의 허가 없이 상업용 목적으로 사용할 수 없다. 예를 들어 고객에 판매하는 서비스나 솔루션에 NPS를 포함하는 피드백, 분석, 데이터 전문 기업은 베인의 사용 허가를 받아야 한다. NPS 마크의 사용은 전부(일반 기업이든, 상업용 허가를 득한 기업이든) 베인의 상표권 귀속 요건을 따라야 한다. NPS 라이센스와 사용법에 관한 추가 정보는 다음 웹사이트에서 확인할 수 있다. https://www.

netpromotersystem.com/resources/trademarks-and-licensing/

1장

1 베인 기업 임원 설문조사 결과, 2021년 7월.
2 〈체인스토어 에이지 Chain Store Age〉에 따르면 애플은 매년 평방피트당 5,546달러의 매출을 기록한다. 2위는 주유소 및 편의점 체인 머피USA이며(평방피트당 3,721달러), 다음은 티파니(평방피트당 2,951달러)였다. 2017년 수치는 다음을 참조. https://chainstoreage.com/news/mostprofitable-retailers-sales-square-foot-are.

2장

1 해당 토론의 동영상은 https://www.netpromotersystem.com/insights/journey-to-greatness-npsvideo/ 참조.
2 짐 콜린스가 쓴 매우 영향력 있는 책이다. 오늘에 이르기까지 베스트셀러 자리를 지키고 있다.
3 짐 콜린스, 《위대한 기업은 다 어디로 갔을까》, Harper Collins, 2009.
4 우리는 매출액 5억 달러 이상의 상장기업을 전수조사했고, 이 모든 기업의 중앙값을 사용했다. 시가총액 가중방식은 사용하지 않았다. 시가총액을 가중하면 기업의 탁월함과 혼재되는 면이 있기 때문이다.
5 여기서는 또한 《고객이 열광하는 회사의 비밀》에서 제시한 스타 기업, 예를 들어 아마존, 애플이 올리는 천정부지의 실적은 다루지 않았다. 보수적인 접근법으로 비교하기 위해서이다.
6 Christopher Mims, 'Apple Pitches Values along with Credit Card, News and TVPlus—but Will People Buy It?', 〈Wall Street Journal〉, 2019년 3월 27일자, https://www.wsj.com/articles/apple-bets-that-plugging-its-values-can-help-create-value-11553607751.
7 책을 출간하고 나서 페이스북과 알파벳을 NPS 선도기업으로 선정한 건 시기상

조였음을 깨달았다. 왜냐하면 우리는 광고주(실제 구매하는 사용자)가 아니라 소비자(소셜미디어 플랫폼과 검색엔진을 무료로 즐기는 사용자)를 조사 대상으로 삼았기 때문이다. 다행히도 두 기업의 주식을 넣든 빼든 지수 결과의 차이가 미미해서 아직은 그냥 두기로 했다.

8 총주가지수는 시가총액 가중방식이다. 그러므로 시가총액 가중방식을 사용하지 않는 인베스코 지수Invesco Index가 비교 지표로 더 적합할 것이다. 지난 10년 동안 두 지표는 대체로 비슷한 결과를 보였지만, 항상 비슷했던 것은 아니다.

9 카플란은 프레드 주가지수가 얻은 이익 26퍼센트는 사모펀드 유한책임 합자회사의 순수익으로도 최상의 성과라고 말했다. 그리고 프레드 주가지수에 따라 투자할 때는 다른 사모펀드에 투자할 때처럼 대출이나 유동성 부족 위기의 부담이 없었다.

3장

1 베인의 NPS 로열티 포럼은 높은 고객 로열티를 얻는 데 열정을 지닌 기업 수십 개사의 모임이다. 고객 로열티를 쌓으며 직면하는 어려운 문제를 해결하고, 베스트 프랙티스를 공유하기 위해 분기별로 모임을 가지며, NPS가 발전하는 데 필수적인 역할을 맡았다.

2 츄이가 증권거래소에 제출한 자료(SEC S-1 filing) 5페이지 참조, 2019년 6월 12일.

3 6장에서 다루겠지만, 베인은 츄이의 실제 관계 NPS는 낮다고 추정한다(60 직전). 하지만 그래도 아마존이나 기타 주요 경쟁사보다 25점 이상 높다.

4 이 기업은 자전거 타는 사람들이 서로 경쟁할 수 있는 가상 커뮤니티를 만들었고, 피트니스 수업 지도자 모임을 정했다. 일부 회원은 유명인이 되기도 했다.

5 위 참조.

6 'Airbnb Statistics', iProperty Management, https://iproperty management.com/research/airbnb-statistics.

7 나중에 나는 시네갈의 주장을 확인했다. 아니나 다를까 코스트코의 상장 후 34년

간의 누적 총주주수익률은 같은 기간 VTI 총주주수익률보다 5배 높았다.

8 《좋은 일자리의 힘》에서 제이넵 톤은 직원에게 현명하게 투자하면 어떻게 비용을 낮추고 이익을 높일 수 있는지에 초점을 맞추었다.

9 Sarah Nassauer, 'Costco to Raise Minimum Hourly Wage to $16', 〈Wall Street Journal〉, 2021년 2월 25일자.

10 Brendan Byrnes, 'An Interview with Jim Sinegal, Co-founder of Costco', The Motley Fool, 2013년 6월 31일, https://www.fool.com/investing/general/2013/07/31/an-interview-with-jim-sinegal-of-costco.aspx.

11 더 자세한 내용은 다음 장에서 다룬다. 고객 서비스 담당자는 황금률에 따라 일할 때 강하게 동기부여를 받는다는 점이 밝혀졌다.

12 이메일 알림 서비스를 신청한 회원에게만 해당.

13 FICO 점수는 1989년 페어 아이작 컴퍼니에서 만든 잘 알려진 신용점수 브랜드이다. FICO 점수가 높을수록 대출 상환을 체납할 위험이 낮다.

14 짜증난 고객보다는 기분 좋은 고객을 대하는 편이 즐겁다. 이제 〈포춘〉에서는 티모바일을 일하기 좋은 직장 Top 100에 선정하고 있다.

15 메리 로열 스프링스는 본명이다. 고객 서비스 업무를 담당하기에 완벽한 미들네임이다!

16 구체적으로 4번째 갱신에서 69점이었던 순추천고객지수가 5번째 갱신 후에는 79점으로 높아진다.

17 보험 업계 용어로 말하면 퓨어는 장기 고객이 적은 동종 업계 기업에 비해 손해율이 10포인트 낮다. 다시 말하면 회원에게 보험료 할인을 더 많이 하는데도 이익 마진이 10퍼센트포인트 높은 것이다.

18 From a company press conference, quoted in Junko Fujita, 'Tokio Marine to Buy U.S.Insurer Pure Group for About $3 Billion', 〈Insurance Journal〉, 2019년 10월 3일, https://www.reuters.com/article/us-pure-m-a-tokio-marine-idUKKBN1WI0BJ.

19 예를 들어 스콧 맥카트니의 훌륭한 기사 'The Hotel Fees That Barely Even

Make Sense', 〈Wall Street Journal〉, 2019년 1월 1일자.

4장

1 이 부분에 있어서는 해리 스트라찬과 대럴 릭비에게 특별한 감사를 표한다.
2 이미 언급했지만 나는 이런 명단을 회의적으로 여긴다. 왜냐하면 명단에 오른 기업은 다른 누구도 행복하게 하지 않으면서 직원만 행복하게 하는 데 초점을 맞추는 경향이 있기 때문이다. 하지만 베인은 이런 명단에 자주 이름이 오르면서도, 대체로 정당한 이유가 있다고 말할 수 있다.
3 '2021 Best Places to Work', Glassdoor, https://www.glassdoor.com/Award/Best-Places-to-Work-LST_KQ0%2c19.htm.
4 시대가 변했다. 지금은 하버드 졸업반 학생의 절반 이상이 베인에 입사 지원한다.
5 팀허브 전에 팀원들의 생각을 익명으로 물으면 내성적인 팀원이나 후배 팀원이 목소리를 낼 가능성이 더 높다는 장점이 있다.
6 팀이 잘 바뀌지 않는 조직에서는 다음 질문이 더 낫다. '팀 리더를 상사로서 다른 사람에게 추천할 가능성은 어느 정도입니까?'
7 전면 공개한다는 생각에서 밝히지만, 나는 티어니를 선임한 지명위원회의 위원이었고, 그다음에는 보상 및 승진위원회에 참여했다.
8 그렇다, 해당 이름은 애플 리테일에서 사용하는 이름을 빌린 것이다. 하지만 전략의 내용은 주로 베인이 일하기 좋은 직장이 되려고 개발했던 시스템 및 프로세스를 바탕으로 했다.
9 근처에 위치한 아마존에서 영감을 받았을 것이다. 제프 베조스는 고객에 집중한다는 아마존의 사명을 전하기 위해 '투피자팀'으로 기업구조를 개혁하겠다고 이미 선언했다(피자 두 판을 나눠 먹으면 될 정도의 소규모 팀).
10 7장에서 살펴볼 칙필에이의 세컨드마일 서비스 프로그램은 성경에 뿌리를 두고 있으며, 다른 사람을 섬기는 일이 어떻게 의미 깊고 목적이 있는 삶의 기초가 되는지 분명히 보여준다.
11 Steve Robinson, Covert Cows and Chick-fil-A: How Faith, Cows, and Chic-

ken Builtan Iconic Brand (Nashville: Thomas Nelson, 2019), 6.

12 비교해보면 하버드 대학교의 합격률은 약 5퍼센트 수준이다. 칙필에이의 가맹점 승인률보다 10배 정도 높다. 심지어 대학 졸업생 약 6만 명 정도가 지원한 베인의 2020년 채용 합격률은 2퍼센트를 약간 밑도는 수준이었다. 칙필에이가 매장 운영자를 얼마나 까다롭게 고르는지 다시 한번 알 수 있다.

13 Matthew McCready, '5 Things You Need to Know before Investing in a Chick-fil-AFranchise', 〈Entrepreneur〉, 2020년 1월 13일. https://www.entrepreneur.com/slideshow/307000. 이 사이트는 매우 유익한 정보를 담고 있으며, 가맹점 승인율과 유동 인구 통계도 게시되어 있다.

14 프레드 라이켈트, 《로열티 경영의 원칙》, (Boston: Harvard Business Review Press, 2001). See the Loyalty Acid Test, pp. 191 – 198.

15 물론 상장기업의 CEO는 월스트리트의 애널리스트와 함께 정기적으로 방문하기도 하지만, 대부분의 CEO는 콜센터에 발을 들일 생각도 하지 않을 것이다.

16 카드 대금이 연체된다 해도 보통 현금서비스 대출 이자보다 카드대금 연체이율이 훨씬 낮다.

17 고위 임원과 부사장단은 매주 화요일과 금요일에 열리는 경청회에 한 달에 두 번 참석한다. 해당 지역의 콜센터 관리자가 각 통화의 배경을 설명하고, 질문이 나오면 대답하기 위해 경청회에 참석한다.

5장

1 버핏과의 점심 식사는 세상을 떠난 버핏의 부인 수잔이 지원하던 샌프란시스코의 어느 자선단체를 돕기 위해 경매 대상이 된 상품이었다.

2 Howard Gold, 'Opinion: Jack Bogle Even Towered over Warren Buffett as the MostInfluential Investor', 〈MarketWatch〉, 2019년 1월 17일, https://www.marketwatch.com/story/jack-bogle-even-towered-over-warren-buffett-as-the-most-influential-investor-2019-01-17.

3 John Melloy, 'Warren Buffett Says Jack Bogle Did More for the Individual

InvestorThan Anyone He's Ever Known', CNBC, 2019년 1월 16일, https://www.cnbc.com/2019/01/16/warren-buffett-says-jack-bogle-did-more-for-the-individual-investor-than-anyone-hes-ever-known.html.

4 프레드 주가지수는 NPS 평점이 우수한 결과를 보인 기업, 즉 고객 사랑이 뛰어나다는 걸 입증한 기업들로 구성했음을 기억할 것이다.

5 성숙한 주식시장에서 오직 NPS 선도기업만 총주가지수보다 일관되게 수익률이 높다는 것이 가능한 일일까?

6 티모바일이 2020년 스프린트를 인수했기 때문에 [도표 5-2]에서 2019년을 분석 기간의 마지막 해로 설정했다.

7 우리는 총주주수익율의 자연대수를 사용해 회귀 총주주수익률 대 NPS 모델을 정했다. 수익률이 복리이기 때문인데, 이는 시간이 지남에 따라 NPS와 기하 관계가 나타난다는 걸 의미한다.

8 각 기업의 2019년 연차보고서에 실린 비율이다.

9 자동차 산업 분석에서 크라이슬러가 빠진 것은 조사 대상 기간이 시작될 때 회사가 파산해 의미 있는(그리고 비교할 만한) 총주주수익률을 계산할 수 없었기 때문이다. 크라이슬러의 순추천고객지수는 46점으로 업계 최저를 기록했다.

10 요식 업계 조사 기간을 2020년이 아니라 2019년으로 정한 건 이 책을 쓰는 현재 기준으로 일부 레스토랑의 동일 점포 매출 데이터가 부족하기 때문이다.

11 Khadeeja Safdar and Inti Pacheco, 'The Dubious Management Fad Sweeping Corporate America', 〈Wall Street Journal〉, 2019년 5월 15일, https://www.wsj.com/articles/the-dubious-management-fad-sweeping-corporate-america-11557932084.

12 다시 한번 상기하자면 이중맹검 테스트는 테스트가 완료될 때까지 실험자와 실험 대상자의 신원을 양측 모두에게서 숨기는 테스트이다.

13 NPS 평가의 다양한 유형과 유형별 적합한 사용 방식에 관한 더 자세한 설명은 NetPromoterSystem.com 참조.

14 이러한 표본추출 방법은 《고객이 열광하는 회사의 비밀》에서 업계 1위 기업을

찾기 위해 사용했던 2010 새트메트릭스 NPS 연구에서 활용되었다.

15 최근 사례 중에는 평가점수 범위를 표기하는 순서를 그냥 바꿨을 뿐인데(0점부터 10점으로 적을 것인가(0이 왼쪽) 아니면 10점부터 0점으로 적을 것인가(0이 오른쪽)) 결과 점수는 10점 이상 차이가 났다!

16 한번 더 말하면 NPS 프리즘의 접근법이 퍼스트 리퍼블릭 은행에서 효과가 없었던 이유는 조사에 필요한 만큼 충분한 표본 수의 고객을 모으는 유일한 방법이 은행의 이름을 알리는 것뿐이었기 때문이다. 하지만 그렇게 되면 표본에서 추천고객이 과도하게 많아지는 결과를 낳는다.

17 Rob Markey, 'Are You Undervaluing Your Customers?', 〈Harvard Business Review〉, 2020년 1~2월호, https://hbr.org/2020/01/are-you-under valuing-your-customers.

18 더 자세한 내용을 알고 싶다면 다음 참조, SaaS Capital's white paper 'Essential SaaS Metrics: Revenue Retention Fundamentals', 2015년 11월 12일, https://www.saas-capital.com/blogposts/essential-saas-metrics-revenue-retention-fundamentals/.

19 그리고 부록 B에 자세히 설명되어 있는 것처럼 획득성장이 더 줄어들 수 있다는 것이 밝혀졌다.

20 대부분 사모펀드는 8퍼센트라는 기준 수익률을 제시한다(뱅가드 총주가지수 펀드가 생겼을 때부터 가입했다면 얻었을 수익률과 대략 비슷하다). 상당한 금액의 보너스를 받으려면 반드시 이 기준 수익률을 넘는 실적을 내야 한다. 상장기업의 경영자에게도 비슷한 구조의 보상안을 사용해야 한다.

6장

1 예수는 마태복음 7장 12절 ('남에게 대접을 받고자 하는 대로 너희도 남을 대접하라') 과 마태복음 22장 39절 ('네 이웃을 네 몸과 같이 사랑하라')에 황금률을 인용한다.

2 《논어》

3 미안하지만 말장난을 참을 수가 없었다.
4 전투식량은 '소고기 양지와 소시지' 같은 맛으로 만들어 파우치에 담은 영양죽이다.
5 규제 기관에서 투자 관리자는 고객에게 최선의 이익을 주는 방식으로 행동해야 한다고(적어도 은퇴용 계좌에 한해서는) 주장했을 때 정치적 반발이 너무 거세 규칙이 바뀌고 말았다.
6 360도 평가도 제대로 관리하지 않으면 같은 현상이 발생한다.
7 애덤 그랜트, 《기브 앤 테이크Give and Take》, Viking, 2013.
8 Deepa Seetharaman, 'Jack Dorsey's Push to Clean Up Twitter Stalls, Researchers Say', 〈Wall Street Journal〉, 2020년 3월 15일.

7장

1 이 이야기는 공개적으로 논의할 필요가 있다. 아마존은 개별 업체가 아마존 웹사이트에서 가변적 가격 책정 기법을 사용하지 못하게 막지는 않는다. 사실 아마존은 업체에 가변적 가격 책정 기법을 사용하라고 권장한다. 다만 구체적이고 제한된 방식으로 해야 한다. 아마존은 선글라스 회사에 여름에 선글라스 가격을 올릴 수 있다면 그렇게 하라고 말한다. 흥미로운 글을 확인하라. 'Amazon Pricing Policy', Feedvisor, https://feedvisor.com/university/amazon-pricing policy/. '만일 [판매자가] 계절 변화, 소비자 수요, 시기별 수요 변화 등을 고려하지 않는다면' 아마존은 '업체에 결국 이윤을 잃을 수 있다'고 조언한다. 하지만 아마존에서 판매하는 판매자의 가격은 다른 온라인 마켓에서 파는 가격과 같거나 낮아야만 하며, 모든 구매자는 주어진 시점에 다른 어떤 고객과도 동일한 제안을 받아야 한다(이는 중요한 자격요건이다). 점점 늘어나는 넓은 창고에서 아마존이 직접 관리하는 방대한 재고에 관해 이야기하면 아마존이 가변적 가격 책정 기법의 침입적이고 약탈적인 방식을 제품에 적용하는 데 관여하고 있다는 증거를 나는 발견하지 못했다.
2 Brad Stone, 《The Everything Store》, Little Brown, 2014, 125-126.

3 Robert D. Hof, 'The Wild World of E Commerce', 〈Bloomberg〉, 1998년 12월 14일. https://www.bloomberg.com/news/articles/ 1998-12-13/amazon-dot-com-the-wild-world-of-e-commerce.

4 Christina Animashaun, 'The Making of Amazon Prime, the Internet's Most Successful and Devastating Membership Program', Vox, 2019년 5월 3일, https://www.vox.com/recode/2019/5/3/18511544/amazon-prime-oral-history-jeff-bezos-one-day-shipping.

5 이러한 주장의 근거에는 반스앤노블스가 갑자기 성장한 아마존을 누를 생각으로 곧 웹사이트를 선보이려 한다는 이유도 있었다. 전문가들은 아마존이 핵심 사업을 지키는 '집중 경영'을 해야 한다고 경고했지만, 제프 베조스는 현명하게 그런 조언을 무시했다.

6 'Principles Underlying the Drucker Institute's Company Rankings', Drucker Institute, https://www.drucker.institute/principles-underlying-the-drucker-institutes-company-rankings/.

7 텔레비전 방송국의 신규 편성 프로그램, 자동차 업계의 올해의 신모델, 거의 모든 산업에서 브랜드 리프레시먼트와 웹사이트 개편이 꾸준히 이루어지는 점 등을 생각해보라. 인정하기에 다소 당황스럽지만 인간은 누구나 반짝이는 새것을 갈망한다.

8 현재 특허 소송으로 USAA는 추가 수익을 얻을지 모른다.

9 '불경스러울' 정도라는 표현은 누구나 응답하기 질색하는 100여 개의 엄청난 양의 질문지를 설계하는 사람을 콜빈이 비꼬는 것이다.

10 마태복음 5장 41절. 솔직히 말해 '기대 이상이다'라는 표현이 성서에 뿌리를 두고 있는지 몰랐지만, 놀라운 일은 아니었다.

11 '치킨을 더 먹으세요.'라고 우리에게 애원하는 바로 그 소이다.

12 츄이의 순추천고객지수가 아마존보다 28점 높은 건 우연이 아니다.

13 말콤 글래드웰,《블링크 Blink》, Time Warner Book Group, 2005.

14 '종이 위 그림은 비켜라.' BILT의 웹사이트에 게재된 문구이다(https://biltapp.

com/). 기술적인 내용을 알고 싶은 사람을 위해 설명하자면 BILT는 제조업체의 CAD를 클라우드 기반의 쌍방향 3D 설명서로 전환한다. 어느 날 저녁 이케아의 침대 등을 조립하려다 좌절한 소프트웨어 엔지니어와 그의 아내가 회사를 세우게 되었다는 걸 알고 나는 쾌감을 느꼈다. 이케아에 대해서는 더 말하지 않아도 충분하리라 생각한다.

8장

1 레위기 25장 10절에 나오는 구절이다.
2 재무 결과 보고보다 고객의 이야기와 회사의 핵심 가치 메시지에 훨씬 더 많은 페이지를 할애했다.
3 이 책의 정식 명칭은 《디스커버의 목소리 Voices of Discover》로 디스커버 파이낸셜 서비스에서 2012년 출간했다.
4 'Leadership Principles', Amazon, https://www.amazon.jobs/en/principles
5 예컨대 아마존은 글래스도어가 선정한 2020 일하기 좋은 직장 100에 오르지 못했다. 이에 비해 구글은 11위, 마이크로소프트는 21위, 애플은 84위를 기록했다.
6 아마존 2020 연차보고서, 주주에게 보내는 CEO 서한.
7 Dana Mattioli, Patience Haggin, and Shane Shifflett, 'Amazon Restricts How Rival Device Makers Buy Ads in Its Site', 〈Wall Street Journal〉, 2020년 9월 22일, https://www.wsj.com/articles/amazon-restricts-advertising-competitor-device-makers-roku-arlo-11600786638.
8 Brad Stone, 《The Everything Store》, Little Brown, 2014, 317.
9 엔론 2000 연차보고서, p. 55.
10 Ken Brown and Ianthe Jeanne Dugan, 'Arthur Andersen's Fall from Grace Is a Sad Tale of Greed and Miscues', 〈Wall Street Journal〉, 2002년 6월 7일.
11 Greg Ryan, 'Tamar Dor-Ner Keeps a Keen Eye on Company Culture at Bain', 〈Boston Business Journal〉, 2019년 1월 3일, https://www.bizjournals.com/boston/news/2019/01/03/tamar-dor-ner-keeps-a-keen-eye-on-

company-culture.html.

9장

1 마태복음 5장 5절.

2 짐 콜린스,《위대한 기업은 다 어디로 갔을까》, HarperCollins, 2009.

3 톰 도나호는 이 책의 추천사를 쓴 존 도나호의 부친이다.

4 아마존, 애플, 페이스북, 알파벳 등의 회사가 귀 기울이기를 바란다.

5 부록 A에 더욱 포괄적인 내용의 행동과 요구사항 체크리스트를 실었다.

6 Isabelle Lee, 'Can You Trust That Amazon Review? 42% May Be Fake, Independent Monitor Says', 〈Chicago Tribune〉, 2020년 10월 20일, https://www.chicagotribune.com/business/ct-biz-amazon-fake-reviews-unreliable-20201020-lfbjdq25azfdpa3iz6hn6zvtwq-story.html.

7 〈OPM 워즈〉는 캐나다 금융자산 관리사, 투자자, 재계 거물을 위한 소식지이다.

8 안타깝게도 GE가 이런 현상을 전형적으로 보여주는 기업이다. GE의 전 CEO 제프 이멜트는 CEO로 일하는 동안 수억 달러의 급여를 받았지만, 회사의 총주주수익률은 마이너스를 기록했다.

9 제이 헨릭의 보수는 거의 전부 주식 지분을 기반으로 삼으며, 이로 인해 제이에게 내재하는 투자자에 대한 존중이 더욱 강화된다.

10 제이 헨릭은 최근 차등의결권 지분을 보통주로 전환했지만, 여전히 퍼스트 서비스와 콜리어스, 두 회사의 최대 주주이다.

11 세르타프로 페인터스는 소개로 들어온 문의의 80퍼센트 이상을 거래로 연결한다.

12 내가 모회사의 이사라는 건 밝히지 않았다.

13 그래도 감사의 마음을 담아 20달러 지폐 두장을 드렸다.

14 '겸손하다humble'는 단어는 '부식humus(정원사에게는 최고의 친구이다)'이라는 단어와 라틴어 어원이 같다. '겸손하다'와 '부식'이라는 단어에는 모두 '땅으로부터'라는 함축적 의미가 있다. 우리는 누구나 똑같이 겸손한 여정을 떠난다. 재

에서 재로, 먼지에서 먼지로 돌아가는 여정이다.

부록 A

1 NPS 로열티 포럼은 9장에서 언급했던 로열티 라운드테이블에서 비롯되었다. 감사의 글에 NPS 로열티 포럼 회원사의 전체 명단을 소개했다.

감사의 글

책을 쓰는 여정을 처음 시작했을 때(지금으로부터 25년 이상 전이다) 나는 소중한 교훈을 얻었다. 책을 쓰는 일은 생각했던 것보다 훨씬 더 팀스포츠라는 것이었다.

나는 교훈을 계속 다시 배우고 있다. 이 책은 내가 다섯 번째로 쓴 책이며, 지금까지 내 책은 전부 하버드 비즈니스 리뷰 프레스에서 출간했다. 그동안 도와준 하버드 비즈니스 리뷰 프레스 전체 직원께 감사드리고 싶다. 특히 제프 키호 편집장은 처음부터 내 책의 충성스런 지지자이자 사려 깊은 조언자였다. 그는 또한 제프 크룩센크를 소개해주었는데, 내게 비할 데 없는 도움을 주었고, 아주 초기 단계 때부터 이 책을 만드는 걸 도와주었다.

베인앤드컴퍼니에는 감사해야 할 동료가 아주 많다. 우선 이 책의 공동저자인 다르시 다넬과 머린 번즈, 다음으로 베인 편집심의회의 다른 동료들, 프레드 디브루니, 제라드 뒤 트와, 에릭 가튼, 리처드 해서롤, 폴 저지, 에리카 시로우, 롭 마키에게 감사한다.

롭 마키는 15년 전 NPS 로열티 포럼을 처음 시작했을 때부터 이 끌어주었고, 베인의 NPS 솔루션을 만드는 데 변함없는 헌신을 보여주고 있어 특별한 감사를 전하고 싶다. 그는 전세계 베인앤드컴퍼니 오피스와 고객사에 NPS 복음을 끊임없이 전해왔다. NPS 로열티 포럼의 스튜 버만 회장, 리사-클라크 윌슨, 필 사거 테비아 세고비아, 올가 글라즈코바, 앨러스터 콕스, 모두 중요한 공헌을 해주었다. 앤드류 슈베델, 마크 바우어, 사이먼 힙은 도움되는 피드백을 주었다. 마기 로커와 키르티 야다브는 흔쾌히 책 내용의 사실 확인을 맡아주었다. 이 책에 실린 모든 내용을 뒷받침하는 데이터 수집과 분석은 조안나 저우가 전문적으로 감독해주었다.

베인앤드컴퍼니를 회생시키려 애쓸 때 나와 함께 해준 시니어 파트너와 전 동료들은 그 경험에 대한 기억을 되살리고 풍부하게 떠올리는 데 가장 큰 도움을 주었다. 버논 앨트먼, 오릿 가디쉬, 마크 고트프레드슨, 러스 헤이기, 그렉 허친슨, 대럴 릭비, 해리 스트라찬 그리고 마지막으로 톰 티어니이다. 톰 티어니는 원고를 자세히 읽고 도움이 되는 피드백도 해주었다.

앤디 노블과 크리스 비얼리는 칙필에이에 관해 업데이트된 시각을 제시해주었고, 친절하게도 요식업계 경쟁사 간 동일 점포 매출이 순추천고객지수에 미치는 영향을 분석하는 데 필요한 자료를 지원해주었다. 론 커미쉬와 허버트 블룸은 미국 통신 산업의 경쟁사별 순추천고객지수 데이터를 제공해주었다. 애론 체리스는 소매 유통 업계의 과거 순추천고객지수 데이터와 함께 전문가로서의 통찰도 전해주었다.

베인앤드컴퍼니의 댄 브레너는 아마존에서 일하며 배운 내용을 들려주었고, 로빈후드의 유진 샤피로도 마찬가지로 도움을 주었다. 베인의 전 동료 켄트 베넷은 획득성장률 및 신규 벤처기업에 이를 적용하는 법과 관련해 소중한 피드백을 나눠 주었다. 빌 웨이드는 BILT를 소개해주었고, BILT의 획득성장률 계산에 도움을 주었다. 빌 웨이드는 또한 [도표 5-9]에 나오는 서비스형 소프트웨어 기업의 가치 평가를 분석해주었다. 마지막으로 빌 웨이드는 우리 회사의 웹사이트 NetPromoterSystem.com에서 제공하는 획득성장률 계산기를 만들었다.

NPS 프리즘 팀, 제이슨 바로, 라훌 세티, 퀸 알드리히는 이 책에 등장하는 분석을 크게 뒷받침하는 유례없이 신뢰할 만한 순추천고객지수 데이터를 제공해주었다. 나는 NPS 프리즘이 신뢰할 수 있는 NPS 데이터의 중요성을 세상에 알리는 데 중요한 역할을 맡으리라 예상한다. 그리고 고객 사랑을 기준으로 어떻게 경쟁해야 하는지 기업에 그 방법을 정확히 알려줄 것이다. 나는 NPS 프리즘의 사업이 순추천고객 혁명Net Promoter Revolution을 발전시키는 데 핵심 역할을 할 것이라 확신한다.

메달리아 팀, 특히 레슬리 스트레치, 엘리자베스 카두치, 아카시 보스는 업무에 매우 귀중한 도움을 주었다. 이들은 신규 획득 고객 설문지, 획득성장률 분석, 고객 문화 진단의 개발과 실행에 베타 테스터로 참가할 기업을 섭외해주었다.

인터뷰와 이메일 교환을 통해 소중한 시간에 나를 지원하고 집필에 도움을 준 다음 여러 기업의 임원들에게 큰 감사를 표한다.

- BILT : 네이트 핸더슨
- 찰스 슈왑 : 월트 베팅거
- 칙필에이 : 마크 모라이타키스, 앨런 다니엘
- 디스커버 : 데이비드 넴스, 로저 호치쉴드, 줄리 뢰거, 케이트 만프레드, 데니스 미쉘, 스티브 베이언스, 존 드러몬드
- 퍼스트 서비스 : 제이 헨닉, 스콧 패터슨, 찰리 체이스, 척 팰런, 데레미 라쿠신, 마이크 스톤, 로저 톰슨, 로리 디츠, 빌 바튼(캘리포니아 클로짓 전 CEO, 현 밥스 디스카운트 퍼니처 CEO), 그리고 스티브 그림쇼 이사
- 퍼스트 리퍼블릭 은행 : 제이슨 벤더, 섀넌 휴스턴
- 인튜이트 : 스콧 쿡
- 매리어트 : 스테파니 리나츠
- 펠로톤 : 브래드 올슨, 브레나 힐리
- 퓨어 : 로스 부흐뮐러, 매트 쉬레바이스, 메리 로열 스프링스
- 콴타스 : 롭 마르콜리나, 앨리슨 웹스터
- 티모바일 : 캘리 필드
- 뱅가드 : 앨 바이켈
- 와비 파커 : 데이브 길보아, 카키 리드 매키

〈포춘〉의 제프 콜빈은 초고를 읽고 도움이 되는 피드백을 해주었고, 오늘날 기업 경영자가 마주하는 도덕적 도전 과제에 초점을 맞추도록 내 자신감을 키워주었다.

애플의 케이트 하딩은 내 연구를 변함없이 지지해준 사람이며, 1장에서 이야기했던 애플 플래그십 방문을 포함해 애플을 접할 기회를 많이 마련해주었다

맥스 호블리첼과 케이틀린 호블리첼 두 사람은 각각 베인앤드컴퍼니와 아마존의 신입사원으로서 자신의 업무 경험에 관해 유용한 관점을 이야기해주었다.

애덤 그랜트는 유명한 작가이자 교수, 조직 심리학자이다. 애덤 그랜트는 오늘날의 세상에서 테이커가 차지하는 비중을 조사한 내용을 공유해주었다. 시카고 대학교 부스 경영대학원 스티브 카플란 교수는 친절하게도 5장에서 소개했던 내 아이디어와 사모펀드 투자자 수익률 데이터에 관한 피드백을 보내주었다.

하버드 경영대학원 보리스 그로이스버그 교수는 캘리포니아 클로짓 사례를 개발하고 가르치면서 순추천고객 메시지를 소통하는 어려움에 관해 중요한 통찰을 주었다. 또한 보리스에게는 퍼스트 리퍼블릭 은행을 소개받는 빚도 졌다. 제이넵 톤 교수는 정말 탁월한 그리고 다정한 경영자인 코스트코의 짐 시네갈과 나를 이어주었다. 제이넵의 친절한 도움이 없었더라면 제이넵의 수업을 참관하거나 짐과 함께 코스트코 월섬 지점을 둘러볼 기회를 갖지 못했을 것이다.

NPS 로열티 포럼을 이끄는 롭 마키에게 이미 고마움을 표했다. 이제 한 걸음 더 나아가 NPS 로열티 포럼에서 활동하는 회원사에 감사하고 싶다. 분기별로 한 번씩 이루어지는 회의, 그리고 중간중간 줌 화상회의를 통해 NPS 로열티 포럼은 NPS에 관한 내 생각을 명확히 하는 데 그 어느 곳보다 큰 도움을 주었다. 여기 모인 선구자적 기업들은 NPS 3.0을 구성한 여러 혁신적인 업무 방식을 개발하고 공유해주었다. 포럼에서 활동하는 여러 기업에서 초고를 읽고, 개선이 필요한 부분에 관해 중요한 조언을 해주었다. 특히 자신의 생각을 공유해주고, 소개의 흐름을 수량화한 데이터를 보내준 브룩필드 자산관리 그룹의 매니징 디렉터 매트 스미스에게 고마움을 표한다. 듀크 에너지의 최고고객책임자 바바라 히긴스는 정말 후하게 시간을 내 장별 수정사항을 읽고 사려 깊은 여러 편집 제안을 해주었다. 다시 한번 지난 15년간 NPS 로열티 포럼에 참석했거나 주최해준 다음 명단에 실린 모든 기업에게 마음으로부터 감사를 전한다.

NPS 로열티 포럼 참석 및 주최 기업

24아우어 피트니스	어드밴스 오토 파츠
아그레코	알리안츠
아메리칸 익스프레스	아메리칸 혼다 모터

아치스톤	아리스토크라트 디지털
어센션 헬스	아수리온
아틀라스 콥코	아비드 테크놀로지
BBVA 밴커머	벨론
BMO 파이낸셜 그룹	브룩필드 자산관리
미국 암치료센터	CBRE
찰스 슈왑	칙필에이
신타스	시스코
컴캐스트	커민스
딜리버루	데자르댕
도이치 포스트	도이치 통신
듀크 에너지	이온
이베이	일라이 릴리 앤드 컴퍼니
에르메네질도 제냐	엑스피리언 소비자 부문
페이스북	퍼스트 서비스 코퍼레이션
프랭클린코베이	GE 헬스케어
제너럴 일렉트릭 컴퍼니	길베인 빌딩 컴퍼니
그로서리 아웃렛	허니웰 에어로스페이스
휴마나	ING 그룹
인튜이트	제트블루 항공
주아 드 비브르	레고
렉시스넥시스	로이드 뱅킹 그룹

로지텍	LPL 파이낸셜
메이시스	메드트로닉
미쉐린	내셔널 웨스트민스터 그룹
나이키	노키아
오라클	폴 데이비스 리스토레이션
펠로톤	필립스
PNC 은행	프라이스워터하우스 쿠퍼스
프로그레시브 보험	프롤로지스
콴타스	랙스페이스
RSC 장비 렌털	세이프라이트
슈나이더 일렉트릭	소덱소
스토라 엔소	선 트러스트
스위스 재보험	시만텍 코퍼레이션
TD 은행	TD 캐나다 트러스트
테크 포 아메리카	테크 데이터
텔레퍼포먼스	써모피셔 사이언티픽
티모바일	TPG
피닉스 대학교	뱅가드
버라이즌	볼라리스
웨스트팩 그룹	자포스

또한 나를 도와주는 임원 담당 비서 마우라 맥나미 두다스에게도 감사를 전하고 싶다. 팬데믹으로 인해 우리의 계획이 전부 바뀌는 혼란스러운 시기에 내 일정을 잘 정리해주었다. 마우라의 흔들림 없는 낙관주의에 깊은 감사를 보낸다.

우리 네 아이, 크리스, 제니, 빌, 짐도 원고를 읽고 도움이 되는 제안을 해주었다. 그리고 고맙게도 자신의 이야기를 책에 싣도록 허락해주었다.

마지막으로 아내 카렌은 내가 책을 쓸 때마다 늘 첫 독자가 되어주고 상담도 해주며 정말 중요한 역할을 맡았다. 하지만 이번에 카렌은 내가 수술하고 항암투병을 하는 동안 간병까지 해주었다. 살면서 가장 어려운 경험을 하는 나를 지탱해준 카렌의 용기, 판단력, 인내, 지혜, 사랑, 로열티의 마음이 없었더라면 이 책은 존재하지 않았을 것이다.

지은이
다르시 다넬 Darci Darnell
베인앤드컴퍼니 소비재 부문 글로벌 대표. 고객 전략, 고객 로열티, 커머셜 엑설런스commercial excellence, 가격 전략, 마케팅 영역에서 다수의 프로젝트를 수행했다. 현재 베인의 최고 임원으로 구성되는 거버넌스위원회 멤버이다.

머린 번즈 Maureen Burns
베인앤드컴퍼니 소비재 부문 시니어 파트너. NPS와 고객 로열티 관련 전문가로 디지털 트랜스포메이션 프로젝트를 이끌었으며, 고객사가 고객 로열티를 얻는 데 기술과 데이터를 이용하도록 돕고 있다.

옮긴이 도지영
이화여자대학교를 졸업하고, 연세대학교 대학원에서 국제통상을 전공하였다. 현재 번역에이전시 엔터스코리아에서 출판 기획 및 전문 번역가로 활동하고 있다. 옮긴 책으로《필립 코틀러의 아시아 마켓 4.0》,《더 프랙티스》,《코로노믹스》등 다수가 있다.

목적으로 승리하는 기업

1판 1쇄 발행 2022년 9월 30일
1판 3쇄 발행 2025년 3월 20일

지은이 프레드 라이켈트, 다르시 다넬, 머린 번즈
감수 신우석
옮긴이 도지영

펴낸이 최두은
펴낸 곳 콘텐츠랩 오늘
주소 서울시 동대문구 장한로 121, 805호
도서문의 070-7801-0031 **팩스** 070-7801-0032
출판등록 제2022-000018호

ISBN 979-11-979248-0-4 03320

- 책값은 뒤표지에 있습니다.
- 파손된 책은 구입하신 서점에서 교환해드립니다.
- 콘텐츠랩 오늘은 독자 여러분의 출판 관련 아이디어와 투고를 기다립니다. 원고의 간단한 개요와 기획의도 등을 lab_on@naver.com으로 보내주세요.